中国仏教研究入門

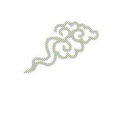

岡部 和雄
田中 良昭 編

大蔵出版

はしがき

　本書は中国仏教を学ぶ人びとへの研究ガイドブックとしてつくられた。主として大学や大学院で中国仏教の講義を聴き，あるいは卒論や修論を準備している学生諸君を念頭において，なるべく使いやすいようにと心掛けたつもりである。中国仏教の研究も日進月歩で，内外の研究文献は厖大である。とても全体を網羅することはできないので，主要な著書・論文を選び，研究史の概要とともに，必要な解説を施した。これによって，各自が「ここに問題がありそうだ」「もっと別の角度からさらに深く探究してみよう」という興味・関心を抱いたときは，ここに紹介されている参考文献を直接手にとり，本書の記述を検証してやろうという意気込みで熟読してほしい。そこからが真の研究の始まりといえよう。本書の読者が，新しい問題点を見つけたり，あるいは従来の研究における盲点を探りあてたり，さらにはだれも試みたことがなかったような新しい方法論を創出する機縁としてくだされば，これに過ぐる喜びはない。諸君がこの「研究入門」を，各自の本格的な研究への"踏み台"として活用してくださるようお願いする。

　氾濫する情報（Information）に押し流されることなく，その中から真の知識（Knowledge）を選りすぐる努力こそが，学問的営為の第一歩であろう。「細には無間に入り，大には方所を絶す」（宝鏡三昧）といわれる如く，学道はもとより，研究にも終着点はないであろう。それは，これからが君たちの「出番」だということにほかならない。

　いうまでもないことであるが，仏教は外来の宗教として，ある時期から中国史のなかに登場した。それ以後，仏教は中国の歴史にしっかりと組みこまれて存続してきた。また仏教の思想は中国思想史のなかで，仏像や寺院建築は中国美術史・文化史のなかで，独自の位置を占めて発展してきた。中国の文芸・文学に与えた仏教の影響も少なくないといわれる。仏教がもたらした宗教儀礼は，道教の儀礼にさまざまな形でとり入れられた。

　かく考えると，中国仏教をより深く理解するためにはその前提として，中国

史，中国思想史（中国哲学史），中国文学史，中国文化史などについて一定の理解を有することが必要不可欠であろう。

本書では，この問題を扱う独自の章を立てなかったので，必要最小限の記述を「はしがき」のなかにとどめておくことにする（くわしくは，「中国仏教と禅」〔『禅学研究入門』大東出版社，1994〕などを参照）。

山根幸夫編『中国史研究入門』上下2冊（山川出版社，1983）は必要に応じて参照してほしい。とくに「総説」は中国史全般の概説書をあげ，文献目録・辞典・地図・索引などの工具書をくわしく紹介し，さらに中国史の史料（正史・地方志など）についても解説しているので，大いに役に立つ。『アジア歴史研究入門』全5冊（同朋舎出版，1983～84）もよい参考書である。とりわけ第1冊巻頭の「序論」（島田虔次）には啓発される点が多く，一読してほしい。思想史では武内義雄『中国思想史』（岩波書店，1936）は，それまでの儒教中心の哲学史を改め，さまざまな思想の大きなうねりが把めるよう配慮されている。中世を叙述するなかに「儒教より老荘へ」「老荘より仏教へ」「道教の成立」があり，近世の叙述には「儒学の新傾向」「仏教の新傾向」「宋学の勃興」がテーマとしてかかげられ，簡潔ながら思想史の全体像が要領よく提示されている。森三樹三郎『中国思想史』（上下2冊，第三文明社，1978）も粗削りながら，よい入門書になっている。大修館から刊行された10巻の「中国文化叢書」にも，なかなか魅力的な論稿がふくまれているが，ここでは『思想概論』（叢書2，1968），『思想史』（同3，1967），『宗教』（同6，1967）を特に勧めたい。また本田済編『中国哲学を学ぶ人のために』（世界思想社，1975）は，これから中国哲学を学ぼうとする学生を対象に書かれた入門書ではあるが，中国仏教を学ぶ者にとっても興味ぶかい内容になっている。中国の学者の手になるものとして馮友蘭『中国哲学史新編』2冊（人民出版社，1956～60），任継愈主編『中国哲学史』全4巻（人民出版社，1963～79）をあげておく。名著のほまれ高かったジャック・ジェルネの『中国の世界』(*Le Monde Chinois*, Paris, 1972)が英訳されて近づきやすくなった (Jacques Gernet, *A History of Chinese Civilization*, Cambridge, 1982)。巻末の文献目録がとりわけ有益である。

このような欧米の中国研究文献を検索するとき便利な小冊子がある。市古宙三・J.K.フェアバンク『中国研究文献案内』（東京大学出版会，1974）がそれで

ある。

　中国文学史の分野には名著が多いが，倉石武四郎『中国文学講話』(岩波新書，1968)，吉川幸次郎述・黒川洋一編『中国文学史』(岩波書店，1974)を勧めたい。

　道教はもちろん，民間宗教や少数民族の宗教にいたるまで，多くの項目をたてて概要を訳した辞典も出された(任継愈主編『宗教詞典』上海辞書出版社，1981)。

　何か疑問や問題がおこったとき活用してほしいのは『アジア歴史事典』(全12巻，新装復刊本，平凡社，1984)である。『アジア歴史地図』(松田寿男・森鹿三編)も別巻としてこれにふくまれており，便利になった。ただこの旧版がでてからほぼ半世紀経ったので，内容的には古くなった箇所がある。新しい研究成果にたえず目を配りながら利用しなければならない。京都大学東洋史研究室編『新編東洋史辞典』(東京創元社，1980)は1冊本で，これは座右に備えるべき工具書のひとつかもしれない。年表では藤島達朗・野上俊静編『東方年表』(平楽寺書店，1955)がよい。山崎宏他監修『仏教史年表』(法蔵館，1979)も使いやすい。

　共編者の田中良昭氏は，すでに『禅学研究入門』を編纂されており，本書の基本構想・執筆者等について有益なご援助をいただいた。にもかかわらず，私の力量不足のため，全体の作業が著しく遅れ，当初のプランの一部を変更せざるを得ないことも起った。しかし曲りなりにもこのような形で刊行に漕ぎ着けたのは，ひとえに執筆にご協力くださった各位のおかげである。また桑室一之氏には終始かわらぬご援助をいただいた。末尾ながら記して謝意を表したい。

2006年11月

岡　部　和　雄

目　次

はしがき……………………………………………………岡部和雄……ⅰ
凡　例

Ⅰ　総　論

1　中国仏教の概要とその特色 …………………岡部和雄……3
　（1）　中国仏教とは ………………………………………… 3
　（2）　中国仏教研究の方法 ………………………………… 4
　（3）　時代区分について …………………………………… 5
　（4）　漢訳大蔵経 …………………………………………… 6
　（5）　中国仏教の独自性 …………………………………… 7
　（6）　中国仏教（とくに通史）について ………………… 9

2　格義と三教交渉 ………………………………伊藤隆寿……13
　（1）　格義について …………………………………………13
　（2）　三教交渉の研究と必要性 ……………………………15
　（3）　三教交渉全般についての研究成果 …………………17
　（4）　三教交渉に関する諸問題 ……………………………18

3　訳経・経録・偽経 ……………………………岡部和雄……23
　（1）　漢訳仏典の特質 ………………………………………23
　（2）　仏典翻訳の展開 ………………………………………24
　（3）　経録（経典目録）の作成 ……………………………28
　（4）　偽　経 …………………………………………………30

4　敦煌の仏教 ……………………………………上山大峻……34
　（1）　敦煌というところ―仏教東漸の要衝― ……………34
　（2）　埋蔵されていた仏教資料―発見・蒐集・保管― …34

（3）　敦煌出土資料とその研究 …………………………………35
　　　　a　石窟出土の古写本群とその蒐集　35／b　敦煌出土資料の研究　36
　　　　c　研究方法の転換　36
　　（4）　解明された仏教都市敦煌の盛衰 ……………………………37
　　　　a　北朝期における仏教興隆　37／b　隋唐時代の敦煌仏教　38
　　　　c　敦煌での写経　38／d　チベットによる敦煌の占領　40
　　　　e　チベット支配時代の仏教界　40／f　帰義軍時代の仏教　41
　　（5）　敦煌仏教の終焉 …………………………………………………42
5　大蔵経の開版 ………………………………………椎名宏雄……44
　　（1）　対象範囲と基本文献 ……………………………………………44
　　（2）　宋元代の蔵経 ……………………………………………………48
　　　　a　開宝蔵　48／b　契丹蔵と金蔵　49／c　東禅寺蔵と開元寺蔵　50
　　　　d　思渓蔵　51／e　磧砂蔵　52／f　普寧蔵と元官蔵　53
　　（3）　明清代の蔵経 ……………………………………………………55
　　　　a　南蔵と北蔵　55／b　嘉興蔵　56／c　清蔵　57
　　（4）　高麗と日本の蔵経 ………………………………………………58
　　　　a　高麗蔵　58／b　天海蔵　59／c　黄檗蔵　60
6　中国仏教と周辺諸国
　　〈1〉　韓国仏教 …………………………………………石井公成……62
　　（1）　通史と歴史概説 …………………………………………………63
　　（2）　基礎資料 …………………………………………………………64
　　（3）　論文目録 …………………………………………………………65
　　（4）　各時代の仏教 ……………………………………………………66
　　（5）　それぞれの系統の仏教 …………………………………………67
　　（6）　日本との関係・交渉 ……………………………………………70
　　（7）　寺院および仏教美術 ……………………………………………70
　　（8）　仏教の周辺 ………………………………………………………71

〈２〉　日本仏教 ……………………………………佐藤秀孝…… 72
　　（１）　日本仏教について ……………………………………… 72
　　（２）　基礎資料と辞典・論文目録 ……………………………… 73
　　（３）　通史・概説について ………………………………………… 75
　　（４）　各時代の仏教 ………………………………………………… 77
　　〈３〉　チベット仏教 …………………………………木村誠司…… 79
　　はじめに ……………………………………………………………… 79
　　（１）　概説書・目録 ………………………………………………… 80
　　（２）　講座・記念論集・学術書等 ………………………………… 81
　　（３）　敦煌文献 ……………………………………………………… 81
　　（４）　敦煌チベット語禅文献 ……………………………………… 82
　　（５）　サムイェの宗論 ……………………………………………… 83
　　（６）　そ の 他 ……………………………………………………… 86

II　各　　論

1　漢魏両晋時代の仏教 …………………………………伊藤隆寿…… 91
　　（１）　仏教伝来前後の諸問題 ……………………………………… 91
　　（２）　後漢・三国時代 ……………………………………………… 96
　　　　a　仏教受容の諸条件　96／b　後漢代の仏教　97
　　　　c　三国時代　99
　　（３）　西晋時代 ………………………………………………………102
　　　　a　仏教と玄学　102／b　仏教の概況　103
　　　　c　仏典の漢訳　104
　　（４）　東晋・十六国時代 ……………………………………………105
　　　　a　北方胡族社会と仏教　105／b　南方東晋社会と仏教　107

2　南北朝時代の仏教 …………………………………石井公成……112
　　（１）　研究史と今後の研究方向 ……………………………………112

（2）　南北朝の歴史・社会……………………………………………113
　（3）　仏教以外の思想と宗教…………………………………………115
　（4）　南北朝仏教の通史………………………………………………116
　（5）　基本史料…………………………………………………………117
　（6）　北朝の仏教………………………………………………………118
　（7）　南朝の仏教………………………………………………………120
　（8）　成実涅槃学派……………………………………………………121
　（9）　心識説と如来蔵説の探求………………………………………122
　（10）　『大乗起信論』をめぐる論議……………………………………124
　（11）　浄土信仰と禅観…………………………………………………125
　（12）　戒律と菩薩戒……………………………………………………127
　（13）　密　　教…………………………………………………………127
　（14）　民衆と仏教………………………………………………………128
　（15）　仏教美術…………………………………………………………129
　（16）　文学と仏教………………………………………………………129

3　隋唐時代の仏教

〈1〉　天 台 宗………………………………………池田魯参……131
　（1）　「中国天台宗」の研究課題………………………………………131
　（2）　全体の概説書・研究書…………………………………………133
　（3）　天台法華学………………………………………………………136
　（4）　天台止観…………………………………………………………139
　（5）　涅槃経研究………………………………………………………142
　（6）　菩薩戒思想………………………………………………………143
　（7）　天台浄土教………………………………………………………143
　（8）　修 行 法…………………………………………………………144
　（9）　その他の課題……………………………………………………145

〈2〉　三 論 宗………………………………………奥野光賢……147

目　次　vii

はじめに………………………………………………………………147
　（1）　研究史概観………………………………………………………148
　（2）　吉蔵の著作に対する研究………………………………………151
　（3）　吉蔵に対する思想的研究………………………………………154
　（4）　吉蔵疏と天台疏，その他の文献交渉…………………………157
　（5）　おわりに…………………………………………………………160
　　　　a　僧叡　161／b　僧肇　161／c　竺道生　163
〈3〉　三　階　教………………………………………西本照真……165
　（1）　矢吹慶輝『三階教之研究』……………………………………165
　（2）　20世紀前半の研究………………………………………………166
　（3）　20世紀後半の研究………………………………………………169
　（4）　海外での三階教研究……………………………………………172
　（5）　今後の三階教研究の課題………………………………………175
〈4〉　法　相　宗………………………………………吉田道興……179
　はじめに―インド仏教「瑜伽行」から「瑜伽行学派」へ―　………179
　（1）　「地論宗(地論学派)」の成立と展開―南北朝北魏・陳，隋代―　…181
　（2）　「摂論宗(摂論学派)」の成立と展開　…………………………185
　（3）　「法相宗」の成立と展開　………………………………………188
〈5〉　華　厳　宗………………………………………吉津宜英……193
　はじめに………………………………………………………………193
　（1）　『華厳経』について　……………………………………………193
　（2）　『十地経論』と『大乗起信論』…………………………………194
　（3）　中国華厳研究史について………………………………………195
　（4）　中国華厳教学通史について……………………………………197
　（5）　中国華厳思想について…………………………………………197
　（6）　中国(新羅・高麗を含む)の華厳教学者たちについて　………198
　　　　a　杜順　198／b　智儼　200／c　法蔵　201／d　元暁　204

e　義湘　205／f　李通玄　206／g　慧苑　206／h　文超　207
          i　法銑　207／j　澄観　207／k　宗密　207／l　伝奥　208
          m　子璿　208／n　浄源　209
  （7）　中国華厳教学の研究課題……………………………………209
〈6〉　律　　　宗………………………………………川口高風……211
  （1）　大　乗　戒……………………………………………………211
  （2）　菩薩地持経……………………………………………………212
  （3）　梵　網　経……………………………………………………213
  （4）　瓔珞本業経……………………………………………………214
  （5）　四分律宗と道宣………………………………………………214
  （6）　戒　体　論……………………………………………………217
  （7）　戒　　　壇……………………………………………………218
  （8）　袈　　　裟……………………………………………………219
  （9）　中国道徳と戒律………………………………………………220
  （10）　僧　　　制……………………………………………………221
〈7〉　浄　土　教………………………………………柴田泰山……223
  （1）　隋唐浄土教史の概説…………………………………………223
  （2）　道　　　綽……………………………………………………224
  （3）　迦　　　才……………………………………………………226
  （4）　『無量寿観経纉述』…………………………………………227
  （5）　智　　　儼……………………………………………………228
  （6）　善　　　導……………………………………………………229
  （7）　懐　　　感……………………………………………………234
  （8）　道誾, 靖邁, 龍興, その他…………………………………236
  （9）　慈愍三蔵慧日, 承遠, 法照, 飛錫, 『西方要決』………237
  （10）　今後の展望……………………………………………………238
〈8〉　禅　　　宗………………………………………田中良昭……240

はじめに……………………………………………………………………240
　　（1）近代的学問研究の幕明け………………………………………241
　　（2）敦煌文書の発見…………………………………………………241
　　（3）学問的研究の進展………………………………………………246
　〈9〉密　　教……………………………………………平井宥慶……257
　　はじめに……………………………………………………………………257
　　（1）総説的研究………………………………………………………257
　　　　a　現代中国における研究書　257
　　　　b　全集類にみる中国密教研究　259
　　　　c　密教の歴史的考察　263
　　（2）部門的研究………………………………………………………266
　　　　a　概説のなかの中国密教研究　266
　　　　b　空海研究にみる中国密教研究　268
　　　　c　密教図像学にみる中国密教研究　269
　　　　d　現地踏査の中国密教研究　271
　　　　e　真言学にみる中国密教研究　272
4　宋代と遼・金の仏教 ……………………………石井修道……275
　　はじめに……………………………………………………………………275
　　（1）禅宗の研究………………………………………………………277
　　（2）天台宗・華厳宗・律宗・密教・浄土教………………………282
　　（3）遼・金仏教………………………………………………………285
　　（4）おわりに…………………………………………………………287
5　元明清代における中国仏教研究の動向…………永井政之……293
　　（1）方 法 論……………………………………………………………293
　　（2）元代仏教概説……………………………………………………295
　　　　a　制度　296／b　文献　297／c　個人　297／d　道仏論争　299
　　（3）明代仏教概説……………………………………………………299

  a 制度 300／b 文献 300／c 僧伝 301

  d 儒仏関係 302／e 明の四大師 303／f 各人 304

  g 僧諍 305

 （4）清代の仏教……………………………………………306

  a 廟産興学運動 308／b 仏教の民衆受容 308

  c 宝巻研究 309／d 結社 310／e 個別の信仰 311

 （5）史跡調査……………………………………………312

索　　引……………………………………………………314

凡　例

1，本文の表記は，原則として当用漢字・現代仮名づかいで統一した。
2，書名には『　』を付し，学術雑誌所収論文名には「　」を付した。
3，本書において使用された書名・学術雑誌の略号は次の通りである。

【記念論文集】

『阿川文正古稀記念』	＝『〈阿川文正先生古稀記念〉法然浄土教の思想と伝歴』
『朝枝善照還暦記念』	＝『〈朝枝善照博士還暦記念〉人間・社会・宗教の研究』
『飯田博士古稀記念』	＝『〈飯田博士古稀記念〉東洋学論叢』
『池田博士古稀記念』	＝『〈池田博士古稀記念〉東洋学論集』
『石上善応古稀記念』	＝『〈石上善応教授古稀記念〉仏教文化の基調と展開』
『石田充之古稀記念』	＝『〈石田充之博士古稀記念〉浄土教の研究』
『石浜古稀記念』	＝『〈石浜古稀記念〉東洋学論集』
『今岡教授還暦記念』	＝『今岡教授還暦記念論文集』
『内田吟風頌寿記念』	＝『〈内田吟風博士頌寿記念〉東洋史論集』
『大原先生古稀記念』	＝『〈大原先生古稀記念〉浄土教思想研究』
『勝又俊教古稀記念』	＝『〈勝又俊教博士古稀記念〉大乗仏教から密教へ』
『鎌田茂雄還暦記念』	＝『〈鎌田茂雄博士還暦記念論集〉中国の仏教と文化』
『鎌田茂雄古稀記念』	＝『〈鎌田茂雄博士古稀記念〉華厳学論集』
『木村清孝還暦記念』	＝『〈木村清孝博士還暦記念〉東アジア仏教—その成立と展開』
『桐渓順忍追悼』	＝『桐渓順忍和尚追悼論文集』
『櫛田博士頌寿記念』	＝『〈櫛田博士頌寿記念〉高僧伝の研究』
『小尾博士古稀記念』	＝『〈小尾博士古稀記念〉中国学論集』
『佐々木孝憲古稀記念』	＝『〈佐々木孝憲博士古稀記念論集〉仏教学仏教史論集』
『佐藤成順古稀記念』	＝『〈佐藤成順先生古稀記念〉東洋の歴史と文化』
『佐藤博士古稀記念』	＝『〈佐藤博士古稀記念〉仏教思想論叢』
『佐藤良純古稀記念』	＝『〈佐藤良純教授古稀記念〉インド文化と仏教思想の基調と展開』
『三教授頌寿記念』	＝『〈三教授頌寿記念〉東洋学論叢』
『塩入良道追悼』	＝『〈塩入良道先生追悼〉天台思想と東アジア文化の研究』
『高橋弘次古稀記念』	＝『〈高橋弘次先生古稀記念〉浄土学仏教学論叢』
『竹中信常頌寿記念』	＝『〈竹中信常博士頌寿記念〉宗教文化の諸相』

『多田厚隆頌寿記念』　　　＝『〈多田厚隆先生頌寿記念〉天台教学の研究』
『田中良昭古稀記念』　　　＝『〈田中良昭博士古稀記念〉禅学研究の諸相』
『田村芳朗還暦記念』　　　＝『〈田村芳朗博士還暦記念〉仏教教理の研究』
『塚本博士頌寿記念』　　　＝『〈塚本博士頌寿記念〉仏教史学論集』
『筑波大学創立記念』　　　＝『〈筑波大学創立記念〉東洋史論集』
『戸松教授古稀記念』　　　＝『〈戸松教授古稀記念〉浄土教論集』
『内藤頌寿記念』　　　　　＝『内藤頌寿記念論文集』
『那須政隆米寿記念』　　　＝『〈那須政隆米寿記念〉仏教思想論集』
『野村耀昌古稀記念』　　　＝『〈野村耀昌博士古稀記念〉仏教史仏教学論集』
『服部先生古稀記念』　　　＝『服部先生古稀祝賀記念論集』
『平井俊榮古稀記念』　　　＝『〈平井俊榮博士古稀記念〉三論教学と仏教諸思想』
『平川彰還暦記念』　　　　＝『〈平川彰博士還暦記念〉仏教における法の研究』
『平川彰古稀記念』　　　　＝『〈平川彰博士古稀記念〉仏教思想の諸問題』
『福井博士頌寿記念』　　　＝『〈福井博士頌寿記念〉東洋思想論集』
『福井文雅古稀記念』　　　＝『〈福井文雅博士古稀記念〉アジア文化の思想と儀礼』
『藤田宏達還暦記念』　　　＝『〈藤田宏達博士還暦記念〉インド哲学と仏教』
『古田紹欽古稀記念』　　　＝『〈古田紹欽博士古稀記念論集〉仏教の歴史的展開』
『前田専学還暦記念』　　　＝『〈前田専学博士還暦記念〉〈我〉の思想』
『牧尾博士喜寿記念』　　　＝『〈牧尾博士喜寿記念〉儒仏道三教思想論考』
『牧尾良海頌寿記念』　　　＝『〈牧尾良海博士頌寿記念〉中国の宗教・思想と科学』
『宮林昭彦古稀記念』　　　＝『〈宮林昭彦先生古稀記念〉仏教思想の受容と展開』
『村上速水喜寿記念』　　　＝『〈村上速水先生喜寿記念〉親鸞教学論叢』
『村中祐生古稀記念』　　　＝『〈村中祐生先生古稀記念〉大乗仏教思想の研究』
『柳田節子古希記念』　　　＝『〈柳田節子先生古希記念〉中国の伝統社会と家族』
『山口博士還暦記念』　　　＝『〈山口博士還暦記念〉印度哲学仏教学論叢』
『山崎慶輝定年記念』　　　＝『〈山崎慶輝教授定年記念〉唯識思想の研究』
『山田無門古稀記念』　　　＝『〈山田無門老師古稀記念〉花さまざま』
『結城教授頌寿記念』　　　＝『〈結城教授頌寿記念〉仏教思想史論集』
『渡辺隆生還暦記念』　　　＝『〈渡辺隆生教授還暦記念〉仏教思想文化史論叢』

【雑誌・紀要】
『印仏研』　　　　　　　　＝『印度学仏教学研究』
『駒澤短大紀要』　　　　　＝『駒澤短期大学研究紀要』
『駒大宗教論集』　　　　　＝『駒澤大学宗教学論集』
『駒大禅研年報』　　　　　＝『駒澤大学禅研究所年報』
『駒大大学院仏教年報』　　＝『駒澤大学大学院仏教学研究会年報』

『駒大仏教紀要』	＝	『駒澤大学仏教学部研究紀要』
『駒大仏教論集』	＝	『駒澤大学仏教学部論集』
『鈴木学術年報』	＝	『鈴木学術財団研究年報』
『禅研究所紀要』	＝	『〈愛知学院大学〉禅研究所紀要』
『禅文研紀要』	＝	『〈花園大学〉禅文化研究所紀要』
『曹洞宗研究紀要』	＝	『曹洞宗研究員研究生紀要』
『綜仏年報』	＝	『〈大正大学〉綜合仏教研究所年報』
『日仏年報』	＝	『日本仏教学会年報』
『花大紀要』	＝	『花園大学研究紀要』
『花大禅学研究』	＝	『花園大学禅学研究』
『仏教文化研究所紀要』	＝	『龍谷大学仏教文化研究所紀要』
『龍大論集』	＝	『龍谷大学論集』
『龍大論叢』	＝	『龍谷大学論叢』

I 総　論

1 中国仏教の概要とその特色

岡部和雄

（1） 中国仏教とは

　インドにおこった仏教は，やがてアジアのほぼ全域に広まり，それぞれ特色ある発展をみるに至った。紀元前後には中国大陸に伝播し，そこをわが基地として東アジア各地にひろまり，広範な仏教文化圏（朝鮮・日本・ベトナムなど）が形成された。

　中国仏教は「中国における仏教」Buddhism in China の意味で，一般に使われるが，これは同時に「中国人の仏教」「中国（語）化した仏教」Chinese Buddhism を意味するであろう。後者では，インド仏教や日本仏教とは異なる"中国独自の仏教"というニュアンスが強いように思われる。

　中国仏教を歴史的・思想的に正しく理解するためには，2つの前提が必要となる。1つはいうまでもなく仏教そのものについての正確で偏りのない知識である。仏教はインド起源であるから，インドのオリジナルな仏教についての基本的知識がなければならない。他の1つは中国の歴史や思想・文化についての概観的な知識である。中国では仏教伝来以前に，高度の文明が栄え，インドにまさるとも劣らない多彩な古典哲学（いわゆる諸子百家の思想，とりわけ儒家・道家の思想）が開花した。インド伝来の仏教は，それら中国固有の伝統思想と出会い，抗争し，また融合した。外来の，いままで知られることのなかった新しい宗教としての仏教は，かくしてしだいに中国の人々に受けいれられ，やがて漢人の出家者や在家信者もふえていった。他方，受容された仏教は，しかしそれまでの仏教（インドや西域の仏教）とは相貌を著しく異にするほど中国化されていった。

　かくして「中国の仏教化」と「仏教の中国化」は，いわば中国仏教の表と裏そのものであり，同一の歴史過程のなかにこの2つの契機が共存して機能する

ことになった。したがって中国仏教の研究を志す者は，この両者をいつも視野に入れ，その宗教的ダイナミズムの分析に意を用いる必要があろう。

（2） 中国仏教研究の方法

中国仏教を研究するといっても，「仏教学」のなかで中国仏教を研究する場合と，「中国学」のなかで，中国研究の一環として中国仏教を研究する場合とでは，おのずから関心のあり方が異なり，方法論にも差が生じることになろう。単純化していえば「中国仏教」というとき「中国」に研究の重点があるか「仏教」に重点があるかの相違であろう。しかし，ここでは仏教学を中心に据えて，必要可能なかぎり中国学の研究成果を吸収・援用するという立場に立って，論述することとしたい。

中国仏教にほとんど予備知識がない初心者，あるいは今後この方面の研究に進みたいと願っている一般の読者にとって，きわめて有益な指南書として，つぎの2つの入門書をすすめたい。

横超慧日「中国仏教研究の道しるべ」（『仏教学の道しるべ』文栄堂書店，1980）は，当初，大谷大学の学生を念頭に置いて執筆されたものであるが，著者の永い研究生活と研究指導の豊かな経験に裏づけられているために，まさしく痒いところに手がとどくような，貴重な助言・忠告がいたるところに見いだされる。じっくり研究資料（原典）を読み，細部を忽せにせず熟考するという，オーソドックスな研究姿勢は，今後，学術分野での情報化がどのように進むにせよ，基本的には変ることがないであろう。私たちは本書によってどのように研究を進めるべきか，という研究の道しるべ（研究者の王道）を，しっかり学びとることができる。

鎌田茂雄「中国仏教研究の問題点」（平川彰編『仏教研究入門』大蔵出版，1984）は，従来の研究を反省しながら，より広い視点に立って今後の中国仏教研究のあり方を展望したものである。教理史や教団史が中心の研究はこれまでどうしても中国史や中国思想史，中国宗教史との関連で問題を考慮する点が手薄になっていた。文学作品や中国美術史，さらに道教史，さかんに発掘される文物の考古学的研究など，関連する諸学の知識を総動員して研究をすすめる必要があ

るとする。仏教学の中心は教理史・教学史であり，方法は横超慧日のいう文献学であることはまちがいないが，それに固執すると中国仏教の真相は逆に見えなくなるということも起りえよう。

ところでこれまでの仏教研究のあり方に批判的な見解も，主として中国学や道教学の研究者から提出されている。その問題点については，溝口雄三『方法としての中国』（東京大学出版会，1989），福永光司『道教思想史研究』（岩波書店，1987），福井文雅『欧米の東洋学と比較論』，同『中国思想研究と現代』（いずれも隆文館，1991），同『漢字文化圏の思想と宗教』（五曜書房，1998）等に関説されている。

（3） 時代区分について

本書 II の「各論」では①漢・魏・両晋時代，②南北朝時代，③隋・唐時代，④宋・遼・金時代，⑤元・明・清時代という具合に王朝興亡の区分に従い仏教史も 5 つに区分して扱った。この方法は中国史や中国思想史を叙述するさいによく用いられてきた伝統的な便法であった。もっとも中国史の時代区分については，日本と中国の学説は異なるし，日本のなかでも内藤・宮崎説と周藤・仁井田説は対立したままで決着がついていない（宮崎市定『中国史 上』〈岩波全書，1977〉の「総論」参照）。鎌田茂雄の『中国仏教史』（同，1978）は以下の 4 区分を採る。①伝来と受容（後漢・三国），②発展と定着（東晋・南北朝），③完成と盛大（隋・唐），④実践と浸透（宋・元以降）。この 4 区分法はたとえばケネス・チェンの①Introdaction, ②Growth and Domestication, ③Maturity and Acceptance, ④Decline とも対応した区分であるし，さらにさかのぼれば日本の近代の仏教史家たちが提唱した 4 段階説（または 5 段階説）に修正・改良を加えたものである。その一例として道端良秀『中国仏教史（改訂新版）』（法蔵館，1972）によれば①伝訳時代（伝来から東晋まで），②研究時代（南北朝まで），③建設時代（隋・唐），④継承時代（明末まで），⑤衰退時代（清以後）となっている。同じく 4 区分を採りながらも，新しい名称をつけた新説もある。①格義仏教，②教判仏教，③禅浄双修仏教，④庶民仏教（『前田恵学集』2，山喜房仏書林，2002）。

中国の任継愈主編『中国仏教史』（中国社会科学出版社，1981）は新しい史観に

もとづいて中国仏教を叙述しているが，仏教は全体として封建社会時代に適応・発展したものと見なし，その期間を唐を境にして2つに区分する。封建前期は唐まで，封建後期は清までとする。

（4） 漢訳大蔵経

中国に伝えられた仏典は，陀羅尼以外はことごとく漢語に翻訳された。陀羅尼の発音も漢字で写しとられた。これは中国人の漢字・漢語に対する絶大な信頼・自負にもとづくものであり，漢字・漢語が通用するこの地域こそ，文明・文化の中心だとする「中華」意識に支えられていた。インドの仏典を自らの言語や文字にすべて移しかえて理解し伝承・保存したもの——それが漢訳大蔵経にほかならない。唐代までは書写された大蔵経がつくられたが，宋代以後になると木版印刷の技術が進み，官版や私版の木版大蔵経がさかんにつくられた。

日本で大正から昭和のはじめにかけて厳密な Critical edition として編纂・刊行された『大正新脩大蔵経』全100巻は，高麗版を底本とし，それに宋版・元版・明版その他を対校したものであり，今日でも仏教文献を引用する場合は多くはこれによっている。この『大正蔵経』刊行後に中国で磧砂版，金版等が発見された。前者は『宋版磧砂大蔵経』（新文豊出版公司，1986〜87，全40冊）として刊行され，後者は『中華大蔵経』（中華書局，1985〜2004，全106冊）として校訂・出版された。大蔵経を石に刻んで後世に残すという壮大な事業も中国人の手で実現した。『房山石経——隋唐刻経・遼金刻経・明代刻経・目録索引』（中国仏教図書文物館編，1988〜93，全30冊）はその影印版である。

また敦煌文献の整理・研究が進み，ここにも既刊の大蔵経未収録の仏教文献が多数ふくまれていることが明らかとなっている（敦煌研究院編『敦煌遺書総目索引 新編』中華書局，2002）。『大正蔵経』以外では『続蔵』（大日本続蔵経）に収められた仏教文献が，中国仏教研究に重要である。

『中華大蔵経』や敦煌文献を『大正蔵経』と対比して利用する際にきわめて便利な目録がつくられた。『大正蔵・中華蔵（北京版）対照目録』（国際仏教学大学院大学附属図書館，2004），『大正蔵・敦煌出土仏典対照目録』（同，2005），『同 第2版』（同，2006）がそれである。

このように見てくると漢字・漢文で表現された仏教文献がいかに厖大な量にのぼるか、おどろきを禁じえない。
　上述の『大正蔵経』中にふくまれる中国撰述仏典ということになると、33巻から55巻までがそれに該当する。経・律・論の三蔵に対して中国の学僧たちが注釈を施したもの（経疏部・律疏部・論疏部）が33巻から44巻までである。中国で成立した諸宗の宗義を扱った著作（諸宗部）が44巻の途中から48巻までである。さらに仏教の歴史に関する著作（史伝部）が49巻から52巻まで、仏教の語彙その他を収録したもの（事彙部）が53巻から54巻まで、経典の目録類を集めたもの（目録部）が55巻である。1巻から32巻までは、インド伝来の仏典の翻訳であるから内容的にはインド撰述の仏典ということになるが、しかしあくまで「漢訳」という表現形態をとっているのであるから、この部分の仏典も中国仏教研究の重要な資料といわなければならない。三蔵に対する注釈・研究には、中国ですでに行われていた儒学の聖典解釈学の方法が全面的に導入された。また人間の歴史事象に強い関心を抱く中国人は二十四史をはじめ、すぐれた歴史書を残した。その特性が仏教にも発揮され、高僧伝や経録等仏教史に関連のある数多くの著作が上記の史伝部や事彙部に保存されている。そうした仏教史籍に改題をつけたものが陳垣『中国仏教史籍概論』（中華書局、1962）であり、参照に値する。鎌田茂雄『中国仏教史』（前掲）の巻末にも「中国仏教史籍解題」がつけられている。なお日本の天台宗の学僧がつくった中国僧の人名辞典がある。堯恕編『僧伝排韻』108巻（『大日本仏教全書』第99・100巻〈旧版、同刊行会、1912〉、同第74巻〈新版、鈴木学術財団、1973〉）に収められており、中国仏教の研究者にとって、きわめて有用な参考書である。

（5）　中国仏教の独自性

　中国仏教がもっとも隆盛した隋・唐の時代には、すぐれた学僧たちがつぎつぎに輩出され、教義・教学が整備・体系化され、特色ある教相判釈（教判と略称する）にもとづき、中国諸宗が競いおこった。仏教がインド亜流の仏教を脱して、真の意味で中国人の仏教を創出した時代であった。「宗派」という概念はインド仏教に存在しなかったもので、特定の経論あるいは実践を頂点において、全仏

教をその下部に組織・体系化する，という教判の理論は，宗派成立にとって不可欠の条件であった．三論宗，法相宗，律宗，密教等の諸宗は，それぞれ独自の教判をもつとはいえ，インド仏教と比較的親しい関係を持ち，インドの教義・学説を範とする傾向が強かった．しかし天台宗，華厳宗，三階教，浄土教，禅宗等は，インド仏教にはない，全く新しい要素が各宗派の基本的性格になっていて，中国人の仏教としてどのような新基軸が打ち出せるか，それが真剣に模索されていた．中国仏教が「大乗」を基調として選びとったことも，中国的な展開にとって大いに幸いしたといえよう（岡部和雄「中国社会と大乗仏教」『講座大乗仏教』10，春秋社，1985）．

中国禅宗における「語録」「公案」「作務」「清規」等は，中国の禅僧たちが自らの新しい仏教として，その独自の修行生活のなかで創出したものであり，ある意味ではインド仏教の完全な否定の上に成立したものであった．

中国人の思惟方法や論理の特徴等についてはさまざまに論じられてきたが，金谷治「易と中国人の考え方」（『易の話』講談社現代新書，1972）や蜂屋邦夫『中国の思惟』（法蔵館，1985），さらに末木剛博『東洋の合理思想（増補新版）』（法蔵館，2001）等がわかりやすい．中村元『シナ人の思惟方法』（『決定版中村元選集』2，春秋社，1988）は正面からこの問題にとり組み，つぎのような見通しを述べている．

> シナ的な仏教諸派のうちでも，結局シナ仏教全体を支配するに至ったものは，禅宗である．仏教は禅宗となることによって新たな発展と変容をとげた．思想形態も著しく変化した．（中略）禅宗における変貌のあとを検討することは，シナ人の思惟方法を知るために最も良い手がかりとなるであろう．

中国仏教をして中国仏教たらしめているその本質を探求するためには，各時代にわたる民衆の信仰，年中行事，倫理観，儀礼等が解明されなければならない．近年アメリカの中国学者ステファン・タイザーが中世中国の鬼節（祖霊祭）を分析することによって，民衆仏教研究に新生面を切り拓いた（Stephen F. Teiser, *The Ghost Festival in Medieval China*, Princeton Univ. Press, 1988）．この研究には偽経，変文，宝巻，道蔵等，教学中心の仏教からみればマイナーな資料が活用され，成果をあげている．塚本善隆，道端良秀，牧田諦亮，吉岡義豊，

沢田瑞穂等日本人学者の諸研究について綿密な検討・批評がなされていることはいうまでもない。民衆の信仰のなかでは仏教と道教の区別は判然としていない。したがってこのような研究は狭義の中国仏教研究の枠におさまらないであろう。しかしこの種の研究を積み重ねなければ「中国仏教」の本質に迫ることはできないであろう。なお本書は『幽霊的節日――中国中世紀的信仰与生活――』（侯旭東訳，浙江人民出版社，1999）として中国語に訳されている。タイザーは十王経についても翻訳と研究を完成した（*The Scripture on the Ten Kings and the Making of Purgatory in Medieval Chinese Buddhism*, Univ. of Hawaii Press, 1994）。

（6） 中国仏教史（とくに通史）について

これまでも書名をあげたが，鎌田茂雄『中国仏教史』（前掲）が，もっともまとまりのある便利な参考書である。同じ著者の編集で『中国仏教史辞典』（東京堂出版，1981）が刊行されたが，この採録項目は，この全書版の『中国仏教史』によったものである。同『新・中国仏教史』（大東出版社，2003）はより教科書風に要説を叙述したもの。鎌田が心血を注いでまとめあげた通史といえば『中国仏教史』全6巻（東京大学出版会，1982～99）であろう。最初全8巻で計画されたが，著者の急逝で，第7巻（宋元の仏教）と第8巻（明清以後の仏教）が未完に終った。しかし既刊の6巻本といえども，従来のいずれの中国仏教史よりも詳細・綿密であり，内外の新しい研究成果を取り入れた一大通史になっている。本格的に中国仏教研究に着手する場合は必読の書である。

平川彰『インド・中国・日本仏教通史』（春秋社，1977）は三国の仏教を一貫した通史として叙述したもので，初心者のみならず，専門家にも有益である。「中国」仏教通史の部分もとくに教理・教学の展開の道筋が明快に示され，これを通読すれば中国仏教の概観がえられる。

通史としては塚本善隆『中国仏教通史』1（春秋社，1973：初版は鈴木学術財団，1968）がある。これも当初全3巻の計画だったが，東晋の道安までで終ってしまった。著者晩年の力作で，仏教史の醍醐味が伝わってくる。かつて塚本が書いた「中国仏教史」（『現代仏教名著全集』5「中国の仏教」隆文館，1965）もよい参考書である。

道端良秀『中国仏教史（改訂新版）』（前掲）は政治や社会の動きにもよく目を配った仏教史で，海外の研究者にも重宝がられた。アーサー・ライトはこれを自ら英訳し，たえず参照していたという。野上俊静・小川貫弌・牧田諦亮・野村耀昌・佐藤達玄著『仏教史概説　中国篇』（平楽寺書店，1968），牧田諦亮「中国仏教史の流れ」（『中国仏教史研究』1，大東出版社，1981），布施浩岳『中国仏教要史』（山喜房仏書林，1970），木村清孝『中国仏教思想史』（世界聖典刊行協会，1979），中村元・金岡秀友・笠原一男編『アジア仏教史』（中国篇5冊，佼成出版社，1972～76）等もあり，それぞれ特色があっておもしろい。
　ところで中国でも大がかりな仏教史が計画・刊行されている。任継愈主編『中国仏教史』全8巻（既刊3巻，中国社会科学出版社，1981～88）がそれである。任継愈は湯用彤のもとで哲学・仏教学をおさめた長老学者で，『漢唐仏教思想論集』（三联書店，初版1963，増補改訂版1973）を著して，天台・華厳・禅・法相等の教学に分析と批判を加えた。本書は日本で翻訳・紹介されている（古賀英彦他訳『中国仏教思想論集』東方書店，1980）。
　完結すれば全8巻になるはずの『中国仏教史』は，第4巻以下が未刊であるが，全巻の構成はつぎのようになっている。第1巻　東漢・三国の仏教，第2巻・第3巻　両晋・南北朝の仏教，第4巻・第5巻　隋・唐の仏教，第6巻・第7巻　宋・元・明・清の仏教，第8巻　清末・民初の仏教である。主編者は「いまなぜ中国仏教史をかくのか」と問いを設け，つぎのような構想・抱負を述べる（第1巻，序文）。

　　仏教は中国史における封建社会の時代にその上部構造として発展してきた。封建社会は，漢から唐にかけての封建社会前期と，宋から清にかけての封建社会後期に大きく区分することができる。仏教は封建社会の経済発展や政治闘争と密接不可分のつながりをもっているから，上部構造としての仏教思想のみをそれらから切り離してとりあげるのは，仏教の歴史を真に解明したことにならない。中国は革命後30年たったが，中国仏教全体にわたる通史はまだかかれていない。そこで難解な仏教の概念や術語を，現代の社会科学の用語で解きあかし，弁証唯物主義（弁証法的唯物論）と歴史唯物主義（史的唯物論）によって中国仏教史を分析し論評するつもりである。

　ところで既刊の3巻についてはすでに邦訳され刊行ずみである（丘山新・小川

隆・河野訓・中條道昭他訳『定本・中国仏教史』全3冊，柏書房，1992〜94)。

　湯用彤(1893〜1964)には，中国仏教史研究の古典ともいえる著作がいくつかあるが，とりわけ2つが有名である。『漢魏両晋南北朝仏教史』(上下2冊，中華書局，1955〈初版〉→横組新版，1983)，『隋唐仏教史稿』(同，1982)。湯用彤の没後，長男の湯一介が旧著や未刊の草稿を整理し，『湯用彤論著集』という6巻のシリーズを刊行した。さきの2著もこのシリーズの中にふくまれている。他に『理学・仏学・玄学』(北京大学出版社，1991)という著作も刊行された。これには中国仏教史に関する，これまで知られていない論稿が収められている。

　欧文で書かれた通史としては，アーサー・ライトのものがよく知られている。Arthur F. Wright; *Buddhism in Chinese History*, Stanford Univ. Press, 1959. これは邦訳されたので日本語でも読める（木村隆一・小林俊孝訳『中国史における仏教』第三文明社，1980)。ライトはフランスのドミエヴィル，日本の塚本善隆について中国仏教を学んだ。

　ケネス・チェンの中国仏教史は，今のところ欧文で書かれたもっとも詳しい通史といえる。Kenneth Ch'en; *Buddhism in China, A Historical Survey*, Princeton Univ. Press, 1964. 巻末の文献目録も充実しているし，本文だけでも500頁に近い大著である。ただ邦訳はなされていない。ケネス・チェンには有益な研究書がもう1冊ある。*The Chinese Transformation of Buddhism*, Princeton Univ. Press, 1973. これは邦訳紹介されている（福井文雅・岡本天晴訳『仏教と中国社会』金花舎，1981)。中国人の生活を倫理・政治・経済・文学・教育と社会の5分野に分け，仏教がそれぞれの分野でどのような変貌を被って受容されたかを，詳細に分析している。

　初期の中国仏教については，オランダのエーリク・チュルヒャーの研究がつとに有名である。Erik Zürcher; *The Buddhist Conquest of China*, 2vols., Leiden, 1959 (増補版，1972)。初版が出てすぐに書かれた宮川尚志の書評（仏教史学9－1，1960）は，本書の学術的価値を的確に評価・紹介しているので，参照に値する。近年になって本書の邦訳が刊行された（田中純男・成瀬良徳・渡会顕・田中文雄訳『仏教の中国伝来』せりか書房，1995)。チュルヒャーはこれに「日本語版への序文」を寄せ，いくつかの改訂すべき要点を記している。なお，この邦訳には著者の代表的著書・論文をあげているので，本書以後の研究業績を

知ることができ便利である。

ポール・ドミエヴィルがフランスの百科全書（1970刊）のために書いた Le Bouddhisme Chinois（中国仏教概説）は，よくまとまっていて，すぐれた通史になっている。これはドミエヴィルの『仏教学論文選集』にも収められたので参照しやすくなった (Paul Domiéville: *Choix d'Études Bouddhiques*, Leiden, 1973)。

L'Inde classique, 2 tome（École Francaise d'Extreme-Orient, 1947～53）は，インド研究のよき案内書として今でも有用であるが，その2巻目に「中国語資料」（漢文資料）紹介がある（§2045～§2169）。これを担当したのがドミエヴィルである。本書は邦訳されているので，さらに便利になった（『インド学大事典』全3巻，金花舎，1981）。また『法宝義林』別冊としてつくられた *Répertoire du Canon Bouddhique Sino-Japanaise, Édition de Taisho*（『大正大蔵経総索引』改訂増補新版，1978）は，「大正新脩大蔵経勘同目録」（『昭和法宝総目録』1・3）を併用すれば，漢文仏典を利用する際に大いに役立つであろう。これもドミエヴィルおよびその門下の労作である。

M. エリアーデ主編の『宗教百科事典』*The Encyclopedia of Religion*. (16vols, New York, 1978) の「中国仏教」（Buddhism in China）の項目は，エーリク・チュルヒャーが執筆している。また「中国仏教の宗派」（School of Chinese Buddhism）の項目は，スタンリー・ワインスタイン（Stanley Weinstein）が執筆している。いずれも簡にして要を得た記述になっており，中国仏教の大綱がわかるよう工夫されている。

漢訳大蔵経にもとづいて形成された東アジア仏教の全体を視野に入れた，最近の論稿として高崎直道「東アジア仏教史——漢訳仏教圏の形成」（『東アジアの仏教』岩波講座「東洋思想」12, 1988）がある。

中国思想史における基本概念66項を選び，それぞれの専門家が通史的な解説を施した便利な参考書がつくられた。溝口雄三・丸山松幸・池田知久編『中国思想文化事典』（東京大学出版会，2001）。中国仏教の研究者にとっても有益であろう。

2　格義と三教交渉

伊 藤 隆 寿

（1）　格義について

　中国に仏教が伝来したころには，すでに儒家思想や道家思想が中国固有の思想として成立しており，黄老・神仙思想等の民間信仰もさまざまな形態で存在していた。仏教は言うまでもなく釈尊に始まる宗教ではあるが，そこにはインド・西域の文化が反映している。中国に仏教が受容されるに際し，当然ながら異文化の衝突と交流が行われた。いわゆるシルクロードによって紀元前よりインド・西域と中国との人的物的交流は行われていたであろうから，仏教の存在も記録されるより相当前の段階で知られていたとも想像される。交易に携わる人々にとっては既知のことであったとしても，漢代の王公士大夫が仏教の教えに始めて接したときの驚きは，あるいは袁宏（328～76）『後漢記』巻10（四部叢刊本，5丁左）の伝える通りであったかも知れない。

　「格義」というのは，仏典の事数を中国古典の言葉になぞらえて解釈することである（梁・慧皎『高僧伝』巻4竺法雅伝，大正蔵50）と説明されるように，中国における仏典解釈のあり方を言うものである。僧叡（352～436）の「喩疑」（『出三蔵記集』巻5，大正蔵55）によれば，それは訓詁注釈的な方法というにとどまらず，中国に仏教を広めるための方法でもあった。「配説」とも呼んだらしい。異文化の理解受容に，既成の自国の思想・概念さらに慣習文化を基準として，それにあてはめて理解するというのは，ごく自然のことであったであろう。格義の語義は，「義を格（はか）る」「義を格（ただ）す」とされるから，この意味からすれば仏典の漢訳は格義そのものであって，仏教の空を無あるいは本無と訳し，泥洹（涅槃）を無為とし，無我を非身，阿羅漢を応真と訳していること等に明らかで，これらの例は特に道家思想との関連が予想される。したがって「仏典の格義的翻訳」（塚本善隆『中国仏教通史』1，307頁，鈴木学術財団，1968）とい

われるのも当然といえよう。

　さて，この格義の捉え方について，従来2つの見解が提出されている。1つは，時期的に釈道安（312〜85）以前のこととし，その内容についても『般若経』の空の思想を理解するのに老荘の無の思想になぞらえたことを指す，というように，時代と内容を限定する見方である。他方，格義を異文化を理解受容するあり方を示す典型とみて，いわゆる儒教・道教・仏教の三教交渉の意味を含ましめる見解もある。この場合は，内容・時代を限定せずに広義に捉えようとするものである。『高僧伝』の説明のように，中国の古典の言葉になぞらえて仏典を解釈するというのは，特定の時代に限定されるものではなく，また単なる語句の対比・比配にとどまらず，概念内容を考慮した上でのことであるから，三教交渉の具体例を示すものと捉え得るのである。

　従来の研究者において，前者の例は宇井伯寿・常盤大定らが採用し，後者の例は，陳寅恪・湯用彤・任継愈・塚本善隆等である。詳しくは拙著『中国仏教の批判的研究』本論第1章格義仏教考（大蔵出版，1992）を参照されたい。格義を，三教交渉の代表的事例として注目し，史料をほぼ網羅して論じたのは陳寅恪であるが，その後，中国でも日本でも，このテーマは魏晋仏教の一こまとして扱われるのみであった。筆者は，1980年代後半から，格義は三教交渉の具体例であるのみならず，三教交渉の実態を明らかにして中国仏教思想の特質を解明する上で重要なテーマであるとの認識をもち，格義を広義に解釈している。拙著において「老・荘思想の特色を，「道・理の哲学」と捉え，仏教を「道・理の哲学」を基盤として理解解釈することを「格義」とし，そのような格義的見解による仏教を，すべて「格義仏教」と呼ぶことにしたい」（前掲拙著，132頁）としたのは，三教交渉，特に仏・道交渉の思想的実態を解明することを目的とした作業仮説としてのものである。

　しかし，小林正美「格義仏教考」（シリーズ東アジア仏教3『新仏教の興隆』東アジアの仏教思想II，春秋社，1997）では，格義には限定された用途と方法があったとみて，時代的には東晋時代の特色として捉え，「格義仏教」という用語が日本の中国仏教史家の造語であるとの指摘もなされる。また，彭自強『仏教与儒道的冲突与融合』（巴蜀書社，2000）では，魏晋代の玄学の流行が仏教の解釈に影響を与えて格義による仏典の解釈をうながしたが，それがやがて東晋から南北朝

にかけて「得意」へと展開したとの見方を提示している。

　従来，格義を仏教と道家との関係で論じることが多いが，格義の例として，五戒（不殺・不盗・不婬・不妄語・不飲酒）と五常（仁・義・礼・智・信）にあて，三帰（帰依三宝）を三畏（天命・大人・聖人之言を畏る）にあてたというのは，仏教と儒教との対比であり，仏教と儒家との関係においても当然ながら格義の問題は存在する。

　以上のように，格義は儒・道二教に代表される中国固有思想と仏教との交渉，すなわち三教交渉にかかわる事柄であることが明らかであろう。

（2）　三教交渉の研究と必要性

　鎌田茂雄は，かつて「中国仏教を理解するには，中国固有の民族宗教である道教を切り離して考えることはできない」（平川彰編『仏教研究入門』188頁，大蔵出版，1984）と述べられたが，それに加えて儒教も切り離すことはできず，格義に象徴される三教交渉の実態解明は，中国仏教研究の最大かつ最重要のテーマと言ってよい。それのみならず，中国思想史の実際の姿を明らかにするものである。インドあるいは西域の言語で書かれた仏典が中国に将来されるに際し，仏教に心を寄せる多くの人々が関与し協力しており，そのことが，仏典の訳語・訳文にも少なからず反映している。つまり，儒教や老荘等の古典の思想や用語がさかんに登場する。訳経の概要や翻訳をめぐる問題は他稿にゆずるが，中国での仏典翻訳が必ずしも原典に忠実ではないということが明らかである以上，インド語による原典と漢訳との比較研究はもとより不可欠ながら，三教交渉の視点からする漢訳仏典の原典批判的研究も重要かつ不可欠の研究課題であろう。中村元「仏典漢訳に影響を及ぼした儒学思想」（『東西文化の交流』中村元選集9，春秋社，1965）や福永光司「仏教の漢訳と中国古典学」（『中国の哲学・宗教・芸術』人文書院，1988），丘山新「漢訳仏典論」（『岩波講座東洋思想』12「東アジアの仏教」1988）等をふまえた上で，さらに個別の問題についての研究へと進むことが要請される。その際，単なる用語の使用についての調査研究にとどまらず，中国固有思想が果たした役割，その意味についても分析する必要があろう。分析の方法及び分析結果に対する評価は，研究の方法・アプローチの違いによって相

違したものとなるであろうから，研究者の方法論及び立場（の表明）は重要と思われる。

　これまで，漢訳仏典の原典批判的研究が，それほど進んでいないのは，それが困難であるからであろう。なぜなら，インドあるいは西域の言語と漢語の両方に通じている必要があるからである。しかし，中国仏教の解明にとって不可欠の研究であるとすれば，その困難を克服しなければならない。もし一人の研究者において不可能とするなら，インド・西域仏教の研究者と中国仏教研究者，あるいはパーリ・サンスクリット・チベット語に通じた人と漢語に通じた人々の共同研究によって可能となろう。袴谷憲昭『仏教教団史論』（大蔵出版，2003）によって，インドと中国との中間地帯，つまりインドでも中国でもない，いわゆる西域・中央アジアの仏教の重要性が指摘され，その実態が明らかにされてくると，中国の枠内で考えるにとどまらず，インド・西域（インド周辺・チベットも含めて）・中国の交流の視点も必要となり，インドと中国という古くからの学問領域上の垣根を取り払った研究も今後はなされなければならない。そのような意味で，苅谷定彦「『大阿弥陀経』法蔵菩薩説話段の異質性―『阿弥陀経』に比して―」（仏教学45，2003）は注目すべき論文である。

　三教交渉の研究は，仏・儒・道という3つの異なる思想の関係交渉についての研究であるから，基本的・基礎的研究として，研究対象とする資料に対する言語学的・文献学的研究がなされなければならないが，その目的でもあり最も重視すべきは思想交流の実態とそれが三教相互に及ぼした影響・思想的意味の分析研究であろう。つまり思想研究である。ここでは仏教を中心に考えているわけであるが，三教各々がすでに独立した研究領域を形成しているから，それぞれの立場から三教あるいは二教の交渉についての研究が試みられている（次項に略述）。立場やアプローチの違いということであれば，日本の学者と中国の学者の視点の相違も興味あるところで，相互に補完するところもあろう。たとえば，日本の研究者の場合，日本における長い仏教研究の蓄積，近現代における最新の研究成果が生かされていることが多く，仏教の教理（思想）の理解にすぐれている。他方，中国の研究者は，近年次々に研究成果を公表して，自国の文化に対する大いなる自負をもって，注目すべき見解を提示しているが，仏教思想（特にインド仏教）に対する理解及び従来の内外の研究成果に対する配慮

が不十分に見える。これらは近い将来解消されると思われるが、いずれにしても三教交渉の研究にとって大切なのは、三教各々の思想の本質を的確に把握した上で研究を行うという至極当然のことに尽きよう。至極当然のことを敢えて強調するのは、思想の本質を的確に把握するということが、三教いずれにおいてもそう簡単なことではないからである。そこには、仏教とは何か、と仏教研究者が問い、それが永遠の課題でもあるように、儒・道においても同様の問題が横たわっているからである。しかし、研究者において、三教いずれにせよ、その本質が正確に把握されていなければ、三教交渉の思想的研究は不可能であろう。

（3） 三教交渉全般についての研究成果

現時点で筆者の視野に入った三教交渉の全般にわたっての研究成果の主要なるものを列挙すれば次の通りである。

①常盤大定『支那に於ける仏教と儒教道教』（東洋文庫，1930）
②久保田量遠『支那儒道仏三教史論』（東方書院，1931）
③同『支那儒道仏交渉史』（大東出版社，1943）
④武内義雄『三教交渉史』（武内全集8，角川書店，1978）
⑤方立天『中国仏教与伝統文化』（上海人民出版社，1988）
⑥湯一介『中国伝統文化中的儒道釈』（中国和平出版社，1988）
⑦同『儒道釈与内在超越問題』（江西人民出版社，1991）
⑧伊藤隆寿『中国仏教の批判的研究』（大蔵出版，1992）
⑨湯一介『仏教与中国文化』（宗教文化出版社，1999）
⑩彭自強『仏教与儒道的冲突与融合——以漢魏両晋時期為中心』（巴蜀書社，2000）
⑪方立天『中国仏教哲学要義』上・下（中国人民大学出版社，2002）
⑫王暁毅『儒釈道与魏晋玄学形成』（中華書局，2003）
⑬杜継文『中国仏教与中国文化』（宗教文化出版社，2003）
⑭伊藤隆寿著，肖平・楊金萍訳『仏教中国化的批判性研究』（香港・経世文化出版，2004，⑧の中国語訳）

①②③は，三教交渉の問題を中国への仏教伝来期から明代に至る全般にわたって論述しており，古典的ではあるが三教交渉についての基本書として一読すべきものである。⑧は，袴谷憲昭『本覚思想批判』（大蔵出版，1989），松本史朗『縁起と空—如来蔵思想批判』（同）を踏まえ，仏教思想の基本的立場（縁起説）に立脚して，三教交渉の結果としての仏教の中国化に対し批判的研究を展開したものである。

⑥⑦及び⑨以下の中国の研究者の論著は，いずれも仏教と中国伝統文化との関係，すなわち三教交渉についての研究書であり，現代中国において，いかにこの問題に強い関心が寄せられているかが分かる。日本において，近年この種の研究成果がほとんどないのと対照的で，中国の人々の自国の文化に対する関心の表れである。これらの書は，いずれも各研究者の見識が示されていて，参考となる視点や見解も多いが，研究のあり方あるいは学問の方法の面で，日本では常識であるところの，従来の内外の研究成果を参照した上で，自己の見解，新知見を提示するという研究方法を取っておらず，日本における研究成果，あるいは日本における議論と同列に扱えないところがある。中国の事情もあるが，現代の若手の研究者においては，その点が改められてきている。上記の中で⑩は，先行する研究成果を割合（可能な限り）参照した上で重要な問題を取り上げていて注目される。

（4） 三教交渉に関する諸問題

まず，研究のあり方について一言しておきたい。三教交渉の研究は，早い段階で常盤・久保田の先覚者による研究があるとはいえ，日本における中国仏教研究のあり方は，凝然（1240～1321）以来の三国史観によるインド・中国・日本という領域，及び仏教と関連する学問領域であっても相互に各々の学問領域を犯さない，というような考え方が根強く，1980年代頃まで中国仏教研究はおおむね中国思想やインド哲学・インド仏教・チベット仏教と切り離して行われてきたと言ってよい。そろそろ，そのような研究のあり方から脱却すべきであろう。そうでなければ中国仏教の本質は理解できないからである。1960年代より仏教と道教との関係についての研究がなされるようになり，1980年代以降は，

領域の枠組に捉われない研究の必要性が認識されたが、中国域内の三教交渉の実態解明と相俟って、今後は中国と西域・インドとの交渉の研究も必要となるであろう。

次に、三教に共通し中国仏教に貫通する大きなテーマは何であろうか。筆者は「聖人論」あるいは「聖人観」がその1つであると考えている。仏教においてそれは「仏陀論」であり、「悟り」の問題であり、「成仏論」である。

村上嘉実『中国の仙人』(サーラ叢書、平楽寺書店、1956) 等によって知られるように、中国の人々は理想の人格として古くは神仙(仙人)を考え、それに憧れ、儒家の人々は孔子及びその教えを師表としつつ理想の人格者としての聖人・君子を論じた。板野長八『中国古代における人間観の展開』(岩波書店、1972) は、孔子より前漢中葉末に至る約5世紀間の思想史を人間観を視点に概観しており参考となる。また道家の人々も、『老子』に示されるように、万物の根源・永遠不滅の実在たる「道」との一体化を理想として至人・真人を論じた。金谷治『老荘的世界』(サーラ叢書、平楽寺書店、1959) は、『淮南子』の思想を分りやすく述べている。そして、仏教は釈尊を教祖として仰ぐが、中国の人々は釈尊を実在する人間釈尊として、身近な存在として捉えることはほとんどなかったのではなかろうか。当初は異国の神・神仙として、次第に中国の理想的人格者としての聖人・真人と重ね合せて受け止めたようである。仏教伝来の初期には、『般若経』や禅観関係の仏典と並んで仏伝に関するものも次々に訳されている。中国の人々はこれをどのように読み、どのように受け止めたのであろうか。1つの研究テーマである。牟子の『理惑論』(『弘明集』巻1、大正蔵52) 等には「仏」の基本性格についての質問も見える。以後の時代の仏教者は「仏」をどのように理解したのであろうか。諸宗・諸学派においてはどのように説明するのか。

中国の人々が、仏教の理想としての悟り・成仏を考えるとき、儒家の聖人を考え、道家の真人・至人を考えることはなかったであろうか。中国伝統の聖人観を基準として仏教の悟りとは何か、成仏とは何かを探究したのでなかろうか。このことは、仏教伝来の当初から禅宗の人々、さらに現代の中国仏教に至るまで共通している課題であり、格義と三教交渉、中国仏教思想史を貫通する最大のテーマと思われる。

儒教との関係で最初に考慮すべきは、仏教(釈尊)と儒教(孔子)との共通性

と相違点についてであろう。宇野精一・中村元・玉城康四郎編『講座東洋思想2　中国思想Ⅰ』(東京大学出版会，1965)の，宇野精一「儒教思想の本質」は分りやすく要点を述べ，西順蔵「仏教と中国思想」(講座仏教Ⅳ『中国の仏教』大蔵出版，1958)は，儒教と仏教との基本的立脚点の相違にふれている。筆者のみるところ，儒・仏の共通点は，基本的には人間中心の考えに立ち知性を重んじるということにあると思われるが，釈尊その人の思想を的確に捉えておくことと，孔子その人の思想の本質を同様に明確に把握しておくことが必要である。孔子その人と以後の人々との違いにも留意しなければならない。後代の解釈は理解を助けてくれるものであるが，全面的に依拠することは危険である。やはり，両者について先入観を払拭して直接的に学ぶべきであろう。儒仏の相違点に関して論争となったのは，出家と在家の問題及び儒教倫理と戒律の問題がある。社会制度とも関連して礼敬問題も派生した。これらの問題が仏教史上において顕在化するのが，釈道安(312~85)から廬山の慧遠(334~416)の時代であり，特に慧遠の遺した文章には，それらの問題に対し仏教者として答えた内容のものが存在している。木村英一編『慧遠研究』研究篇・遺文篇(創文社，1962)は，慧遠の遺文の集成並びに訳注と研究を行ったもので不可欠の書である。儒教倫理との関係については，道端良秀の一連の研究がすぐれた成果を示している。『唐代仏教史の研究』(法蔵館，1957)のなかの「仏教と実践倫理」，『仏教と儒倫理—中国仏教における孝の問題』(サーラ叢書，平楽寺書店，1968)，『仏教と儒教』(レグルス文庫，第三文明社，1976)等である。ここで取り上げられる「孝」や祖先崇拝等の問題は，在家信者，民衆の存在を意識させよう。仏教者の実生活，社会生活における規範，宗教(仏教)儀礼等の面で儒教といかに関っているのか。『梵網菩薩戒経』の成立は，明らかにインドの戒律の簡素化(中国化)の例であり，また各種各様の偽経(疑経)の成立も，三教交渉の視点から，さらなる分析研究をしなければならないと思われる。仏教と儒教との関係で特に注目されてきたのは，宋・明理学との関係である。荒木見悟『仏教と儒教—中国思想の形成するもの』(平楽寺書店，1972)は，華厳経，円覚経，朱子，王陽明を扱い，陽明学との関連については，同『仏教と陽明学』(レグルス文庫，第三文明社，1974)と『陽明学の開展と仏教』(研文出版，1984)等があり，久須本文雄『王陽明の禅的思想研究』(日進堂書店，1958)と同『宋代儒学の禅思想の研究』(同，

1980) も参考となる。中国書には，陳運寧『中国仏教与宋明理学』(湖南人民出版社，2002) があり，宋明理学が中国文化と外来文化との融合の成功例であることを論証している。

次に，道教 (道家) との関係は思想面からみると儒教との関係以上に密接である。従来，中国仏教を語るとき，インドと中国との民族・気候風土・地理的条件・習俗・宗教等の相違，つまり文化の異質性ということが強調されたように思われる。明らかに異質な面が多いであろう。しかし，袴谷憲昭『本覚思想批判』(前掲) と松本史朗『縁起と空—如来蔵思想批判』(前掲) を踏まえて著された，筆者による『中国仏教の批判的研究』(前掲) によって，道家の思想 (筆者はそれを道・理の哲学と呼ぶ) とインドのアートマン論 (松本史朗は, それを dhātu-vāda 基体説と呼ぶ) とは，その思想構造が全く一致することが論証された。松本の論証は，大乗仏教の究極とまで称された如来蔵・仏性思想の本質が dhātu-vāda そのものであるということであるから，道家思想と如来蔵・仏性思想の一致性が明らかにされたことは重大な指摘であり，中国仏教研究にも大きな影響を与えるものと思われる。中国仏教研究者が，この点を踏まえるか否かは大切なポイントになるであろう。インドと中国との同質の思想が，仏教あるいは道教の場において密接に結びつくということは，自然の成行であったともいえよう。

従来，仏教と道教との関係についての研究業績は多い。入門書的なものとしては，渡辺照宏編『仏教の東漸と道教』(思想の歴史4，平凡社，1965) や鎌田茂雄編『講座仏教の受容と変容4，中国篇』(佼成出版社，1991) があり参考となる。老荘・道教と仏教をテーマとして掲げたものに，森三樹三郎『老荘と仏教』(法蔵館，1986)，吉岡義豊『道教と仏教』(3冊，国書刊行会，1976)，福井文雅『道教と仏教』(『道教』2，平河出版社，1983) がある。また，仏教の側から道教との関係を論じたものに，鎌田茂雄『中国仏教思想史研究』第1部仏道両思想の交流 (春秋社，1968) があり，さらに道教経典の中にある仏教関係の資料を蒐集してまとめた『道蔵内仏教思想資料集成』(東京大学東洋文化研究所，1968) があり，その序文に「従来，天台教学とか華厳教学の教理研究は，微に入り細にわたって行われたが，広く中国思想史全体のなかから，その特質や性格を位置づけるには至っていないのが学界の現状である」と述べられているが，現時点でもそ

の状況は変っていない。そして道教や道教史の研究ではあるが，仏教に顧慮した研究としては，福永光司『道教思想史の研究』(岩波書店, 1987)，小林正美『六朝道教史研究』(創文社, 1990) がある。福永は，これまでの仏教研究は，おおむね中国思想史 (特に儒教古典学) と切り離して行われてきたと指摘する。そのほか，宮川尚志『中国宗教史研究　第一』(同朋舎出版, 1983) は，神仙思想から道教の成立等の諸問題を扱っていて有益である。三教交渉の具体的状況が，個人の思想の上にどのように表れているか，ということの研究は，三教交渉の思想的実態を明らかにする上で主要なテーマとなるが，この方面についてのこれまでの代表的研究が，塚本善隆編『肇論研究』(法蔵館, 1955) であり，六朝を中心とする三教交渉の基礎資料ともいうべき『弘明集』に対する研究が，牧田諦亮編『弘明集研究』巻上 (訳注篇上)，巻中 (訳注篇下)，巻下 (遺文篇) の3冊 (京都大学人文科学研究所, 1973〜75) である。六朝時代にかかる諸問題や研究書は，各論の項に譲りたい。

3 訳経・経録・偽経

岡部和雄

(1) 漢訳仏典の特質

　外来の思想や文化がまず翻訳を通して紹介されることは，なにも仏典翻訳の場合に限らないが，しかし中国における仏典の翻訳（これを一般に訳経とよぶ）には，他には見られないきわだった特徴がある。それは翻訳された期間がとほうもなく長期にわたること，したがってその結果，翻訳された仏典の総量が厖大であること，さらに翻訳された仏典が中国では原典以上に神聖視され，大切に保存・研究されてきたこと等である。まず訳経の期間であるが，これは後漢から宋代に至るほぼ1000年続いており，唐末に一時的空白があるとはいえ，全期間にわたって翻訳仏典が続々とつくられてきた。次に漢訳された仏典の総量は，現存するものだけでも約1700部に達する。いま仮に『大正蔵経』の頁数をもってざっと計算すれば3万頁以上になる。これは実におどろくべき分量といわなければならない。しかもこのほかに訳されはしたが散逸して伝わらないものも少なくなかったから，中国における訳経の全体はこれよりも多かったに違いない。また中国では，いったん翻訳が完了すると，それがもとづいた原典の方はほとんど顧みられず，漢訳された仏典だけが尊崇されるのが常であった。そのためか，中国に伝来したと思われる大量の原典（梵本や胡本）は，いつのまにか失われ，今日に至るまでほとんど発見されていない。

　ところで，このような大量の仏典はだれによって翻訳されたのであろうか。いうまでもなく「訳経三蔵」として知られている訳経僧たちの功績である。その数は，名前を知られているものだけでも200人以上にのぼる。これら訳経僧たちの伝記や訳経事業については，『高僧伝』や『経録』に詳しく記されている。これを読めば，後世に名をとどめた訳経僧以外にも，いかに多くの協力者・賛助者に支えられた事業であったか，その陰の力の大きさにおどろかされる。

初期の翻訳では，西域各地から中国に渡来した外国僧の活躍が著しい。後漢から西晋にかけての翻訳僧のなかには，遠く西トルキスタン地方から仏典をたずさえてやってきた人々もあった。5世紀以後になると直接インドとの交流も開かれ，法顕のように仏典を求めてインドにおもむく「入竺求法僧」があらわれた。入竺僧のすべてが必ずしも訳経僧ではなかったが，熱烈な求法の志を抱き命がけで流沙や南海を渡って釈尊ゆかりの故地（仏蹟）を巡った。訳経という難事業は，これら渡来僧や入竺僧たちの非凡な才能と並はずれた努力，特にその宗教的情熱や信念に支えられて成就したものであることを忘れてはならない。

　もちろん訳経は少数の例外はあるものの，ほとんどが共同作業によって進められた。どのような天才といえども独力で短期間に大量の仏典を翻訳することはできない。訳経場には少なくとも数人，ときには数十人にも及ぶ協力者が参画し，それぞれ作業を分担して翻訳が進められた。これら多くの人々の援助・協力なしには，訳経の大事業は完成を見るに至らなかったであろう。訳経の助手をつとめた人のなかには，実質的には名を残した翻訳者以上の功績を残した人々もいたようである。

　また「奉詔訳」という語が示すように，皇帝の詔勅を奉じて翻訳が行われることが多かった。隋・唐時代になると，勅命による訳経が大部分を占め，国家事業の一環として大がかりな訳経が行われ，国立のりっぱな翻訳道場が開設された。宋代になると，訳経に従事する人々の役割分担が明確に規定され，訳経事業は制度の面ではもっとも完備されるに至った。

（2）　仏典翻訳の展開

　ところで仏典の翻訳はどのように進められたのであろうか。初期の訳経では，1人が仏典の原本を手に持って，まずその本文を原語のまま読みあげる。これが一般的であったが，ときには仏典を暗誦している外国僧が，原本を参照することなしに，経の本文をすらすら誦出することもあった。読みあげられ，あるいは誦出された経文を，他の1人がその発音どおりに漢語に移しかえて記録する。すると別の1人が漢文の語順にしたがって整え，あらためて完成した文章

(漢文)として書きとどめる,という具合に進められたと思われる。この場合,訳者として名をとどめたのは原語を読みあげたり誦出したりした者だけであって,他の者は記録にとどめられることは少なかった。

　経文のすべてを記憶にとどめておき,それを誤りなく口述できるというのは確かに特別の才能に違いない。しかし今日でもインドにはヴェーダ聖典をすべて記憶しているパンディット(学僧)がいるらしいから,修練をつんでいたのであろう。『高僧伝』を読むと,インド僧のおどろくべき記憶力を伝えるエピソードがいくつか紹介されている。そのうちの特に有名な1つをとりあげてみよう。410年頃仏陀耶舎(Buddhayasas)というインド僧は,中国の薬方(薬の処方箋)と民籍(戸籍簿)をたった3日間ですっかり暗誦し,薬を調合した分量や各家々の人数をなに1つ間違えずに復唱することができたという。これは仏陀耶舎の記憶力が正確であるかどうかを試そうとして課されたテストであった。彼はこれにみごとに合格したので,彼の記憶してきた仏典の翻訳が許可された。その仏典は漢語になおすと63万字あまりにのぼったという。

　ところで最初期に翻訳された仏典は,総じて訳語・訳文共に生硬であり,それを漢文(中国文)として正確に読み解くことはとてもむずかしい。例えば安世高訳の経典についてその読解に努力を傾注し,苦心の訓読を試みた宇井伯寿は「漢文訓読のほうが梵語の読解より困難だ」と悲鳴をあげている(『訳経史研究』岩波書店,1971)。安世高にかぎらず,後漢から西晋時代にかけての翻訳(いわゆる古訳経典)は,いずれも多かれ少なかれ難解である。名訳とされている呉の支謙や西晋の竺法護(239〜316)の訳経でも,全体としてわかりにくい箇所が少なくない。このように羅什(350〜409頃)より前に翻訳された経典は,概して難解である。それは今日の我々にとってそうであるだけでなく,当時の中国人が読んでもわかりやすいものではなかったらしい。道安(312〜85)はその頃まで訳された仏典を広く集め比較・研究し,その正しい意義をさぐり,はじめて『経録』をつくった人として著名であるが,その道安は訳文の晦渋さに手をやき,新しい正確な翻訳を待ち望んでいたことが知られている。初期訳経がむずかしいのは,翻訳の稚拙さ・生硬さばかりでなく,西域から伝来した原文そのものに不備があったことも考えられる。というのはこの頃伝えられた仏典はサンスクリット語(梵語)のものよりは西域各地のさまざまなプラークリット語(俗語)

で書かれたものが多かったからである。

　インド本土においても仏典のほとんどがサンスクリット語に書き改められたのは，グプタ王朝時代（4世紀）であり，それ以前は各地の方言や俗語を用いた仏典が行われていた。それは各地の民衆がわかるようにその地域のことば（俗語・方言）で仏教を語れと教えた釈尊の趣旨にもかなうものであったとされる。しかし多種多様な言語で書かれた仏典が西域各地から伝来したことは，それを受容し翻訳する中国人の側からすれば，仏典の真義を理解するのにも少なからざる障害となったことも否定できないであろう。問題はまだほかにもあった。当時の中国では仏教の術語をどう翻訳すべきか暗中模索の段階であった。仏教語の漢訳がまだ定まらず，音訳すべきか義訳すべきかも流動的で翻訳者の裁量にまかされていた。『老荘』や『易』等中国古典に由来する訳語も使われたが，それがまた誤解を生ずる一因となった。渡来僧たちは中国語に習熟していなかったし，協力した漢人僧たちはインド・西域の諸言語に精通していなかった。また訳経における協力態勢も不充分であったと思われる。

　羅什と玄奘（602〜64）の翻訳が，中国の訳経史上，それぞれ一時期を画する意義を有していたことはいうまでもない。

　羅什の時代（東晋）になると，重要な教理・思想用語の訳がようやく定まり，また訳文も生硬さを脱して，こなれた中国語になり，読みやすくなった。羅什訳は原文に必ずしも忠実ではなかったが，中国人好みの洗練された流麗な訳文であった。たとえば名訳のほまれ高い『妙法蓮華経』がいかに中国人の心に強く訴えかけたか，それはこの経の広範な長期にわたる流伝そのものがこれを証してあまりあるといえよう。

　玄奘訳の特徴は，何よりもその語学的な正確さであろう。玄奘自身もこのことに絶大な自信をもち，自らの訳を「新訳」と称し，それ以前のすべての訳を「旧訳」として一括し，新訳の旧訳にまさることをしばしば力説した。7世紀の玄奘がインドから自ら持ちかえった仏典はすべてサンスクリット語で書かれており，それにもとづいて新しい訳語・訳文を創出した。そしてこれを基準にして，旧訳の音訳は訛りが多く，不正確だったと批評した。しかし前述のごとく4世紀以前の訳経は西域の諸語（俗語）にもとづくものが多かったから，この評価がそのまま正しいとはいえない。『大般若経』600巻，『大毘婆沙論』200巻，

『倶舎論』30巻，『成唯識論』10巻等大部でしかも重要な経論75部を翻訳し，空前絶後の功績を残した。一字一句をもゆるがせにしない正確な訳文が彼の訳経の特色であったから，論理的厳密さが要求される仏教の哲学的文献，つまり大乗・小乗の論書（阿毘達磨文献）の翻訳にとりわけその威力が存分に発揮されたといえよう。

　訳経の分量からいっても内容からいっても，羅什から玄奘にかけての時代が，もっとも充実しており，中国諸宗の成立に多大の影響を与えた。隋・唐時代の諸宗がその形成の基礎とした仏典群は，ほぼこの時期に翻訳されている。唯一の例外は不空（705～74）等による密教経典の翻訳であろう。

　唐末から宋代の訳経については，とりたてていうべきこともない。この時期には大量の仏典がもたらされ翻訳されたが，内容的にはむしろ貧弱であった。国立の訳経院が作られ，訳場の組織・制度も整えられ，さらに大蔵経の印刷・刊行が始まったにもかかわらず，全般的に低調であった。その極端な一例をあげると，宋代訳とされる仏典のなかに，まったく翻訳の名に値しない，いわば偽の経典が存する。『大正蔵経』第３巻所収の『菩薩本生鬘論』がそれである。これはジャータカ・マーラーの名を騙った偽訳経典である。これは拙劣な訳，あるいは不注意による誤訳に類する経典ではなく，まったく意図的にデッチあげられた経典であり，その内容は支離滅裂である。こんなものが漢訳大蔵経のなかにまぎれこんでいたにもかかわらず，中国や日本の研究者はほとんど気づかなかった。かえってイギリスのＪ．ブラフがこれをはじめて指摘し，論文でそのことを明らかにした。これはいわゆる「偽経」ではない。偽経のように１つの主張があり，その主張を支える思想的・社会的背景がまったく見いだされないからである。この訳者は紹徳慧詢とされている。この訳者には梵才大師の称号が冠せられている。サンスクリット語の大学者を僭称していたらしい。官僚化した仏教界にどのような腐敗堕落がおこるか，その見本のような話である。

　「老子」「荘子」「易」など中国の古典哲学の用語が，仏典翻訳に利用されたとはいえ，漢訳仏典には，仏教独自の術語が頻出する。これを正しく理解するためには，たとえば中村元『仏教語大辞典』などを手がかりにその原語は何であったかを確かめる必要がある。漢訳語から原語（梵語）を調べるのに便利な辞典

が刊行された。平川彰『仏教漢梵大辞典』(霊友会，1997) がそれである。それを使ってさらに『^{漢訳}_{対照} 梵和大辞典（増補改訂版）』(鈴木学術財団，1979) で確認すれば，漢訳語の成立やその独自性に，より深い理解が得られるであろう。パーリ語を原語とする漢訳仏典については，水野弘元『南伝大蔵経総索引』第1部・第2部（増補改訂版，ピタカ，1977）によって，同様の結果が得られるであろう。

新しい本格的な研究としては，辛嶋靜志の『正法華経詞典』(創価大学・国際仏教学高等研究所，1998)，同『妙法蓮華経詞典』(同，2001) がある。

（3） 経録（経典目録）の作成

漢訳された仏典には，原本は同じなのに別の訳者によって翻訳されたものが少なくない。それを「同本異訳」という。3回も4回も訳され，しかもそのいずれもが失われることなく今日に伝えられている例もある。例えば羅什訳として有名な『金剛般若経』は8回翻訳された。「直本」と称される逐語訳のものも残っている。チベットの訳経では原則として1つの経典には1つの翻訳しか残されていないとされる。それは既訳のものに手を加えて（改訳して）常に1つの経のみを残すという方針が貫かれていたからであった。

ところが漢訳の方ではこうしたやり方はほとんど採られなかった。異訳の仏典が取捨されることなく，そのまま保存されてきたことは，重複による無駄という印象を与えかねないが，しかし，仏典の比較研究を進めるうえでは，いずれも逸することのできない好資料である。時代による訳語の相違・変化，各訳者の新しい工夫，原本そのものの増広発展の跡等について，同本異訳の経はまたとない材料を提供してくれるのである。

早くも4世紀に道安はその点に着目し，いくつかの同本異訳経を比較研究している。彼はこの研究を通して経の真義に迫ろうと志したが，完全には成功しなかった。その頃の訳経はそれぞれ一長一短があって，とうてい彼の求めるものを充分には与えてくれなかったからである。しかしこの比較研究によって道安は各訳者の訳語や訳風の特徴を細かに検討し，一種の仏典翻訳論まで展開している。

訳経史研究に対する道安の最大の貢献は『道安録』(正しくは『綜理衆経目録』)

という経典目録を完成したことである。中国に仏典が伝わった最初期から200余年の仏典翻訳の事情について克明に調査・研究した貴重な記録である。この目録の現物は失われたが，僧祐（445〜518）が『出三蔵記集』にそっくり引用しているので，その内容をほぼ復元することができる。中国最初期の訳経についてもっとも信頼できる資料はこの目録である。

　この『道安録』に始まる経録は，現存するものだけでも十指を超えるが，今日の漢訳大蔵経の内容や組織にもっとも大きな影響を与えた目録は，唐代につくられた『開元録』（『開元釈教録』）である。経典目録として必要不可欠な諸形式を完備した，もっとも包括的・総合的な経録であるが，その内容を細かく検討してみると，隋代の『歴代三宝紀』等に由来する誤謬や虚構も少なくない。しかしそうした欠陥・誤伝を含めて，今日の漢訳大蔵経はこの『開元録』に大きく依存していることはたしかである。

　インドにおける経典の成立・伝承や中国における翻訳史等について，その全体像を知るには，水野弘元『経典──その成立と展開』（佼成出版社，1980）がもっとも適している。渡辺照宏『お経の話』（岩波新書，1967）も入門書としてすぐれている。また『水野弘元著作集』全3巻（春秋社，1996）の第1巻には「仏教聖典とその翻訳」をはじめ，訳経史関連の重要な諸論稿が収められていて，大いに啓発される。宇井伯寿『仏教経典史』（大東出版社，1957）や望月信亨『仏教経典成立史論』（法蔵館，1946）も参照に値する。大正蔵経編纂事業に深くかかわった小野玄妙の『仏教経典総論』（大東出版社，1936：新版では『仏書解説大辞典』の別巻，1978改訂）がもっとも網羅的な研究である。常盤大定『後漢より宋斉に至る訳経総録』（東方文化学院東京研究所，1938），林屋友次郎『経録研究（前篇）』（岩波書店，1940），同『異訳経類の研究』（東洋文庫，1945），宇井伯寿『釈道安研究』（岩波書店，1956），同『西域仏典の研究』（同，1969），同『訳経史研究』（同，1971），大野法道『大乗戒経の研究』（理想社，1954），矢吹慶輝『三階教之研究』（岩波書店，1927），同『鳴沙余韻解説』（同，1933）も参照に値する。横起慧日，諏訪義純『羅什』（大蔵出版，1982），桑山正進・袴谷憲昭『玄奘』（同，1981）も貴重な成果である。また中国人の手になる大蔵経の成立史研究としては，方広錩『仏教大蔵経史』（中国社会科学出版社，1991）がある。

（4） 偽　　経

　インド以外の地域，特に中国において仏説を借りて偽作された経典のこと。翻訳された経典の体裁をとってはいるが，実際には中国でさらに仏教を普及させる目的で，通俗的信仰をまじえたり，あるいは正統的・体制的仏教とは異なる思想や行儀等を宣揚するために制作された経典をいう。インド以外というときは，西域や南海等の諸地域をも含むわけで，そこで制作された経典も厳密には偽経と呼ばれなければならないが，一般にはそれは含まれない。どこで制作されても，翻訳（漢訳）されたものは，正規の仏典（真経・正経）と見なされていた。したがって偽経とは漢字が用いられる地域（漢字文化圏）のなかでつくられた経典を指す。その主なものは中国でつくられた経典である（朝鮮や日本でも若干の偽経がつくられたが，いまはとりあげない）。

　『経録』によっては，翻訳経と見なすには疑問が残る経を「疑経」と呼び，中国で偽作されたことが確実な経を「偽経」と名づけて区別することもあった。しかし一般には「疑経」「偽経」「疑偽経」の語はほぼ同義に用いられ，翻訳経に擬して中国でつくられたと見なされる経を，これらの名称で呼んだ。いわば『経録』のなかの「ブラックリスト」であり，これをいちいち明記して注意を喚起したのである。

　偽経を最初に問題にしたのは『経録』の編纂者たちであった。『経録』とはもともと翻訳された仏典の目録にほかならないから，彼らが翻訳された仏典か否かの弁別に格別の関心を寄せたのは当然である。彼らにとって偽経とは真経（翻訳経）を混乱させるものであり，したがって仏説の真実を晦ますものでしかなかった。翻訳経のみがインド伝来の仏説そのものと見なされ，非翻訳経は，したがってだれかが勝手につくった偽りの経で，とるに足らぬ妄説と考えられたのである。偽経を「偽妄」あるいは「偽妄乱真」としてさげすんだことは『経録』編纂者の立場からいえば，無理からぬことだったといわなければならない。

　しかし彼らの深刻な憂慮をあざ笑うかのように，偽経は時代を追って増え続けた。東晋の道安の頃26部30巻だった偽経は，梁の僧祐の時代になると46部56巻まで増え，ほぼ2倍になった。隋の彦琮（557〜610）の頃になると209部490巻

を数え，約4倍にふくれあがった。唐の智昇の時代には406部1074巻となり，部数・巻数とも前者の倍増となった。『経録』が伝えるこれらの部数・巻数は必ずしも常に正確とはいえないが，偽経が時代を追って増加していった歴史的事実をかなりよく反映しているといえよう。前述のごとく智昇の伝える『開元録』の偽経が，部数では400部を超え，巻数では1000巻をはるかにうわまわっていることは，特に注目に値する。周知のごとく『開元録』の入蔵数によれば，1076部5048巻の仏典が入蔵され，大蔵経として現存していた。この入蔵経数に前述の偽経数406部1074巻を対比してみると，巻数ではまだ大きな差があるが，しかし部数ではその半数に迫る勢いを示している。多種多様な偽経群が当時すでに現存し，民間では大いに流行していた様相がうかがわれる。いわゆる中国仏教の完成期ともされる隋・唐時代は，また偽経の全盛期でもあった。

　なぜこのように数多くの偽経が制作されたのか，それらの偽経の内容にはどのような主張や信仰が盛りこまれていたのか。これこそが偽経研究の重要な課題であろう。1つ1つの偽経は民間の生きた信仰の様相を解明するための有効で具体的な手がかりを提供してくれるに違いない。

　ところが『開元録』は偽経と判定した406部の経典群をことごとく大蔵経の外に押し出した。したがって前述の406部1074巻は入蔵を許されず，書写して寺院の経蔵のなかに収められることはなかった。つまり正規の仏典としては存在する資格を永久に奪われたことを意味する。民間では大いに流行していた偽経といえども，『経録』中の「偽経録」にその経名をとどめるだけで，偽経そのものは散逸してしまった。例外的に『法苑珠林』『諸経要集』『経律異相』等に引用された逸文として残るのみであった。

　ところが20世紀の初期に敦煌石窟から数万点にものぼる古文書・文献群が発見され，その整理・研究が進むにつれ，すでに散逸したと見なされていた偽経類がその中に少なからず含まれていることが明らかとなった。昭和初年ごろ矢吹慶輝はロンドンとパリでスタイン本とペリオ本を調査・研究し，そのなかからめぼしい偽経56点を選び，その本文を『大正蔵経』85巻（古逸部・擬似部）に収録した。また矢吹の調査・研究の成果は『鳴沙余韻解説』（前掲），『三階教之研究』（前掲）となって結実した。

　しかしその後の半世紀の間に偽経の研究は長足の進歩をとげた。敦煌から発

見された偽経は，そのほとんどが『経録』によってその名が知られていたものであるが，ときにはこれまでまったく知られることのなかった偽経も存在する。『大正蔵経』にはまだ収録されていない30点ばかりの偽経が牧田諦亮『疑経研究』（京都大学人文科研究所，1976）で紹介されている。敦煌偽経を研究した新しい成果である。本書の総論としてまとめられた「中国仏教上における疑経の研究」は，個々の偽経の成立史的研究から得られた最新の成果をふまえながら，今後の研究全体を展望したもので，きわめて有益な論稿である。

　日本の古い寺院等の蔵本にたまたま残った偽経類については石田茂作『写経より見たる奈良朝仏教の研究』（東洋文庫，1930）も参照に値する。『大乗起信論』の中国撰述説を提唱して学界に波紋を投げた望月信亨も偽経に特別の関心を抱き，幾多の成果を『仏教経典成立史論』（前掲）その他に発表している。望月は偽経について，その標榜する信仰あるいは主義・主張を以下の4つに分類して論じる。①道教および俗信に関するもの，②護国ならびに大乗戒・菩薩修道の階位に関するもの，③如来蔵・密教に関するもの，④馬鳴造の『大乗起信論』，馬鳴・竜樹に仮託された諸論。また牧田は，偽経が制作された意図について，次の6つの柱を立てて論じている。①主権者の意向に副わんとしたもの（則天武后のためつくられた『大雲経』等），②主権者の施政を批判したもの（三階教の経典や『像法決疑経』『瑜伽法鏡経』等），③中国の伝統思想との調和，あるいは両者の優劣を考慮したもの（『父母恩重経』『盂蘭盆経』『須弥四域経』『清浄法行経』等），④特定の教義や信仰を鼓吹したもの（『大通方広経』『観世音三昧経』等），⑤現存した特定の個人の名を標したもの（『高王観世音経』『僧伽和尚入涅槃説六度経』『勧善経』等），⑥療病・迎福等のための単なる迷信に類するもの（『天地八陽神呪経』『仏説延寿命経』『仏説七千仏神符経』等）。以上の6分類のうち，とりわけ⑥に属する偽経の数が圧倒的に多いと指摘している。難解な仏教の教学にはほとんど縁のなかった庶民・大衆層が，現実のさし迫った苦難から救済されるために，どのような仏教に心のよりどころを求めたかを考えるうえで，この種の偽経の氾濫は注目に値する。

　また中村元『広説仏教語大辞典』（東京書籍，2002）「疑経」の項目では，制作の動機はさまざまであるとしながらも，以下のような一応の4区分を設けている。①『十王経』『高王観音経』のように通俗信仰を鼓吹するもの，②『像法決

疑経』のように末世思想にもとづくもの，③『仁王般若経』のように為政者勧誡を目的とするもの，④『大梵天王問仏決疑経』のように禅宗の伝統に関するもの。

　禅宗と関係のある偽経類も数多くつくられた。偽作の『法句経』『金剛三昧経』『禅門経』『法王経』『円覚経』『楞厳経』等が代表的なものであるが，このうち『金剛三昧経』『円覚経』『楞厳経』は，『経録』編纂者の目をあざむき，大蔵経の中に竄入していたものである。これらについては水野弘元，柳田聖山，沖本克己，岡部和雄，木村清孝，石田瑞麿等の研究がある。水野「菩提達摩の二入四行と金剛三昧経」(駒大仏教紀要13，1955)，同「偽作の法句経について」(同19，1961)，沖本「禅宗史における偽経―『法王経』について」(禅文研紀要10，1978)，岡部「禅僧の注抄と疑偽経典」(『講座敦煌』8，大東出版社，1980)，同「偽作『法句経』研究の現段階」(『古田紹欽古稀記念』創文社，1981)，木村「偽作『仏説法句経』再考」(仏教学25，1988)，柳田『中国撰述仏典Ⅰ（円覚経）』(筑摩書房，1987)，荒木見悟『中国撰述仏典Ⅱ（楞厳経）』(同，1986)，石田『民衆経典（父母恩重経他）』(同)。天台学の関口真大による次の研究も重要である。「敦煌出土最妙勝定経考（附，最妙勝定経）」(浄土学22・23，1950→『天台止観の研究』岩波書店，1969)。浄土教関係の偽経については柴田泰の研究（「浄土教関係疑経の研究」〈『札幌大谷短大紀要8・9，1974・76〉)がある。

　近年，名古屋市の七寺(ななつでら)から古逸の仏典が発見され，その主要なものについての研究書が刊行された。『七寺古逸仏典研究叢書』(全6巻，大東出版社，1994～2000)。このシリーズにも偽経研究に関する三つの論考が含まれている。牧田諦亮「新疑経研究序説」(第1巻)，同「疑経研究の今後の課題」(第5巻)，菊池章太「疑経研究文献目録」(第4巻)。

　中国でも大蔵経にふくまれていない仏典の研究・出版が進められている。方広錩編『蔵外仏教文献』第1輯(宗教文化出版社，1995)。

4 敦煌の仏教

上山大峻

（1） 敦煌というところ——仏教東漸の要衝——

　敦煌は，長安（現在の西安）から西に向っての道・河西回廊の最西端に位置し，天山北路，天山南路，西域南道の3コースが合流するシルクロードの要衝として繁栄した都市である。1世紀頃より東漸しはじめた仏教は，中国に到るまで当然この敦煌を経由した。敦煌は最初に中国が仏教を受容したところであった。「経法の広く中華に流るる所以は，護の力なり」と言われた月支（氏）人竺法護（265～308活躍）は敦煌の生まれである。彼の活躍した3～4世紀頃，敦煌ではすでに西域僧が来住し，各種民族と言語の混淆があって，竺法護の活躍を支えるだけの仏教界の環境も整っていた。

（2） 埋蔵されていた仏教資料——発見・蒐集・保管——

千仏洞の遺跡

　敦煌は，20世紀に入って2つの遺品で注目されることになった。1つは，千仏洞と呼ばれる石窟寺院であり，いま1つは，その石窟の1つ第17蔵経洞に封入されていた万巻の古写本群である。

　敦煌の町の周辺にいわゆる千仏洞の遺跡は4ヶ所ある。
（1）　莫高窟　敦煌県城の東南約30キロ，鳴沙山の麓にあり，中国の学者により現在492窟が数えられている。
（2）　西千仏洞　敦煌市の中心より西南約30キロ，党河北岸にある。すでに崩れてしまった窟が多く，現存するのは22窟。
（3）　楡林窟　敦煌市の中心より東へ170キロ。42窟が現存。
（4）　水峡口窟　楡林窟の東にあり，小千仏洞，または下洞と呼ばれる。6

窟のみが残存。

このうち最もスケールが大きく，敦煌を有名にしているのは莫高窟で，鳴沙山の麓に，実に1600メートルにわたって大小の仏窟が重なりあって開鑿されている。この地に仏教が栄えていた歴史的モニュメントである。

（3） 敦煌出土資料とその研究

a　石窟出土の古写本群とその蒐集

1900年，王圓籙という道士によって偶然に千仏洞莫高窟の一室（第17蔵経洞）から発見された，約5万点にも及ぶ古写本群が，敦煌を有名にしたいま1つの遺品である。

この資料は，欧米人の知るところとなり，まず，1907年にイギリス人のA．スタインが敦煌を訪ね，その一部を持ち帰った（大英図書館に保管）。次いでフランス人のP．ペリオが訪ね，一部を入手した（フランス国民図書館に保管）。その後，中国政府が残った資料を回収した（中国国家図書館に保管）。その後も大谷探検隊やロシアのオルデンブルグが敦煌を訪ね，相当数の資料を蒐集した。

その内容の構成を言語からいえば，大半は漢文写本，残る大部分をチベット語写本が占める。そのほかにウイグル語，ウテン語，ソグド語などの古代中央アジア言語の写本がまざる。内容的には儒教，道教などの外教典籍，僧尼の戸籍調査や土地売買契約など経済文書，暦，文学書などが含まれるが，大部分を占めるのは仏教経典やその注釈書などの仏典類である。若干の印刷本（9～10世紀のもの）や布などに描いた絵画もあるが，紙に手で書かれた手抄本がほとんどである。時代的には5世紀の初め頃のものから11世紀にかかるものまでの約600年にわたる期間のものが含まれている。

これだけの分量の写本を，どういう経緯で石室に封じ込めたのか，その理由はまだ十分にはわかっていない。ただ破損した経巻などが多いところから，少なくとも正規の経蔵ではなく，使い古したり使用ずみになったりした仏典を粗末にならないよう，1ヶ所に埋め込んでおいたものではないかとまでは推定できる。写本群の素性にはなお不明な点があるが，古写本の1つひとつが往時の敦煌の仏教徒たちの信仰と生活を，じかに反映した同時代の直接資料である点，

その資料的価値はきわめて高い。

b 敦煌出土資料の研究

敦煌古写本が世に出るや東洋学者たちはこぞってその研究にとりかかった。最初の段階では，中国本土では散逸してしまった三階教の典籍などたまたま敦煌の石室に保存されていたような文献が関心をよび珍本として世に紹介された。仏典では禅関係の資料が注目された。知られなかったり，散逸してしまっていた文献が見つかることがあったからである。また東洋史学の専攻者が過去における中国の経済や法制の具体例を写本群の中に求めていち早く研究を行うなど，各方面からの注目を集め，「敦煌学」と名付けられる学問分野が誕生するほどであった。

c 研究方法の転換

昭和30年（1955）に榎一雄，山本達郎両氏の尽力で，スタイン資料のマイクロフィルムが日本に全点将来され，写真によって資料の姿を現物に近いあり方で目の当たりにすることができるようになった。このことは，それまでの研究者の関心から「宝さがし」的に古逸や未伝の新出資料をさがし出して紹介するという形の敦煌研究のあり方を新しい局面に導くことになった。それは敦煌出土の資料から直接敦煌自体の仏教のあり方を読み取り，再現していこうとするものである。研究者の目指すところが，敦煌の仏教の実態の解明であることは，いわば当然のことであるが，それまではそうではなかった。その原因の1つは，敦煌は中国仏教文化圏のなかにあるもので，仏教の展開も中国仏教のそれに重なるものであるという先入観から，出土資料も中国仏教からの視点で位置づけようとしたことにあった。いま1つは，たとえ敦煌固有の仏教の展開があると予想しても，資料が断片的であり，またその実物を見通せないという制約があったことである。

ところが資料の写真の公開により，書道家でもある故藤枝晃博士の筆跡の変遷から写本の時代を判定する方法が開発されることにより，資料の限界が破られることになった。出土写本の多くは識語の部分を欠く不完全本であるが，稀に識語を残し，その写本の成立年代の分るものがある（約1000点くらい）。それら

を年代順に並べていくと，自ずから筆跡が時代を追って変遷していることが明らかになる。そうして筆跡変化の基準ができれば，それを尺度にして，たとえ年代が記されなくても，筆跡の特徴によって，およその写本成立の年代を推定することが可能になる。藤枝晃博士の提唱された筆跡による写本の年代判定の方法である。これによって今まで年代不明の故に，資料として有効性をもたなかった写本断片も活きかえり，有効資料の数が倍加することとなった。また，写真により筆跡だけでなく，写本の形態的特徴，用紙などの質的特徴などからも類型を帰納することが可能になってきた。さらに千仏洞の壁画の題材や構成なども，仏教の教学の変遷と重ねて理解されるようになり，敦煌資料自体から「敦煌」固有の仏教を明らかにすることが可能となってきた。

（4） 解明された仏教都市敦煌の盛衰

a 北朝期における仏教興隆

敦煌資料のなかにある『大般涅槃経』の奥書によると，533年，当時の敦煌の刺史元太栄（544まで任にあった）がこの経典のほか『維摩経』『法華経』『金光明経』など，代表的な経典を合わせて100巻書写させたという。また，530年には病気平癒を願って『仁王経』300部を書写させ毘沙門天に捧げたという。このころ敦煌は北魏の支配下に入り（439），以後，隋の統一（581）まで続く。北魏は446年に有名な廃仏を断行したが，453年には再び奉仏に転じ，以後の仏教興隆は驚異的であった。敦煌は辺境であったために廃仏下にあっても被害を直接うけることが少なく，往還の要衝である敦煌は，従来からの仏教の繁栄に加えて一層の盛況をもたらすことになった。そのなかでも，刺史東陽王元太栄は，上記の写経事業を行ったばかりでなく，敦煌の千仏洞を一挙に盛況に導いた人とされる。事実，莫高窟のうちに彼の造営とみなしうる一きわ華麗な石窟（第285窟）が現存しており，そのことを証明している。

また次のようなことが敦煌出土写本から明らかになった。北朝期に属す敦煌写本のなかにこれまでその存在がまったく知られなかった『勝鬘経』『維摩経』『法華経』『十地経』などに対する経疏（経典の注釈書）が相当存在している。例えば年号のあるもので，景明元年（500）に比丘曇興が定州の豊楽寺で写したと

いう『維摩経』(スタイン2106番)，大統5年 (539) に比丘恵龍が書写したと記す『維摩経義記』(スタイン273番)，高昌国の延昌4年 (564) に写し，「照法師疏」と記す「勝鬘経疏」(スタイン524番) などである。単なる経典の流布と違って経疏などの存在は，背後にそれらを講義したり学んだりする学習集団の存在を予想しなければならない。6世紀北朝期の経疏の写本が敦煌から多く出土したことは，中央に比して劣らぬ学問活動が敦煌の地にあったことを示している。時代的に見て敦煌の仏教学の保護育成にも東陽王の力が大きくあずかっていたと推定される。

b 隋唐時代の敦煌仏教

581年，南北に分れていた中国は隋によって統一されたが，その隋はまもなく滅び，中国の支配は，618年にとって替わった唐が引き継ぎ，ここに空前の統一国家の時代が始まるのである。

唐朝は河西地方に涼州，粛州，瓜州，沙州 (敦煌県と寿昌県を含む) の5州を設置し (622)，648年に焉耆 (カラシャール)，亀茲 (クチャ) を滅ぼすと，安西都護府を亀茲において前線基地とし，西域経営に積極的にのりだした。敦煌は唐の西域進出の拠点としてますます重要性を増し，東西交通の宿場町としてもにぎわった。

727年に亀茲を通った慧超の報告によると，この地に大雲寺や龍興寺などの唐の官寺が建ち，長安から来た漢人僧が住職となって大乗仏教を行っていたという。敦煌にもこれら大雲寺，龍興寺，開元寺が寺院のうちの大寺として存在していたことが出土文献から確かめられる。唐の仏教政策はこれらの地域にゆきわたっていたのである。

c 敦煌での写経

この時代に属す敦煌出土の古写経の多くは，みごとな楷書で端正に書写された1行17字詰めの経巻である。黄麻紙といわれる黄色に染めた上質の紙を用い，25センチ (1尺) 幅にそろえている。経蔵に納めるために寸法を一定にしたのである。これが印刷以前の標準の写経形式で専門の写経生が書いたものである。正規の写経といえば，敦煌でもっとも早い時期に官営の写経所が設けられ，そ

こで書写されたものが遺っている。例えば，巻末に次のように記される本がそれである。

　　成実論巻十四
　　　　　経生曹法寿書写用紙廿五張
　　永平四年歳次辛卯七月廿五日　　敦
　　煌鎮官経生曹法寿所写論成訖
　　　　　　　　典経師　令狐崇哲
　　　　　　　　校経道人　恵顕　　　　　　（改行現写本の通り）

　敦煌写本の中に，この種の写経が13点見つかっており，年代は右の永平4年（511）より延昌3年（514）までに集中している。このころ敦煌は鎮の制度をとっていた。敦煌鎮官経生とは，敦煌鎮の官営の写経所に属す写経生ということに他ならない。彼らによって相当数の一切経が写されていた模様である。もっともこのころの一切経とは，1464巻から成るものであった。唐代になると一切経の分量はますます増えて，730年に編纂された経典目録『開元釈教録』によると1076部5048巻にものぼっている。これだけのものを書写して諸州の開元寺などの官寺に備えつけるだけでも容易なことではない。敦煌でもそうした需要に応えるための写経が行われていたと推定される。

　敦煌から出土した多くの標準写経にまじって，長安の宮廷写経所で書写されたことを明記した見事な経巻があり現在までに30点近くが知られている。敦煌の写経生たちが，手本として中央より配布を受けていたものであろう。長安の第一級の文物がこの辺地まで届いていたのである。

　そのほかにも，たとえば曇鸞の『讃阿弥陀仏偈』の景雲2年（711）の写本が敦煌写本のなかに存在しているなど，長安で広く行われた浄土教の典籍も届いていた。後に述べるように仏窟の壁画にも浄土の図柄（浄土変相図）が多く登場するなど，中央の仏教界の影響が顕著に及んでいた時代である。

　唐代になると，千仏洞に遺る壁画も塑像も一段と写実的になり，華やかになる。長安で作られた壁画の下絵が敦煌に伝わり，それで絵の輪郭をとって色づけするという手法が取られたようである。平山郁夫画伯によると，第332窟東壁の壁画は日本の法隆寺の壁画と同じ図柄だという。おそらく同じ下絵が東西に運ばれていたのであろう。この時代の写本には浄土経典が多いが，それに並行

して壁画も「浄土変相図」が主流となり華麗に描かれる。

d　チベットによる敦煌の占領

そうした隆盛の敦煌に大きな変化が起きる。かねて力をつけてきたチベット（吐蕃）が安禄山の乱（755勃発）によって弱体化した唐朝の首都長安を制圧すると，勢いをかって河西の諸都市を東より西に向けて攻略し，ついに786年に敦煌を陥落させ，支配下においた。以後，848年に敦煌土豪の張議潮が旗揚げして吐蕃の勢力を追い払い，漢人の支配を回復するまで敦煌は「大蕃国」と称するチベット国の領土となった。敦煌の歴史の上から「チベット支配時代」と名付ける時期である。

敦煌資料のなかに多量に存在するチベット語資料は，この時代にチベット人が残したものである。チベット資料も加えて，保存されていた当時の資料からこの時代特有の仏教界の様相が浮かび上がってきた。

e　チベット支配時代の仏教界

おりしもこの時代，チベットは仏教を国教に定め，国を挙げてその導入（761仏教導入決定）と興隆につとめていた。そのために，それまでの仏教都市敦煌の人，組織，思想，技術などを排除することなく，若干の改変はあってもほとんどを継承し，自国の仏教事業のために利用した。壁画の画風なども前の時代と大きな変化が見られないところを見れば，画工たちをそのまま採用していた形跡がある。漢文写経や学問も行われた。それだけでなく戦乱に追われて敦煌に集結していた優れた漢人僧を自国の仏教のために採用した。たとえば長安の西明寺で学んだ曇曠（～786頃逝去）という学僧は，戦火に追われて敦煌に入り（763頃），ここで持ち来たった最新の学問を講義した。『金剛般若経』『大乗百法明門論』『大乗起信論』などに対する研究書や講義録が敦煌に保存されていたことでその存在を知ることができた。新興の中国禅宗の摩訶衍禅師も敦煌に来住していたが，時のチベット王チソンデチェン（742～97）よりチベット本土に招かれ，頓悟禅宗の教えを説いた。ところがその内容が，既にチベットに来ていたインド中観派系の漸悟の仏教と矛盾するところから両者が是非をめぐって争うところとなり熾烈な教学論争が展開した（792～94頃）。結局，摩訶衍側が負けて，

再び敦煌に追放される結末になったが，その漢文記録『頓悟大乗正理決』が敦煌蔵経洞に保存されていて，この事件の史実性と論争内容が明らかになった。

法成は，もともと呉姓の漢人であるが，占領下の敦煌で育ったところからチベット語にも通じ，また曇曠らの仏教学を学んで漢文仏教にも造詣があった。その語学力と仏教の知識をかわれてチベットの仏典翻訳組織の最高位「大蕃国三蔵法師」に任命され，Chos grub（チェードゥブ）というチベット名で円暉述『入楞伽経疏』などをチベット訳し，また西方から新しく入ってきた仏典『稲芉経疏』などを漢文に翻訳した（833～46頃）。

また，チベットはチベット語に翻訳した多くの経典を領域内の寺院に備え付けるため，また漢文とチベット文の『大般若経』や『無量寿経』を国民の招福攘災のために大量に写経（826～27頃）する必要があった。その写経のために使役されたのが敦煌在住の漢人たちであった。チベット音で記した彼らの署名が残っていて，その事実が明らかになった。

中国からの新しい仏教の知識が入らなくなったばかりでなく，紙や筆などの輸入も途絶え，目の荒い独自な紙が敦煌で漉かれるようになり，また筆も不足して，チベット文字を書く木筆ペンを利用して漢字を書くようになった。中国からの学問的情報も途絶え，かわってチベットから新しく流入してくるインド仏教の知識が加わって，曇曠がもたらした漢文系仏教学とインド・チベット系仏教学とを融合した敦煌独自の仏教学が形成された。

f 帰義軍時代の仏教

チベットの勢力を駆逐し，848年，敦煌を漢人支配にとりもどした張議潮は，中国より「帰義軍節度使」の任命をうけて，しばらく張氏が敦煌を支配する。「張氏帰義軍時代」（848～905）という。その後，曹氏が支配する「曹氏帰義軍時代」（924～1030）となり，中国と文物の交流も回復するが，それでも敦煌は決して中国本土と同じではなく，むしろ独立国の様相を呈していた。

張議潮の支配になって間もなくは，約60年続いたチベット仏教の影響はなお残っていた。チベット支配時代に「大蕃国三蔵」として活躍した法成は，それまでの「大蕃」の字は欠く「国三蔵法師」の肩書で，なお翻訳活動を行い，また漢人僧侶のために『瑜伽師地論』の講義を開元寺で行った（855開始）。講筵に

臨んだ弟子たちがそれぞれノートした講義録が遺っており，その実態が明らかになった。彼は『瑜伽師地論』100巻のうち55巻までで講義を中断している(859)が，その後間も亡くなくなったと推定できる。最近，彼の蔵書整理が行われた時の目録が見つかった。

　帰義軍期においても造窟は続き，仏教教団も維持されている。しかし，この時代の出土資料には，一般信徒のために仏教をわかりやすく説く「変文」や経典の講義本である「講経文」，また寺院や仏窟のための維持組織である「社」の文書などが多く発見され，庶民との繋がりを示すものが多い。

（5）　敦煌仏教の終焉

　11世紀の初め，敦煌を含む河西全土は西夏国（タングート族の新興国）の冠するところとなり，敦煌もその支配下に入る。西夏の侵寇にあたって敦煌の仏教界は一時動揺したことであろうが，西夏は仏教の町・敦煌を保護こそすれ，僧尼を迫害したり，千仏洞に破壊を加えることはなかった。逆に千仏堂の仏窟のいくつかに西夏時代の改修が認められる。

　その西夏も6代皇帝桓帝(1193～1206)の末期，モンゴルの攻撃をうけて，1227年ついに成吉思汗に滅ぼされる。ここで敦煌もモンゴル民族の国，すなわち元の支配下に入る。敦煌研究院は元代の造窟として8つを挙げるが，この時代のものにはチベット仏教の図像的特徴をもった窟（例えば第465窟）が多い。元もまた千仏洞を保護した国であった。このころになると，シルクロードはすでに東西交易の機能を失い，それとともに敦煌も廃墟への方向をたどることになるのである。

〔参考資料〕
〈概観〉
『講座　敦煌』全10巻，大東出版社，1980～90。
『敦煌学十八講』栄新江著，北京大学出版社，2002。
〈研究の歴史〉
『敦煌学五十年』神田喜一郎著，筑摩叢書，1970。
『草創期の敦煌学』高田時雄著，知泉書館，2002。
「特集　敦煌学の百年」，『仏教芸術』271，毎日新聞社，2003。

〈筆跡判定〉
「北朝写経の字すがた」藤枝晃著,『墨美』119, 1962。
〈敦煌における写経〉
「敦煌出土の長安宮廷写経」『塚本博士頌寿紀念・仏教史学論集』1961。
〈チベット支配時代の仏教〉
「吐蕃支配期の敦煌」藤枝晃著,『東方学報』京都31冊, 1961。
『敦煌仏教の研究』上山大峻著, 法蔵館, 1989。
〈禅宗文献について〉
「敦煌禅籍(漢文)研究概史」田中良昭稿『東京大学文学部文化交流施設研究紀要』
　　Ⅴ, 1981。
『敦煌禅宗文献の研究』田中良昭著, 大東出版社, 1983。
〈三階教について〉
『三階教之研究』矢吹慶輝著, 1927。
『三階教の研究』西本照真著, 春秋社, 1998。
〈敦煌仏窟の芸術〉
『敦煌画の研究』松本栄一著, 1937初版。
『中国石窟・敦煌莫煌窟』平凡社, 1990。
「敦煌千仏洞の中興」藤枝晃稿『東方学報』35冊, 1964。
『敦煌石窟』樊錦詩・劉永増著, 文化出版局, 2003。

5 大蔵経の開版

椎 名 宏 雄

（1） 対象範囲と基本文献

　中国仏教の研究対象は広汎であるが，なかでも大蔵経の研究は特殊な分野に属する。なぜならば，研究対象がきわめて浩瀚であり，また研究には実物の閲覧調査を必須とするが，今日ではかなり条件が整えられてはいるものの，全体としてはまだそれが容易でないからである。したがって，大蔵経を研究の対象とするためには，方法論的にまず一定の方向を定めるべきであろう。

　1つは，ある時期に開版された大蔵経のみを対象とする方法である。例えば，北宋期の福州版や清代の龍蔵等のようにまず一蔵か二蔵を対象とし，これを仏教のみならず歴史・経済・社会・文化等の諸方面から考察検討する研究である。いま1つは，すべての大蔵経について，それらに共通する部分だけを対象とする研究である。例えば，訳経史や目録学的な研究，題記や序跋等による各大蔵経の基本的性格を解明する研究，施財者調査による信仰の実態を解明する研究，特定宗派の入蔵書を考察する文献史的研究等，こうした方法は多面的になされてよく，それほど大蔵経は大きな資料源なのである。私ごとではあるが，かつて筆者がきわめて不十分ながら禅籍の入蔵書だけについて検討した（『宋元版禅籍研究』〈大東出版社，1993〉）のは，上記のうち最後にあげた方法についての拙例にすぎない。

　いずれにしても，大蔵経を研究するためには，東洋史，中国仏教史，同文化史等の基礎知識の上に立って行われるべきであるから，そうした素養の希薄な者は，同時進行的にせよ上記の知識を身につけながら研究に従事すべきであろう。この分野の研究は，それほど多彩な学殖が要求される高度で地味な学問だからである。つまり，地道な努力と堅固な意志を惜しまぬ者でないと大蔵経の研究はおぼつかないといえよう。

こんな理由もあって，従来はわが大正新修大蔵経の編纂刊行に伴う大蔵経研究への高まりという一時期はあったにしても，概してこの分野を研究する学者は稀少であった。ところが，期せずして1980年頃から日中両国で大蔵経の研究文献が頻出してきた。その理由は，中国では影印による大蔵経の相次ぐ出版の結果であり，日本では各地の所蔵機関に対する調査に伴うものである。そのほか，遼蔵や弘法蔵等の零本発見もこれに拍車をかけている。かくして，現在では大蔵経の基礎資料が続々と公刊され，研究者の利用を待ち受けている状況となっている。したがって，上述のような大変やり甲斐のある研究分野であるからこそ，若き新進の学究者による挑戦を大いに期待したい。

　さて，研究のための文献紹介を行うに当って，まず対象とする範囲について定めておきたい。

　中国は広大な多民族国家としての長い歴史をもつため，大蔵経といっても漢文・蔵文・満蒙文・西夏文等の別がある。しかし，蔵文（チベット語）の大蔵経は今日ではチベット仏教という「中国仏教」とは別の専門的な研究分野に属するものと思われる。また，満蒙文や西夏文もそれぞれの語学を基礎とした歴史や地域の文化史・民族史等の分野で扱われ，中国仏教研究のためにその大蔵経を資料とするというのは，きわめて限られた特殊研究となろう。そこでここでは，最も一般的かつ重要な地位を占める漢文文献の大蔵経だけを対象とすることにしたい。ただし，漢文の大蔵経は高麗や日本でも開版されているから，若干は国際的な範囲にも言及しなければならない。また，「開版」とは木版印刷の意味であるから，時代的には宋代から近世末までということになり，近代は対象としないことをおことわりしておく。ただし，近代にむかしの蔵経を影印刊行した場合や研究文献等については，それぞれ該当する項目の中で紹介する。

　いうまでもなく，「大蔵経」とは仏典類の一大叢書であり，一切蔵経である。一般に中国では「大蔵経」，日本では「一切経」と呼ばれるが，これは歴史的な事情によるからであり，内容による相達ではない。仏典の漢訳は2世紀からなされ，4世紀末には道安によって蒐集されて『綜理衆経目録』1巻が作られた。これが漢訳仏典を総集した最初である。下って大蔵経（以下，蔵経）の開版は，その約600年後に当る北宋初期の勅版蔵経（開宝蔵）が最初であるが，その組織内容は唐代の『開元釈経録』(730)が定めた1076部5048巻を基本としている。後

代の蔵経類もまた，これを踏襲するのである。

　インド以来の仏典蒐集の歴史，各蔵経の成立や変遷，内容と特徴等を知るべき総合的な解説書としては，何といっても大蔵会編『大蔵経―成立と変遷―』（百華苑，1964）が第一である。本書には適切な写真も豊富に収められ，初心者から専門研究者まで広く依用できる有益で重要な書である。もちろん，本書刊行後の発見蔵経や研究の進展により補訂されるべき記述が若干あるのは当然である。やや目だつ誤植は筆者が正誤表を版元に送り，現行の第4版（2001）で修正されている。より詳細なものとしては，かの『仏書解説大辞典』の別巻である小野玄妙『仏教経典総論』（大東出版社，1963，改訂版1978）の大著がある。本書は蔵経全般の総合調査に基づき，仏典の伝訳史，録外経典や諸蔵経の概説，中国の開版蔵経14種の各目録等を総集した畢生の労作である。本書は邦人が大戦前にこの分野で果した偉業の1つであるが，これに先立ち，常盤大定「大蔵経雕印考」（哲学雑誌28－313・4, 316・7, 321・2・4, 1913～14）や，宋版蔵経だけを対象とするものではあるが，橋本凝胤「宋版一切経考」（大和志2－1・2・4, 1935,『仏教教理史の研究』〈全国書房，1944〉再録）等の好著のあることを忘れてはならない。また，コンパクトながら竺沙雅章『漢訳大蔵経の歴史―写経から刊経へ―』（大谷大学，1993→『宋元仏教文化史研究』汲古書院，2000）は，多くの漢文蔵経に新たな三分類説を主張した文献として注目すべきである。

　目を大陸に転ずると，近年における蔵経研究の高まりを背景として注目すべき著書が刊行されている。まず江蘇古籍出版社が刊行した「中国版本文化叢書」全14巻の第8冊に李際寧著『仏教版本』（2002）がある。その下編には北宋から清代までに開版された歴代の蔵経について，多くのカラー図版を付して学術的な解説を平易にする試みがなされている。また，李富華・何梅の共著による『漢文仏教大蔵経研究』（宗教文化出版社，2003）の大著は，中朝日の三国で近代までに刊行された各蔵経の数量を中心とした研究専著であり，便利な8種の目録が付録されるなど注目すべき成果である。

　目録といえば各蔵経には何千種もの仏典が収められているから，それらの目録が必要である。個別の目録刊行も少なくないが，まとまったものでは大正新脩大蔵経刊行会編刊『昭和法宝総目録』3巻（1929～34）が圧巻である。本書は大正蔵全100巻の編纂過程で，日中の名山大刹や諸機関に秘蔵される蔵経類を調

査し，従来未知の古蔵経目録・現蔵目録73種等の多数を収録したもので，近代仏教界が果した偉大な金字塔である。なお，各蔵経間の仏典にはそれぞれ出入がある。そこで，それらを対照した工具書が便宜を与える。前掲の小野玄妙『仏教経典総論』には蔵経14種の対照表が収められていたが，後の蔡運辰編『二十五種蔵経目録対照考釈』(台北，新文豊出版公司，1983)と童瑋編『二十二種大蔵経通検』(中華書局，1997)の2種はさらに範囲を広げ，前者には各蔵経の考釈，後者には各仏典ごとの英文解題をそれぞれつけている。

　近年は複数の蔵経が影印刊行されていることは前述したが，歴代の写刊各蔵経本の影印を集めて1冊としたものに，大正一切経刊行会編刊『法宝留影』(1925)がある。本書は実に梵・巴・漢・蔵・蒙・満の各蔵経本の影印47葉から成る標本であり，それぞれの特徴や版別を直ちに比較でき，また版別未詳の蔵経本判定等に便利である。綴じ込みによる「一切経全系」は，各蔵経の系譜を示し部数と巻数を記載しているが，国際的規模によるこの種の系譜としては他に類を見ない。

　中国とその周辺諸国から開版された蔵経類および関連する諸事項の研究や資料類全般についての文献目録としては，野沢佳美編『大蔵経関係研究文献目録』(立正大学東洋史研究室，1993)がある。本書は「総論」「宋元版」「明版」等13の分類項目のもとに各文献が成立年代順に並べられていて，研究者にとっては必携の工具書である。巻末には著者別の索引も付けられている。蔵経文献に関する唯一の総合目録として，その利用価値はきわめて大きい。なお，この目録には「補遺・追加」Ⅰ・Ⅱ(立正大学東洋史論集10・15，1997・2003)が野沢氏によってなされている。

　各開版蔵経に関する重要な文献については，以下，個々の蔵経別に紹介するが，そうした文献を集めたものがある。台北から刊行された『現代仏教学術叢刊』全100巻中に含まれる張曼濤編『大蔵経研究彙編』2巻(大乗文化出版社，1977)がそれで，中日の論文等32編を収める。そのなかで日本人の論文は，前掲橋本凝胤「宋版一切経考」をはじめ3編であるが，みな中国文に翻訳されている。

（2） 宋元代の蔵経

a　開宝蔵

　北宋勅版（蜀版）の蔵経は，今日では開宝蔵と呼ばれる。開宝5年（972）に四川省で雕造を始め，大平興国2年（977）に13万枚の雕造板木が完成し，その数年後に首都開封の大平興国寺伝法院から印経が開始された。この蔵経は宋朝による仏教流布の功徳事業であったから，大型の豪華な巻子から成る5千巻を超える蔵経のセットを，近隣諸国や国内の諸山等へ下賜している。以後，開版の場所や新訳経典類の続入蔵等による変遷を経て，北宋の滅亡（1126）まで約140年間にわたり印経活動は続いた。ただし，現存する開宝蔵の遺品は世界でわずか10巻前後にすぎない。

　日本での開宝蔵に関する研究は，古く妻木直良が京都南禅寺で仏本行集経巻19の発見を報じた「開宝勅版の宋版大蔵経について」（史林4－2，1919）が注目されていたが，その構成や続蔵等については小野玄妙「北宋官版大蔵経と遼金元及び高麗諸蔵との関係」（ピタカ3－8，1935）によって初めて学問的に論究されている。その後はしばらく停滞したが，近年の中村菊之進「宋開宝大蔵経構成考」（密教文化145，1984）により基礎的方面の解明が進展した。中村氏には別に，伝法院での訳経や印造の歴史を多くの資料により年譜とした『宋訳経院年譜（稿）』（2001）の労作があり，その定稿公刊が望まれている。また，開宝蔵は従来，遼・金・高麗の各開版蔵経や房山石経との密接な関係が指摘されていたが，竺沙雅章「契丹大蔵経小考」（『内田吟風頌寿記念』1978，後に『宋元仏教文化史研究』〈汲古書院，2000〉再録）では遼蔵と房山石経は別系統であるとの論攷が出され，竺沙氏はその主張を推進している。

　中国では開宝蔵に関する戦前の研究は皆無に近く，大戦後に林慮山「北宋開宝蔵大般若経初印本的発現」（現代仏学1961－2，1961）や呂澂「宋蔵勅版異本考」（『大蔵経研究彙編』上，大乗文化出版社，1977）等が注目されるに過ぎなかった。ところが20世紀末になり蔵経全般の研究が盛んとなった背景のもとに，童瑋編『北宋開宝大蔵経雕印考釈及目録還原』（書目文献出版社，1991）という専著が刊行された。この書には開宝蔵の本蔵と続蔵の合計1530種に及ぶ仏典目録を明示

し，また現存遺品11巻の紹介等もなされている。

b　契丹蔵と金蔵

　契丹民族の遼国が11世紀に漢文の蔵経を開版したことは，妻木直良「契丹に於ける大蔵経雕造の事実を論ず」(東洋学報 2－3，1912)の論証によって早くから知られていたが，1976年に山西省応県木塔から実物の零巻が発見され，それが実証された。その紹介は，同所からの発見文物をとりまとめて山西省文物局・中国歴史博物館主編『応県木塔遼代秘蔵』(文物出版社，1991)というオールカラーの大型豪華本によってなされ，今後の契丹蔵研究に大きく寄与している。この蔵経は有名な房山石経に著しい影響を与えたといわれるだけに，同石経の研究進展にも貢献すると思われ，零巻だけでも発見紹介されたことの意義は大きい。

　同じ北方では，12世紀の初めに北宋王朝を滅ぼした金国で開版された蔵経のセットが，すでに1934年に山西省趙県の霍山広勝寺から発見されている。これが金蔵であり「趙城蔵」とも呼ばれている。この蔵経は，それまでいかなる開雕の記録もなかっただけに黄巻赤軸の巻子本約5000巻の発見は，当時の仏教界をすこぶる驚かせている。この広勝寺発見本は，現在では北京の国家図書館に保管されている。

　その内容や金蔵全体の目録は，蔣唯心『金蔵雕印始末考』(支那内学院，1935)によっていち早く報告された。これは後に蔣氏の『宋蔵遺珍叙目』(影印宋版蔵経会，1936)及び『宋蔵遺珍叙目・金蔵目録校釈合刊』(新文豊出版公司，1976)に再録されている。この「宋蔵遺珍」とは，現存金蔵中の古逸仏典だけを選んで上海から影印刊行したものの書名であり，影印宋版蔵経会編刊『宋蔵遺珍』(1935) 40函120冊がそれである。ちなみに，このなかには『宝林伝』や『伝燈玉英集』等の貴重な古逸禅籍も含まれている。この叢書も後に台北から釈範成輯補『宋蔵遺珍』(新文豊出版公司，1978) 6冊として再印洋装本が出されている。さらに北京から近年に刊行された影印による『中華大蔵経(漢文部分)』正編(中華書局，1984～96) 106巻は，底本に金蔵を用いているために現存金蔵本の全貌が初めて公開され，蔵経の影印出版の上に期を画するものといえる。

　なお，金蔵の欠本欠巻等は洪武南蔵・永楽南蔵・永楽北蔵・清蔵等の珍しい

テキストで補配されているのも貴重である。また，この影印本は一点ごとに他の蔵経本との対校がなされ，その校注が各巻末に記載される等，学術的な香りが高い。総目録一冊は，一歩遅れて2004年に同じ中華書局から詳細なものが出されている。さらに日本からは，この中華蔵と大正蔵とを対照した便利な目録が，国際仏教学大学院大学附属図書館編刊『大正蔵・中華蔵（北京版）対照目録』(2004)として刊行されている。

金蔵の研究文献は少なくないが，李富華「趙城金蔵研究」(世界宗教研究1991-4, 1991)は基礎的な諸問題についての好著である。また扈石祥・扈新紅「趙城金蔵史迹考」(世界宗教研究2000-3, 2000)は，金蔵の雕造から『中華大蔵経』の底本として影印されるまでの800年余の歴史を簡潔に叙述している。

なお，金国開雕の板木は後に燕京弘法寺に移されて印造が続けられたが，元朝には大規模な補修がなされて官版の「弘法蔵」として印造された。至元22年(1285)成立の『至元法宝勘同総録』10巻がこの蔵経の目録とされる。ただし，弘法蔵の遺品はほとんど知られていない。弘法蔵についての研究文献では，宿白「趙城金蔵和弘法蔵―釈蔵雑記之一―」(現代仏学1964-2, 1964)，竺沙雅章「元版大蔵経概観」(西大寺所蔵元版一切経報告集, 1998, 後に『宋元仏教文化史研究』〈前掲〉に再録)等が注目される。

c 東禅寺蔵と開元寺蔵

11世紀末から開宝蔵の印経は急速に停滞してゆくのに対して，北宋末から南宋初めにかけて遠く福州の地方寺院から相次いで開版された蔵経がこれらの両蔵である。まず東禅寺蔵は福州東禅寺で元豊3年(1080)頃から開版され，政和2年(1112)に全蔵が完成した。この間，本蔵経は崇寧万寿大蔵の名を賜わり，寺も東禅等覚禅院の勅額を受けている。また同じ福州の開元寺で，東禅寺蔵が完成した政和2年から紹興21年(1151)にかけて別の蔵経を開版した。この蔵経は毘盧大蔵とも呼ばれている。

これらの福州版両蔵は，いずれも閲覧に便利な折帖形式を特長とする。共に完成後に新訳経典や禅録等を続入蔵させながら，長く元代末期まで印造活動を継続している。続蔵を含めて両蔵経とも1セット6000巻を超えるが，中国には遺存が僅少であるのに対し，日本には多くのセットが伝存する。現存巻数が2000

巻以上の機関は，東禅寺蔵が愛知本源寺，京都下醍醐寺，同東寺，奈良金剛峯寺，開元寺蔵は東京宮内庁書陵部，横浜称名寺（金沢文庫保管），京都知恩院等である。いずれもなぜか福州版両蔵の混合蔵である。ほとんどが国の重文指定ということもあって全蔵の影印刊行は皆無であり，調査報告の公刊もまだ金剛峯寺・本源寺・称名寺のものだけである。

すなわち，金剛峯寺は水原堯栄『高野山見存蔵経目録』（森江書店，1931，後に『水原堯栄全集』4〈同朋舎出版，1981〉に再録），本源寺は小島恵昭等「本源寺蔵宋版一切経調査報告」（同朋学園仏教文化研究所紀要1，1979）と小島恵昭『本源寺蔵宋版一切経調査報告訂正追記』（同研究所，1980），称名寺は『神奈川県立金沢文庫保管宋版一切経目録』（金沢文庫，1998）がそれである。最後のものは，開元寺蔵本約3500帖を中心としたすべての蔵経本についての詳細な調査報告である。

また，個別的な研究文献の中では，小川貫弌「福州崇寧万寿大蔵の雕造」（印仏研6-2，1958）と同「福州毘盧大蔵経の雕印」（同7-1，1958），及び中村菊之進「宋福州版大蔵経考」（一）〜（三）（密教文化152〜154，1985〜86）が特に重要である。中国では遺品が僅少のために研究も皆無に近かったが，近年は何梅「関於毘盧蔵・崇寧蔵的収経及総函数問題」（世界宗教研究1995-3，1995）や同「毘盧大蔵経若干問題考」（同1999-3，1999）が出ている。

d 思渓蔵

思渓蔵は，密州観察使の王永従とその一族によって，宋代に浙江省湖州帰安県の円覚禅院から開版された蔵経である。北宋末の宣和年間頃から南宋初めの紹興2年（1132）頃までの開版といわれる。のちに王氏の没落と共に印造活動は停滞したが，南宋末には寺が復興して法宝資福寺と改称して板木の補刻を行い，また新たに続蔵が加えられたという。しかし，やがてこの板木は元軍の戦火で焼失し，印経は終熄した。一般に円覚禅院当時の蔵経を「前思渓蔵」，資福寺時代のそれを「後思渓蔵」と呼んで区分されている。南宋から元にかけては日中の交流が盛んであったので，日本には多くの思渓蔵が舶載され現存も多いが，中国には僅少である点，福州版両蔵と同じである。

したがって，本蔵経に関する調査報告や研究文献もまた日本のものが多く，中国では皆無にちかい。比較的初期の研究論文で注目すべきは，小野玄妙「南

宋思渓版円覚禅院大蔵と資福禅寺大蔵―水原堯栄氏発見の『円覚禅院大蔵目録』に就いて―」（仏典研究 2 －18, 1930），同「宋代思渓円覚禅院及同法宝資福寺新雕二大蔵経雑考」（日華仏教研究会年報 3, 1938），及び小川貫弌「思渓円覚禅院と思渓版大蔵経の問題」（龍谷学報324, 1939）であり，それぞれ前後両蔵の開版に関する基本的問題の解明につとめた好著である。戦後では中村菊之進「宋思渓版大蔵経刊記考」（文化36－3, 1972）が開版施主や円覚禅院についても詳細に考察した最大の労作である。中国では近年，何梅「南宋思渓蔵，資福蔵探究」（世界宗教研究1997－4, 1997）があり，基本問題に関する着実な論述がみられる。

　思渓蔵を2000帖以上所蔵する機関は，埼玉喜多院・東京増上寺・愛知岩屋寺・岐阜長瀧寺・京都最勝王寺・奈良唐招提寺・同興福寺・同長谷寺と多いが，目録の公刊は少ない。そのなかで最も詳細な目録は増上寺のもので，『増上寺三大蔵経目録』（増上寺, 1981）とその別冊附録『増上寺三大蔵経目録解説』（同）の解説と共に学術的に有益である。その他，『喜多院宋版一切経目録』（喜多院, 1969）や『長瀧寺宋版一切経現存目録』（文化財保護委員会, 1967）等もある。なお極めて専門分野の業績ではあるが，野沢佳美「宋版大蔵経と刻工―附宋版三大蔵経刻工一覧（稿）―」（立正大学文学部論叢110, 1999）は福州版両蔵と思渓蔵の雕造に従事した刻工調査の報告であり，個々の仏典や蔵経全体の雕造年時の特定，ないしはこれら三蔵経の関係等を解明するための基礎的作業として，学術的な価値は大きい。

e 磧砂蔵

　南宋中期，平江府（江蘇省呉県）の磧砂延聖院から開版が行われた蔵経が磧砂蔵である。南宋の滅亡と共に事業は中断したが，元朝には復興して続刊入蔵等もなされ，元末にようやく完成したといわれる。

　磧砂蔵の伝存は，近代に至るまで少数部が中日両国で知られるにすぎなかったが，1931年に中国西安市の開元寺と臥龍寺からまとまった蔵経が発見されて有名となった。金蔵と同じく直ちに上海の影印宋版蔵経会の編集刊行による『影印宋磧砂蔵経』（1931～36）60函591冊として影印されている。後に台北の修訂中華大蔵経会編刊の『中華大蔵経』第1輯（1962～65）中に再印され，また同じ台北で刊行された『宋版磧砂大蔵経』（新文豊出版公司, 1987～88）40冊も上海版の

再印洋装本である。なお、この出版社では後に磧砂蔵所収の仏典の索引と、明代嘉興蔵のそれとを合冊にした『宋版磧砂・明版嘉興大蔵経分冊目録分類目録総索引』(同、1988) として刊行し、研究者に便宜を与えている。

このように、磧砂蔵は早くから影印公刊されているため、日中双方の研究文献は今に至るまで少なくない。最初期のもので重要なのは、蔣維喬「影印宗版磧砂蔵経始末記(1)〜(10)」(光華半月刊2-1〜3-3、5、1934〜35) であり、影印までの詳しい報告である。また、的屋勝「影印宋磧砂蔵尾経跋集」(日華仏教研究会年報1、1936) は本蔵経の基礎資料を調査報告した貴重な文献である。近年のものでは、中村菊之進「磧砂版大蔵経考(一)〜(三)」(密教文化184-186、1993〜94) が本蔵に関する多くの情報の紹介、厖大な刊記の分析検討等に基づく開版状況の解明を行う等の労作で、本蔵経の研究には必見の論文である。また刻工名の調査研究には、楊縄信「従磧砂蔵刻印看宋元印刷工人的幾個問題」(中華文史論叢1984-1、1984) がある。

ところで、今後の磧砂蔵の研究や情報の蒐集には大きな課題がある。それは、影印版の底本である開元寺・臥龍寺発見の本蔵部分は、本来の磧砂蔵の半数にも満たなかったので、「影印磧砂蔵」なるものの多くは明蔵等による補配であった。ところが、この影印後に山西省崇善寺から磧砂蔵のほぼ全蔵が発見され、また日本の大阪市武田科学振興財団杏雨書屋とアメリカのプリンストン大学図書館に所蔵される各5000巻を超える蔵経が、共に磧砂蔵であることが判明している。したがって、今後はこれらの蔵経についての情報が本蔵経の研究解明には必須であり、詳しい調査目録の公刊が待たれるところである。

f 普寧蔵と元官蔵

元代には、磧砂蔵のほかに普寧蔵と官蔵の両蔵が開版されている。宋代の思渓蔵の板木が南宋末の戦火で焼失したのち、江南仏教界で蔵経の再雕が企てられ、新興勢力の白雲宗教団に協力を依頼した。これに応えた白雲宗が至元14年(1277) から杭州南山大普寧寺で開版を始め、同27年(1290) に完成したのが普寧版であり、杭州蔵ともいわれている。この蔵経も完成後に補刻や続入蔵が加えられ、元末まで印造されている。

本蔵経は思渓蔵と並んで日本に多く舶載され、現存もまた少なくない。まと

まった普寧蔵の所在は梶浦晋「普寧寺版大蔵経について」(西大寺所蔵元版一切経調査報告書, 1998) にくわしいが, 東京増上寺・同浅草寺・岐阜安国寺・滋賀園城寺・京都東福寺・奈良西大寺・同般若寺の7ヶ寺であり, その中で現存目録が刊行されているのは増上寺・浅草寺・南禅寺・西大寺のものである。すなわち,『増上寺三大蔵経目録』(増上寺, 1981),『宝蔵門建立誌』(浅草寺, 1964),「南禅寺経蔵一切経目録」(1929) と上記『西大寺所蔵元版一切経調査報告書』(奈良県教育委員会, 1998) がそれである。また, 刻工名のデータに関する文献としては北村高「元代杭州蔵の刻工について」(龍大論集438, 1991) があるが, さらにこれを推進したのが野沢佳美「元版大蔵経と刻工—附・磧砂蔵および普寧寺蔵刻工一覧(稿)—」(立正大学文学部論叢112, 2000) である。加えて, 野沢氏は刻工の分析に基づき, 普寧蔵が白雲宗教団によって完雕された実情を「元代普寧寺蔵刻工中の僧侶の信者」(駒澤史学64, 2005) によって解明している。また, 京都南禅寺の蔵経は普寧蔵を中心とする混合蔵であるが, この蔵経の跋文類を集めた辻森要脩「南禅大蔵跋文集録(一)~(九)」(仏典研究1-2~2-14, 1929~30) も有益である。

次に「元官蔵」とは, 1979年に中国の雲南省図書館から蔵経本の零本32巻が発見され, その報告である童瑋等「元代官刻大蔵経的発現」(文物1984-12, 1984) によって名づけられた仮名の蔵経である。また, 奇しくも日本でも昭和58年 (1983) に長崎県対島の東泉寺から同じ蔵経中の華厳経77巻が発見され, 村井章介「対島仁位東泉寺所蔵の元版新訳華厳経について—弘法寺蔵残巻の発見—」(仏教史学28-2, 1986) として報告された。ここでは「弘法蔵」とみなされていたが, これは後に前掲の『西大寺所蔵元版一切経調査報告書』に所収される竺沙雅章氏の解説「元版大蔵経概観」によって, 雲南省図書館発見の「元官蔵」と同じ蔵経の一部であると訂正されている (前掲『宋元仏教文化史研究』に再録)。

このように,「元官蔵」の出現はまだ僅少であり, その遺品は後至元2年 (1336) に太皇太后が印造したことが判明するものの, 板木の雕造の時処等は未詳である。総じて, 元代における蔵経類の開版についての検討や解明は, 当代の経録『至元法宝勘同総録』との関係究明等と共に, 今後の重要な研究課題である。

なお, 以上の宋元代に開版された蔵経の日本における現存機関と数量につい

ては，梶浦晉「日本現存の宋元版大般若経―剛中玄柔将来本と西大寺蔵磧砂版を中心に―」(金沢文庫研究297, 1996) にまとめて掲載されている。

(3) 明清代の蔵経

a 南蔵と北蔵

　明代開版の蔵経には，大別して南蔵・北蔵・嘉興蔵の三種がある。南蔵は南京から，北蔵は北京から，それぞれ明朝が雕造した官版であり，嘉興蔵は明末清初に五台山 (後に径山) から民間寺院による開版であった。南北両蔵は開版時期や構成や数量にそれぞれ若干づつの相違があるため，今日では専門的に細かく洪武南蔵・永楽南蔵・永楽北蔵・万暦南蔵・万暦北蔵等に分けて扱われている。また，最後の万暦両蔵には続蔵が含まれる。これらの明代蔵経は，洪武南蔵を除いて中国各地には比較的豊富に伝存しているが，日本には嘉興蔵こそかなりの所在が知られるものの，南北両蔵は暁天の星である。こうした事情もあって，日本では明蔵一般の研究は長らく不毛の状態であった。

　大陸で開版の最も早い洪武南蔵 (初刻南蔵) については，1938年に四川省崇慶県光厳禅院 (上古寺) で一蔵が発見され，これを初めて紹介した呂澂「南蔵初刻考」(江津県内院雑刊入蜀之二, 1938) の論文は，南蔵研究史の上で今なお高く評価されている。これは後に『欧陽大師遺集』第2巻 (新文豊出版公司, 1977) に移録されている。また張新鷹「関于仏教大蔵経的一些資料」(世界宗教資料1981-4, 1981) は呂澂説に基づく洪武・永楽の各南蔵について説述した好著である。

　なお，光厳禅院発見の洪武南蔵は後に四川省図書館に移管され，四川省図書館協公室による『四川省古籍善本書聯合目録』(四川辞書出版社, 1989) 中に現存目録が公開された。のみならず，1999年にはそのすべての影印版が『洪武南蔵』242冊の洋装本として刊行されている。これに続いて，永楽北蔵の全蔵も北京の永楽北蔵整理委員会により『永楽北蔵』(綫装書局, 2000) として線装本200函1200冊，洋装本では全200冊が刊行されているから，これで明初の南北両蔵の基礎資料が出揃ったことになる。これらの影印蔵経は，今後の明蔵研究に大きく貢献するはずである。筆者が禅籍だけを対象とした「洪武南蔵の入蔵禅籍」(駒大禅研年報17, 2006) も，この影印版のお蔭である。

邦人による明蔵研究は近年まで寥々たる状態であったが，吉岡義豊氏による「益都文廟大蔵経整理校記」（叢林規略，大正大学中国研究室，1966，後に『吉岡義豊著作集』4〈五月書房，1989〉に再録）は山東省文廟に保管される永楽・万暦両南蔵の調査報告であり，注目すべき論攷である。1980年代からは，長谷部幽蹊・野沢佳美両氏による明蔵研究への意欲的な取組みにより，基礎的な方面の研究が大きく進展している。

すなわち，長谷部氏の「明代以降における蔵経の開雕（一）～（三）」（愛知学院大・一般教育研究30-4, 31-1・2, 1983~84, 後に『明清仏教研究資料〈文献之部〉』〈駒田印刷，1987〉に再録）は，明初から現代に至る中日両国で刊行された各蔵経についての成立や変遷を論述した労作である。また野沢氏は，東京の立正大学と山口県快有寺に各所蔵される本邦稀覯の南蔵調査等に基づき，南蔵の成立過程と変遷，入蔵仏典の特色，南蔵の社会的影響等の解明を試みた13篇の論文をまとめ，『明代大蔵経史の研究—南蔵の歴史学的基礎研究—』（汲古書院，1998）の専著を刊行している。本書は明蔵の基礎的研究のみならず，今後の蔵経全般の研究にも資する画期的な成果である。

なお，日本にまとまって所在する上記両機関の南蔵は，近年相次いで詳細な調査目録が公刊されている。すなわち，立正大学所蔵の558巻については同図書館の編刊による『立正大学図書館所蔵 明代南蔵目録』(1989)であり，野沢氏の解説を付す。また快有寺の5400余巻については，山口県教育委員会編刊『快有寺一切経調査報告書』(1992)であって，それぞれ南蔵研究の貴重な基本資料となっている。

北蔵に関する研究文献には，禿氏祐祥「明初に於ける大蔵経校刻の事業」（密教研究11, 1923）が最も早く，その後は長谷部氏の前掲論文までは見るべきものがない。最近では，官版北蔵の下賜状況を調査した野沢佳美「明代北蔵考（一）」（立正大学文学部論叢117, 2003）が注目され，今後における北蔵に対する本格的研究の幕明けとなるであろう。

b 嘉興蔵

嘉興蔵は，明末の万暦年間(1573~1619)に山西省五台山妙徳禅庵で開版が始まり，後に杭州郊外の径山万寿禅寺に移って事業が継続され，崇禎年間(1628~43)に正蔵部分が完成した。その後，清初には続蔵部と又続蔵部が追雕され，康

熙15年（1676）に完成をみた。本蔵経は蔵経としては最初の袋綴本（方冊）という特色をもち，続蔵以後には多くの同時代仏典を含むところから広く流布し多くの伝存がある。また，この蔵経は板木が嘉興楞厳寺に置かれて印造されたので「嘉興蔵」と呼ばれるほか，「径山蔵」や「方冊蔵」等とも呼称されている。今日では台北版の『中華大蔵経』第2輯（修訂中華大蔵経会，1968）に影印されているほか，同じく新文豊出版公司から洋装本40冊の再印本も出され，テキストの閲覧は容易となっている。

他の基礎的文献としては，古くは南条目録として知られる南条文雄『大明三蔵聖教目録』（南条博士記念刊行会，1929）があり，後に補正と索引を加えて1977年に開明書院から再版されている。また研究文献の中では，前項で挙げた長谷部幽蹊「明代以降における蔵経の開雕（二）」（1983）が嘉興蔵の成立や変遷について詳しい解明を試みている。中国では屈万里「明釈蔵雕印考」（国学彙編2，1934）が先駆的なもので，近年には藍吉富「略論嘉興大蔵経的特色及其史料価値」（新中華49，1990）と同「嘉興大蔵経研究」（諦観70，1992）等が注目される。

しかしながら，嘉興蔵はその開雕・成立・変遷・構成・影響等の諸事項，特に続蔵や又続蔵の追雕部分に関してはまだ基礎的な方面で不明な問題が多く，今後に解明を期すべき課題は少なくない。

c　清　蔵

清蔵とは，清代の雍正末年（1735）から乾隆年間（1736～95）にかけて開版された勅版の蔵経であるため「乾隆大蔵経」ともいう。各冊の巻首には龍牌が付けられているところから「龍蔵」とも呼ばれる。この大型で豪華壮麗な折本の装訂による全8000巻にちかい蔵経は，清朝が諸機関に下賜するという性格であったため印造部数も少なかった。日本には近年まで，明治32年（1899）に西太后が京都西本願寺に寄贈した一蔵があるのみで，これは後に龍谷大学図書館に所蔵されている。

清蔵の板木は現存し，近代になってからも印造されているが，近年では1989年に黄紙折本による『乾隆版大蔵経』724帖と目録1帖が北京の文物出版社から印造頒布され，同じく全国図書館文献宿微複制中心からは，その修訂版として洋装168冊が2002年に刊行された。また台北からも洋装本の縮冊影印の『新編縮

本乾隆大蔵経』(新文豊出版公司，1990～91) 160冊が刊行される等，稀覯の清蔵も今では身近なものとなった。ただ研究文献の類は少なく，一柳智城「清朝の三蔵」(無尽灯5－1，1900) が最初の紹介であった。常惺「北平柏林寺龍蔵経板紀要」(仏教評論1－2，1931，後に大乗文化出版社『大蔵経研究彙編』下〈1977〉に再録) は，清蔵の板木が内府から北京市柏林寺に移管された後の変遷を述べている。その後の文献は大半が清蔵の紹介や概説であるが，前掲の長谷部幽蹊「明代以降における蔵経の開雕(二)」中の論述は，基礎資料を豊富に用いた出色の研究である。

以上のように，現在では清蔵は基礎的な資料が揃ってきただけに，明蔵とともに今後の研究がおおいに期待されている。

(4) 高麗と日本の蔵経

a 高麗蔵

高麗蔵は，韓半島への契丹国の入寇という国難に対処して，11世紀初頭の高麗朝が文化的な国威発揚と仏天の加護を願って開版した蔵経である。開宝蔵の開雕から半世紀たらずのうちに，それを覆刻した蔵経であり，やはり黄巻赤軸の豪華な造巻であった。これを高麗蔵の初雕本と呼ぶが，その遺品は極めてまれである。京都南禅寺には若干が現存する。

その後，11世紀末に義天が宋や日本から逸書の仏典を蒐集して『新編諸宗教蔵総録』3巻の目録を編み，これを開版して高麗蔵の続蔵とした。この義天による勝躅を研究し，遺品等の図録を豊富に収めた大屋徳城『高麗続蔵雕造攷』3巻3冊(便利堂，1937，後に大屋徳城著作選集7〈国書刊行会，1988〉に再録) の大著は，高麗蔵研究史の上で不滅の業績である。日本では，奈良東大寺に若干の遺品がある。

高麗朝では，13世紀中葉に蒙古入寇の兵火で従来の蔵経板木は焼失するが，遷都した江華島で敵軍折伏のために開版した蔵経が再雕本である。この時，南海に置かれた分局からは『祖堂集』や『宗鏡録』等の重要な蔵外仏典10数部も雕造されている。再雕本蔵経の板木は後に伽耶山海印寺に移管され，現在は「八万大蔵経」の名のもとに貴重な世界遺産となっている。韓・日の諸機関に所蔵

される高麗蔵のセットはみな再雕本であり、日本では東京増上寺，京都泉涌寺，奈良金剛峯寺等のものが有名である。古来，高麗蔵はよく校訂された善本といわれている。韓国ではこの蔵経をいちはやくデジタル化し、検索の便をはかっている。

再雕本は上記の蔵外仏典（後に続蔵として入蔵）も含めて、ソウル市東国大学校編刊『高麗大蔵経』（1957～76）全48冊の大型洋装本として影印刊行された。また同じく東洋仏典研究会編『高麗大蔵経』（東洋出版社，1971～75）45冊の影印本もあるが，ここには蔵外部分は含まれていない。なお，前者の第48巻は総目録・索引・解題から成るが、その日本語版である李瑄根編『高麗大蔵経総目録・索引・解題（日本語版）』（同朋舎出版，1978）は高麗蔵に対する日本人の学究者にとって必見の文献である。

研究文献は従来少なくないが、戦前は日本，近年は韓国という傾向が著しい。テーマとしては、日本では義天の続蔵や室町期の輸入に関するものが多く、韓国の論攷には経版に関するものが比較的多い。また、蔵外仏典についての総合的な研究は、大屋徳城「朝鮮海印寺経板攷―特に大蔵経補板並びに蔵外雑板の仏教文献学的研究―」（東洋学報15-3，1926，後に大屋徳城著作選集9『仏教古板経の研究』〈国書刊行会，1988〉再録）が重要であり、これまた学究者は必見の論攷である。なお、韓語による文献は多いが、ここでは省いた。知りたい方は、前記の野沢佳美編『大蔵経関係研究文献目録』の高麗版の項を参照されたい。

b 天海蔵

日本でも中世には何度も蔵経の開版が試みられたが、鎌倉期の霊山寺版が若干の蔵経本を開版しただけで、他はいずれも挫折した。下って近世江戸時代初めには、天台僧宗存が京都の北野経王堂から開版を始めた蔵経も、何百巻かを刊行して杜絶したといわれる。こうして日本最初の全蔵完成は、天海僧正の発願と徳川家光の支援による寛永14年（1637）から慶安2年（1648）にかけて江戸寛永寺から開版された天海版蔵経であった。「寛永寺版」や「倭蔵」等とも呼ばれる本蔵経最大の特徴は、大型の折本に木活字を用いたことにあるが、したがって印造部数には限りがあった。

研究文献は少なくないが、最も早い常盤大定「大蔵経雕印考」（哲学雑誌317，

1913）は，本蔵経の底本が埼玉喜多院所蔵の宋版（思渓蔵）であることを指摘した卓論であった。板原闡教「天海版大蔵経に就て」（顕真学報2－4，1932）や小野玄妙「天海版一切経の底本及び校本」（ピタカ4－6，1936）は，さらにそれを進展させている。この底本問題は思渓蔵の構成とも関連する重要事項であるが，近年には野沢佳美「天海版大蔵経の底本に関する諸説の再検討」（立正史学77，1993）によって従来説が総括され，新たに再検討すべき課題が指摘されている。

また松永知海氏は京都山科毘沙門堂の天海蔵調査に基づき，従来『昭和法宝総目録』に収録される天海蔵目録の不備や誤りを「天海版一切経の目録について」（印仏研44－2，1994）で指摘した。後に松永知海編『東叡山寛永寺 天海版一切経目録』（仏教大学，1999）を刊行し，この蔵経本に存在する巻末の願文302点を写真蒐集した貴重な『影印 東叡山寛永寺 天海版一切経願文集』（同）を別冊付録としている。

このように，天海蔵は基礎資料の公刊により底本等の基本的な事項の解明がなされつつあり，今後の進展が期せられている。

c 黄檗蔵

黄檗蔵は，禅僧鉄眼の苦心による民間からの募金によって成った蔵経であり，「檗蔵」や「鉄眼版」とも呼ばれる。寛文11年（1671）から天和元年（1681）にかけて，京都の宇治万福寺から開版された。明末清初の嘉興蔵を覆刻したとされる冊子本であり，需要によって何度も印造されたので広く全国に流布した。現在，約6万枚の板木が万福寺に伝存し国の重文指定となっている。なお，本蔵の完成後に京都鹿ヶ谷法然院の忍澂は，本蔵を建仁寺所蔵の高麗蔵で対校して『大蔵対校録』（1783）7巻を遺したが，これは蔵経文献史の上で稀有の業績であった。

研究文献類は，大戦前のものはほとんどが鉄眼の偉業紹介であったが，戦後は黄檗鉄眼版一切経印行会の編刊による『黄檗鉄眼版一切経目録』（1953）という基本資料が刊行されている。その後，長い停滞の時期を経て1980年前後からは諸方に所蔵される黄檗蔵の実物調査が行われ，その調査報告が何点か公開された。なかでも上越教育大学附属図書館編刊『上越教育大学所蔵黄檗鉄眼版一切経目録』（1988）は，本蔵に関する最初の詳細な調査目録である。ついで佛教大学仏教文化研究所編刊『獅谷法然院所蔵麗蔵対校 黄檗版大蔵経並新続入蔵経目録』

(1989)はさらに詳細な目録であり、特に松永知海氏による解題では、黄檗蔵の続入蔵部分には他版による「入れ版」が若干部存在することが初めて指摘された。さらに万福寺や法然院等の黄檗蔵各冊中にみえる刊記類を蒐集して解題を付した大木幹郎・松永知海共編『黄檗版大蔵経刊記集』(思文閣出版, 1994)の大冊が出されている。この書は鉄眼の募縁や雕造の実態、施財者の状況等を知るべき貴重な資料集である。その後、富山県瑞龍寺からも北沢寛・斉藤善夫共編『瑞龍寺黄檗版大蔵経現存目録』(1999)が刊行されている。

このように、黄檗蔵に関しては今や基本資料が提供されて研究者の活用が可能となっている。今後は全蔵の構成、続入蔵の実態、印造時期と回数、入れ版の問題、流布状況等、さらに一層の解明が期せられている。

上記のほかに中国仏教研究という観点から、近代の活版印刷ながらわが明治期の「続蔵」についてふれておきたい。この蔵経は正式には「大日本続蔵経」と称し、明治30年代に京都蔵経書院から刊行された大日本校訂大蔵経(卍蔵)の続編として、明治38年(1903)から大正元年(1912)にかけて同所から刊行された和装版の大蔵経である。その内容的特長から、広く「続蔵」の名で親しまれている。内容は1671部7148巻の大半が中国撰述の仏典であり、しかも従来未覯または稀覯の典籍を豊富に収録する等、中国仏教研究の宝庫とされている。そのうち禅籍は約4分の1を占める。中国から何種かの影印版や再編本が刊行されているほか、日本では国書刊行会から改編補訂版の洋装『新纂大日本続蔵経』90冊が平成元年(1989)に出版完成をみた。かくして近年までは稀書となっていた本蔵経も、現在は閲覧が容易な状態となっている。

以上、中国仏教研究のための手引という視点から、中国で開版された各蔵経の文献情報や研究課題等を紹介記述してきた。これによっても知られるように、研究対象も分野もきわめて浩瀚かつ専門的である。したがって、研究には長い時間と労苦が伴う割に恵まれることの少ないのは、日本では大蔵経研究者が五指に満たない現状がそれを物語っている。しかし、現在では研究すべき資料や文献が無限に提供され、一部の蔵経はテキストそのものすら電子化されて、机上で閲覧や検索が可能になっている。若い学究者たちの大蔵経への果敢な挑戦を重ねて鶴首したい。

6 中国仏教と周辺諸国

〈1〉 韓国仏教

石井公成

　韓国仏教については，他の国の仏教を研究する場合とは異なる困難さがある。たとえば，朝鮮仏教と呼ぶか韓国仏教と呼ぶか，朝鮮半島と呼ぶか韓半島と呼ぶか，といったことがまず問題となる。本稿では，韓国仏教・韓半島という呼称を用いるが，韓国仏教について学ぼうとすると，韓国の呼称を重視するのか，朝鮮民主主義人民共和国の立場を考慮するのか，戦前以来の日本の呼称に従うのか，といった選択をまず迫られてしまうのである。また，日本では仏教受容期だけでなく，聖武天皇（701～56）の頃でさえ仏教は主に韓半島から渡来した氏族が支えており，平安京を開いた桓武天皇（737～806）も藤原北家全盛の基いを築いた藤原冬嗣（775～826）も百済系渡来氏族の母から生まれているうえ，南都の寺院では鎌倉時代に至っても新羅仏教の影響が強かったため，戦乱や儒教による弾圧によって文献史料の多くが散逸してしまった韓国仏教について研究するには，韓国人研究者も，日本の資料と日本人研究者の研究を利用しなければならないという状況がある。

　こうした問題は，実際には変動が激しかったアジアのどの国，どの地域の仏教を研究する際もある程度見られるものだが，日本と韓国の関係は深くて複雑なため，どの国の学生・研究者であれ，韓国仏教を研究しようとすれば，それは，インドの初期仏教を研究する場合等と違って，ナショナリズムやその他の要素がからむ複雑な状況の中で，自らの先入観をはっきりと自覚しつつ史実に直面してゆく作業とならざるをえないのである。

　本稿では，入手しやすい近年の日本語の著作を主として紹介し，韓国語の著作については，「ソウル」等と刊行地を付すことによって示すことにする。

(1) 通史と歴史概説

　韓国仏教史について，近年に刊行された書物の中で最もまとまっているのは，鎌田茂雄『朝鮮仏教史』(東京大学出版会，1987)であろう。歴史と教理が簡単に説明され，地図，表，参考文献，写真等も適度に備わっているうえ，人名等の韓国語発音がルビで示されており，必携の入門書となっている。金煐泰著・沖本克己監訳『韓国仏教史』(禅文化研究所，1985)も，読みやすい通史である。『アジア仏教史・中国編4　東アジア諸地域の仏教』(佼正出版社，1976)のうち，里道徳雄「第1章　朝鮮半島の仏教」は，写真や系図が豊富で有益である。鎌田茂雄編『講座仏教の受容と変容5　韓国編』(同，1991)は，時代別による概説に加え，教団・儀礼・美術・民間信仰等テーマごとの説明もなされており，全体像をつかむのに適している。

　英文による通史としては，The Korean Buddhist Research Institute ed., The History and Culture of Buddhism in Korea (Dongguk Univ. Press, Seoul, 1993) がある。本書は，韓国の東国大学校の研究者たちの分担執筆であり，時代の特徴に力を入れて描いてある。何勁松『韓国仏教史（上下）』(宗教文化出版社，北京，1997)は，中国の研究者による中国語の通史であり，中国との関係に注意している。

　江田俊雄『朝鮮仏教史の研究』(国書刊行会，1977)は，著者の没後に弟子たちが諸論文を編集したものであり，専門論文に加え，仏教受容から現代に至るまでの簡単な概説も収められている。今日でも読む価値のあるすぐれた論文が多いが，戦前の研究も含むため，日本統治という状況がもたらす偏った記述もわずかながら見られる。こうした傾向は，強弱の違いはあるものの，戦前の日本人研究者すべてに見られるものであり，また韓国の研究者はそうした傾向に反発し，韓国仏教の意義を強調しようとして文献批判が不十分となることがあるため，注意を要する。

　李能和『朝鮮仏教通史（上中下）』(新文館，1918。国書刊行会，1974)は，韓国人によって戦前に書かれた代表的な著述である。厖大な資料を列挙して簡単な説明を付しており，現在でも利用価値があるが，すべて漢文で書かれているた

め，基礎的な力がないと使えない。梅田信隆監修，石山・片山・渡会・河村編著『朝鮮仏教史　資料篇（一・二）』（楞伽林，1996・1999）は，同様に各時代の文献から仏教関係の記述を細かく抜き出した河村道器の遺稿を編集し，原典にさかのぼって校正して頁数を付加したものであり，典拠を調べやすくなっている。

　仏教史以外の一般の歴史としては，武田幸男編『朝鮮史』（山川出版社，2000）がまとまっている。また，古田博司・小倉紀蔵編『韓国学のすべて』（新書館，2002）は，古代から現代に至る韓国の様々な分野に関する最新の概説である。韓国史の史料を集成したものとしては，朝鮮史編修会が厖大な『朝鮮史』（東京大学出版会，1995）シリーズを刊行している。文化史については，池明観著，朴光洙訳『韓国文化史』（高麗書林，1979），金義煥『朝鮮文化史新講』（東洋書院，1985）がまとまっている。

（2）　基礎資料

　韓国仏教の文献は，『韓国仏教全書』（東国大学校，ソウル，1979〜）に収録されている。本全書は，朝鮮三国時代に始まる韓国仏教の文献を集成したものであり，現在，第13巻補遺篇1まで刊行されている。韓国の仏教文献の日本語の解題としては，東国大学校仏教文化研究所編『韓国仏書解題辞典』（国書刊行会，1982）がある。

　1145年に編纂された金富軾『三国史記』は，中世以前の代表的な史書であり，儒教の立場に立っているものの，仏教関係の記述も多い。金思燁訳『三国史記（上下）』（六興出版，1980〜81）は，原漢文，日本語訳，簡単な訳注が示されている。東洋文庫シリーズに収録されている井上秀雄訳『三国史記』（平凡社，1980〜86）は邦訳のみであるが，学術的な注に富む。

　高麗の禅僧，一然（1206〜89）の『三国遺事』は，史書・碑文・伝承・中国の僧伝等によって仏教関係の記述を編集したものであり，韓国仏教史の根本資料となっている。専門的研究としては，三品彰英・村上四男『三国遺事考証（4巻）』（塙書房，1975〜95）があって詳細な注がなされているが，仏教の面の注釈は十分ではない。金思燁訳『完訳　三国遺事』（朝日出版社，1980）は，入手しやすいものの，仏教関係の訳や注は間違いがきわめて多い。

1215年に編纂された覚訓『海東高僧伝』については、伊藤丈・章輝玉『現代語訳一切経1　大唐西域求法高僧伝・海東高僧伝』（大東出版社、1993）に章輝玉の解説と邦訳が収録されている。

　現在、海印寺に8万余枚の版木が保存され、八万大蔵経として知られる高麗大蔵経は、戦後になって東国大学校から刊行された。その第48巻の李瑄根編『総目録・索引・解題』については、日本語版（同朋舎出版、1978）も刊行されている。高麗大蔵経は高麗大蔵経研究所が電子化してインターネット上で公開している（http://www.sutra.re.kr/）。電子化の副産物である李圭甲『高麗大蔵経異体字典』（高麗大蔵経研究所、ソウル、2000）は、索引が完備しているため、高麗大蔵経以外の文献を読む場合も役に立つ。

　朝鮮総督府編『朝鮮金石総覧』（1919。国書刊行会、1971）は今日では不備が目立つが、この頁数によって引用する論文が多いため、今でも必要である。校訂を加えたものとしては、許興植『韓国金石全文』（全3冊、亜細亜文化社、ソウル、1984）があり、権悳永編著『韓国古代金石文綜合索引』（学研文化社、同、2002）も刊行されている。

　なお、中国や日本等における韓国仏教に関する漢文資料については、金煐泰『韓国仏教史料―海外文献抄集―』（東国大学校仏教文化研究院、ソウル、1981）が収録しており、便利である。

（3）　論文目録

　韓国仏教に関する研究書と論文に関しては、韓国留学生印度学仏教学研究会が刊行している『韓国仏教学 SEMINAR』8（2000）の「特集：日本における韓国仏教思想の研究の成果と展望」（以下、「成果」と略）がある。本特集は、石井修道「韓国仏教通史の主な研究」、曹潤鎬・佐藤厚「韓国華厳学研究」、橘川智昭「新羅唯識の研究状況について」、石井修道「朝鮮禅思想に対する研究」、福士慈稔「三国時代・統一新羅時代の仏教に対する研究」、佐藤厚・金天鶴「高麗時代の仏教に対する研究」、金天鶴「朝鮮時代の仏教に関する研究」から成り、近代以前の研究史と現在の成果が282頁にわたって解説されている。日本語で書かれた韓国人研究者の論文もとりあげられ、韓国の研究状況や今後の課題につ

いても簡単に触れているため，必ず本特集を参照する必要がある。

韓国で刊行された目録としては，厖大な『韓国仏教関係論著綜合目録』（高麗大蔵経研究所，ソウル，2002）があり，韓国語の著書や論文ばかりでなく日本語や英語の研究も収録されている。新羅仏教については，新羅文化研究所編『新羅研究論著目録』（東国大学校出版部，同，1988）が，書物や論文の題名だけでなく，簡単な目次まで掲載しており，便利である。韓国における仏教関係の論文については，呂聖九・張日圭・南武熙編『韓国仏教学研究叢書（158巻）』（佛咸文化社，同，2003〜04）が集成し，本の形のまま影印して刊行している。

（4） 各時代の仏教

高句麗の仏教については，文献がほとんど残っていないため，仏教受容期に描かれた徳興里古墳壁画の研究が中心となっている。門田誠一に「高句麗の初期仏教における経典と信仰の実態」（朝鮮史研究会論文集39，2001）等，一連の論文がある。

百済の仏教も，古い史料はごくわずかしか残っていないが，遺跡発掘や仏教美術の研究が近年大幅に進んでおり，その成果と史料の照らし合わせが課題となっている。早い時期のそうした試みとしては，田村円澄・黄寿永編『百済文化と飛鳥文化』（吉川弘文館，1978）がある。田村には，田村円澄・秦弘燮編『新羅と日本古代文化』（同，1981）という編著もあり，日本と韓国の仏教の関係を解明するうえで，田村が果たした役割は大きい。田村『日本仏教史4　百済・新羅』（法蔵館，1983）は，そうした問題意識を反映した論文が収録されている。

新羅については，近年，仏教受容期の碑文が韓国各地で数多く発見されており，深津行徳「法体の王—序説：新羅の法興王の場合—」その他の関連論文が『学習院大学東洋文化研究所調査研究報告』39（1993）に収録されている。教理研究としては，金知見・蔡印幻編『新羅仏教研究』（山喜房仏書林，1973）がある。本書は，日本留学中の韓国の若手研究者と日本の研究者が，新羅の様々な系統の仏教について論じた論文を中心にして編集したものであり，この種の論文集の先駆となった。韓国の研究書では，高翊晋『韓国古代仏教思想史』（東国大学校出版部，ソウル，1989）が，仏教受容の歴史および，三国時代から統一新羅時

代にかけての華厳・密教・禅の展開を跡付けている。新羅仏教については，金煐泰『新羅仏教研究』（民族文化社，同，1987）も定評がある。英語の研究書としては，L. Lancaster, C. S. Yu, Assimilation of Buddhism in Korea: Religious Maturity and Innovation in the Silla Dynasty (Asian Humanities Press, Berkeley, 1991) がある。

三国時代と統一新羅時代に関する歴史学の成果としては，李成市『古代東アジアの民族と国家』（岩波書店，1998）が，時代背景と仏教の関係に関する示唆に富む。浜田耕策『新羅国史の研究――東アジア史の視点から――』（吉川弘文館，2002）も，仏教関係の論文が多く，有益である。

高麗仏教に関しては，日本語で書かれた専門書はない。許興植『高麗仏教史研究』（一潮閣社，ソウル，1986）が詳細であって，標準となっている。李朝の仏教については，日本語の研究書としては，高橋亨『李朝仏教』（宝文館，1929。国書刊行会，1973）があるのみである。本書は豊富な資料を駆使しており，刊行時にあっては先駆的な業績であったが，戦前の研究者特有の偏った記述が多く見られる。高橋の研究姿勢については，仏教中心でないが，権純哲「高橋亨の朝鮮思想史研究」（埼玉大学紀要33-1，1997）が検討している。近代仏教についても，日本語の単行書はない。李朝朝鮮末期から戦後の変動期の状況については，申昌浩「再生宗教としての朝鮮仏教と親日」（日本研究〈国際日本文化センター紀要〉25，2002）が問題点を明らかにしている。韓国の最近の研究としては，金光植『韓国近代仏教史研究』（民族社，ソウル，1996）がまとまっている。また，鄭珖鎬編『韓国仏教最近百年史年表』（仁荷大学校出版部，仁川市，1999）は，資料を年次ごとに整理していて便利である。

（5） それぞれの系統の仏教

高句麗では三論宗が盛んであったとされており，その代表は遼東出身で中国に渡って学び，江南に移って梁で三論教学を復興した僧朗であろう。僧朗を初めとして，江南で活躍した韓半島出身の僧，および韓半島における三論学については，石井公成「朝鮮仏教における三論教学」（平井俊榮監修『三論教学の研究』春秋社，1990）が通説を見直している。

玄奘の帰国によって唐で法相唯識学が勃興すると，新羅でも大いに流行し，五姓各別の立場に立つ唯識学派と一乗派との論争も唐からもたらされた。その時期に中国で活躍し，新羅と日本にも影響を与えた西明寺円測（613～96）は，日本の近年の研究では一乗説に理解を示していたとされていたが，橘川智昭は「西明寺円測と五姓各別論——慈恩教学との比較研究——」（東洋学研究34，1997）等一連の研究において，円測は慈恩の立場に近いことを明らかにした。

　幅広い活躍をした元暁（618～86）については，福士慈稔（「成果」）が，日韓の膨大な研究を整理している。また同「日本仏教に見られる元暁の影響について——日本仏教諸宗の元暁著述の引用を中心として——」（『佐々木孝憲古稀記念』山喜房仏書林，2002）を読めば，日本仏教に与えた元暁の影響の大きさが知られよう。福士の研究は『新羅元暁研究』（大東出版，2004）にまとめられた。元暁の伝記と思想，後代における評価等を扱った研究書としては，金相鉉『元暁研究』（民族社，ソウル，2000）がある。

　新羅華厳宗の開祖，義湘（義相，625～702）については，坂本幸男「新羅の義湘の教学」（『華厳教学の研究』平楽寺書店，1956）が本格的な研究として知られる。石井公成『華厳思想の研究』（春秋社，1996）では，法蔵の作とされる『華厳経問答』は義湘系の文献であること，義湘とその弟子たちには禅宗の影響が見られることを明らかにしている。

　高麗華厳を代表する均如については，李永洙「均如大師伝の研究（上中下）」（東洋学研究7・8・13，1973～79）のすぐれた伝記研究がある。日本では，金知見編『均如大師華厳学全書（上下）』（後楽出版，1977）の刊行によって均如への関心が高まり，鎌田茂雄が主催する均如の研究会の成果として，鎌田茂雄編『釈華厳教分記円通鈔の注釈的研究』の連載（東京大学東洋文化研究所紀要84・89・94・95・102・104，1981・82・84・87）が生まれ，吉津宜英がその作業を引き継いだ（華厳学研究2・3，1988・91）。

　浄土思想については，韓普光『新羅浄土思想の研究』（東方出版，1991）が三国時代以来の浄土信仰を幅広く検討した好著である。章輝玉・石田瑞麿『新羅の浄土教　空也・良源・源信・良忍』（『浄土仏教の思想』講談社，1992）には，わかりやすい概説がある。渡辺顕正『新羅・憬興師述文賛の研究』（永田文昌堂，1978）は，親鸞にも影響を与えた憬興の著作の研究である。金三龍『韓国弥勒信仰の

研究』(教育出版センター, 1985) は, 古代から近代に至るまでの弥勒信仰について詳述している。

韓国仏教の主流となった禅宗については, 忽滑谷快天が韓国人研究者の協力を得てまとめた『朝鮮禅教史』(春秋社, 1930) が画期的な成果であった。鄭性本「韓国の禅」(田中良昭編『禅学研究入門』大東出版社, 1994) は短篇ながら, 研究史と近年の禅研究成果に関する優れた解説であるとともに, 韓国の仏教研究全般に対する簡単な紹介ともなっている。鄭には『新羅禅宗의研究』(民族社, ソウル, 1997) という大著がある。

韓国曹渓宗の祖とされる知訥 (1158~1210) については, 李鍾益『韓国仏教の研究——高麗・普照国師を中心として——』(国書刊行会, 1980) が詳しい。儒教に基づいて排仏政策を進めた李朝において, 仏教を振興した代表的な禅僧であり, 豊臣秀吉軍の侵略に抗して活躍した西山休静 (1520~1604) については, 申正午『西山大師の禅家亀鑑研究』(山喜房仏書林, 1991) が, 時代背景や思想の特色を解説し, 代表作である『禅家亀鑑』について詳細な検討を加えている。西口芳男編『『禅門宝蔵録』の基礎的研究』(花園大学国際禅学研究所研究報告7, 2000) は, 解題, 訳注, 関連論文を含んでおり, 中韓の禅の関係や時代背景を知ることができる。

なお, 東国大学校の仏教文化研究院では, 同大学校出版部から『韓国天台思想研究』(1983),『韓国禅思想研究』(1984),『韓国浄土思想研究』(1985),『韓国密教思想研究』(1986),『韓国弥勒思想研究』(1987),『韓国観音思想研究』(1988) その他を刊行しており, これらのシリーズでは末尾に参考文献が列挙されていて便利である。また, 仏教史学会の編集による宗派や時代別の論文集が民族社 (ソウル) から仏教史叢書として多数出版されており, 必読文献となってきたが, 近年は若手研究者の著書が多く刊行され, 新たな視点を求める模索段階に入っている。

このほか, 戒律については, 蔡印幻『新羅仏教戒律思想研究』(国書刊行会, 1977) がある。洪潤植『韓国仏教儀礼の研究』(隆文館, 1976) は, 高麗時代と李朝時代の仏教儀礼を検討している。密教については, 徐閏吉が『韓国密教思想史序説』(仏光出版部, ソウル, 1994) 等多くの研究を発表している。

（6） 日本との関係・交渉

田村円澄『古代朝鮮と日本仏教』（講談社，1985）は，講談社学術文庫に収録されたため，入手しやすくなった。中井真孝『朝鮮と日本の古代仏教』（東方出版，1994）も先駆的な仕事である。関晃『帰化人』（至文堂，1956），上田正昭『帰化人』（中公新書，1965）は，題名とは反対に，帰化人というイメージを一変させた著作であり，上田以後，渡来人という呼称が広まっていった。今井啓一『帰化人と社寺』（綜芸社，1969），段熙麟『日本史に生きた渡来人たち』（松籟社，1986），権又根『古代日本文化と朝鮮渡来人』（雄山閣出版，1988），井上秀雄『古代日本人の外国観』（学生社，1991），司馬遼太郎・上田正昭・金達寿編『日本の朝鮮文化』（中央公論社，1991）等を読めば，日本史の見方が変わるだろう。韓国語の著作としては，崔在錫『古代韓日仏教関係史』（一志社，ソウル，1998）が豊富な資料を示している。中国との関係については，黄有福・陳景富『中朝仏教文化交流史』（中国社会科学出版社，北京，1993）が詳細である。現代につながる一般書としては，岡崎久彦『隣の国で考えたこと』（中公文庫，1983）がすぐれている。

（7） 寺院および仏教美術

鎌田茂雄・NHK取材班・大村次郎（写真）『韓国古寺巡礼（百済篇）』，『同（新羅篇）』（日本放送出版協会，1991）は，カラーと白黒の写真を豊富に用いながら，韓国の寺の歴史と信仰の現状について解説している。鎌田には『朝鮮仏教の寺と歴史』（大法輪閣，1980）もあり，愛宕顕昌『韓国仏教史―韓国仏教の手びき―』（山喜房仏書林，1982）も，同様に仏教史を概説し，各地の寺について紹介している。高麗期の寺院については，斎藤忠『高麗寺院史料集成』（大正大学綜合仏教研究所，1997）がある。

仏教美術については，黄寿永『韓国仏像の研究』（同朋舎出版，1978），久野健・田枝幹宏『古代朝鮮仏と飛鳥仏』（東出版，1979），秦弘燮『韓国の石仏（韓国美術シリーズ）』（近藤出版社，1979），鄭永鎬『韓国の石塔（韓国美術シリーズ）』（同），松原三郎『韓国金銅仏研究』（吉川弘文館，1985），小坂泰子『韓国の石仏』（佼成

出版社，1987）等がある。朴亨国『ヴァイローチャナ仏の図像学的研究』（法蔵館，2001）は，アジア諸国の毘盧舎那像について調査し，韓国の毘盧舎那像の特色を明らかにした壮大な研究である。なお，鄭于澤『高麗時代阿弥陀画像の研究』（永田文昌堂，1990）を初め，近年では高麗仏画の研究が盛んになっている。

（8） 仏教の周辺

韓国仏教の特色を知るには，周辺の宗教や民俗等についても調べる必要がある。道教については，車柱環著，三浦国雄・野崎充彦訳『朝鮮の道教』（人文書院，1990）があるが，本書は神仙思想と道教の区分にやや問題がある。風水思想については，崔昌祚著，三浦国雄監訳，金在浩・渋谷鎮明共訳『韓国の風水思想』（同，1997）が有益である。なお，朝鮮総督府が戦前に刊行した多数の文献のうち，『朝鮮の鬼神』（1972），『朝鮮の巫覡』（1972），『朝鮮の風水』（1987）等が国書刊行会から復刻されている。これらは植民地支配のために行った現地調査ではあるが，今日では入手しがたい貴重な資料も含まれている。

⟨2⟩ 日本仏教

佐 藤 秀 孝

（1） 日本仏教について

　日本に仏教が伝来してすでに1500年もの歳月が経過しており、この間、幾多の変遷を経て日本独自のいわゆる日本仏教が形成されていった。日本の仏教は初め朝鮮半島を経由して伝来したものであり、その後も中国仏教（朝鮮仏教を含む）の影響を受けながら発展し、あるときは多くの日本僧が中国に留学して中国仏教を貪欲に吸収し、あるときは中国仏教の影響を極力排除したかたちで独特の思想を確立しながら、長い年月を経過して現今の日本仏教を形づくってきたのである。各時代を通じて日中間を多くの僧侶が往来し、中国の仏教文献が日本へと将来され、古写本・刊本が数多く保存され、注釈書の類いも多く著されている。

　まして日本では明治の廃仏毀釈など若干の仏教弾圧、仏教批判等は存したものの、全体としては仏教が伝来して以来、仏教教団が連綿として受け継がれ、江戸時代の檀家制度等によっても社会に機能したかたちで維持されてきている。近世から近代にかけて多くのアジアの仏教国が欧米列強（日本を含む）の影響を受けて変遷を余儀なくされたのに比べれば、日本は幸いにも仏教がある程度の影響力をもって堅持され、『大正新脩大蔵経』や『大日本続蔵経』等の編纂に見るごとく文献の保存はもちろん、教学研究の伝統も途絶えることなく受け継がれてきたことは重要であろう。したがって、日本仏教の研究をすることのみならず、中国や朝鮮半島の仏教を研究する上でも日本仏教の学問的伝統と、近代以来の中国仏教研究の成果はきわめて貴重なものであり、また日本に残る仏教文献の理解を抜きにして中国や朝鮮半島の仏教の研究を行うことは難しい。

　ところで、日本仏教における従来の研究といえば、各宗の宗祖を中心にその思想や伝記を探り、教団の展開を教理と歴史の両面から論ずること等が主であ

った。その面が今日でも最も重要ではあろうが，近年では宗派を越えて教団論・制度論・女性史等多方面から独自の考察がなされ，民俗学や政治史・美術・国文学等関連領域との関わりにも焦点が当てられるようになっている。また寺院に埋もれていた古写本・古文書・金石類等の調査が活発になされるようになり，それら原史料を活用した研究も増えている。紙面の都合上，とうてい，日本仏教に関する膨大な研究成果を詳細に論ずる等できない。本稿ではあくまで大まかに日本仏教の研究に関して主な文献のみをあげるに留め，個々の研究書や研究論文等細かいものについては割愛したい。

（2） 基礎資料と辞典・論文目録

はじめに日本仏教を研究する上で基本的な資料としては，『大正新脩大蔵経』の日本撰述部，『大日本仏教全書』全162巻（同全書刊行会，1912～22），『日本大蔵経』が存しており，日本仏教の主要文献が活字化されている。また『国訳一切経』の和漢撰述部は仏教文献が国訳されていて便利である。個々の宗派としては，天台宗に天台宗典刊行会編『天台宗全書』（大蔵出版，1935～37），『続天台宗全書』（春秋社，1987～2006）が存し，真言宗に真言宗全書刊行会編『真言宗全書』（同刊行会，1933～39）が存している。浄土系では浄土宗に『浄土宗全書』（浄土宗典刊行会，1907～14），『続浄土宗全書』（宗書保存会，1915～28）が存しており，禅宗では曹洞宗に曹洞宗全書刊行会編『曹洞宗全書』（鴻明社，1929～38），『続曹洞宗全書』（同刊行会，1973～76）が存し，臨済宗に上村観光『五山文学全集』（裳華堂，1906～15）とその復刻版（思文閣出版，1937）や，玉村竹二『五山文学新集』（東京大学出版会，1967～81）が存している。また明治期の神仏分離に関しては村上専精等編『明治維新・神仏分離史料』（1926～29）がまとめられている。

日本仏教に関する辞典・事典類の主なものを列記しておきたい。今泉淑夫編『日本仏教史辞典』（吉川弘文館，1999）は日本仏教史に関する主要項目を列記した辞典として特筆される。また寺院に関する名鑑・辞典としては『大日本寺院総覧』（名著刊行会，1966）2冊や『全国寺院名鑑』（全日本仏教会寺院名鑑刊行会，1969～70）4冊等があるが，主要寺院に関しては圭室文雄編『日本名刹大事典』（雄山閣出版，1994）が詳細で便利である。また天納傳中等編『仏教音楽辞典』（法

蔵館，1995）等も存している。

　人名辞典としては古く鷲尾順敬編『日本仏家人名辞書』（光融館，1903。東出版，1996〈復刻〉）や『増訂日本仏家人名辞書』（東京美術，1966）が存し，6000人に及ぶ人名が収録されているが，表現が古く生没年等も皇紀でなされている。これに対して，『日本仏教人名辞典』（法蔵館，1992）はさらに幅広く7100人にも及ぶ人名を収録し，索引等も付されて便利である。このほか簡単なものとして，斎藤昭俊・成瀬良徳編『日本仏教人名辞典』（新人物往来社，1986）や今泉淑夫編『事典・日本の名僧』（吉川弘文館，2005）も存している。各宗派の辞典としては，真言宗に密教学会編『密教大辞典』（法蔵館，1968～70）6冊とその縮刷版（同，1983）1冊が存し，佐和隆研編『密教辞典』（同，1975）も存している。浄土宗には『浄土宗大辞典』（山喜房仏書林，1974～82）4冊が存している。浄土真宗には岡村周薩編『真宗大辞典』（鹿野苑，1963）3冊とその改訂版（永田文昌堂，1972）があり，金子大榮等監修『真宗新辞典』（法蔵館，1983）や赤松徹真等編『真宗人名辞典』（同，1999）も存している。禅宗では駒澤大学禅学大辞典編纂所編『禅学大辞典』（大修館書店，1978）3冊と，その新版（同，1985）1冊が存しており，五山の禅僧を扱ったものに玉村竹二『五山禅僧伝記集成』（講談社，1983，思文閣出版，2003〈新装版〉）があり，曹洞宗に稲村坦元監修『曹洞宗人名辞典』（国書刊行会，1977）があり，黄檗宗に関するものとして大槻幹郎・加藤正俊・林雪光編『黄檗文化人名辞典』（思文閣出版，1988）がある。日蓮宗では日蓮宗事典刊行委員会編『日蓮宗事典』（日蓮宗宗務院・東京堂出版，1981）が存している。

　このほか法蔵館から「仏教小事典シリーズ」として福田亮成編『真言宗小事典』(1987)，石上善応編『浄土宗小事典』(2001)，瓜生津隆真・細川行信編『真宗小事典』(1987)，石川力山編『禅宗小事典』(1999)，小松邦彰・冠賢一編『日蓮宗小事典』(1987)が刊行されており，それぞれ各宗の基本的な用語500項目ほどを分かりやすく説明している。

　関連領域の辞典としては，国学院大学日本文化研究所編『神道事典』（弘文堂，1994），薗田稔・橋本政宣編『神道史大辞典』（吉川弘文館，2004）や佐々木宏幹等編『日本民俗宗教辞典』（東京堂出版，1998），子安宣邦監修『日本思想史辞典』（ぺりかん社，2001），山折哲雄監修『日本宗教史年表』（河出書房新社，2004）等が存しており，それぞれに仏教関係の記事も多く載せられている。また中村元・

久野健編『仏教美術事典』(東京書籍, 2002) 等も日本の仏教美術がかなりを占めていて重要であろう。

また研究書や論文に関する目録として、龍谷大学図書館編『仏教学関係雑誌論文分類目録』(百華苑, 1973), 仏教学関係雑誌論文分類目録編纂委員会編『仏教学関係雑誌論文分類目録』(永田文昌堂, 1973) が存し、日本仏教に関する研究論文がかなりを占めており、きわめて有効であって続編が望まれる。例えば曹洞宗において曹洞宗宗学研究所編『曹洞宗関係論文目録』(曹洞宗宗務庁, 1990), 曹洞宗総合研究センター・宗学研究部門編『曹洞宗関係論文目録Ⅱ』(曹洞宗総合研究センター, 2004) が単独に出版されている例等もある。

（3） 通史・概説について

はじめに日本仏教を全般的に扱った通史・概説の類いについて触れておきたい。古く圭室諦成『日本仏教史概説』(理想社, 1940) が存し、また辻善之助『日本仏教史』(岩波書店, 1944〜55) 全10冊は「上世篇」1冊、「中世篇」5冊、「近世篇」4冊より成る。

笠原一男等編『アジア仏教史・日本編』(佼成出版社, 1972〜76) 全9冊は「飛鳥・奈良仏教〈国家と仏教〉」「平安仏教〈貴族と仏教〉」「鎌倉仏教1〈民衆と念仏〉」「鎌倉仏教2〈武士と念仏と禅〉」「鎌倉仏教3〈地方武士と題目〉」「室町仏教〈戦国乱世と仏教〉」「江戸仏教〈体制仏教と地下信仰〉」「近代仏教〈政治と宗教と民衆〉」「現代仏教〈信教の自由と仏教〉」に分けられており、『アジア仏教史・インド編』全6巻、『アジア仏教史・中国編』全5巻と共に仏教の流れを辿ることができる。

新しくは『日本仏教史』(吉川弘文館) 全4冊は速水侑『日本仏教史・古代』(1986・98), 大隅和雄・中尾堯編『日本仏教史・中世』(1998), 圭室文雄『日本仏教史・近世』(1987), 柏原祐泉『日本仏教史・近代』(1990) に分けられており、日本仏教の動向を日本史の流れの中に位置づけている。

圭室文雄・平岡定海編『論集 日本仏教史』全10冊 (雄山閣出版) は「飛鳥時代」「奈良時代」「平安時代」「鎌倉時代」「室町時代」「戦国時代」「江戸時代」「明治時代」「大正昭和時代」「日本仏教史年表」に分けられ、日本仏教の諸相と

歴史を諸方面から解明している。

また柴田実・林屋辰三郎企画の高取正男・赤井達郎・藤井学編『図説 日本仏教史』(法藏館, 1980〜81) 全3冊は「仏教との出会い (古代)」「日本仏教の成立 (中世)」「国民仏教への道 (近世)」に分けて豊富な図版と解説によって日本仏教の歩みを平易に示したものである。

田村円澄等編『図説日本仏教の歴史』(佼成出版社, 1996) 全6冊も「飛鳥・奈良時代」「平安時代」「鎌倉時代」「室町時代」「江戸時代」「近代」に分けて図版を掲載して日本仏教の歴史を分かりやすく説明している。

日本仏教研究会編『日本の仏教』(法藏館)のシリーズは日本の仏教を現代的な視点から捉えなおした画期的な企画であり、第I期・全6冊は『仏教史を見なおす』(1994)、『アジアの中の日本仏教』(1995)、『神と仏のコスモロジー』(同)、『近世・近代と仏教』(同)、『ハンドブック日本仏教研究』(1996)、『論点日本仏教』(同)に分けられ、第II期・全3冊は『仏教と出会った日本』(1998)、『日本仏教の研究法』(2000)、『日本仏教の文献ガイド』(2001) に分けられ、最新の研究動向を知ることができる。とりわけ、『日本仏教の研究法』は過去の主要な研究成果を種々の分野から論じたものであり、また末尾には「文献一覧」が付されていて有益である。

一方、日中交流の歴史について触れたものとして木宮泰彦『日華文化交流史』(冨山房, 1955, 65再版)があり、日中間を往来した人物を総合的に論じており、僧侶の事跡も網羅的に集めている。道端良秀『日中仏教友好二千年史』(大東名著選14, 大東出版社, 1987) は仏教を通した文化交流として中国との交渉を論じたものである。このほか井上秀雄『古代東アジアの文化交流』(溪水社, 1993)、源了円・楊曾文編『日中文化交流史叢書[4]宗教』(大修館書店, 1996)等にも仏教を中心とした中日文化交流の消息を辿ることができる。また田中健夫等編『対外関係史総合年表』(吉川弘文館, 1999) は特に古代・中世において朝鮮半島を含めた日中間の仏教関係の記事がかなりを占めており、詳細な年表として活用度が高い。

（4） 各時代の仏教

　各宗派の祖師の伝記と思想の研究については，煩瑣にわたるので一々には論じないが，それぞれに学問的にかなり深められており，研究書や全集・資料集等の編纂も逐次進められている。吉川弘文館刊『日本の名僧』（2003～05）全15冊は，「聖徳太子」「行基」「最澄」「空海」「空也」「重源」「法然」「親鸞」「道元」「叡尊・忍性」「一遍」「日蓮」「蓮如」「日親・日奥」「天海・崇伝」に分けられており，聖徳太子から江戸初期の天海・崇伝に至る日本仏教を彩る著名な高僧について最新の成果が盛り込まれたシリーズとなっている。また『日本仏教宗史論集』（吉川弘文館，1984～85）全10冊は，「聖徳太子と飛鳥仏教」「南都六宗」「伝教大師と天台宗」「弘法大師と真言宗」「法然上人と浄土宗」「親鸞聖人と真宗」「栄西禅師と臨済宗」「道元禅師と曹洞宗」「日蓮聖人と日蓮宗」「一遍上人と時宗」に分けられ，宗派ごとに論考・解説・主要史料・参考文献が載っていて便利である。例えば禅宗に関しては田中良昭編『禅学研究入門』（大東出版社，1994）の「日本」の箇所が研究史と研究方法を知る上で欠かせないし，伊吹敦『禅の歴史』（法藏館，2001）の「禅のあゆみ［日本］」も概史と研究史を知る上で貴重である。

　最後に各時代の仏教に関する研究を主要なもののみではあるが，簡略に触れておきたい。古代仏教に関する研究として，井上光貞『日本古代の国家と仏教』（岩波書店，1971）や同『日本古代思想史の研究』（同，1982）は国家仏教を論ずる上で重要である。南都仏教については特に速水侑等編『論集 奈良仏教』（雄山閣出版，1994）全5冊や堀池春峰『南都仏教史の研究』（法藏館，1980・82）全2冊等が存する。平安仏教については清水谷恭順『天台密教の成立に関する研究』（文一総合出版，1972）や速水侑『平安貴族社会と仏教』（吉川弘文館，1975）があり，三﨑良周『台密の研究』（創文社，1988）や同『密教と神祇思想』（同，1992）等も興味深い。

　中世仏教に関する研究としては，従来，宗派ごとに個別に祖師の伝記と思想を探るのが主流であったが，しだいに新仏教の興起と旧仏教の復興という枠組みのみに捕われず，民衆仏教としての視点から種々の考察がなされるようにな

っている。

　古く家永三郎『中世仏教思想史研究』（法蔵館，1947）等が存するが，注目すべきは黒田俊雄『日本中世の国家と宗教』（岩波書店，1975），同『日本中世の社会と宗教』（同，1990）であって，これらは中世仏教を顕密体制論として位置づけたものであり，中世仏教研究が発展する原動力となった名著である。佐藤弘夫『日本中世の国家と仏教』（吉川弘文館，1987）も重要である。また平雅行『日本中世の社会と仏教』（塙書房，1992）は，中世の仏教を戒律の復興や勧進・葬送・慈善事業等を行う改革派と，雑行を排した一行や民衆の自覚を目指す異端派に分けて論じている。松尾剛次『鎌倉新仏教の成立』（吉川弘文館，1988）では中世の僧を官僧と遁世僧に2分し，遁世僧が個人の救済を目指した点を強調している。また近年の傾向として，大隅和雄編『中世の仏教と社会』（同，2000）や河音能平・福田榮次郎編『延暦寺と中世社会』（法蔵館，2004），あるいは原田正俊『日本中世の禅宗と社会』（吉川弘文館，1998）等が社会史的な視点に立った中世仏教研究が逐次にまとめられている。

　近世の仏教についての研究としては，圭室文雄・大桑斉編『近世仏教の諸問題』（雄山閣出版，1979）が有効である。また圭室文雄『江戸幕府の宗教統制』（評論社，1971）と大桑斉『寺檀の思想』（教育社，1979），同『日本近世の思想と仏教』（法蔵館，1989）また高埜利彦『近世日本の国家権力と宗教』（東京大学出版会，1989）等は本末制度や寺檀制度に関して論じている。

　このほか袴谷憲昭『本覚思想批判』（大蔵出版，1991），松本史朗『道元思想論』（同，2000），同『法然親鸞思想論』（同，2001）等は本覚思想批判の視点から日本仏教を論じたものであって波紋を投げ掛けている。また大隅和雄・西口順子編『シリーズ女性と仏教』（平凡社，1989）は女性史研究の面から仏教をとらえ直す発端となったものとして注目され，五来重等編『仏教民俗学大系』（名著出版，1986～93）は民俗学的に仏教がどのように受容されているのかを体系づけている点で画期的である。

⟨3⟩ チベット仏教

木村誠司

はじめに

　チベットは，インドと中国にはさまれたヒマラヤの小国である。辺境にあり，文物は両国から学ぶしかなかった。仏教についても，2つの国を師としたが，チベット人はその教えを貪欲に吸収し，やがて，みごとな仏教国を作り上げた。こと仏教に関する限り，チベットはインドや中国を凌ぐほどの実力を持つようになったのである。この事実が広く知られるようになったのは，わりと最近のことである。以前は，チベット仏教と言えば，軽侮の対象であった。例えば，わが国では，ラマ教と呼ばれ，元や清の王室を堕落させた邪教として嫌悪の目で見られることも多かったのである。しかし，それは負の一面を捉えた評価でしかなく，本領は教理と実践の壮大な大系にあり，西洋の哲学や神学に匹敵する威容を誇った。さて，一般に，チベットの学僧たちは，自らをインド仏教の後継者と任じているが，中国仏教の影響がチベットで絶えることはなかった。8世紀に中国禅がチベットで大流行し，インド仏教との抗争・宗論を経て，表面的には，姿を消し，ついには異端視されるようになったのは確かである。だが，中国仏教的な考え方は，底流として残存し，名を変えて生き続けたのも事実である。

　では，ここに言う中国仏教的な考え方とは何か。異論もあろうが，第1に，すべての人間が本質的に仏性を持つとする有仏性の支持であり，第2に，人間の思惟全般が悟りとは本来関係がないとする極端な無分別重視主義である。このような考え方は，もちろん中国仏教に特有なものではない。インドにもチベットにも見られる。しかし，中国仏教において主流であったのに対し，インドやチベットの仏教では，公的には傍流として位置付けられた。それ故，ここでは，あえて中国仏教的な考え方と称したのである。このような視点は，中国仏

教だけを研究する場合には，なかなか得られないかもしれない。チベット仏教，そしてそれに直結するインド仏教という毛色の違う仏教を介して，はじめて明確化する質のものであろう。中国仏教の研究にとって，チベット仏教は如何なる意義を持つのかと問われたならば，上記のような視点を提供することであると答えることになるだろう。

（1）　概説書・目録

チベットの仏教や歴史・文化全領域に関する最良の概説書は，山口瑞鳳『チベット』上・下（東京大学出版会，1987〜88）である。同書は，第1次資料に基づく手堅い学術書であると共に，初学者にも理解しやすく書かれている。仏教のみを概説したものとしては，同じ著者の「チベット」（『仏教史II　中国・チベット・朝鮮』山川出版社，1983）がある。両者によって，チベット仏教の実力がわかり，中国仏教との関わりや違いが漏らすことなく把握できるはずである。R.A.スタン『チベットの文化』決定版（山口瑞鳳・定方晟訳，岩波書店，1993），D.スネルグローブ・H.リチャードソン『チベット文化史』（奥山直司訳，春秋社，1998）は，欧米の著名なチベット学者の見解を知るには便利である。復刊されたものとして，多田等観『チベット』（岩波書店，1982），小栗栖香頂『喇嘛教沿革』（続群書類従完成会，1982）がある。これらによって，わが国のチベット学の来歴を学ぶことができる。欧米のものでは，Tucci, G. *Tibet Land of Snow* (tr. by Oriver, J. E. S.) (London, 1967) を挙げておく。これらの概説書を通じて，チベット仏教に興味を抱き始めた人は，次のような目録を利用してもよい。貞兼綾子編『チベット研究文献目録』日本文・中国文篇1877−1977（亜細亜大学アジア研究所，1982），同『チベット研究文献目録II』1978−1995（高科書店，1995），H. K. Kulpy, Y. Imaeda: *Bibliography of Tibetan Studies* (成田山新勝寺，1986)，索文清編『チベット研究文献目録』（中文・日文）1945−1999（風響社，1999）。以上の目録は，現在では完璧なものとは言えないが，手助けにはなる。

（2） 講座・記念論集・学術書等

次のステップとして，まず，『岩波講座 東洋思想11　チベット仏教』（岩波書店，1989）を勧めたい。各分野の専門家による初学者向けの論文集である。チベットの一宗派ニンマ派と中国禅との関わりや敦煌についての論文も含まれる。さらに，深く知ろうと思えば，山口瑞鳳監修『チベットの仏教と社会』（春秋社，1986），長野泰彦・立川武蔵編『チベットの言語と文化』（冬樹社，1987）を手に取るべきであろう。『東洋学術研究』21-2「特集・チベット仏教」（1982）もぜひ見ておきたいものの1つである。これらは，刊行からかなりの年月を経ているが，掲載論文の学術的価値は，いまだにきわめて高い。チベット語文献による初期禅宗の研究等は，日本の学者が世界をリードしていることも，理解できるであろう。わが国のチベット学の実力を把握するには恰好のものである。最近のものには，『季刊仏教』26「チベット」（法藏館，1994）がある。学術的雑誌とは傾向を異とする面もあるので，読者は真贋を見極め，チベット研究の多様性に思いを凝らしてもらいたい。欧米の出版物としては，International Association for Tibetan Studies による *Tibetan Studies* が重要である。これは，世界各地で開催された国際チベット学会の学会報告であり，すでにいくつか刊行されている。一番最近のものは，ライデンで2000年に開かれた学会の報告で，*Brill's Tibetan Studies Library* (Leiden, 2002) 全10巻として出版されている。これによって，世界のチベット学の最新動向がつかめるはずである。また，できれば，日本西蔵学会の学会誌『日本西蔵学会会報』や *Tibet Journal* にも注意を向けておきたい。以上，鳥瞰図を示した。次に，テーマ別に論じてみよう。

（3） 敦煌文献

中国仏教の関係者にとって敦煌文献の発見は，革命的な出来事であった。文献の大半は，漢文であるが，チベット語で書かれたものはそれに次いで多い。敦煌が一時チベットの支配下にあったからである。中国仏教の解明のためにも，チベット語文献の活用はもはや欠かせない。敦煌を中心とした中国・西域・チ

ベットの仏教の全体像は，実は，いまだ明らかではない。この分野を志す人に，まず，手に取ってほしいのは，『講座敦煌』（大東出版社，1980～92）である。本講座は，次の9巻からなる。1榎一雄編『敦煌の自然と現状』，2同『敦煌の歴史』，3池田温編『敦煌の社会』，4編集委員『敦煌と中国道教』，5池田温編『敦煌漢文文献』，6山口瑞鳳編『敦煌胡語文献』，7牧田諦亮・福井文雅編『敦煌と中国仏教』，8篠原寿雄・田中良昭編『敦煌仏典と禅』，9金岡照光編『敦煌の文学文献』。あらゆる面から敦煌が考察され，敦煌学という一分野が形成されている。この敦煌学の精華が上山大峻『敦煌仏教の研究』（法蔵館，1990）である。本書は，まず，中国仏教史では無名の存在であった曇曠（8世紀）・法成（同）という敦煌の学僧の事跡を世に知らしめ，次に仏教史上に名高いサムイェの宗論に再吟味を加え，さらに，中国本土で失われたり伝わらなかった文献を紹介している。漢文・チベット語両方の文献を活用したすぐれた業績である。写本の紙質・形状等を細かく調べる古写本学の手法を駆使している点でも注目される。敦煌のチベット語文献に魅力を感じた人には，次の目録を見てもらいたい。L. V. Poussin: *Catalogue of the Tibetan Manuscripts from Tun-huang in the India Office Library* (London, 1962), M. Lalou: *Inventaire des Manuscrits tibétains de Touen-houang conservés à la Bibliothèque Nationale* (1)(2)(3) (Paris, 1939～61)，山口瑞鳳他編『スタイン蒐集チベット語文献解題目録』1–13（東洋文庫，1977～90）。文献概説には沖本克己「敦煌発見のチベット語仏教文献」（前掲『チベットの言語と文化』）がある。

（4） 敦煌チベット語禅文献

敦煌文献の中で，これまで最も注目を集めてきたのは禅文献である。漢文文献を利用した研究については，ここで論ずる必要もないであろう。チベット語文献の概要には，沖本克己「敦煌出土のチベット文禅宗文献の内容」（『講座敦煌8　敦煌仏典と禅』)，木村隆徳「敦煌出土のチベット文禅宗文献の性格」（同）がある。研究状況を知る上で，木村隆徳「敦煌チベット語禅文献目録初稿」（東京大学文学部文化交流研究施設紀要4，1981)，D. Ueyama: "The Study of Tibetan Ch'an Manuscripts Recoverd from Tun-huang: A Review of the Field and its

Prospects" (*Early Ch'an in China and Tibet*, Berkeley, 1983) は，きわめて有用である。近年のものとしては，田中良昭・沖本克己『大乗仏典　中国・日本篇11　敦煌Ⅱ』（中央公論社，1989）の解説がある。ここで，チベット語文献がどのように活用されているのか具体的にみておきたい。浄覚（638〜750？）撰の『楞伽師資記』は，初期禅宗の実態を伝える貴重な史書である。チベット本『楞伽師資記』は，それまで知られていた浄覚本とは異なり，序を欠き，撰者を記さず，道信（581〜651）伝の途中で終わっていることが明らかになった。さらに，チベット本は古形を伝え，浄覚本はそれを増広・改変したものであるという推定がなされた。こうして，チベット語文献は，『楞伽師資記』成立問題に決定的な役割をはたしたのである。また，漢文テキストの補訂の可能性も示した。詳しくは，上山大峻「チベット訳からみた『楞伽師資記』成立の問題点」（印仏研21-1, 1973），同「チベット訳『楞伽師資記』について」（『仏教文献の研究』百華苑，1968），沖本克己「『楞伽師資記』の研究—蔵漢テキストの校訂及び蔵文和訳（1）」（花大紀要9, 1978）を参照されたい。チベット語文献の活用は，今後，さらに必要とされるであろう。

（5）　サムイェの宗論

チベット仏教史上，最大の事件はサムイェの宗論であろう。インド僧カマラシーラ（740〜95頃）と中国の禅者摩訶衍（7〜8世紀）との間で交わされた論争として名高い。この宗論が世人の注目を浴びるきっかけは，Demiéville, P.: *Le Concile de Lhasa* (Paris, 1952) が作った。同書は島田虔次「ラサの宗論」（東洋史研究17-4, 1959）において抄訳され，わが国でも広く知られるようになった。宗論の呼称や歴史的経緯をめぐって，ドミエヴィル氏，ツッチ氏，上山大峻氏，山口瑞鳳氏，今枝由郎氏等の間で活発な論義応酬があったが，その史実性すらいまだ疑問視されているのである。現在，最も説得力を持つ見解は，山口瑞鳳「吐蕃王国仏教史年代考」（成田山仏教研究所紀要3, 1978）に示されている。詳しくは，御牧克己「頓悟と漸悟」（『講座大乗仏教7　中観思想』春秋社，1984）を参照されたい。従来の研究が，網羅的かつ的確に叙述されている。摩訶衍の主張は『頓悟大乗正理決』に辿ることができる。漢文とチベット文のテキストがあ

り，近年，上山大峻『敦煌仏教の研究』（前掲）において校訂され，訳も提示された。チベット文の翻訳は『大乗仏典　中国・日本篇11　敦煌II』（前掲）で沖本克己氏によっても行われている。他の摩訶衍関係のチベット語文献の紹介・和訳も，上山・沖本両氏の著書で見ることができる。一方，論争相手であるカマラシーラの見解は，『修習次第』に確認できる。サンスクリット原文・チベット語訳のテキストは，Tucci, G.: *Minor Buddhist Texts*, pt. II (Roma, 1958), -do-: *Minor Buddhist Texts*, pt. III (同, 1971) や芳村修基『インド大乗仏教思想研究』（百華苑, 1974）等にある。芳村氏は和訳も提示している。テキスト・翻訳については，先の御牧克己「頓悟と漸悟」で整理されている。

　さて，摩訶衍の基本的主張は，はじめに触れた中国仏教的考え方，すなわち有仏性の支持と無分別重視主義に集約される。無分別重視主義は，『頓悟大乗正理決』において不思不観と表現されていて，カマラシーラによって鋭い批判を浴びた。松本史朗『禅思想の批判的研究』（大蔵出版, 1994）は，サンスクリット語文献も視野に入れ，不思不観の意味を思考の停止であると明言した。松本氏は，インド以来の仏教思想の流れにおいて宗論を見ようとする。氏の方法は，狭い専門分野の枠を越えようとするもので，すぐれた語学力と幅広い知識を要求されるが，中国仏教研究の１つの方向性を示したものと言えよう。伊吹敦「摩訶衍と『頓悟大乗正理決』」（論叢アジアの文化と思想 1, 1992）は，中国仏教の専門家の立場から，カマラシーラの摩訶衍批判を再検討している。伊吹氏は，カマラシーラの批判に不当性を認め，不思不観を思考の停止と解釈することにも反対している。宗論をめぐる活発な意見交換が今後も期待される。木村隆徳「特論サムイェーの宗論―中国禅とインド仏教の対決」（高崎直道・木村清孝編『東アジア社会と仏教文化』シリーズ東アジア仏教 5, 1996）は，歴史的・思想的問題点を簡潔に整理したもので，これまでの研究状況を把握するには便利である。最近の論文には，沖本克己「サムエ宗論の研究―敦煌文献を中心として」（『禅学研究の諸相』大東出版社, 2003）がある。こうして，ドミエヴィル以来，サムイェの宗論についての研究は，膨大に蓄積されてきた。次々と新資料が発見され，歴史的な事実が細かに検討され，宗論の実態や前後の様子は次第に明らかになっている。しかし，それに伴って，インド仏教と中国仏教の思想的対決という面が看過されがちのようである。サムイェの宗論の真の意義は，思想的研究に

よって，はじめて鮮明になると思われるのである。以下，その理由を手短に述べよう。チベットを代表する学僧ツォンカパ（1357~1419）は，実践至上主義に警告を発し，摩訶衍を異端の代表とした（長尾雅人『西蔵仏教研究』岩波書店，1954参照）が，これはサムイェの宗論に直結する思想的問題である。ツォンカパの見解は，実践を重んじ，中国仏教の華と讃えられている禅への批判にも一脈通ずるものであり，その淵源はやはりサムイェの宗論なのである。中国仏教研究者による今後の検討が鶴首される。次に，他の重要な論攷にも触れておこう。山口瑞鳳「チベット仏教と新羅の金和尚」（金知見・蔡印幻編『新羅仏教』山喜房仏書林，1973）は，チベットにおける摩訶衍以前の中国禅について論じている。小畠宏允「チベットの禅宗と『歴代法宝記』」（禅文研紀要6，1974）は，さらに多くの資料を用いて，同じテーマを扱っている。両論は，サムイェの宗論の考察に有益なだけでなく，中国禅宗史にとっても貴重な情報を伝えている。木村隆徳「『金剛経』を媒介とした禅と印度仏教の比較」（仏教学11，1981）は，『頓悟大乗正理決』で経証とされた『金剛経』に着目した手堅い研究である。同「Cig car ḥjug pa について」（『仏教教理の研究』春秋社，1982）は，頓の意味が一挙に，同時であることを，チベット語文献に基づいて示している。頓は，サムイェの宗論の論点でもあり，禅宗文献におけるキーワードの１つである。漢文だけでなくチベット語を通じて研究することで，飛躍的に理解が深まるはずである。他の術語にも応用すべきであろう。小畠宏允「古代チベットにおける頓門派（禅宗）の流れ」（仏教史学研究18-2，1977）は，中国の南宗と北宗の対立を踏まえた貴重な研究である。また，『ポール・ドミエヴィル禅学論集』（林信明訳『花園大学国際禅学研究所研究報告』1，1989）は，*Le Concile de Lhasa* 以降の論文集である。サムイェの宗論を世に知らしめた一代の碩学の見解は傾聴に値しよう。

　さて，宗論後，中国禅はニンマ派のゾクチェンと結合した。平松敏雄「ニンマ派と中国禅」（『岩波講座東洋思想11　チベット仏教』）は，その点について略述する。詳しくは，同『西蔵仏教宗義研究3―トゥカン『一切宗義』ニンマ派の章』（東洋文庫，1982）を見てほしい。

　また，中国禅は自らを中観派に紛飾した。上山大峻「チベットにおける禅と中観派の合流」（前掲『チベットの仏教と社会』）が論ずる。ところで，後代のチベットで中観派を自称しない学僧は皆無である。しかし，個々の中観理解は一様

ではない。トゥルプパ（1292〜1361）は，如来蔵実在論を主張して，異端とされたが，彼は自らを中観派と信じて疑わなかった。中国禅の説く中観もその類であろう。なぜなら，トゥルプパは基本的に，中国仏教的な考え方，つまり有仏性の支持を表明しているからである。そのような考え方が，チベットにおいてなぜ，どのように否定されたかを知るのは，中国仏教の研究にとって無駄ではあるまい。トゥルプパの見解については，Ruegg, D. S.: *La Théorie du Tathāgatagarbha et du Gotra* (Paris, 1969), -do-: *Le Traité du Tathāgatagarbha du Bu ston rin chen grub* (Paris, 1973), 山口瑞鳳「チョナンパの如来蔵説とその批判説」（前掲『仏教教理の研究』），袴谷憲昭「チョナン派と如来蔵思想」（前掲『岩波講座東洋思想11　チベット』），谷口富士夫『西蔵仏教宗義研究6―トゥカン『一切宗義』チョナン派の章』（東洋文庫，1993），荒井裕明「ツォンカパの他空説批判」（仏教学33，1992），松本史朗『チベット仏教哲学』（大蔵出版，1997）が主な研究である。

（6）その他

　チベットと中国の関係は，元朝以来，複雑な様相を呈している。フビライ（1215〜94）の帝師パクパ（1235〜80）のことや，歴代のダライラマ政権と中国との関係等重要なテーマはたくさんある。元から清にかけての両国の遣り取りについて主要な著書を述べるならば，野上俊静『遼金の仏教』（平楽寺書店，1953），同『元史釈老伝の研究』（朋友書店，1978），Ahmad, Z.: *Sino-Tibetan Relations in the Seventeenth Century* (Roma, 1970), Petech, L.: *China and Tibet in the Early XVIIIth Century* (Leiden, 1972), 福田洋一・石濱裕美子『西蔵仏教宗義研究4―トゥカン『一切宗義』モンゴルの章』（東洋文庫，1986）がある。従来，この分野は歴史的・政治的研究が主であった。石濱裕美子『チベット仏教世界の歴史的研究』（東方書店，2001）には，思想面からのアプローチが見られるが，その種の研究は緒についたばかりである。近代の研究者がその仏教理解を讃嘆して止まないチャンキャ（1717〜86）は，チベットの学僧でありながら，清朝の意向に忠実であったとされている。彼の著作に，そのことが反映されているのかいないのかは，これまで考察されていないようである。このようなテーマは

今後の課題となろう。チベット大蔵経の開版も逸することのできない研究対象である。これについては，今枝由郎「チベット大蔵経の編集と開版」（前掲『講座東洋思想11　チベット仏教』），御牧克己「チベット語仏典概説」（前掲『チベットの言語と文化』），羽田野伯猷『チベット・インド学集成』1，2　チベット篇Ⅰ・Ⅱ（法蔵館，1986）を参照されたい。最新の研究には H. Eimer & D. Gremana (ed.): *The Many Conons of Tibetan Buddhism* (Leiden, 2002) がある。チベットにおける中国唯識思想も魅力あるテーマである。これについては，袴谷憲昭「敦煌出土チベット語唯識文献」（『唯識思想論考』大蔵出版，2001），同『唯識の解釈学—『解深密経』を読む』（春秋社，1994）を見ていただきたい。両著を通じて，研究の方向性が得られるであろう。また，中国とチベットの中観思想の相違にも留意すべきである。松本史朗「三論教学の批判的考察—dhātu-vāda としての吉蔵の思想」（前掲『禅思想の批判的研究』），伊藤隆寿「僧肇と吉蔵—中国における中観思想受容の一面」「三論教学の根本構造—理と教」（『中国仏教の批判的研究』大蔵出版，1992）は，明確な視点を提示してくれる。以上，中国仏教にとってチベット仏教が如何なる存在であるのか，主に，思想的な面から論じてきた。遺漏の多い点は御寛恕願うしかない。

　最後に，チベット仏教に何らかの可能性を見出し，チベット語修得を志す方に，辞典と文法書の紹介をしておこう。H. A. Jäschke: *A Tibetan-English Dictionary* (London, 1881), C. Das: *A Tibetan-English Dictionary* (Calcutta, 1902) は揃えておきたい。復刻版が臨川書店から出ているが，インドのリプリント版が廉価である。仏典を読むためには，榊亮三郎『梵蔵漢和四訳対校・翻訳名義大集』（鈴木学術財団，1973，復刻版）が便利である。『蔵文辞典』（山喜房仏書林，1972，復刻版）は手頃な蔵漢辞典である。張怡蓀主編『蔵漢大辞典』（北京，民族出版社，1984～85，93，98）は語彙数が豊富である。3巻本，2巻本，1巻本がある。中国語を英語に写し換えた形で，*An Encyclopaedia Tibetan English Dictionary* (Beijin, 2001) として出版されている。現在 KA-NYA の1巻目だけが刊行されている。文法書は，以下の3著を凌ぐものはない。山口瑞鳳『チベット語文語文法』（春秋社，1998），同『〔概説〕チベット語文語文典』（同，2002），同『要訣チベット語文語文典』（成田山仏教研究所，2003）。

II 各 論

1 漢魏両晋時代の仏教

伊藤　隆　寿

　この時代の中国仏教を研究するに際して参考とすべき書は，まずこれまで著された中国仏教史に関する書であろう。必須の書は次の通り。
　①湯用彤『漢魏両晋南北朝仏教史』上冊（1938初刊，中華書局，1955。台湾商務院書館，1962。『湯用彤全集』1，河北人民出版社，2000に収録）
　②E. Zürcher: The Buddhist Conquest of China, 2vols., Leiden. 1959（田中純男・成瀬良徳・渡会顕・田中文雄訳『仏教の中国伝来』せりか書房，1995）
　③塚本善隆『中国仏教通史』1（鈴木学術財団，1968）
　④任継愈主編『中国仏教史』1・2（中国社会科学出版社，1981〜85。丘山新・小川隆・河野訓・中條道昭訳『定本中国仏教史』Ⅰ・Ⅱ，柏書房，1992・94）
　⑤鎌田茂雄『中国仏教史』1〜3（東京大学出版会，1982〜84）
　これら中国・日本・ヨーロッパの学者の著書を注意深く対比しながら読むことによって，著者の視点・方法・問題意識の相違を看取することができるし，また明らかにされていることとそうではない事柄，問題点，さらなる分析検討を要する点，視点を変えて見直すべきこと等の研究課題が浮かび上ってくるであろう。以下に，時代区分に従って研究状況と課題について概説したい。

（1）　仏教伝来前後の諸問題

　仏教は前漢末から後漢初期の頃に中国に伝来したと思われるが，その頃（西暦紀元前後）の世界において中国は政治・経済・文化の諸領域において先進的な位置にあったと考えられる。宗教と哲学においては，すでに固有の思想を形成し，天帝と祖先神に対する崇拝と信仰があり，儒教や道教の理論とそれに相応した儀礼や方術も行われていた。一方，中国への仏教伝来は，明らかに西域との交流の結果である。伝来の諸伝説は，時と人とを異にすることと，受け入れ側の事情とを反映し，伝えられた仏教の内容は伝えられた時期と伝えた人物

と，その時期の西域及びインドの仏教と深く関連している。漢代から後漢代の仏教を研究する上での主要な課題は次の3点となろう。

　（1）　秦・漢代の宗教事情
　（2）　仏教の伝来と奉仏
　（3）　インド・西域の仏教と交流

　（1）は，仏教受容の前提としての宗教的状況，すなわち為政者の信仰や政策及び官僚組織との関係，民間信仰の状況を考慮し，それと仏教受容との関連を考察する必要がある。この点については，上掲④第1巻第1章で概観されており，⑥アンリ・マスペロ著，川勝義男訳『道教―不死の探究』（東海大学出版会，1966）や⑦『岩波講座東洋思想』13　中国宗教思想1（岩波書店，1990）所収の福永光司「Ⅰ中国宗教思想史」も参考となる。また⑧馮友蘭『中国哲学史』（中華書局，1961），⑨任継愈主編『中国哲学史』（人民出版社，1963），⑩葛兆光『中国思想史』（復旦大学出版社，2001）等も，秦・漢から魏晋玄学にいたるまでの思想史を概観するのに不可欠である。

　（2）は多くの伝説があり，そのほとんどは後世（劉宋以後）の文献に記されるものであって，仏教が中国に定着してからの事情（仏教と道教との論争等）が反映していると考えられ史実としての信憑性がうすい。従来，上掲の①④⑤等で検討がなされているが，その上にさらなる考察を加える意義を認めるとすれば，全く新しい視点からの再検討や，伝説が作られた背景との係わりにおいて新たな位置づけを試みようとする場合であろう。伝来説と奉仏については，特に西域の仏教状況と交流を考慮しつつ注意深く分析する必要がある。

　（3）は，特に西域研究の重要性を強調しておきたい。漢代の西域（狭義）は，『漢書』西域伝に基づき，玉門関（敦煌県の西）・陽関（敦煌県の西南）より西，葱嶺（パミール）より東，天山山脈の南，崑崙山脈の北の地域，いわゆる東トルキスターン地域を指していた。それが西域との交流が発展するに従い，この地域を通って往来関係にあった，さらに西の地域すなわち西トルキスターン・西アジア・ヨーロッパの一部，南アジアの国々も西域と呼ばれるようになった（広義）。したがってインドも西域に入るのであるが，中国の仏教者は厳密ではないが西域の国々とインドとを区別していることが多いので，ここではそれに従っている。西域については，近年中国で⑪『西域通史』（中国辺疆通史叢書の1冊，

中州古籍出版社，2003）が出版された。

　インド・西域の仏教は，初伝期から後世に至るまでたえず刺激を与え続けたのであるから，初期の中国仏教を研究する場合に限らず配慮する必要がある。前漢・武帝の前138年に張騫を西域に派遣して以来，漢の西域工作が進み，前60年には匈奴が漢に降り，初めて西域都護も置かれた。そのような漢の動きに対して西域諸国も素早く反応して，前57年に罽賓国王が漢に遣使し，２年には大月氏王の使節伊存がやってきて浮屠経を博史弟子の景盧に口授したという。しかし，それより少し後の９年頃に西域諸国は漢より離反して匈奴に服属し，16年頃には西域との関係が中断している。その状況は後漢の初めまで続いたが，38年に莎車国・鄯善国が遣使して往来が再開された。74年には西域都護も復活し，再び西域に対する統轄制度を確立した。特に西域都護にも任じられた班超の西域工作は目覚しく，97年には部下の甘英を大秦（東ローマ帝国）にまで派遣している。中国と西域との交流及び西域諸国の状況については，『史記』西域伝，『後漢書』光武紀・明帝紀・西域伝等に記されているが限られたものであり，康居・大宛・大夏・安息・大月氏等の仏教の実態を知ることは甚だ困難である。しかし，後漢代に中国にやってきた仏教者の多くが，康居・安息・大月氏の出身者とされることは無視できない。特に，大月氏も支配したことのあるヒンドゥークシェ山脈の南，カラコルム山脈の西の地域（ガンダーラ，カシュミールを代表とする地域）の仏教は，中国・インド両国の仏教にとって非常に重要な位置にある。中国からみれば西域の一角をなし，「罽賓」と呼ばれた地域であり仏教東漸の起点である。他方インド側からみれば前３世紀にアショーカ王の版図に入った「北西インド」と呼ばれる地域である。アショーカ王没後，クシャーナ王朝の時代をピークとしてグプタ王朝の成立までの間，インド仏教自体の中心地であった。したがって従来，この地域の仏教は主にインド仏教の領域として扱われてきた。

　ところが，この地域はアショーカ王以前と以後は，ギリシア人・スキタイ人・パルチア人・月氏人等の異民族が次々に支配しており，また彼らは中インドにも進出した。４世紀にグプタ王朝によってインド人による復権がなされたが，それでもガンダーラ，カシュミールはエフタルの支配下にあった。このような状況を考慮すると，この地域の仏教は中インドや南インドとは異なる面をもち

独自の展開をしたのではないかと予想される。1914年に⑫羽渓了諦『西域之仏教』(法林館, 1914) が著されたことは画期的であり, その後「西域仏教史」が提示された意義をもう一度問い直す必要があろう。つまり, 独立した研究領域・研究対象として設定すべきかもしれない。この地が説一切有部の根拠地であったこと, 及び大乗仏教の成立に深くかかわっていること, ガンダーラに象徴される独自の仏教文化の形成等, 独立した領域として扱うことの理由は十分である。問題の解明には, インドと中国の双方に残された資料の分析が必要であり, 従来すでに行われているのであるが, インド仏教という大枠で扱われてきたために, 西域の特殊性・地域性に対する認識は薄いように思われる。また, 中国側の資料(歴史書のみならず漢訳仏典も含めて)の分析研究をもって問題の解明に役立てるという点では充分でない。思想(教理)そのものの研究とその成立背景・基盤の解明は, この地域の宗教文化, 社会構造, 人々の信仰の実態についての理解が不可欠であり, さらに政治・経済の把握も必要である。それによって教えの意味と仏教教団の実情が明らかとなろう。中国に仏教が伝えられたと記録される以前, バクトリア(大夏)王メナンドロス(Menandoros B.C. 163〜105, インドでは Milindra あるいは Milinda, 弥蘭陀) が, ナーガセーナ長老(Nāgasena 那先比丘) と仏教について問答を行った内容が漢訳『那先比丘経』(大正蔵32。『歴代三宝紀』では東晋代失訳とする。パーリ語の Milindapañhā ミリンダ王の問い) であるが, この時代この地域の仏教を知る上で貴重な文献である。メナンドロスはアフガニスタンのカーブル付近のギリシア人の都市アラサンダ (Alasanda 阿荔散) の王家の生れとされ, 一方のナーガセーナは罽賓の比丘と思われる。従来は⑬中村元・早島鏡正訳『ミリンダ王の問い—インドとギリシアの対決—』3巻 (東洋文庫, 平凡社, 1963〜64) に代表されるように, 5世紀頃までに現在の形をとるに至ったとされるパーリ語のテキストによる研究が中心で, 原初形態に近いとされる『那先比丘経』に対する研究は充分ではないと思われる。

　また, 後漢時代から陸続と伝えられた仏典は, 法顕等の例を除いてはすべてインド・西域からの渡来僧によるものであり, 渡来僧は圧倒的に西域出身の人が多い。もたらされた仏典はどこで作成されたのであろうか。文字に記されたとすれば言語は何であろうか。あるいはテキストはなく暗誦によったのであろうか, 等興味は尽きない。⑭岡部和雄「中国仏教にとっての西域—訳経史を視

点として—」(歴史公論105, 1984) に要点が述べられ，言語については⑮井ノ口泰淳『中央アジアの言語と仏教』(法蔵館, 1995) がある。最初期に将来された大乗経典は，支婁迦讖訳『道行般若経』(『八千頌般若経』小品般若)であるが，支讖は月支(大月氏)の人で後漢・桓帝の建和元年(147)に洛陽に到って訳出した。しかし，⑯グレゴリー・ショペン著，小谷信千代訳『大乗興起時代　インドの僧院生活』(春秋社, 2000) によると，本経はインドで相当のちの時代に至るまで重用されなかった(7頁)という。さらに，漢訳はされていてもインドで流布した形跡もインド語のテキストも残されていない仏典も多く，その理由をどのように説明すればよいのであろうか。あるいは西域が重要な鍵を握っている場合があるかもしれない。明らかに西域がかかわっている例として『阿弥陀経』の成立とゾロアスター教との関係を挙げうるであろう。ゾロアスター教については，⑰伊藤義教『ゾロアスター研究』(岩波書店, 1979) や⑱岡田明憲『ゾロアスター教』(平河出版社, 1982, 2002新装版) 等がある。そのほかの大乗仏典についても北西インドとの関係を考慮すべきである。なぜなら，大乗仏教が成立する時期のインド仏教の拠点が，この地であったと考えられているからである。

　筆者が，西域に注目し西域の仏教についての研究の重要性を強調する理由は以上の通りである。そこでインド仏教及び西域の仏教についての一応の理解を得る上で参考となる書物を一，二掲げておこう。インド仏教については，⑲佐々木教悟・高崎直道・井ノ口泰淳・塚本啓祥『仏教史概説　インド篇』(平楽寺書店, 1966)，⑳平川彰『インド仏教史』上・下 (春秋社, 1974・78)，㉑奈良康明『仏教史Ⅰ』(世界宗教史叢書7，山川出版社, 1979)，㉒『岩波講座東洋思想』8　インド仏教史Ⅰ，9　インド仏教史2 (岩波書店, 1988) があり，西域の仏教については，㉓小笠原宣秀・小田義久『要説西域仏教史』(百華苑, 1980) が要を得ており，それぞれに付された参考文献一覧は便利である。また近年の研究成果としては，先掲⑯ショペン教授の書は北西インドにおける説一切有部を中心とする出家者と僧院の実態を明らかにしていて有益であり，㉔袴谷憲昭『仏教教団史論』(大蔵出版, 2002) は大乗仏教の成立について，従来の在家教団起源説に対して出家教団起源説を提示し，中国仏教研究にも示唆を与えてくれる。また，考古学的研究成果に基づく㉕桑山正進『カーピシー＝ガンダーラ史研究』(京都大学人文科学研究所, 1990) は，北西インドの「罽賓」における仏鉢崇拝や仏影

等の聖遺物の問題に関連して，中国側の資料（高僧伝等）の検討を行った上で，中国側で言うところの罽賓が，5世紀以前はガンダーラ地域を指すことを確認している。地理的な位置関係については，⑲㉓㉕の付図のほか，㉖アジア歴史事典別巻『アジア歴史地図』（平凡社，1966初版），㉗譚其驤主編『中国歴史地図集』全8冊（地図出版社，1982）等が便利で，大月氏については，㉘小谷仲男『大月氏』（東方書店，1999）が有益である。

（2） 後漢・三国時代

後漢・三国時代（25〜280頃）は，中国と西域との交流も密接となり，後漢の西域（主に東トルキスターン）に対する影響も増大している。この時代の仏教伝来説も真実味を帯びてくる。一方西域では，大月氏に帰属していたクシャーナ（貴相）の勢力が強大となって大月氏にとってかわり，周辺の諸国も支配するにいたる。クシャーナ王朝の成立であるが，その始祖たるクジューラカドフィセースが，60年頃北西インド（罽賓）に侵入して王朝を確立した。その後128年頃（異説あり），カニシュカ王の即位があって，ガンダーラを中心に仏教は隆盛しインド仏教の一大中心地となる。250年頃までに初期大乗経典の成立があり，東トルキスターンから中国に向う仏教僧が増加し，仏典の漢訳も盛んとなる。仏教が中国に根を下ろして発展する時代であり，仏教の歴史においても中国の歴史・思想史にとっても非常に重要な時期である。

a 仏教受容の諸条件

前漢時代には，封建的大土地所有制が大きな発展を遂げ，豪族地主勢力と農民との貧富の両極分化が深刻化していたという。劉秀による後漢の政権は，まさにこの豪族地主勢力の支持によって打ち建てられたもので，土地の搾取が激しさを増したため流民の問題も深刻で，その上政治の腐敗も進む一方であったとされる。このような社会状況が仏教の受容や新たな宗教の形成に土壌を提供したとの見方は，あながち否定できない。

宗教・思想の方面で注目すべきは，第1に道教の創立である。安帝（106即位）から霊帝（168即位）の間に記録された農民暴動は，大小あわせて100になんなん

としており，流民の暴動もいたるところに発生していたという。このような状況において，順帝（125～44）の代に，瑯琊（山東省臨沂）の干（于）吉が『太平清領書』を著して太平道を創始し，同じ頃蜀（四川省）の地では，張陵が五斗米道を創始した。霊帝の中平元年（184）の張角らによる黄巾の乱は，太平道によって農民を動員し組織したものであった。これらの初期道教については，㉙福井康順『道教の基礎的研究』（書籍文物流通会，1952）があり，道教全般については，㉚窪徳忠『道教史』（世界宗教史叢書9，山川出版社，1977），㉛『道教』全3冊（平河出版社，1983），㉜『講座道教』全6冊（雄山閣出版，1999～2001），㉝任継愈主編『中国道教史』上・下（増訂本，中国社会科学出版社，2001）等がある。

　第2は，玄学の形成である。漢代の政治・社会・思想において支配的地位にあったのは儒家・儒学であったが，後漢になると讖緯の流行があり，経学は人々の心を捉えておくことができず，各種の社会矛盾が日ましに激化した。当時の経学の大家である馬融（79～166）や鄭玄（127～200）でさえ，儒学以外の学説を研究するに至っている。つまり，後漢から魏にかけて儒家思想の支配的地位は揺るぎ，道家等の思想が次第に人々から重視されるようになった。玄学はこのような状況の中から形成されたのである。何晏（190～249）や王弼（226～49）が，老荘を用いて『周易』や『論語』を解釈したことは，正統儒家からの背離というにとどまらず，儒家思想の本質を見失う結果をももたらすことになるが，玄学は士族官僚にも支持されて盛んとなり，「正始の玄風」が形成された。何晏・王弼の亡きあと，司馬氏が再び儒家の名教を提唱したが，嵆康（224～63）や阮籍（210～63）らの玄学家は，それに批判的な態度をとった。玄学については，上掲の哲学史や思想史で述べられるほか，㉞湯用彤の『魏晋玄学論稿』（『湯用彤全集』4，河北人民出版社，2000再録）等がある。

　このように，道教の創立にみられるような人々の新しい宗教に対する期待，そして儒家の衰退と玄学の盛行等の諸条件が，仏教の受容と定着に大きく影響したのである。

b　後漢代の仏教

　後漢の明帝の時代（57～75）には，仏教に関しての2つの有名な伝説がある。1つは楚王・劉英の仏教信仰であり，2つめは明帝の感夢求法説である。前者

は『後漢書』楚王英伝に記され，後者は多くの文献に伝えられて増広改変されるが，原型に近いと考えられるのは，東晋・袁宏（328～76）の『後漢紀』と『後漢書』の記載であろう。明帝と劉英は幼い頃より関係が密接で，共に仏教を信仰していたことを示す。また，桓帝（146～67）も仏教を受容し，黄老と浮屠（仏）とをあわせて祠った。さらに霊帝の時代（168～89）の笮融（？～195）による仏教信仰と仏寺建立も注目される（『後漢書』陶謙伝，『三国志』呉志・劉繇伝）。

次に，桓帝代に入ってインドや西域の僧が漢地に到り，洛陽を中心に本格的な仏典の漢訳がなされるようになった。訳経の全体については㉟小野玄妙『仏教経典総論』（大東出版社，1936初版。のち『仏書解説大辞典』別巻，仏典総論，1978）や㊱常盤大定『後漢より宋斉に至る訳経総録』（東方文化学院東京研究所，1938）等が役に立つであろう。

安世高・安玄・支婁迦讖（支讖）・竺仏朔（竺朔仏）・支曜・康巨・康孟詳・竺大力等が訳出に従事し，安玄と共訳したとされる厳仏調は，漢人で最初の出家者と目されている。これらの人々の安・支・竺・康は，それぞれの出身地か系統を示すと考えられ，安息・月氏（支）・天竺・康居であろう。このなかで最も注目すべきは，安世高と支讖である。2人は桓帝の建和年中（147～49）に洛陽に到着し，安世高は禅観やアビダルマ論書等34部40巻の仏典を訳し，支讖は大乗仏典を中心に14部27巻（あるいは15部30巻）の仏典を訳したという。ほとんど同時に小乗と大乗の仏典をそれぞれに訳したということは，インド・西域の仏教状況を反映しているであろうし，また訳出者の仏教学をも物語るであろう。訳出の状況は経序によって知りうるが，個々の仏典の精読による思想内容の把握，並びに仏典に潜む様々な情報をいかに読み解くかが大切である。それによって仏典成立の問題，使用された言語やテキストの問題等を明らかにする一助となる可能性がある。サンスクリット語やパーリ語のテキストが存在すれば，漢訳との比較研究は不可欠で，両者の相違をいかに解釈するかも課題である。漢訳仏典には文字で書かれた原本が存在しない場合も考えられる。早くは伊存による口授があり，支讖と竺朔仏による『道行般若経』の訳出では，竺朔仏が口授し，支讖は伝言訳者と呼ばれている（『出三蔵記集』巻7，道行経後記）。これらのことは，以後の漢訳仏典についても共通の課題である。安世高と支讖等については㊲宇井伯寿『訳経史研究』（岩波書店，1971）がある。

c 三国時代

後漢末の争乱ののち三国時代となる。曹操・曹丕による魏（220〜65，都は洛陽），劉備による蜀（221〜63，都は成都），孫権による呉（222〜80，都は初め武昌，のち建業）である。この時代，仏教は中国各地に伝播し多くの仏典が訳出された。しかし，政権が分散したこともあってか，文献資料における仏教についての記載は少ない。特に蜀の仏教については全く知ることができない。西域との関係は，魏において盛んで，西域諸国（東トルキスターン）及びクシャーナ王朝のヴァースデヴァ王が遣使している（『三国志』魏志）。他方，呉は長江の中・下流域から南の交州（広東・広西及びベトナムの大部分）までの広大な地域を占めており，海上ルートで林邑（ベトナム最南部）・扶南（カンボジア）・天竺・大秦（古代ローマ）等と交流している（『三国志』呉志，『梁書』諸夷伝）。

魏は，法家流の統治を重んじたが，なお儒家を正統として尊び，文帝曹丕は孔子廟の修復をする一方で，後漢代から流行していた黄老神仙の道術や鬼神祭祠を禁止した。仏教は前代から黄老と併祠されて道術の一種とみなされていたから，当然禁止の対象に含まれたであろう。しかし，魏の中期には禁令が弛められ，インド・西域の僧が洛陽において訳経に従事する。曇訶迦羅（インド）・康僧鎧（康居）・曇帝（安息）・帛（白）延（亀茲）等が，律に関するものや大乗経典を訳したが，特に康僧鎧の訳出した『郁伽長者経』と『無量寿経』が注目される。前者は別名『在家出家菩薩戒経』とも呼ばれ，後漢末に安玄が訳出した『法鏡経』の異訳で，在家者も出家の戒を学ぶべきことを説く。西域における大乗仏教教団のあり方を反映しているのであろうか。康僧鎧については『無量寿経』の訳を含め種々の疑問が提起されている（境野黄洋『支那仏教精史』241頁，境野黄洋博士遺稿刊行会，1935。平川彰『初期大乗仏教の研究』488頁，春秋社，1968。藤田宏達『原始浄土思想の研究』62頁，岩波書店，1970等）。訳経以外に注目すべきは，朱士行が魏の末年頃に『般若経』の原本を求めて于闐（ホータン）に行き，『放光般若経』（大品）を得て弟子をして洛陽に送り届けたという。これまでは仏教僧が西域から中国にやってくるという一方通行であったが，ここで初めて漢人僧が求法のために西域に向ったのである。朱士行が『般若経』を学んだ背景には玄学の流行も考えられ，求法は仏典研究の進展を示唆する。朱士行については，僧伝や『出三蔵記集』巻2「朱士行送附経」，同巻7「放光経記」等によ

って知りうる。

　呉は，三国のなかでも最も長く政権を維持（59年間），かつ戦乱も少なく比較的安定していたため，後漢末から華北の人々が戦乱を避けて大量に移住するということがあった。そのなかには仏教者も含まれていた。安世高は後漢の霊帝の末に江南（廬山・会稽等）に至っており，献帝の末年に支謙が郷人（大月氏の人々と思われる）数十名と共に呉の地に乱を逃れて訳経に従事した。この時代に後の江南の思想文化の基礎が作られたといえよう。仏典の訳出は，支謙・康僧会・維祇難・竺将炎等によって行われた。支謙は，大月氏の後裔で祖父の代（後漢・霊帝代）に数百人の郷人と共に帰化しており，中国で生れた人である。幼少より中国古典を学び，6ヶ国語に通じ，支讖の弟子支亮に仏教を学んだが出家はしておらず，在俗の仏教者である。それが222～54年頃までに，36部48巻の仏典を訳したという。そのなかに『維摩経』『阿弥陀経』『瑞応本起経』という重要な仏典が含まれる。訳出の方法（編訳・改訳），訳語・訳文の問題，中国的改変と政治・社会の反映，支謙自身の思想の問題等多くの研究課題がある。従来，様々な視点から考察がなされているが，そのなかで㊳朝山幸彦「支謙の「訳経の仕方」と伝歴」（印仏研42-1, 1993）等一連の研究は参考となる。また，康僧会は，祖先が康居の人であるが代々天竺に住んで商売をしていて，父の代に交趾（ベトナムのハノイ地方）に移り，ここで生れかつ出家している。呉の赤烏10年（247）に建業に移り訳経と仏教宣布に従事する。活動の中心は，孫権が彼のために創建した建初寺であったが，彼が支謙と同様に西域からの移民の後裔でありながら中国で生れ育ち，中国の思想文化を身につけていたことが注意される。康僧会の訳出経で現存するのは『六度集経』8巻のみであるが，安世高訳『安般守意経』，安玄・厳仏調訳『法鏡経』等に注釈したという。『六度集経』は，後の中国仏教に大きな影響を与えたが，彼の編訳と考えられる。現今の中国の研究者が康僧會の思想を「仏教仁道説」（前掲④等）と呼ぶように，仏教と儒教を融会している。また，輪廻説と霊魂（神）不滅説が明確に説かれていて，先に訳された竺大力・康孟詳訳『修行本起経』，支謙訳『瑞応本起経』，そしてこの後の竺法護訳『普曜経』に共通しており，「神滅不滅の論争」を惹き起すこととなる。この問題は，中国のみならずインド・西域とも共通のテーマであり，仏教思想の本質にかかわる重要な問題である。従来多くの研究があるが，㊴伊藤

隆寿『中国仏教の批判的研究』第4章梁武帝『神明成仏義』の考察（前掲）を参照されたい。呉王の庇護のもとでの訳経や仏教受容のあり方，当時の人々の宗教的要請，そして仏教者自身の仏教思想等支謙や康僧会についての全体像を明らかにすることが重要である。両者の訳語については，宇井伯寿「支謙と康僧会との訳語と其の原語」（前掲㊲）がある。

次に，この時代に関する重要文献に，牟子『理惑論』がある。本書についての近年の論及としては前掲④（第1巻）があり，従来の研究を踏まえた上で再検討を加え，その成立を「三国の呉の時代の初期に書として成立した」（258頁）と見ている。前掲㉙の福井康順説と同じ結論である。この書には，当時の仏教を取り巻く諸問題が含まれており，内容については従来と異なる視点から改めて検討する必要がある。

そのほか，特に注意すべき問題は，後漢の支讖による『般舟三昧経』における阿弥陀仏信仰の称讃に続き，支謙による『大阿弥陀経』（阿弥陀三耶三仏薩樓仏壇過度人経）と康僧鎧の『無量寿経』が訳されていることである。阿弥陀仏信仰の形成とゾロアスター教との関連は先に触れたが，呉の黄武3年（224）に武昌（武漢市）に到って『法句経』を訳した維祇難は，『梁高僧伝』巻1の伝によると，「世々異道を奉じ，火祠を以て正となす」としていたが，仏教の沙門の呪術・神通力に感嘆して帰依し出家したという。この代々奉じていた異道はゾロアスター教（拝火教）であろう。1954年に山東省沂南で発見された後漢代の画像石墓の八角柱に神童が刻まれており，その頭のまわりには1つの円が描かれて，あたかも仏光のごとくであるという。また，四川省楽山の麻浩崖墓前室の梁に，端坐した仏像が刻まれ，やはり頭のまわりに仏光をもつという。これも後漢代と推定されている（前掲④239〜240頁）。ガンダーラの仏像との関連性，『修行本起経』や『瑞応本起経』に記される仏の三十二相中の光明等の影響が考えられる。中国で発見される考古学的成果にも注意を払い，西域との関係も考慮しながら研究を進めなければならない。そして，同じくインド・西域での問題と中国における問題との双方に深くかかわるのが，支謙訳『維摩経』である。この経は，従来空思想を宣揚するものとされてきたが，㊵袴谷憲昭「維摩経批判」（『本覚思想批判』大蔵出版，1989）によって，表面的には空を説くごとくではあるが，その実はアートマン思想（dhātu-vāda 基体説）を基盤としていることが指摘され

た。中国では，主人公たる維摩が富豪の在家菩薩であることに注目されたが，本経の成立背景にそのような在家菩薩の存在があったのかもしれない。そして，在家と出家，世間と出世間の二項対立を止揚し超越する理論が，中国では玄学・清談の流行と相俟って士族階級にもてはやされる理由となったのであろう。本経をどのように意義づけるかは，西域と中国との両地域の仏教研究における大きな課題と思われる。1999年7月にチベットのポタラ宮に本経のサンスクリット写本が存在することが発見され，2004年3月に影印本と共に梵漢蔵対照『維摩経』が出版（大正大学出版会）されたことは，今後の研究の進展が期待される。

（3） 西晋時代

西晋（265〜316）は，三国・魏の宰相司馬炎がクーデターを起こして政権を奪取し，洛陽に都して晋と号したものである。太康元年（280）には呉を滅ぼし，蜀も炎興元年（263）に滅んでおり，ここに中国は再び統一された。しかし，後漢以後，西域や北方の多くの民族が中原に移り住むようになったが，彼らは西晋の劣悪な社会環境に耐えきれずに，ついにいくつかの少数民族（匈奴・鮮卑・羯・氐・羌が五胡と呼ばれる）は，西晋に反対して割拠政権を打ち立てた。そのなかで，匈奴の劉淵は永嘉2年（308），平陽（山西省臨汾）において漢帝を称し，その後洛陽に攻め入り懐帝を捕虜にした（永嘉の乱）。建国4年（316）に匈奴の劉曜が長安に攻め入ると愍帝は降伏し，西晋は滅亡した。晋の一族は南下して建康（呉の建業，今の南京）に移り，東晋を建てる。

a 仏教と玄学

西晋の50余年の間の思想は，魏の正始中（240〜49）に興った玄学がさらに流行して一種の時代思潮を形成した。魏晋の玄学は，『老子』『荘子』の思想を基本として，それに新たな哲学概念を提起して，自然及び社会・政治のあり方，人間のあり方までを議論する。魏の王弼や何晏，やや遅れた嵇康・阮籍等の「竹林の七賢」により清談が盛んとなり，西晋や東晋では特に『荘子』が盛行し注釈書も多く作られた。そのなかでも向秀（およそ227〜72）と郭象（およそ252〜

312)の注釈が有名である。玄学については前掲の中国思想史等に論述され，特に郭象については，㊶福永光司「郭象の荘子解釈」（哲学研究37－2, 1954），㊷戸川芳郎「郭象の政治思想とその「荘子注」」（日本中国学会報18, 1966），㊸蜂屋邦夫「荘子逍遙遊篇をめぐる郭象と支遁の解釈」（東京大学教養部・紀要比較文化研究 8, 1967），㊹中嶋隆蔵「郭象の思想について」（東北大学集刊東洋学24, 1970），㊺中野達「郭象における坐忘」（東方宗教75, 1990）等多数の研究があり，専著としては㊻湯一介『郭象与魏晋玄学』（湖北人民出版社，1983）がある。この時代，玄学と仏教との関係は特に『般若経』の訳出と解釈において密接である。翻訳のときから「格義」の問題と関わり，具体的には西晋から東晋にかけて「六家七宗」と称される解釈の相違となって現われる。郭象は仏教家にも影響を与え，特に羅什門下の僧肇においてそれが顕著である。「空」についての解釈の相違については，これまで多くの学者が注目するところであるが，㊼玉城康四郎『中国仏教思想の形成』 1（筑摩書房，1971）の第3章初期般若の研究批判と㊽森三樹三郎「中国における空についての論義」（仏教思想7『空』下，第16章，平楽寺店，1982）を挙げておく。

b 仏教の概況

『洛陽伽藍記』によれば，西晋末の首都洛陽には42の仏寺があったという。また，後の文献ではあるが『弁正論』巻3，『釈迦方志』巻下，『法苑珠林』巻120によると，西晋代の仏寺は480，僧尼3700人余という。仏典の翻訳数は，『出三蔵記集』巻2に167部を載せ，『歴代三宝記』巻6と『大唐内典録』巻2は共に451部とし，『開元釈教録』では整理した上で330部を載せている。この時代，仏教の中心は洛陽と長安であった。西域との政治的交流として，咸寧2年（276）に大宛が汗血馬を献じ，太康8年（287）に康居が遣使している。仏教僧としては，インド僧の耆域（『高僧伝』巻9）があり，竺法護をはじめ敦煌や于闐等の出身者が活躍しているので，東トルキスターンとの文化・人的交流は前時代と変らず盛んであったと思われる。そのなかで注目されるのは，祖先が月氏・天竺・西域であるが中国で生れたという人が増加していることである。つまり，名前に支・竺・安・康のつく人でも必ずしも月氏等の出身ではなく，帰化人の子孫である場合が多い。また，この時代に『般若経』が流行したであろうことは，

僧伝等によって十数名の学者が数えられることから明らかである。支配層や在俗者の仏教信仰もますます定着していることが，『高僧伝』『法苑珠林』所引の「冥祥記」，『弘明集』巻1「正誣論」等によって知られ，これらの記述の考察によって，この時代の仏教信仰の状況も明らかとなろう。

c　仏典の漢訳

さほど長くない時代にあって，多くの翻訳者が登場し，漢訳仏典の部数も増大しており，その内容と合せ訳経史上において注目される。最も重要なのは竺法護（239～316）である。彼は，祖先が大月氏で，代々敦煌に住んでいた。8歳で出家し竺高座に師事した。泰始2年（266）頃に長安に到り翻訳に従事した。『出三蔵記集』の「道安録」には，150部が著録されている。竺法護の伝記・訳出等についていは，すでに検討整理がなされている。㊱と後掲(51)のほか，㊾岡部和雄「『竺法護伝』再構成の試み」（仏教史学12－2，1965）等があり，④の第2巻，⑤の第1巻でも相当詳しく述べられている。翻訳仏典についての考察と竺法護の思想研究が課題である。

竺法護のほかには，彼の訳経を助けた在俗信者の聶承遠と聶道真，インド人の後裔で在俗信者の竺叔蘭，于闐出身の無叉羅（無羅叉ともいう），西域人の彊梁婁至，安息人の安法欽，漢人とされるが祖先は亀茲かもしれない帛（白）法祖，出身不明の法立，法炬，支法度，若羅厳等がいた。翻訳仏典のなかで後に大きな影響を与えたのは，竺叔蘭と無叉羅の訳した『放光般若経』である。この経の原本は，朱士行が于闐で入手したもので，これを太康3年（282）に弟子の弗如檀をして洛陽に送らせたものである。それが転々として陳留郡倉垣（河南省開封の地）の水南寺に送られ，そこで元康元年（291）5月に無叉羅が梵本を手にとり，竺叔蘭が口伝（口述で訳出）し，祝太玄と周玄明が筆受したという（『出三蔵記集』巻7「放光経記」）。竺叔蘭の伝記や訳語等から，玄学の影響も予想され，それ故に当時の思想界で重んじられ流布したのかもしれない。

また，西晋末には北方異民族の勢力が進出していることをうかがわせ，『老子化胡経』の製作に何らかの関連性があると考えられる人物が，帛法祖である。『出三蔵記集』巻15の法祖法師伝と『高僧伝』巻1の帛遠伝によって知ることができる。老子化胡説についての従来の研究は，⑤第1巻（304頁の注記）に記され

ている。この時代の仏教は，般若学を玄学とみなす風潮のなかで普及し，異民族の人々にとっても西域から伝来した仏教は，漢民族の儒教・道教よりも比較的容易に受け入れられたと考えられる。つまり仏教は，儒道二教に対して優位性を保っていたであろう。このような点にも配慮して老子化胡説の意味を考える必要がある。

（4） 東晋・十六国時代

東晋（317～420）は，西晋が滅亡した翌年，一族の琅邪王の司馬睿（在位317～22）が南方建康（南京）に逃れて晋王を名乗り打ち立てたものである。一方，北方と中原の地は，匈奴・羯・鮮卑・氐・羌等の民族が割拠政権を成立させ，歴史的には五胡十六国（302～439）と呼ばれる。五胡の中原への移動と評価については，㊿三崎良章『五胡十六国』（東方書店，2002）がある。

この時代，東晋はもとより五胡政権の大部分が仏教を支援していたが，特に羯人の後趙（319～52），氐人の前秦（351～94），羌人の後秦（384～417），匈奴の北涼（392～439）の仏教崇拝は顕著であった。仏典の翻訳は，鳩摩羅什（344～413）によって一時期を画し，仏典の研究解釈も格段に進展し，社会における仏教の位置，仏教信仰の状況もかなり発展している。また，インド・西域との関係も，これまではほとんど西域から中国へという流れであったが，法顕に代表されるように4世紀末になると中国からインド・西域に向う仏教僧が増加する。それと同時に，中国への渡来僧は4世紀中頃までは西域の人が多数を占めていたが，その後はインド僧が逆転している。このことはインド・西域との交流が活発になったことや，中国での仏教研究が進展して中国僧の求法の意識が高揚したこと，そしてインドではグプタ王朝が成立してインドの再統一，インド人の復権が果たされて，仏教の中心地も西域（北西インド）から中インドに移ったことも関係しているであろう。

a 北方胡族社会と仏教

北方異民族政権と仏教との関係において注目すべきは，後趙政権における仏図澄（238～348），前秦の釈道安（312～85），後秦の鳩摩羅什の活躍である。

仏図澄は，『高僧伝』巻9の伝記では，西域の人で本姓は帛であるという。しかし，『晋書』芸術伝，『魏書』釈老志等では，天竺の人とする。この相違については，中国で天竺というとき，厳密にインドのみを指すのではないであろうこと，北西インドも含むであろうこと，あるいは仏教者と史書の編纂者とで認識の相違があったかもしれないことを考慮すべきであろう。本姓が帛であることを重視すれば，彼は亀茲の王族の出身となる。『高僧伝』には「自ら云く，再び罽賓に到りて，誨を名師に受く」とあり，『魏書』釈老志では「烏萇国において羅漢に就て道に入る」という。罽賓はその時代，ガンダーラを指すであろう。烏萇国は，ガンダーラの北のウディヤーナである。罽賓が常にカシュミール地方でないことは，すでに学者の指摘するところで，漢代から西晋時代はガンダーラを指し，東晋から南北朝にかけてはカシュミールを指すというのは白鳥庫吉の説（「罽賓国考」東洋学報7-1，1917）であるが，前述したように㉔桑山書では5世紀以前はガンダーラ地方を意味することを論証している。仏図澄は西晋末の永嘉4年（310）に洛陽に到着した。同時期に亀茲出身の帛尸梨蜜多羅も洛陽に到ったが戦乱のため南下し建康に向っている。羅什は長安にくる前の352年頃罽賓に行っており，381年には罽賓の僧伽跋澄が関中に到り，399年には法顕一行がインドに向って出発し，401年に羅什，406年に罽賓の卑摩羅叉が関中に到り，412年（一説421）には曇無讖（315～433）が罽賓から亀茲に入り，そこから姑臧（涼州）に到っている。仏図澄については，前掲③④⑤でかなり詳しく述べられているが，彼自身の著作等は残されておらず思想の解明は難しい。

　釈道安は，仏図澄の弟子であり中国仏教史上において様々な点で高く評価されている。中国に仏教が伝来してから300年ほど経過して，ようやく漢人の優れた仏教僧が登場したのである。彼は前秦の符堅に認められ，政治顧問としての役割も果たしたが，戦乱の世にあって仏教の研究と講説，翻訳への尽力と仏典の普及，仏典の整理（目録作成），僧団の形成と指導等偉大な功績を残した。前掲の仏教史のすべてにおいて記述されており，そのほか，㉕宇井伯寿『釈道安研究』（岩波書店，1956），㉒横超慧日『中国仏教の研究』第1（法蔵館，1958），㊼の玉城書，㉝松村巧「釈道安における仏教思想の形成と展開」（東洋文化62，1982）等がある。

　鳩摩羅什は，父が天竺の人，母が亀茲王の妹で亀茲で生れた。家は代々国相

であったというが，はたして中インドであろうか，それとも北西インドであろうか。彼は9歳のとき母と共に辛頭河（インダス河）を渡って罽賓に到り，罽賓王の従弟たる名徳の法師，盤頭達多に遇ったという。羅什が行った罽賓は，インダス河を渡ったことから明らかにガンダーラ地方である。しかるに，なぜ羅什と母は父の故国たる天竺(中インド)まで行かなかったのであろうか。インド・西域僧の来往を見ると，罽賓と亀茲とは密接な関係にあったことがうかがえる。父祖の地とされる天竺は，あるいは罽賓を指すのではないか。羅什の仏教思想の解明のためにも，罽賓や亀茲等の仏教の実態について，より詳細な研究を行う必要がある。

羅什が偉大な翻訳者であることや，中国仏教思想の形成や発展，日本に及ぶ東アジアの仏教に与えた影響等は改めて述べるまでもない。羅什に関する研究は，枚挙にいとまがないが，専著は(54)横超慧日・諏訪義純『羅什』（大蔵出版，1982）のみである。伝記・翻訳活動・翻訳仏典の諸問題・思想等について，新たな視点をもって総合的かつ詳細な研究が要請される。羅什についての概説は，①④⑤でなされ，(55)横超慧日『中国仏教の研究』第2（法蔵館，1971）にも論ずるところがある。そのほかの論文については，(56)平井俊榮監修『三論教学の研究』(春秋社，1990）に付載の「三論教学関係著書論文目録」が便利である。それ以後も多くの研究成果があるが省略したい。また，羅什門下の人々については，本書の「隋唐時代の仏教」の〈2〉三論宗の項を参照されたい。

b　南方東晋社会と仏教

東晋の政権は，中原の戦乱によって南下した北方士族との連合と支持によって成立し，風俗や文化面において西晋を受け継ぐものとされる。清談・玄学が流行し，仏教及び道教も一層発展して江南特有の文化を形成する。特に仏教と王公士族との関係が極めて密接となり，歴代皇帝や名流士族の多くが仏教僧と交遊をもち，宮廷仏教の幕開けとなり，清談玄学的仏教が栄えた。他方，東晋末期には政治的混乱と共に仏教界の堕落もみられ，政治と仏教及び尼僧教団との関係等の問題が生じる。この時代の仏教について述べたものに前掲の各仏教史のほか，(57)宮川尚志『六朝史研究　宗教篇』(平楽寺書店，1964）や(58)森三樹三郎『六朝士大夫の精神』（同朋舎出版，1986）がある。

東晋の初・中期にかけて政情も割合安定していた時代に，竺道潜（字は法深，286～374），康僧渕，康法暢，支愍（敏）度，帛尸梨蜜多羅，于法蘭，于道邃，僧伽提婆，仏駄跋陀羅等の南下した仏教僧が活躍した。この内，康僧渕は康居系の人であるが長安で生れており，帛尸梨蜜多羅は亀茲の王族で，于法蘭の弟子である于道邃は敦煌の出身とされる。これらの西域の人々は，この時代には中国に帰化しており，中国の社会・風俗に適応して宮廷や士族と交遊した。竺道潜は，東晋初期の権力者である王導の従兄弟王敦の弟であり，漢人貴族出身の僧である。経典の解釈を得意とし，文学や芸術にも精通し，宮廷や士族への仏教宣布者であった。康僧渕，康法暢と共に建康にやってきたのが支愍度で，後世「心無義」の提唱者として有名であるが，『経論都録』（『歴代三宝紀』巻7等）を編纂し，『維摩経』と『首楞厳三昧経』の合本作成等もしたという。彼についての有益な論文に(59)陳寅恪「支愍度学説考」（『陳寅恪集　金明館叢稿初編』北京・三聯書店，2001）がある。

また，当時の玄学的仏教を代表する人物に支遁（支道林，314～66）がある。彼は王羲之，王濛，王坦之，謝安，孫綽，郗超等多くの貴族たちと親交をもち，この時代の仏教を代表している。前掲②④⑤㊼に述べられるほか，(60)中嶋隆蔵『六朝思想の研究』（平楽寺書店，1985）に論及され，論文としては，(61)福永光司「支遁とその周辺―東晋の老荘思想―」（仏教史学5－2，1956）と前出㊸蜂屋論文が有益である。支遁は著作も多かったが，現存するものを集録したものとして，(62)石峻等編『中国仏教思想資料選編』1（中華書局，1981）がある。本書には他に，牟子・郗超・孫綽・羅含・道安・支愍度・竺法蘊・慧遠等の文章も収められており便利である。また，秦末から晋宋間の人物に関する遺聞逸事を分類収録したのが，劉宋・臨川王の劉義慶撰『世説新語』であるが，支遁をはじめとする多くの仏教者についても記録するところがあり不可欠の資料である。諸種の刊本があるが，一般に四部叢刊影印本が流布し，それに対する索引を兼ねた(63)張萬起編『世説新語詞典』（商務印書館，1993）もある。日本語訳としては，(64)森三樹三郎訳『世説新語　顔氏家訓』（中国古典文学大系9，平凡社，1969）等がある。

出家沙門と交遊をもった多くの文人貴族のなかから，当然ではあるが熱心な在俗の仏教信者も排出した。しかも彼らは仏教を深く理解し，信仰のあり方や

教えの流通等の面で出家者以上の力を発揮した。この時代にあっては，孫綽（推定314～71）と郗超（336～77）が文章を残している。孫綽は，太原中郡（山西省平遙の西南）の人で，兄の孫統と共に南渡して会稽（浙江省）に移住した。讃・賦等の短文や有名な僧の人物評等多くの文章を書いたが，仏教については『喩道論』（『弘明集』巻3）がある。孫綽についての概説は②④⑤でなされているほか，論文に㉕福永光司「孫綽の思想―東晋における三教交渉の一形態―」（愛知学芸大学人文科学研究報告10, 1961），㉖蜂屋邦夫「孫綽の生涯と思想」（東洋文化57, 1977）がある。郗超は，高平金郷（山東省）の人で祖父の代から東晋に仕え，父の郗愔は天師道を奉じていたが，彼は仏教を奉じた。早くから名士たちと交流し，釈道安，竺法汰，支遁等と親交があった。仏教に対する理解も深く，信仰の要点を述べた『奉法要』（『弘明集』巻13）がある。郗超については②③④⑤で述べられるが，③には福永光司氏による『奉法要』の日本語訳が掲載されている。論文には，㉗福永光司「郗超の仏教思想」（『塚本博士頌寿記念』1961）があり，⑥中嶋書にも論考がある。㉘牧田諦亮編『弘明集研究』訳注篇（京都大学人文科学研究所, 1975）に『喩道論』『奉法要』の訳注がある。

　支遁が建康を中心に名流貴族との交遊において仏教を宣布したのに対し，東晋の末期に廬山（江西省）に留まって僧団を形成し，仏教界に最も影響を及ぼしたのが慧遠（334～416）である。前掲の仏教史のすべてにおいて論述されるが，慧遠研究の基本資料を集成して訳注を施し，研究成果をも収録したものに，㉙木村英一編『慧遠研究』遺文篇・研究篇（創文社, 1960～62）があり，研究上の基礎となる。

　慧遠は，釈道安の門下として師に過ぐるとも劣らぬ活躍をした代表的漢人仏教者である。すでに『慧遠研究』や多くの論考があるとはいえ，彼の生涯の事跡，王公貴族との交流，羅什・僧伽提婆・仏駄跋陀羅（覚賢）等の外国僧との関係，仏教思想と信仰の問題，僧団の形成，社会・政治とのかかわり等，すべての事柄について詳細かつ総合的な研究が要請される。支遁に代表される建康や会稽地方を中心とする仏教が，大乗を主として清談玄学的仏教で，一種サロン風の印象であるのに対し，廬山における慧遠は，釈道安の教えに基づく仏教教団の理想を追求し，仏教全体についての理解を深めようとしていたように見える。それは羅什への質問とアビダルマ論書の訳出への協力に顕われている。羅

什との問答集が『大乗大義章』(または鳩摩羅什法師大義) であるが，これについては(69)のほか(55)にも論考がある。また，僧伽提婆と仏駄跋陀羅は共に罽賓の出身とされる。前者は，前秦・建元19年 (383) に長安に到り，道安の訳場に参加して『阿毘曇八犍度論』を訳し，後秦の初めに長江を渡り，東晋・太元16年 (381) に廬山に到着して『阿毘曇心論』『三法度論』等を訳した。後者は，西域求法僧智厳と共に罽賓から海路で山東半島の青州に着き長安に向ったが，長安の羅什僧団から追放されるに至り，慧観等の弟子40余人と共に廬山に入った。慧遠の求めに応じて『達磨多羅禅経』(『修行方便禅経』) を訳した。この経は，罽賓において達磨多羅から仏大先 (仏陀斯那) に伝えられた禅法とされ，仏駄跋陀羅を伴って帰国した智厳は，罽賓において仏大先から3年にわたり禅法を学んでいる。その後，仏駄跋陀羅が道場寺において『華厳経』を訳したことは重要である。これらのことから，慧遠は大乗仏教のみならずアビダルマ学・禅学をも熱心に学ぼうとしていたことが知られるが，念仏結社 (白蓮社) とも考え合わせると，慧遠の仏教思想は師道安を継承する面と当時の北西インドすなわち罽賓の仏教の影響も多分に考えられよう。ガンダーラ地方の仏教が反映した事例としては，仏駄跋陀羅訳『観仏三昧海経』(大正蔵15) にみられる「仏影窟」についての由来がある。慧遠は仏駄跋陀羅のすすめによって仏影窟 (仏影台) をつくり「仏影銘」を撰している。これについては㉕桑山書 (75頁以下) を参照されたい。また慧遠の著した『三報論』『明報応論』『沙門不敬王者論』は，中国における因果応報論と神滅不滅の論争に関係した重要な論文である。この問題は先にも触れた (呉の康僧会の部分) ように，仏教の初伝期から唐代に至る長期にわたって議論されており，仏教内部の問題と共に仏教と政治 (王権) 及び三教交渉にかかわる大きなテーマである。

次に，この時代の政情は比較的安定していたこともあって中国から多くの仏教僧が西域・インドへの求法の旅に出た。前出の智厳のほか，宝雲 (376～449)，智猛等がいるが，最も有名なのは法顕 (およそ339～420頃) である。法顕は，平陽郡 (山西省臨汾西南) の人で，3歳で出家し20歳で具足戒を受け，後秦・弘始元年 (東晋・隆安3年，399) に同学数名と共に，戒律を求めて長安を出発した。河西回廊を通りパミールを越えて北西インドに入り，南下してネパールからガンジス河中下流域，そしてスリランカ，スマトラを経て，東晋・義熙8年 (412)

に青州長広郡（山東省崂山県の北）の牢山南岸に上陸し，彭城（徐州）京口（鎮江）を経て413年の夏以降に建康に到着した。彼の旅行記が『法顕伝』（『仏国記』）である。法顕は，後の玄奘に匹敵する大旅行をし，この時代の西域の仏教の様子を伝える貴重な記録を残したことは，不滅の功績である。上記の①下冊，④の第2巻（Ⅱ），⑤第3巻で論述され，㉕桑山書でも言及されている。『法顕伝』については，⑩長沢和俊『法顕伝　訳注解説』（雄山閣出版, 1996）が最も詳細な考証的研究を行っており参照すべきである。

2 南北朝時代の仏教

石井公成

（1） 研究史と今後の研究方向

　南北朝とは，南地の宋（420～78），斉（479～501），梁（502～56），陳（557～89）の4代と，北地の北魏（386～534），東魏（534～50），西魏（535～56），北斉（550～77），北周（557～80）の5王朝を指す。今日では隋が南北統一をなしとげ，唐が受け継いだと見るのが普通だが，近代以前の中国では，隋は北魏の流れをくむものとして北朝の一つと考えられていた。

　日本の伝統的な中国仏教研究は，日本に伝来した宗派の源流を探ることが第一の目的であったため，直接関係のない南北朝の仏教に関する研究が進んだのは，近代以後のことである。日本が中国に進出するようになると，日本仏教の源流をより詳細に調査しようとする動きと，日本仏教とは異なるものとしての中国仏教そのものを知ろうとする動きが強まった。常盤大定が大正9年（1920）に石壁山玄中寺における曇鸞の遺跡を訪れて以来，各地での実地調査を重ね，常盤大定・関野貞『支那仏教史蹟』10冊（仏教史蹟研究会，1925～28）を刊行したのはその一例である。特に日本が中国に対して軍事・商業面で大幅に進出し，仏教布教も盛んになって日中の仏教界の交流が図られた昭和初め頃からは，中国の宗教の実態を把握するための研究と，歴史や思想に関する綿密な学問研究とが共に盛んになった。中国の研究者と共同で『日華仏教研究会年報』が1935年に刊行され，ついで日本で『支那仏教史学』が1937年に刊行されたことが，そうした動向を象徴している。この動きは，道教，儒仏道の三教交渉，玄学，庶民信仰，仏教と国家の関係，仏教の社会活動，仏教美術等の研究の進展とも連動していた。

　そうした幅広い視点に基づく研究をおし進めた研究拠点の代表は，清国の義和団事件の賠償金に基づいて外務省の援助で創設された東方文化学院の東京研

究所と京都研究所であった。特に，共同研究が盛んであった京都研究所では，1938年に独立して東方文化研究所となり，戦後に京都大学人文科学研究所に統合されると，塚本善隆等によって魏晋南北朝仏教に関する共同研究がさらに進展し，中国仏教研究の水準がいちじるしく高まった。

ただ，最近の日本では研究者の専門分化が進み，また漢文の力と中国の思想・歴史・文学に対する素養の低下が目立つのに対し，海外諸国では急激に中国仏教研究が盛んになりつつあるため，これからの南北朝仏教の研究にあたっては，諸国の研究を活用する必要がある。中国については，各地の論文のうちで注目されるものが，中国人民大学書報資料中心が刊行している『覆印報刊資料』に再録されており，日本でも比較的容易に見ることができる。河北禅学研究所の『中国禅学』（中華書局，北京）や中国人民大学仏教与宗教理論研究所の『宗教研究』のように，日本でも購入できたりインターネット上で全文を読むことができる雑誌も増えている。また，「中国期刊全文数据庫」（中国学術雑誌全文データベース）は学術雑誌の電子化を進めているため，本データベースを導入した図書館では，中国各地の雑誌論文を閲覧することができる。中国における仏教研究の現状については，インターネット上の「仏学研究」サイトに詳しい紹介があって便利である（http://www.guoxue.com/fxyj/）。

なお，横超慧日「中国仏教研究への道しるべ」（『仏教学への道しるべ』文栄堂書店，1980），鎌田茂雄「中国仏教研究の問題点」（平川彰編『仏教研究入門』大蔵出版，1984），岡部和雄「中国仏教の研究状況と問題点」（駒大仏教論集20，1998），同「中国仏教と禅」（田中良昭編『禅学研究入門』大東出版社，1994）等は，基礎知識を提示すると共に，従来の中国仏教研究の様々な問題点を批判して今後めざすべき研究方向を示唆しており，南北朝仏教研究にあたっても必読の文献となっている。

（2） 南北朝の歴史・社会

この時期の状況を把握しやすいのは，川勝義雄『中国の歴史〈3〉魏晋南北朝』（講談社，1974。講談社文庫，2003）である。写真と図表等を多く用いたものとしては，岡崎敬『図説中国の歴史3　魏晋南北朝の世界』（講談社，1977）があ

る。川本芳昭『中華の崩壊と再生（魏晋南北朝）』（講談社，2004）は，民族問題に力点を置いた通史である。松丸道雄・池田温・斯波義信・神田信夫・濱下武志編『世界歴史大系中国史〈2〉―三国～唐―』（山川出版社，1996）は，政治，制度，社会，経済，文化に分けて三国から唐までの状況を描き，魏晋南北朝隋唐時代史の基本問題編集委員会『魏晋南北朝隋唐時代史の基本問題』（汲古書院，1997）は，さらに分野を詳細に分けて日本と中国の研究成果を整理している。

中国では，北方民族に関する研究で知られる王仲犖の『魏晋南北朝史』（上海人民出版社，上海，1981）と，呂思勉『両晋南北朝史』2冊（上海古籍出版社，上海，1983）が広く読まれた通史である。中国の最新の成果は，何茲全編『中国通史（7・8）―中古時代三国両晋南北朝時期（上・下）―』（上海人民出版社，上海，1995），胡守為・楊廷福主編『中国歴史大辞典（魏晋南北朝史巻）』（上海辞書出版社，上海，2000），殷憲主『北朝史研究―中国魏晋南北朝史国際学術研討会論文集』（商務印書館，北京，2004）に見られる。王仲犖『北周地理志』2冊（中華書局，北京，1980）は，南北朝期の地名索引として利用できる。

南北朝史の柱は貴族制と胡族と宗教（仏教・道教）の問題である。貴族制については，宮川尚志『六朝史研究―政治社会篇―』（日本学術振興会，1956）が，戦後の研究水準を示す労作であった。貴族制の研究は80年代に一気に開花し，川勝義雄『六朝貴族制社会の研究』（岩波書店，1982），中村圭爾『六朝貴族制研究』（風間書房，1987）その他が続々と出版された。最新の研究である安田二郎『六朝政治史の研究』（京都大学学術出版会，2003）は，南朝を中心とし，貴族たちの意識の変化にも触れている。そうした貴族たちがいかに仏教と深く関わっていたかは，藤善真澄「六朝仏教教団の一側面―間諜・家僧門師・講経斎会―」（川勝義雄・砺波護編『中国貴族制社会の研究』京都大学人文科学研究所，1987）に示されている。

北地の様々な民族の活動に焦点をあてた研究としては，田村実造『中国史上の民族移動期―五胡・北魏時代の政治と社会―』（創文社，1985）がある。また，川本芳昭『魏晋南北朝時代の民族問題』（汲古書院，1998）は，北方諸民族と漢民族との対立および混血その他の相互影響のあり方を検討するほか，南朝における少数民族の漢民族化および漢民族との相互影響について論じており，これは仏教に関してもそのままあてはまる問題である。

（3） 仏教以外の思想と宗教

　儒教を中心とする中国思想史では，南北朝は研究の空白地帯に近い存在であったが，中国では，任継愈主編『中国哲学発展史（魏晋南北朝）』（人民出版社，北京，1988）等が刊行されるようになった。森三樹三郎『中国思想史』下（レグルス文庫，第三文明社，1978）は，仏教を中国思想の流れの中で評価するよう努めつつ南北朝期の思想を概観しており，読みやすいが，偏りも目立つ。このため，狩野直喜『中国哲学史』（岩波書店，1953）のような古典的な書物を読んだうえで，個別の問題を扱った近年の専門書や論文等に注意するほかない。講座類のうちでは，岩波講座・東洋思想シリーズ中の『中国宗教思想史』1・2（同，1990）は，様々な論者が「自然と因果」「無と道」「言と黙」「罪と罰」といったテーマについて論じており，南北朝の思想に関わる論文が多い。なお，島田虔次「体用の歴史に寄せて」『塚本博士頌寿記念』（同記念会，1962），平井俊榮「中国仏教と体用思想」（理想549，1979）は，南北朝期の仏教と中国思想の関係を考えるうえで重要である。

　道教研究については，戦後いちじるしく発展しており，その成果と研究状況は，福井康順・山崎宏・木村英一・酒井忠夫編『道教』3冊（平河出版社，1983），野口鉄郎・砂山稔・尾崎正治・菊地章太編『講座道教』6冊（雄山閣出版，1999～2001）によって知ることができる。簡潔な道教概論としては，小林正美『中国の道教』（創文社，1998）があり，道教は劉宋期に成立したという独自の立場に立って概説している。南北朝期の道教については，陶弘景と『真誥』を中心とした石井昌子『道教学の研究―陶弘景を中心に―』（国書刊行会，1980）および吉川忠夫編『六朝道教の研究』（春秋社，1998），劉宋期を中心とした小林正美『六朝道教史研究』（創文社，1990），『太平経』との関係や道教像等様々な問題について論じた神塚淑子『六朝道教思想の研究』（同，1999），儀礼について検討した山田利明『六朝道教儀礼の研究』（東方書店，1999）等がある。福井文雅『道教の歴史と構造』（五曜書房，1999）は，道教の定義，仏教との同異を初めとする様々な問題や欧米の研究状況を明らかにしている。

　道教研究の先駆者の一人であり，仏教との関係に関する論文も多い吉岡義豊

の著作は,『吉岡義豊著作集』(五月書房, 1989～90) にまとめられた。大渕忍爾『中国人の宗教儀礼—仏教・道教・民間信仰—』(ベネッセコーポレーション, 1983) は, 現代における実地調査記録だが, 貴重な情報の宝庫ともいうべき労作である。道教文献の引用については, 大淵忍爾・石井昌子・尾崎正治編『六朝唐宋の古文献所引 道教典籍目録・索引 (改訂増補)』(国書刊行会, 1999) があり, 研究文献については, 石田憲司主編『道教関係文献総覧』(風響社, 2001) が分野ごとに整理している。インターネット上では,『真誥索引』を刊行した麥谷邦夫の「道気社」サイト (http://www.zinbun.kyoto-u.ac.jp/~dokisha/) が便利である。

(4) 南北朝仏教の通史

境野黄洋『支那仏教精史』(同博士遺稿刊行会, 1935。国書刊行会, 1972) は, 仏教伝来から北周の廃仏までを扱ったものであり, 明治以後の中国仏教研究の代表例と言ってよい。ほぼ同じ時期に刊行された, 湯用彤『漢魏両晋南北朝仏教史』(商務印書館, 北京, 1938。再刊多数) は, 玄学等と仏教との関係に注意し, 中国思想史中に仏教を位置づけようとした必読の古典的名著である。常盤大定『支那仏教の研究』3冊 (春秋社松柏館, 1938～43) は, 南北朝仏教の概説を含んでおり, 実地調査に基づく知見が生かされている。同『後漢より宋斉に至る訳経総録』(東方文化学院東京研究所, 1938。国書刊行会, 1973) も, 隋唐以前の仏教の全体像を解明しようとしており, 今も価値を持つ。

任継愈主編『中国仏教史』(中国社会科学出版社, 北京, 1981～) は, 中国仏教は中国封建社会前期の政治的過程と平行するという政治主義的観点に立ちつつ, できるだけ実証的な研究をめざしたもの。第3巻 (1988) が南北朝期を扱っており, 長大な第6章「南北朝時代の仏教芸術」は, 戦後に研究が進んだ各地の仏教遺跡や石窟の仏教芸術を紹介しており, 新たな方向からの研究として着目される。邦訳として, 小川隆・丘山新・前川亨他訳『定本中国仏教史III (南北朝時代)』(柏書房, 1994) が刊行されている。他に中国の研究としては, 郭朋『中国仏教思想史』上巻 (福建人民出版社, 福州, 1994) が後半で南北朝仏教を概観しており, 広く読まれている。

鎌田茂雄『中国仏教史』(岩波全書, 1978) はよくまとまっていて便利な通史で

ある。それを詳細にした『中国仏教史』6巻（東京大学出版会，1982〜89）は，中国各地を広く調査して回った経験と内外の研究成果を踏まえて執筆した最も詳しい通史であり，第3・4巻が『南北朝の仏教』上・下（1984, 90）となっている。資料が豊富であるばかりでなく，下巻では第4章「中国的仏教の萌芽―偽経の成立―」に100頁を越える分量をあてる等，中国仏教の特質を明らかにしようとしている点，中国における仏教美術史や考古学の研究成果を重視している点が特色といえよう。

（5） 基本史料

正史に見える仏教関係記事については，宮川尚志が「六朝正史仏教・道教資料稿」シリーズを『東海大学紀要　文学部』に連載しており，『陳書』(11, 1968)，『宋書』(13, 1969)，『南斉書』(14, 1970)，『梁書』(15, 1970)，『北斉書』(40, 1983)，『魏書』(41, 1984)，『南史』『北史』(43, 1985)，「北朝正史道教史料稿」(45, 1986) 等が刊行されている。これらの正史や『全上古三代秦漢三国六朝文』を初めとする主な文献は，中国・台湾でほとんど電子化されており，購入ないしインターネット上での利用が可能だが，文献を実際に読んで特色をつかみ，術語や語法に慣れておかないと，活用することはできない。

南北朝期に著された霊験譚，高僧の伝記，経録，仏教史等多様な種類の仏教文献を，三宝に関する文献の編集という立場から考察したものとして，小川貫弌「六朝における三宝史藉の編纂」（仏教文化研究所紀要13, 1974）がある。僧祐（445〜518）の経録，『出三蔵記集』については，中嶋隆蔵編『出三蔵記集序巻訳注』（平楽寺書店，1997）が重要な序巻に訳注を付している。南北朝期の僧侶に関する基礎資料たる慧皎『高僧伝』と道宣『続高僧伝』については，牧田諦亮編『梁高僧伝索引』（同，1972），牧田諦亮・諏訪義純編『唐高僧伝索引』3冊（平楽寺書店，1973〜77）がよく工夫されている。仏教擁護に関わる名文を集めた僧祐『弘明集』については，中世思想史研究班・弘明集研究班研究報告『弘明集研究』上中下（京都大学人文科学研究所，1973〜75）が画期的な成果である。

正史や大蔵経・続蔵経等以外の史料のうち，池田温『中国古代写本識語集録』（大蔵出版，1990）は，敦煌の仏教文献を中心として写本類の後記を翻刻し，その

所在や関連文献を示したもの。当時の信仰形態や仏典翻訳の状況等の貴重な情報を得ることができる。中国では，許明主編『中国仏教経論序跋記集』5冊（天津古籍出版社，天津）のうち，『東漢魏晋南北朝隋唐五代巻』(2002) が同様の試みである。趙超『漢魏南北朝墓誌彙編』（同，1992）は，近年になって頻出するようになった墓誌の解説である。中国では『中国歴代石刻史料匯編（先秦両漢魏晋南北朝編）』2巻（北京図書館，北京，2000）が刊行され，その電子版（北京書同文数字化技術有限公司，2004）も発売された。

なお，南北朝仏教について研究するには，中国の資料だけでは不十分であり，日本や韓国の僧侶の著作に見える逸文や関連記述，正倉院文書の写経記録等，周辺諸国の文献と文物資料を積極的に活用する必要がある。

（6） 北朝の仏教

北魏に関する正史である『魏書』には仏教・道教関係の記事をまとめた「釈老志」が付されたことが示すように，北地では仏教と道教が政治と社会に深く関わっていたため，総合的な視点の研究が必要となる。塚本善隆『魏書釈老志の研究』（仏教文化研究所出版部，1961），同『支那仏教史研究　北魏篇』（弘文堂書房，1942）を初めとする塚本のそうした研究は，後に『塚本善隆著作集』（大東出版社）にまとめられた。その第2巻『北朝仏教史研究』(1974) は，北魏と北周における仏教と政治の関係，龍門から知られる信仰の時代的変化等を扱っている。

様々な分野の研究者の成果を示した論文集としては，横超慧日「北魏仏教の基本的課題」を巻頭にかかげる同編『北魏仏教の研究』（平楽寺書店，1970）がある。本書は，様々な系統の仏教から知られる時代と地域の特色を明らかにしようとした画期的な試みであり，今日でも価値のある論文が多い。横超には，「中国南北朝時代の仏教学風」「中国仏教に於ける大乗思想の興起」「中国仏教に於ける国家意識」等，南北朝仏教に関する優れた論文を収めた『中国仏教の研究』（法蔵館，1958）がある。前後の時代を扱った同第2 (1971)，同第3 (1979) も鋭い問題意識に満ちた論文が多く，示唆に富む。

戦後の北朝仏教研究の特徴は，敦煌文献と各地の石窟の研究を活用するよう

になったことであろう。『北魏仏教の研究』に続く、そうした方向の最新の論文集としては、地論宗の思想を重視する荒牧典俊「北朝後半期仏教思想史序説」を巻頭にすえた、同編著『北朝隋唐中国仏教思想史』(法蔵館, 2000) がある。荒牧は講経や受菩薩戒のあり方にも注意し、中国思想史におけるこの時期の仏教思想の意義に注意している。敦煌文献を活用した研究の例としては、他には平井宥慶が「北朝国家と仏教学」(三康文化研究所年報19, 1987)、「中国北朝期と『涅槃経』」(『鎌田茂雄還暦記念』大蔵出版, 1988) 等がある。石刻経典の研究状況については、大内文雄「中国における石刻経典の発生と展開」(仏教史学会編『仏教の歴史的・地域的展開』法蔵館, 2003) が紹介している。

　北魏・北周の廃仏については、塚本の研究に加え、北周の武帝による廃仏とその前後の状況を探り、三武一宗と言われる数々の廃仏事件における北周武帝の廃仏の位置を明らかにした、野村耀昌『周武法難の研究』(東出版, 1968) がある。北周道安の『二教論』については、蜂屋邦夫「北周・道安《二教論》注釈」(東洋文化62, 1982) がある。山崎宏『支那中世仏教の展開』(法蔵館, 1971) は、僧官等による国家の教団統制、仏教の社会活動等を扱っており、同『中国仏教・文化史の研究』(同, 1981) は、北朝を中心とした仏教と貴族の関係や北周の通道観に関する研究を収める。諸戸立雄『中国仏教制度史の研究』(平河出版社, 1990) は、道僧格、教団規制、土地保有の問題等を検討している。なお、国家と仏教との関係については、大内文雄「国家による仏教統制の過程―中国を中心に―」(高崎直道・木村清孝編『シリーズ東アジア仏教5　東アジア社会と仏教文化』春秋社, 1996) が整理している。同シリーズは、近年の講座だけに最近の研究成果を踏まえており、南北朝に関わる論考も多い。

　北朝末期に生きた在家信者の文人、顔之推 (531~90?) については、吉川忠夫『六朝精神史研究』「第9章　顔之推論」(同朋舎出版, 1984) が論じている。顔之推の主著であって儒教と仏教の調和をはかった『顔氏家訓』については、宇野精一『顔氏家訓』(明徳出版社, 1982) が簡潔な訳注であって入手しやすいが、注釈としては王利器『顔氏家訓集解 (増補本)』(中華書局, 北京, 1993) が優れている。造像銘から北地の信仰の実態を分析したものに、佐藤智水「北朝造像銘考」(史学雑誌86-10, 1977)、同「華北石刻史料の調査」(唐代史研究7, 2004) があり、必読である。

（7） 南朝の仏教

　塚本善隆の著作集のうち，第3巻『中国中世仏教史論攷』(大東出版社, 1975)は，宋における仏教興隆，陳の革命時の仏教利用等に関する重要な研究を含む。東晋から劉宋期にかけて活躍した道生 (355〜434) の大乗・小乗観，実相と空，頓悟成仏説，一闡提成仏義等の思想，宗炳 (375〜443) の神不滅説，顔延之 (384〜456) の儒仏融合の思想等については，小林正美『六朝仏教思想の研究』(創文社, 1993) が論じている。同じく，道生の影響を受けてその頓悟論を擁護した謝霊運 (385〜433) については，荒牧典俊「謝霊運―山水詩人における『理』の転換―」(日原利国編『中国思想史』上，ぺりかん社，1987) がある。

　斉の貴族仏教を代表する文宣王蕭子良 (460〜99) については，中嶋隆蔵「蕭子良の生活とその仏教理解」(『六朝思想の研究―士大夫と仏教思想―』平楽寺書店，1985) があり，同書は南北朝の士大夫の仏教批判や中国風な仏教理解について検討している。同様に，玄学・儒教・文学・史学といった学問面や政治・宗教との関わり等幅広い視点からこの時期の知識人の思想のあり方を論じたものとして，森三樹三郎『六朝士大夫の精神』(同朋舎出版，1986) があり，参考になる。美文の懺悔儀礼として後世に大きな影響を与えた蕭子良の『浄住子浄行法門』については，塩入良道「文宣王蕭子良の「浄住子浄行法門」について」(大正大学研究紀要46, 1961) がある。沈約 (441〜513) については，吉川忠夫「沈約研究」(前掲『六朝精神史研究』) が詳しい。同書は，儒教の礼制と外来宗教である仏教との衝突を通じてこの当時の仏教に対する反応を明らかにしている。この時期の礼制については，陳戍国『中国礼制史―魏晋南北朝巻―』(湖南教育出版社，湖南，2002) がまとめている。吉川忠夫『中国人の宗教意識』(創文社, 1998) は，罪の自覚や遺言・遺書に見える仏教の在り方を通じて魏晋南北朝における宗教意識を追及しようとした試みである。

　南朝仏教研究の中心は梁の武帝の研究であり，森三樹三郎『梁の武帝』(平楽寺書店，1956) や吉川忠夫『侯景の乱始末記―南朝貴族社会の命運』(中公新書，1974) ほか，この時期の研究は多い。諏訪義純『中国南朝仏教史の研究』(法蔵館，1997) は，梁の武帝の奉仏事業を中心にして，梁と陳の仏教と社会の解明を

試みたものであり，当時の受菩薩戒義に関する論考を含んでいる。

（8） 成実涅槃学派

　宗派中心の日本では伝統的に成実宗，地論宗，摂論宗という呼称を用いてきたが，近年では宗派とは異なることが知られるようになり，成実学派といった呼び方が増えてきた。ただ，南朝の成実師の多くが最も尊崇したのは大乗経典，とりわけ『涅槃経』であり，『成実論』については，経典を解釈する際，基礎学として『大智度論』等と共に重視していたというのが実状に近い。北魏期から活躍し始めた地論師の場合も，尊崇する『涅槃経』『大集経』『華厳経』等の大乗経典を『十地経論』や『摂大乗論』に基づいて研究する例が多いため，学派という呼び方も適切でない場合があることに注意したい。

　『成実論』そのものについては，福原亮厳『成実論の研究』（永田文昌堂，1969）があり，中国における『成実論』研究についても簡単に記述している。最新の訳注である平井俊榮・荒井裕明・池田道浩『成実論』1・2（新国訳大蔵経，大蔵出版，1999～2000）では，受容の歴史と関連論文が紹介されている。中国で歓迎された理由を考察したものとしては，福田琢「『成実論』の学派系統」（前掲『北朝隋唐中国仏教思想史』）がある。

　成実師の代表である梁の光宅寺法雲（467～529）の現存する唯一の著書である『法華義記』については，菅野博史が詳細な訳注である『法華義記』（法華経注釈書集成，大蔵出版，1996）を刊行している。菅野には，『中国法華思想の研究』（春秋社，1994）があり，鳩摩羅什，道生，光宅寺法雲，南岳慧思，吉蔵，智顗，灌頂等の『法華経』解釈を検討しており，成実師の解釈の特色が知られる。成実師が盛んに議論した問題の1つは二諦であり，池田宗譲『二諦と三諦をめぐる梁代の仏教思想』（山喜房仏書林，2002）が，佐藤哲英の研究を再検討している。関連する三諦については中国成立の『仁王経』に，三観の名は同じく中国成立の『瓔珞経』に見えており，佐藤哲英『天台大師の研究』「三諦三観思想の起源に関する研究」（百華苑，1961）が検討している。これらの中国成立経典は，中国風な階位説の形成とも関わっており，水野弘元「五十二位等の菩薩階位説」（仏教学18，1984）に解説がある。船山徹「地論宗と南朝教学」（前掲『北朝隋唐中国

仏教思想史』）は，行位説に注意しつつ南朝の成実涅槃学派と北地地論宗の教学との関連を明らかにした。

なお，三論を研究するグループには『成実論』を重視する系統と批判する系統があり，後者が吉蔵等の系統につながっており，吉蔵も『涅槃経』重視であることは，平井俊榮『中国般若思想史研究―吉蔵と三論学派―』（春秋社，1976）が論じている。

『涅槃経』研究については，布施浩岳『涅槃宗之研究』前篇・後篇（叢文閣，1941。国書刊行会から『涅槃宗の研究』として再刊，1973）が，今でも唯一のまとまった研究書である。『涅槃経』類の翻訳，北涼における『涅槃経』研究に始まり，南北朝および隋における教学の進展と以後の衰退の様子，三論宗・天台宗・地論宗における『涅槃経』研究の状況等を詳細に描いている。最盛期である梁代に編纂され，僧亮撰と伝えられてきた『大般涅槃経集解』71巻については，菅野博史「〈大般涅槃経集解〉の基礎的研究」（東洋文化66, 1986）がすぐれており，菅野には他にも関連論文が多い。武帝の仏教理解について批判的な立場から論じたものとしては，その神明説が『起信論』の先駆となったと推定する伊藤隆寿「梁武帝撰『神明成仏義』の考察―神不滅論から起信論への一視点―」（『中国仏教の批判的研究』大蔵出版，1992）がある。

（9）　心識説と如来蔵説の探求

心識説の研究が盛んになったのは，6世紀初めの北魏において菩提流支，仏陀扇多地等が唯識文献を数多く翻訳したことによる。特に漢訳の際に菩提流支（菩提留支）と勒那摩提との間で争いがあったと伝えられ，『成実論』に代って北地の仏教学の柱となっていった『十地経論』の内容と訳出状況については，伊藤瑞叡『華厳菩薩道の基礎的研究』（平楽寺書店，1988）がある。菩提流支については，鍵主良敬『華厳教学序説―真如と真理の研究―』（文栄堂書店，1968）が「真如」という訳語からその訳業について検討している。また大竹晋は，菩提流支訳出とされてきた経論には，実際には著作や講義録も含まれていることを明らかにしており，竹村牧男・大竹晋『金剛仙論』上下（新国訳大蔵経，大蔵出版，2003）は，そうした立場からの訳注と解説である。

この菩提流支と勒那摩提の系統が地論宗と言われるが，地論師という呼称については，吉津宜英「地論師という呼称について」(『駒大仏教紀要』31，1973) が調査している。地論宗については，華厳宗の前段階として，また智顗や吉蔵が批判した対象として研究されることが多く，坂本幸男『華厳教学の研究』(平楽寺書店，1956) 中の地論宗関係の論考や池田魯参「天台教学と地論摂論宗」(『仏教学』13，1982) は，そうした観点からの研究である。研究の中心は慧光から浄影寺慧遠へと至る南道派であり，北道派については，里道徳雄「地論宗北道派の成立と消長——道寵伝を中心とする——」(『大倉山論集』14，1979) 等をのぞけば研究は多くない。

　その地論宗の研究が近年になって急激に進んだ主な原因は，敦煌文書のうちに北地の主流であった地論宗の文献の断片がかなり含まれていたことによる。その研究史については，石井公成「敦煌文献中の地論宗諸文献の研究」(『駒澤短期大学仏教論集』1，1995) がまとめている。智顗が批判した地論師は，慧光→法上→慧遠の系統ではなく，慧光→道憑の系統であることを明らかにした青木隆は，「地論宗」(大久保良俊編『新八宗綱要』法蔵館，2001) において地論宗研究の現状を紹介し，同「地論の融即論と縁起説」(前掲『北朝隋唐中国仏教思想史』) では，縁集説の変遷によって地論宗の教理の進展段階を区分している。北朝末期から隋代にかけて活躍した浄影寺慧遠 (523〜92) については，鎌田茂雄『中国仏教思想研究』(春秋社，1968) が論じており，その浄土観については，深貝慈孝『中国浄土教と浄土宗学の研究』(思文閣出版，2002) が様々な観点から論じている。

　『涅槃経』の流行にともなって盛んになった仏性をめぐる南北朝の諸説を検討したのは，常盤大定『仏性の研究』(丙午出版，1930。国書刊行会，1973) が最初であろう。戦後は個別の研究は多いが，その歴史を考察したのは，前掲『仏性の研究』のような初期の先駆的な研究を除けば，小川弘貫『中国如来蔵思想研究』(中山書房，1976)，牟宗三『仏性与般若』2冊 (台湾学生書局，台北，1977)，富貴原章信『中国日本仏性思想史』(国書刊行会，1988) 等に限られる。

　心識説研究については，『摂大乗論』とその世親の注釈が真諦三蔵によって訳され，北地に伝えられることによって，大きく進展した。宇井伯寿『印度哲学研究』6 (甲子社書房，1932) は真諦三蔵個人とその訳である『摂大乗論』『摂

大乗論釈』等に関する詳細な研究である。最近の真諦研究としては，吉津宜英「真諦三蔵訳出経律論研究誌」（駒大仏教紀要61，2003）がある。宇井伯寿『西域仏教の研究』（岩波書店，1969）は，南北朝末から初唐あたりの『摂大乗論』の注釈の断片を検討しており，こうした方面の研究としては，勝又俊教『仏教における心識説の研究』（山喜房仏書林，1961），竹村牧男「地論宗・摂論宗・法相宗―中国唯識思想史概観―」（『講座大乗仏教8　唯識思想』春秋社，1982）等がある。

(10)　『大乗起信論』をめぐる論議

　地論学派と摂論学派の心識説と仏性・如来蔵説に対する研究を発達させた要因の1つは，20世紀初めに望月信亨の疑義によって勃発した『大乗起信論』の撰述をめぐる論争であろう。中国では，楊文会（1837～1911）が『起信論』を拠り所の1つとして中国仏教の近代化をはかっていたため，この論争が中国に飛び火すると，『起信論』重視派と『起信論』を否定する唯識重視派との間で近代中国仏教そのものに関わる激烈な論争が生じ，以後も議論が続いている。80年代半ばまでの論争史を概観し，中国成立の立場から『起信論』の中国的な性格を論じた試みとしては，龔雋『《大乗起信論》与仏学中国化』（文津出版社，台北，1996）がある。最近までの研究状況は，黄夏年「二十世紀《大乗起信論》研究述評」（華林1，2001）にまとめられている。

　日本では，『起信論』については，学問としての研究が中心であり，この論争によって如来蔵思想，真諦三蔵，摂論宗，地論宗等の研究が進展した。戦後では，平川彰『大乗起信論』（大蔵出版，1973）が詳細な訳注を付してインド撰述・真諦訳説を強調し，柏木弘雄『大乗起信論の研究』（春秋社，1981）は，従来の諸説を整理したうえで，インド仏教における思想的系統を厳密に調査し，研究の水準を高めた。その後，竹村牧男『大乗起信論読釈』（山喜房仏書林，1985）は，『起信論』と菩提留支や勒那摩提の訳経が思想と用語の面でいかに類似しているかを指摘し，地論宗との関係の深さを明らかにした。多方面から論じた論文集としては，平川彰編『如来蔵と大乗起信論』（春秋社，1990）がある。80年代終わりには，本覚思想こそ差別の根源と論じた袴谷憲昭『本覚思想批判』（大蔵出版，

1989),如来蔵思想は仏教にあらずと説いた松本史朗『縁起と空―如来蔵思想批判―』(同)等の一連の批判により,『起信論』および如来蔵思想・本覚思想そのものの再検討が迫られるようになり,またより厳密な文献的研究がなされるようになった。後者の方向の研究としては,高崎直道「『大乗起信論』の語法―「依」「以」「故」等の用法をめぐって―」(早稲田大学大学院文学研究科紀要37 (哲学・史学篇) 1992),大竹晋「『大乗起信論』の引用文献」(哲学・思想論叢22, 2004)等がある。Frédéric Girard による仏訳,Traité sur l'acte de foi dans le Grand Véhicule (慶応義塾大学出版会, 2004)は,日本のそうした研究を踏まえた最新の訳注であり,日本では高崎直道・柏木弘雄『仏性論・大乗起信論(旧・新二訳)』(新国訳大蔵経⑲論集部2,大蔵出版,2005)が最新の成果である。

(11) 浄土信仰と禅観

浄土宗・浄土真宗で尊崇する曇鸞・道綽・善導の系統以外の浄土信仰について目を配った研究としては,望月信亨『中国浄土教理史』(法蔵館, 1942)が優れた成果であった。戦後は,塚本善隆『中国浄土教史研究』(大東出版社, 1976)に収められる諸研究が,社会状況に考慮しつつ南北朝期の浄土信仰について考察しており,そうした視点が入門書である塚本善隆・梅原猛『不安と欣求「中国浄土」―仏教の思想〈8〉』(角川書店, 1968)にも生かされている。道端良秀『中国浄土教理史の研究』(法蔵館, 1980)は,石壁玄中寺等の調査に基づく研究のほか,「曇鸞の長寿法」「曇鸞と道教の関係」といった新たな視点による論文を含む。野上俊静『中国浄土教史論』(同, 1981)は,末法思想の展開,『観無量寿経』の受容等について,中国仏教史の大きな流れの中で考察している。藤堂恭俊・牧田諦亮『浄土仏教の思想4 曇鸞・道綽』(講談社, 1995)は,北朝仏教と初期浄土教に関する読みやすい概論となっている。曇鸞の『論註』についての最近の研究成果は,論註研究会編『往生論註の基礎的研究』(永田文昌堂, 1996)にまとめられている。

浄土教に関する中国の最新の研究は,陳揚炯『中国浄土宗通史』(江蘇古籍出版社,南京, 2000)である。道教との関連のなかでこの時期の浄土と地獄の概念を検討したものとしては,蕭登福『漢魏六朝仏道両教之天堂地獄説』(台湾学生

書局, 台北, 1989) がある。「釈迦像を造り, 西方無量寿仏のもとに生まれ, 未来には弥勒仏の説法の場にいたい」といった龍門の造像銘に象徴されるような, 天と浄土の混同を含む隋唐以前の過渡的な浄土信仰の実態については, 久野美樹「造像背景としての生天, 託生西方願望—中国南北朝期を中心として—」(仏教芸術187, 1989) が考察している。長生を願った曇鸞も慧思 (515〜77) も, こうした風潮の中で育ったのだが, 慧思については, Paul Magnin, La vie et l'oeuvre de Huisi 慧思 (515〜577): Les origines de la secte bouddhique chinoise du Tiantai (l'École française d'Extrême-Orient, Paris, 1979) が, 伝記, 著作, 思想を検討しており, 川勝義雄「中国的新仏教形成へのエネルギー—南岳慧思の場合—」(京都大学人文科学研究所, 1982) は, 宗派単位の見方から離れて南北朝末期の危機意識における実践という立場から慧思を見直そうとしている。

柴田泰「中国浄土教の系譜」(印度哲学仏教学1, 1986), 同「中国浄土教と禅観思想」(同3, 1988) は, 中国における浄土信仰と禅観の結びつきの強さに注意しつつ, 浄土教の系譜に関する中国と日本の伝統的な見方を再検討している。実際, 宮治昭「トゥルファン・トヨク石窟の禅観壁画について—浄土図・浄土観想図・不浄観想図—」上・中・下 (仏教芸術221・223・226, 1995〜1996) は, 山中で浄土や宝珠の観想に励む「禅師」の図に着目しており, こうした面からの浄土教と禅観・禅宗の研究が必要であることが知られる。なお, 観経類には中央アジアないし中国で成立したものがあることは, 月輪賢隆『仏典の批判的研究』(百華苑, 1971) が早くに検討しており, 近年では山田明爾, 山部能宣等がすぐれた研究を示している。Robert E. Buswell Jr. 編集の Chinese Buddhist Apocrypha (Hawaii Univ. Press, Honolulu, 1990) では, Strickman の観経の論文が興味深い。

南北朝期の禅観については, 佐々木憲徳『漢魏六朝禅観発展史論』(山崎宝文堂, 1936) が, 先駆的な研究であった。戦後では, 水野弘元「禅宗成立以前の支那の禅定思想史序説」(駒大仏教紀要15, 1957), 古田紹欽「菩提達摩以前の禅附・勒那摩提の禅系統」(鈴木学術年報2, 1966) がある。柳田聖山「ダルマ禅とその背景」(前掲『北魏仏教の研究』。『柳田聖山著作集1 禅仏教の研究』法蔵館, 1999, に再録) は, 神異で知られ, 戒律に励む様々な系統の習禅者たちの活動を北地の仏教全体の中でとらえ, 勒那摩提撰と称する『七種礼法』と『二入四行論』の

近さに注目する等，新たな視点を示した。『七種礼法』等の北地の礼仏儀礼については，汪娟『敦煌礼懺文研究』(法鼓文化，台北，1998)が敦煌出土の礼懺文を検討している。習禅者は様々な系統の者たちが各地で交流して影響を与えあい，そうした動きのなかで南北朝後半期に『法鼓経』『法王経』等の疑経が作成され，以後の隋唐の諸宗を導き出すきっかけとなったとするのが，伊吹敦の「『法句経』の思想と歴史的意義」(東洋学論叢29, 2003)その他の一連の研究である。中国では，杜継文・魏道儒『中国禅宗通史』(江蘇古籍出版社，南京，1993)の菩提達摩以前の項では，流民等に見られる厳しい社会状況との関連に注意している。

(12) 戒律と菩薩戒

徳田明本『律宗概論』(百華苑，1969)と佐藤達玄『中国仏教における戒律の研究』(木耳社，1986)には，南北朝における戒律や菩薩戒の受容について簡単に触れている。徳田明本編『律宗文献目録』(百華苑，1974)は，研究書や論文については1960年頃までだが，基本文献が整理されていて便利である。北朝における戒律の受容については，諏訪義純『中国中世仏教史研究』(大東出版社，1988)がある。土橋秀高『戒律の研究』2冊(永田文昌堂，1980〜82)は，戒律の様々な問題を論じると共に，敦煌写本を活用して中国における授戒儀礼の変遷を解明している。

大乗戒については，個々の経典の成立状況を論じた大野法道『大乗戒経の研究』(理想社，1964)が基本となる。大野説を再検討しつつ，曇無讖訳『優婆塞戒経』の訳出状況，内容，受容について検討したものとして，北塔光昇『優婆塞戒経の研究』(永田文昌堂，1997)がある。菩薩戒に関する最近の研究成果としては，船山徹「六朝時代における菩薩戒の受容過程—劉宋・南斉期を中心に—」(東方学報67，1995)，同「疑経『梵網経』成立の諸問題」(仏教史学研究39〜1, 1996)がある。

(13) 密　教

大村西崖『密教発達志』(仏書刊行会，1918。国書刊行会，1972)は，三国時代

から唐代以前までの時期についても，陀羅尼経典や呪術経典の訳出状況や僧伝その他における密教的要素を詳細に指摘し，扶南・林邑におけるインド宗教の流行にも触れる等，画期的な研究であった。漢文で書かれているため入門向きでないが，現在でも必読である。南北朝期にこれだけの数の密教的経典が訳されていることは，当時のインド・東南アジア・中国の仏教のあり方を知るうえでも重要であるうえ，これらの呪経のなかには，中国の要素が強いものや中国成立のものもあり，当時の宗教事情を明らかにするうえで貴重な資料である。中国では，呂建福『中国密教史』（中国社会科学出版社，北京，1995）の「第2章魏晋南北朝時期陀羅尼密教的伝入和流行」が，陀羅尼経典の流行を整理している。立川武蔵・頼富本宏編『〈シリーズ密教3〉中国密教』（春秋社，1999）では，頼富「中国密教の流れ」「中国の密教美術」，平井宥慶「中国の密教儀礼概論」等が，南北朝期に触れており，坂出祥伸「初期密教と道教との交渉」は，密教経典に見える道教的呪術との類似，影響を指摘している。いずれの場合も，何を密教とみなすかという問題があるが，三崎良周『台密の研究』「第7章 純密と雑密」（創文社，1988）は，純密と雑密という図式は江戸時代にできたものであって，純密・雑密という区分それ自体の再検討が必要であることを指摘しており，岩崎日出男「道教と密教」（『講座道教』4，雄山閣出版，2000）も，密教の定義の再検討を試みている。

（14） 民衆と仏教

牧田諦亮の『六朝古逸観世音応験記の研究』（平楽寺書店，1970）は，観音信仰を通じて，また，同『疑経研究』（京都大学人文科学研究研，1976）は，疑経研究を通じて中国的な仏教信仰，民衆の仏教信仰の実態を明らかにしようとする画期的な試みであった。実地調査にも携わった道端良秀『中国仏教史の研究—仏教と社会倫理—』（法蔵館，1970）は，寺院の奴隷の処遇，社会福祉と大乗菩薩戒の関係，飲酒の問題等を扱っている。『仏教と儒教倫理—中国仏教における孝の問題—』（サーラ叢書，平楽寺書店，1968），『中国仏教思想史の研究—中国民衆の仏教受容—』（同，1979）等，民衆の信仰に留意しつつ中国社会と仏教との関係を追及して新たな分野を開いた道端の一連の著作は，著作集である『中国仏教

史全集』(書苑, 1985) に再録された。宮川尚志『六朝史研究 (宗教篇)』(平楽寺書店, 1964) は, 南北朝の論文は少ないが, 女性の信仰生活や巫俗の研究等, 新たな方向の研究が見られる。なお, 潘桂明『中国居士仏教史』上下 (中国社会科学出版社, 北京, 2000) は, 貴族と庶民における信仰団体等在家の仏教活動をまとめており, 上巻では南北朝を扱っている。

(15) 仏教美術

中国仏教美術の研究を大幅に進展させた原動力の1つは, 水野清一と長広敏雄を中心にして戦時中に行われ, 水野・長広『雲崗石窟』16巻32冊 (京都大学人文科学研究所, 1951～56) として結実した, 雲崗石窟の綿密な調査であろう。近年刊行された雲崗石窟文物保管所編『雲崗石窟』2巻 (平凡社, 1989～90) は, 日中両国の協力による成果である。南北朝の仏教美術に関する研究は多いが, 代表的なものとしては, 松原三郎『中国仏教彫刻史論 本文編, 図版編1・2』(吉川弘文館, 1995) という大作がある。南北朝時代に力点を置いた最新の入門書としては, 久野美樹『中国の仏教美術—後漢代から元代まで—』(東信堂, 1999) があって便利である。

北朝については, 八木春生『雲崗石窟文様論』(法蔵館, 2000), 同『中国仏教美術と漢民族化—北魏時代後期を中心として』(同, 2004) は, 中国化の過程を検討している。南朝美術を重視したものとしては, 吉村怜『天人誕生図の研究—東アジア仏教美術史論集』(東方書店, 1999) があり, 同『中国仏教図像の研究』(同, 1983) は, 神仙思想との融合に注意している。

最近注目を浴びつつある青州龍興寺の仏像については, 王衛明「青州龍興寺出土窖蔵仏教造像初論—魏晋南北朝時期における山東仏教美術史的成立背景を中心に—」(京都橘女子大学研究紀要25, 1998), 中華世紀壇芸術館・青州市博物館編『青州北朝仏教造像』(北京出版, 北京, 2002) が紹介している。

(16) 文学と仏教

中国ではこの時期の文学の研究が盛んであり, 張仁青『魏晋南北朝文学思想

史』(文史哲出版社,台北,1989),曹道衡・沈玉成『南北朝文学史』(人民文学出版社,北京,1991),曹道衡『南北朝文学編年史』(同,2000),曾慧『南朝仏教与文学』(中華書局,北京,2002)等次々刊行されているが,日本では単著は出ていない。

　南北朝を代表する詞華集は,模範とすべき詩文を集めた『文選』と艶麗な閨怨詩を中心とする『玉台新詠』であって,共に梁代までの作品を収録しており,梁の二面性を示している。鈴木修次「六朝時代の「懺悔詩」」(『小尾博士古稀記念』汲古書院,1983)は,仏教を題材とした梁武帝たちの遊戯的な唱和詩に注目し,近藤泉「六朝後期詩の功績及び仏教」1・2(名古屋学院大学論集(人文・自然科学篇)36−2,37−1,2000)は,武帝たちが仏教を信奉しつつ一方では艶詩を楽しんでいた背景として,大乗仏教をあげている。

　六朝志怪小説については,勝村哲也「顔氏家訓帰心篇と冤魂志をめぐって」(東洋史研究26〜3,1967)が,当時は史実として重視されていたことに注意している。小南一郎「六朝隋唐小説史の展開と仏教信仰」(福永光司編『中国中世の宗教と文化』京都大学人文科学研究所,1982)は,仏教が新たな文学ジャンル形成に果たした役割に着目したもの。同論文集は,興膳宏「文心雕龍と出三蔵記集―その秘められた交渉をめぐって―」を初め,様々な分野の重要な論文を多く含んでいる。なお,福井佳夫『六朝美文学序説』(汲古書院,1998)は,美文で書かれた南北朝期の仏教文献を読む際にも役に立つ。

3 隋唐時代の仏教

〈1〉 天 台 宗

池田魯参

(1) 「中国天台宗」の研究課題

　ここにいう「天台宗」とは，中国浙江省の名山である天台山に住して新境地を開き，天台山の高僧と尊崇された「天台智者大師」が構築した仏教学とこの教学を評価した人たちによって形成された仏教教団というほどの意味である。天台智者大師は本名を智顗と称し，南北朝の梁代に，日本の歴史で仏教公伝の年とされる538年に生れ，陳・隋の両朝で名声をほしいままにし，隋代の597年に60歳で寂した人である。

　天台智顗の仏教学は「教観相資」を標榜し，教理思想と禅観実践を統合するきわめて創意に富む，ほかに類のない仏教学として高い評価が与えられ，後世に大きな影響を与え，現代にいたるまで天台教学を研究する者は跡を断たない。

　もちろん，智顗がどんなに天才的な仏教者であったとしても，単独で学形成がなされるはずはないから，天台教学の形成過程をみようとすれば，直前に師の南岳慧思（515〜77）の教学を置き，それ以前の教学の動向をみなければならないであろうし，直後に弟子の章安灌頂（561〜632）の教学を置いて，当時の時代や社会の背景や仏教信仰の状況等を広く総合的に検尋する必要があろう。

　その後，唐代には荊渓湛然（711〜82）が出て，衰退していた天台教学を復興させ，彼の弟子たちの時代に及んで大いに教学は振興した。わが国の伝教大師最澄（767〜822）は，前に鑑真（688〜763）が将来した天台典籍を読んで天台宗こそ日本に最もふさわしい仏教であると確信するにいたり，天台教学を学ぶために還学生として中国に留学し，湛然の弟子の道邃（〜760-805〜）や行満（737〜824）等に学び，その研究成果に基づいて806年に比叡山に日本天台宗を開創した。比叡山の仏教学がその後の日本仏教の展開に大きな役割を演じたこと

は改めていうまでもないことである。したがって「日本天台宗」の課題は別途の問題として残されているわけであるが，ここでは「中国天台宗」の研究課題に絞って論述する。

さて，時代が下り宋代に入ると四明知礼（960～1028）や，慈雲遵式（964～1032）が出て，天台教学は再評価され，その後，いわゆる山家山外の教学論争が起り，天台教学は主に知礼下三家の門流に継承されていき，明末の藕益智旭（1599～1655）の教学へと継承される。

この間，各時代の仏教界の動向を反映して，その都度，天台教学の再点検・再編成が行われ，そこに新しい教理思想の展開がみとめられることになる。したがって，広義には「天台宗」の用語の中には地理的・歴史的に展開した智者大師の教学全般を含むことになる。

それでは，天台教学の特色は何であろうか。私は大体，以下の7点に集約できるのではないかと考える。

第1点は，『妙法蓮華経』に対する絶待的な帰依信順の立場である。

第2点は，修行の理論として体系化された「天台止観」の確立であろう。

第3点は，『大般涅槃経』に対する評価である。

第4点は，菩薩戒の優位を証明したことである。

第5点は，天台浄土教の形成である。

第6点は，「懺法」「三昧行法」と称する諸種の儀礼を著したことである。

第7点は，その他として，『維摩経』『金光明経』『仁王般若経』『金剛般若経』等の研究である。

これら7点の特色はいずれも画期的な教学形成を成し遂げており，その後中国仏教の展開に大きな影響を与えている。

智顗の仏教学の特質をこのように位置づけてみると，智顗の前の慧思の教学，智顗の後の湛然の教学，知礼・遵式や智旭の教学，さらには現代における天台教学の研究動向までを視野に入れ，今後どういう領域の研究を進めていかなければならないか展望できるであろう。

(2) 全体の概説書・研究書

まず天台教学全般にわたる概説書・研究書の紹介から始めたい。

今日行われている天台研究の先駆けを成したものは，島地大等『天台教学史』（中山書房仏書林，1933，1976復刊。隆文館，1986復刊），上杉文秀『日本天台史』正・続2巻（1935，国書刊行会。1972復刊），硲慈弘著・大久保良順補注『天台宗史概説』（『天台宗読本―宗史篇』天台宗務庁，1939。大蔵出版，1969改版），福田堯穎『天台学概論』（1954，中山書房仏書林。1986）等の諸著である。

島地著は，天台教学の源流史を『摩訶止観』の23祖相承説の検討から始め禅観思想の展開を中心に解説するが，智顗以前の『法華経』の研究史についてはふれない。上杉著は続巻に収める「天台宗典籍談」が出色である。『法華経』の研究史を背景にして天台教学の形成過程を論究するが，『大智度論』や『中論』の研究史についてはふれない。硲著は「中国天台宗」はわずか30頁分で，日本天台史の論述にみるべきものがあるが，「朝鮮における天台宗」を取り上げている点は注目される。福田著は「法華円教概説」「天台密教概説」「天台円戒概説」の3篇で構成され，教理の綱格を解説する。硲著同様天台宗で権威が認められているが，文体が古いところが難点である。

同じ頃，佐々木憲徳『天台教学』（百華苑，1951），安藤俊雄『天台性具思想論』（法蔵館，1953。1973再版）が刊行になっている。歴史と教理の両面で体系的にまとめられ記述も詳細で，両著は初学者の参考書として適する。殊に安藤著は名著として評判が高い。その後，佐藤哲英『天台大師の研究』（百華苑，1961），山口光円『天台概説』（法蔵館，1967），安藤俊雄『天台学―根本思想とその展開』（平楽寺書店，1968），新田雅章『天台哲学入門』（第三文明社，1977），鎌田茂雄『天台思想入門』（講談社，1984），武覚超『中国天台史』（叡山学院，1987）等がある。

佐藤著は，智顗の全著述を智顗の生涯のどの時期に撰述されたものかを論定した研究であり，智顗の伝記と著述を基礎にして教理思想の展開を跡づけた画期的な研究である。その結果，智顗の真撰とは認められない諸著述の成立背景が解明された。まずは研究に当って坐右において参照すべき書である。山口著は諦観の『四教儀』にそって教理を解説したものである。安藤著は，教観相資

の基本に基づいて教理と止観の両面で体系的に解説しており参考になる。新田著は天台の主要な思想を解説し、鎌田著は凝然の『八宗綱要』の説にそって解説したいずれも簡便な新書判・文庫本の体裁である。武著は、研究ノートのような感じで天台の歴史的展開の概要を知るのに便利である。また、中国では、ごく最近のものとしては朱封鰲・豊彦鐸著『中華天台宗通史』(宗教文化出版社, 2001) がある。近現代の中国・香港・日本・韓国の天台宗の動向までを広く論じていて参考になる。

このほかに、石津照璽『天台実相論の研究——存在の極相を索めて』(弘文堂書房, 1947) は、哲学的思索を方法として円融三諦の教理を解明し、宋代の山家山外の論争史まで論及する。玉城康四郎『心把捉の展開——天台実相観を中心として』(山喜房仏書林, 1961) は『華厳経』に出る「心仏衆生是三無差別」の句の理解をめぐって、慧思・智顗・湛然・源清・智円・知礼の教学で心の捉え方がどう展開したかを明らかにし、最後に法蔵ほかの華厳宗の教学を検討している。徳川・明治時代に表れる、天台は実相立ちの法門、華厳は縁起立ちの法門、実相論・縁起論と分類対称して疑わなかった従来の教理思想の研究動向に疑義を呈した研究として注目される。先行する研究としては、佐々木憲徳『天台縁起論展開史』(永田文昌堂, 1953) がある。武覚超『天台教学の研究——大乗起信論との交渉』(法蔵館, 1988) も同じ延長線上の研究成果として注目される。

智顗の伝記については、前掲佐藤著、並びにレオン・ハーヴィッツ Leon Hurvitz "CHIH-I An Introduction to the Life and Ideas of a Chinese Buddhist Monk" (1960-1962 Mélauges chinois et bouddhiques, 1980 Institut Belge des Hautes Etudes Chinoises Bruxelles) が最も早い研究である。その後、京戸慈光『天台大師の生涯』(第三文明社, 1975)、新田雅章『智顗』(『人物中国の仏教』大蔵出版, 1982)、多田厚隆『天台大師の思想と生涯』(「重文天台大師像解説」同朋舎出版, 1982。後出多田孝正『法華玄義』附録に転載) がある。京戸著は新書判であるが、刮目すべき研究成果である。新田著は一般向けの書であり、多田著は年譜である。また、中国ではごく最近、李四龙(龍)『天台智者研究——兼論宗派仏教的興起』(北京大学出版社, 2003) が刊行になった。中国語で著された研究論文、著書を回顧しているだけでなく、日本の研究や欧米の研究まで広く参照しており、中国における新しい研究動向として注目される。

智顗の伝記資料は，灌頂撰『隋天台智者大師別伝』（大正蔵50），灌頂纂『国清百録』4巻（同46）が基本になる。『智者大師別伝』には，上村真肇訳『隋天台智者大師別伝』（『国訳一切経　史伝部10』大東出版社，1967）があり，清田寂雲編『天台大師別伝略註』（叡山学院，1988）がある。『国清百録』は，池田魯参『国清百録の研究』（大蔵出版，1982）で，104点の資料すべての現代語訳注がなされている。また，伝記研究の参考文献として，堀恵慶編『天台大師略伝』（第一書房，1936。1976復刊）は，慈本が江戸時代末（1848）に著した『天台大師略伝』4巻を活字に起した書であり，また『続天台宗全書　史伝Ⅰ』（春秋社，1987）には，堯恕撰『智者大師別伝新解』2巻，忍鎧撰『天台智者大師別伝考証』1巻，可透撰『天台大師別伝句読』2巻，敬雄撰『天台智者大師別伝翼註』2巻等の『別伝』の末注書を収め，また日詔集『天台智者一代訓導記』2巻，日妙編集『天台智者大師紀年録』1巻，同『天台智者大師紀年録詳解』2巻，慈本記『天台大師略伝』4巻等の典籍を集め，これまでの研究者にとって垂涎の稀覯本を1冊に収めていて重宝である。これらの資料を使って智顗伝の総点検を行う必要があろう。また，智顗が住した天台山の現状については，陳公余・野本覚成著『聖地天台山』（佼成出版社，1996），斎藤忠『中国天台山諸寺院の研究―日本僧侶の足跡を訪ねて―』（第一書房，1997）が最新情報として刊行されている。

　南岳慧思の伝記は，川勝義雄「中国的新仏教形成へのエネルギー―南岳慧思の場合」（『中国人の歴史意識』平凡社，1986），ポール・マニュアン Paul Magnin "LA VIE ET L'OEUVRE DE HUISI (慧思)" (1979 éCOLE FRANCAISE D'EXTRÊME-ORIENT PARIS)，佐藤哲英「南岳慧思の研究」（『続天台大師の研究―天台智顗をめぐる諸問題』百華苑，1981），池田魯参「南岳慧思伝の研究―『大乗止観法門』の選述背景」（『多田厚隆頌寿記念』山喜房仏書林，1990），大野栄人「南岳慧思の禅法とその背景」（『天台止観成立史の研究』第1章，法蔵館，1994）等の研究がある。また慧思伝の基本資料については，中国仏教研究会「『南岳思大禅師立誓願文』訳解」（前掲『多田厚隆頌寿記念』）が参照できる。

　荊渓湛然については，日比宣正『唐代天台学序説―湛然の著作に関する研究』（山喜房仏書林，1966），同『唐代天台学研究―湛然の教学に関する研究』（同，1975）がある。前掲佐藤著の研究方法を湛然教学に応用した研究成果として注目される。湛然研究については，その後，Penkower, Linda L. "T'ien-t'ai during the

T'ang Dynasty: Chan-jan and the Sinification of Buddhism." (ph. D dissertation, Columbia Univ., 1993 New York), 呉鴻燕後出論文, 池麗梅『荊渓湛然『止観輔行伝弘決』の研究—唐代天台仏教復興運動の原点—』(2005, 東京大学博士号取得論文) などの諸研究で新たな進展がみられる。

宋代以後の天台教学については, 安藤俊雄『天台思想史』(法蔵館, 1959) が体系的にまとまっている。最近の成果としては, 林鳴宇『宋代天台教学の研究—『金光明経』の研究史を中心として』(山喜房仏書林, 2001) がある。『金光明経疏』広略2本のいずれが原本かを認定する場面で生じた見解の相違に端を発し, その後300年もの長期にわたった山家山外の論争史の実態を究明し, 宋代天台教学の研究史を回顧している。

智旭教学については, 張聖厳『明末中国仏教の研究—特に智旭を中心として』(同, 1975) の成果をまず参照すべきであろう。

『国訳一切経　諸宗部14』(大東出版社, 1960。1979改訂) には, 多田厚隆訳『金剛錍論』, 塩入良道訳・校訂『天台四教儀』, 平了照訳・村中祐生校訂『十不二門指要鈔』, 同『四明十義書』, 関口真大訳『教観綱宗』を収める。これらの文献から湛然・諦観・知礼・智旭の教学の一端が知られる。また『指要鈔』については, 平了照『和訳通解十不二門指要鈔・和訳西谷名目』(文一総合出版, 1978) がある。『四教儀』については, 稲葉円成『天台四教儀新釈』(法蔵館, 1953) がある。文体は古いが教理内容の解説で優れている。

（3）　天台法華学

天台教学の『妙法蓮華経』(大正蔵9) に対する帰依信順の立場は一貫していて絶対的なものである。中国仏教史において格段の光彩を放つ『妙法蓮華経玄義』(同33), 『妙法蓮華経文句』(同34), 『摩訶止観』(同46) 各20巻は, 「法華三大部」とか, 「天台三大部」と呼ばれ, 天台教学研究の根本典籍として大切にされる。湛然は三大部それぞれに注釈をつけ, 『法華玄義釈籤』20巻, 『法華文句記』30巻, 『止観輔行伝弘決』40巻を著している。祖典と祖釈を合せて会本の形で読むことが一般化している。三大部は, 中里貞隆訳『妙法蓮華経玄義』(『国訳一切経　経疏部1』大東出版社, 1936, 1980改訂), 辻森要修訳・浅井円道校訂『妙

法蓮華経文句』(『同　経疏部2』同),田村徳海訳『摩訶止観』(『同　諸宗部3』同)がある。『昭和新纂国訳大蔵経』宗典部11に『法華玄義』,12に『法華文句』,13に『摩訶止観』(名著普及会,いずれも1932,1976復刊)の訓読を収める。総ルビで専門用語の古い読み慣わし方を伝えているので参考になる。また,『詳解合編・天台大師全集』として,『法華玄義』5巻(中山書房仏書林,1970復刊),『摩訶止観』5巻(同,1975復刊)が刊行されている。それぞれ,原文,湛然の釈,証真の私記,慧澄の講義,守脱の講述を会本にしたもので,もとは『仏教大系』(1919)の叢書の中に編入されたものの復刊である。『法華文句』全5巻(同,1985)は,多田厚隆・多田孝文編纂で,文句・記・私記・講録・講義の5本を会本にしている。霊空光謙の講録を載録し,守脱の講述を採っていない。

　『妙法蓮華経玄義』は,5文字のお経の題名にどのような意味が込められているか解説する。「七番共解・五重各説」と呼ぶ構成で釈名・弁体・明宗・論用・判教相の5種の枠組みを用い,法・妙・蓮華・経の順で経題の意味を解釈してみせる。天台の五重玄義といわれる解釈法で智顗の創案になる独自の方法であるが,他経の経題釈でも応用され,その有効性は充分に証明される。「法」については,仏法は高く,衆生法は広いので,近要の心法について解釈を進めることを明かし,「妙」については,迹門の十妙,本門の十妙を示し,「蓮華」については,蓮華の三喩を示す。今経の体は諸法実相であり,宗は仏自行の修因証果であり,教相を判ずる段では「三種教相」において今経の他経にはない教相が顕著に現れ,いわゆる天台の「五時八教」の法華の教判が成立することを示す。境妙の段では七種二諦・五種三諦の構造を詳説し,天台の円融相即の三諦説の根拠を明らかにし,感応妙の段では「感応道交」する仏と衆生の親しい関係を詳説する等特色ある智顗の見解が示されている。

　『法華玄義』の解説書は,日下大癡『台学指針―法華玄義提綱』(百華苑,1936,1976復刊)が古く,多田孝正『法華玄義』(『仏典講座』26,大蔵出版,1985),菅野博史訳注『法華玄義』3巻(第三文明社,1995)がある。多田著は七番共解段のみの訳注であり,菅野著は『玄義』全巻の訳注で,新書判の体裁は便利である。また,福島光哉『妙法蓮華経玄義序説』(東本願寺出版部,1987)は東本願寺の62年度安居次講の講義録である。菅野博史『法華玄義入門』(第三文明社,1998)は問答体形式で『玄義』の要所を解説している。また,ポール・スワンソン Paul

L. Swanson "FOUNDATIONS OF T'IEN-T'AI PHILOSOPHY"（Asian Humanities Press 1989 Berkeley, California）は，天台の三諦円融説の成立根拠を『法華玄義』に基づいて解明しようとした研究として注目される。

天台の「五時八教」の教判論の解釈をめぐって生じた論争の全内容を収める，関口真大編『天台教学の研究』（大東出版社，1978）は，諦観の『四教儀』をどう読むかという問題までを含み，天台教理思想研究の諸課題を考えるのに参考になる。

『法華文句』は，『妙法蓮華経』の全文について，今経全体の構成，前後の経文の関連，経説の意味・内容について逐次解釈する。因縁釈・約教釈・本迹釈・観心釈と呼ぶ「四種釈」に基づいて経文の深意を丁寧に読み解いている。表面的な経文の理解で済まない，こういう綿密な仏典の解釈法は現代の仏教研究の現場でもっと見直されなければならない。

『法華文句』については，平井俊榮『法華文句の成立に関する研究』（春秋社，1985）がある。前述のように，三大部はいずれも智顗の講説を灌頂が筆録し，再三にわたって整理して今日に伝わったものである。したがって灌頂の見解も相当量加わっているであろうことは，すでに島地大等，田村徳海，佐藤哲英等によっても指摘されていた。平井著は吉蔵の三論教学の専門家の立場で，『文句』に引用される諸学説の出所を精査した結果，『文句』は智顗の講説ではなく，灌頂が吉蔵（549～623）との対抗的な立場で，吉蔵の『法華玄論』『法華義疏』等の著述を参照しながら，智顗の説であるかのごとく装ったもので，智顗とは無縁のものであると結論づける。

確かに『文句』には頻繁に吉蔵の著述からの引用がみられる。ただし引用の後で必ず天台教学の立場から批判説を明記している。そこには一貫した立場が認められるので，仮にそれらの引用説が智顗のあづかり知らぬ灌頂が書き加えた新説であったとしても，最終的には吉蔵の見解とは様相の一変した解釈となり，その優位性も認められるので，『文句』成立の意義は充分保証できる。吉蔵の諸説を引用しているという事実関係ばかりに目を奪われて『文句』成立の意義まで疑うのは学問的ではない。今後は，これまで以上に熱心に『文句』の解釈のなかに，天台教学の伝統がどのように展開されているか，という視点で精読する必要があろう。

この点に関しては，湛然の『文句記』のなかで随次指摘され批評しているので，湛然の注釈を重ねることで，吉蔵と天台の教学の相違点が明確になる。最近の呉鴻燕『法華五百問論を介して見た湛然教学の研究』(2003, 駒澤大学博士号取得論文)は，『五百問論』(続蔵2編5套4冊)は湛然が『文句記』を著すに当って，唯識教学の立場から羅什訳『妙法蓮華経』を批判した慈恩大師基の『法華玄賛』を見過ごすことができず，『玄賛』の研究覚書のような形で成立したものであることを解明している。『五百問論』全3巻398条(呉説371条)の論点を『文句記』の該当個所の説と一々対照し，それが『玄賛』のどの個所の説に該当するかすべてを照合した結果，『玄賛』は天台の法華教学を軽視し，もっぱら吉蔵の『法華義疏』の説を参照して批判を展開しており，湛然は『玄賛』のこういう法華解釈を参照しつつ，吉蔵の三論教学と基の唯識教学に基づく誤解を指摘し天台教学の正統性を宣揚しようとしたことを解明した。湛然の『文句記』を介してみると『文句』の吉蔵著書の参照理由はより一層明らかになろう。

　菅野博史『中国法華思想の研究』(春秋社，1994)は，『法華文句』以前の研究史を体系的に精査し，『文句』の学説の特色まで論究している。また南岳慧思の『法華経安楽行義』の英訳・訳注研究としてダニエル・スティーブンソン，菅野博史著 Daniel B. Stevenson and Hiroshi Kanno "The Meaning of the Lotus Sūtra's Course of Ease and Bliss: An Annotated Translation and Study of Nanyue Huisi's Fahuajing anlexing yi" (soka Univ., Tokyo 2006) がある。

（4）　天台止観

　『天台小止観』『摩訶止観』で知られる「天台止観」は，他には類をみない構想を示し天台教学の一大特色をなす。佐々木憲徳『漢魏六朝・禅観発展史論』(ピタカ，1936, 1978改版)は，中国仏教における禅観・禅定論の歴史を解明し，それらが天台止観のなかに集大成されていることを結論とした。教と観の相資相修ということを原則とした天台教学では，常に『法華経』の教説をどのように日常的に実践でき，どのような心地を開明することができるのかという問題は至上命題として顕在化する。『玄義』で心法にねらいを置き宗玄義で仏の久遠

の修証の姿を明らかにし、『文句』で観心釈を置く例はみな同じ理由に発する。湛然が『摩訶止観』を「法華三昧」の異名であると解したのはまさに至言である。

関口真大『達磨大師の研究』(彰国社,1957),同『禅宗思想史』(山喜房仏書林,1964),同『達磨の研究』(岩波書店,1967)等は禅宗史研究の成果であるが,天台止観が禅宗の形成過程で陰に陽に影響を与えた状況が諸処で指摘されている。後世の雲門宗や法眼宗の成立にもその影響は指摘できるし,さらにはわが国の道元の「正伝の仏法」の禅宗において天台教学が重要な契機となっている点は見過ごせない点であろう。

『天台小止観』は,調身・調息・調心の坐禅の作法を詳説していることで有名であるが,二宮守人監修・田所静枝読み下し『天台小止観』(柏樹社,1966),関口真大訳注『天台小止観』(岩波書店,1974),同『現代語訳天台小止観—坐禅へのいざない』(大東出版社,1978),新田雅章『天台小止観—仏教の瞑想法』(春秋社,1999)等がある。研究書としては関口真大『天台小止観の研究』(山喜房仏書林,1954),大野栄人ほか著『天台小止観の訳註研究』(同,2004)がある。また,本山博『心の確立と霊性の開発—坐禅の書・小止観の実践的解説』(宗教心理学研究所出版部,1971),同『坐禅・瞑想・道教の神秘—天台小止観と太乙金華宗旨』(名著刊行会,1991),鎌田茂雄『体と心の調節法—天台小止観物語』(大法輪閣,1994)等は,『小止観』の応用の範囲の広さを示そう。

『摩訶止観』は,坐禅の作法の観心釈とでもいうべき態度でもっぱら理論的根拠を明らかにしようとする。「五略・十広」と呼ぶ構成で仏道修行の諸問題を,23祖相承・六即・四種三昧・二十五方便・十境十乗観法・一念三千・一心三観三諦円融等として天台教学の実践理論を縦横に展開する。湛然は「終極究竟の極説」とまで讃える。

関口真大校注『摩訶止観』2巻(岩波書店,1966),池田魯参『詳解摩訶止観』現代語訳篇・定本訓読篇(大蔵出版,1995~96)がある。村中祐生訳『摩訶止観』(『大乗仏典〈中国・日本篇〉』6,中央公論社,1988)は巻3下(五略段)までの現代語訳であり,新田雅章『摩訶止観』(『仏典講座』25,大蔵出版,1989)も五略段までの訓読・注釈・研究である。菅野博史『一念三千とは何か—『摩訶止観』(正修止観章)現代語訳』(第三文明社,1992)は,巻5上,観不思議境段の訳注で

ある。ニール・ドナー，ダニエル・スティーブンソン著 Neal Donner and Daniel B. Stevenson "The Great Calming and Contemplation－A STUDY AND ANNOTATED TRANSLATION OF THE FIRST CHAPTER OF CHIH-I'S MO-HO CHIH-KUAN" (A Kuroda Institute Book, Honolulu: Univ., of Hawaii Press, 1993) は，第1部に「摩訶止観と天台仏教の伝統」について両氏の論考を収め，第2部で大意章（巻2下まで）の英訳文と豊富な脚注を載せている。

『摩訶止観』の研究書は，安藤俊雄『天台学――根本思想とその展開』（平楽寺書店，1968），関口真大『天台止観の研究』（岩波書店，1969），新田雅章『天台実相論の研究』（平楽寺書店，1981），前掲大野『天台止観成立史の研究』，池田魯参『摩訶止観研究序説』（大東出版社，1986），同『詳解摩訶止観』研究注釈篇（大蔵出版，1997），村中祐生『天台観門の基調』（山喜房仏書林，1986），同『大乗の修観形成史研究』（同，1998）等がある。

安藤著は「止観法門の構造」「四種三昧」「正修の観法」「円頓止観の成立過程」に検討を加え，天台止観の概説をする。関口著は『摩訶止観』について「構成と特色」「成立と経緯」「展開と影響」の3章を立てて天台止観の課題を明らかにする。新田著は智顗の初期の著述である『次第禅門』から晩年の『維摩経疏』にいたる著述のなかで，初期から晩年へといかに智顗の実相論が展開を遂げたか思弁的に解明する。大野著は，四種三昧や陰入界境・煩悩境・病患境・業相境・魔事境・発大心・起慈悲心等の天台止観の諸課題がどのような歴史的背景のなかから形成されたのかを一貫して問う。池田前著は湛然の『止観義例』を介して天台止観の問題を明らかにし天台止観の坐禅法の根拠を解明し，後著は『摩訶止観』の全内容の梗概や現代までの網羅的な研究史及び主要語の解説，典拠の検討を収め，前述の定本訓読篇・現代語訳篇と対照できる。村中前著は天台止観をめぐる諸論考を収め，後著は現地調査に基づく修観道場の構造的な考察から天台止観の特色を解明しようとした意欲的な研究である。この研究は村中祐生『現代中国仏教見聞――もう一つの中国旅行』（山喜房仏書林，1986）のようなフィールドワークの裏付けがあって成ったことがわかる。

天台止観の十境の説は坐禅の実修中に生ずる諸問題を類型化したものであり，画期的な説であるが，例えば，病患境や魔事境等は『小止観』でも説いており，

智顗当時に行われていた諸説を引用し，特に諸家の呼吸法，医方等と深く関わる説がみえる。この辺の研究は従来ほとんど手つかずのまま残されている。外典の資料等を参照した別の角度からの研究が待たれる。

また，大野栄人『天台六妙法門の研究』(山喜房仏書林，2004) は新たな研究動向として注目される。

（5） 涅槃経研究

天台教学における『涅槃経』の研究は，灌頂撰『大般涅槃経玄義』2巻，同『大般涅槃経疏』33巻 (共に大正蔵38) がある。智顗の「五時八教」の教判では「法華涅槃同醍醐」と規定し，『涅槃経』は『法華経』と同じ終極の醍醐味の教説内容を示す経典として位置づけられる。両経の違いは，『法華経』の開会が行われた後で『涅槃経』は最後に同主旨の教説を追説・追泯し，後の世の人々に仏の教が大事であることを示し，変わらぬ仏性を具えていることを重ねて説示する (扶律談常) 点で，『法華経』の大収教に対する『涅槃経』の捃拾教に違いが認められるという。智顗の時代に盛行していた『涅槃経』研究を評価しての判釈でもあったが，『涅槃経』を『法華経』の教説を補充する一組の経典として位置づけた点は注目すべきである。灌頂はもともと智顗の『涅槃経』の講義を聞く目的で天台山を訪ねたのであるが，遂にその夢はかなわず，自身で智顗の教学に基づく『涅槃経』の注釈研究を著すことになったのである。

布施浩岳『涅槃宗の研究』(国書刊行会，1942，1973復刊) は，江南の涅槃宗の伝統は天台宗に統合された（河北の涅槃宗は華厳宗に統合された）と結論している。湛然の『金剛錍』(大正蔵46) や，孤山智円の『涅槃玄義発源機要』4巻 (同38) 等はその一端である。二宮守人訳『大涅槃経玄義』(『国訳一切経 経疏部11』大東出版社，1936，1981改訂)，横超慧日訳『大般涅槃経疏』(『同12』1965，1981改訂。『同13』1985) がある。『金剛錍』は無情仏性義を論証した文献として有名である。池田魯参「荊溪湛然の仏性説—『金剛錍』の一班を窺う」(『塩入良道追悼』山喜房仏書林，1991) を参照されたい。

(6) 菩薩戒思想

　智顗の菩薩戒思想は顕著な特色を示し注目される。智顗説・灌頂記『菩薩戒義疏』2巻（大正蔵40）は，中国撰述経典とされる『梵網経』（同24）下巻偈文以下の注釈書であるが，最も早い成立の文献である。藤本智董訳『菩薩戒経義疏』（『国訳一切経　律疏部2』大東出版社，1938，1979改訂）がある。ここには智顗当時行われていた梵網本・地持本・高昌本・瓔珞本・新撰本・制旨本の6種の受戒儀を記しており，儀礼研究の面でも注目される。天台の受戒儀は湛然の『受菩薩戒儀』（続蔵2編10套1冊，「十二門戒儀」と通称）に整理され，わが国の最澄によって比叡山に将来され受戒儀の原形として重んじられている。『義疏』では「性無作仮色」の戒体説を記すが，『摩訶止観』持戒清浄段では「中道妙観」を戒体とし，菩薩戒の優位性を論じている。わが国の最澄が比叡山に開創した円頓戒の道場は，智顗の菩薩戒思想を具現化したものであり，比叡山の戒学はやがて日本仏教の主流を形成することになるのであるから，天台教学における菩薩戒の研究は極めて重要である。

　大野法道『大乗戒経の研究』（山喜房仏書林，1954），石田瑞麿『日本仏教における戒律の研究』（在家仏教協会，1968）等はまず参照すべき参考書である。石田瑞麿『梵網経』（『仏典講座』14，大蔵出版，1976）等もある。また，受戒儀の研究では，土橋秀高『戒律の研究』（永田文昌堂，1980），諏訪義純『中国南朝仏教史の研究』（法蔵館，1997），佐藤達玄『中国仏教における戒律の研究』（木耳社，1986）等に主要な論考を収める。

(7) 天台浄土教

　天台浄土教も重要な研究領域である。智顗説とされる『仏説無量寿仏経疏』（大正蔵37）ほかの浄土教文献があるが，いずれも智顗の滅後に作られたものばかりで，本書も7世紀後半から8世紀前半頃までに成立したものと考えられている（佐藤哲英説）。しかし知礼は本書を智顗の親撰として，『観無量寿仏経疏妙宗鈔』6巻（同37）を著し，天台浄土教の宗旨を確立した。撰述の動機にわが国

源信の『往生要集』3巻（同84）の影響があったという。
　智顗自身の浄土教は『天台智者大師別伝』に記す臨終の記事や，『法華三昧行法』発願段にみえる往生義や，常行三昧にみえる口称と観想を合せた念仏三昧法等にその片鱗が伺えるので，善導流の浄土教に伍して天台浄土教の課題が要請されるわけである。
　山口光円『天台浄土教史』（法蔵館，1967）は，日本天台まで論述する総合的な研究である。安藤俊雄『天台学論集—止観と浄土』（平楽寺書店，1975）は，知礼の『観無量寿経疏妙宗鈔』の講義録ほか，天台浄土教をめぐる諸論考を収める。福島光哉『宋代天台浄土教の研究』（文栄堂書店，1995）は，源清・智円・知礼・遵式以下宋代諸家の浄土教を明らかにする。また，小笠原宣秀『中国近世浄土教史』（百華苑，1963）は，天台浄土教に限らないが，知礼や遵式等の浄土教結社が庶民社会にどう受容されたかを解明している。

（8）修行法

　智顗が選述した諸種の修行法に関する一群の文献は，質量共に注目される。これらの行法は実際に天台教団において行じられたものであったことが推定され，各行法間には関連性も認められる。「天台山衆」（後に天台宗）は智顗が制定した独自の修行法を実践している教団として認知されていた。『国清百録』に収める最初の文献は「立制法」であるが，ここでは天台山衆の日常の修行法を「四時坐禅・六時礼仏」と明記している。これを「恒の務」として，以下に収める「敬礼法」「普礼法」「請観世音懺法」「金光明懺法」「方等懺法」「訓知事人」等の諸種の行法が実施されたのである。『摩訶止観』では「四種三昧」の体系を示し，常坐三昧（一行三昧・坐禅）・常行三昧（般舟三昧・念仏）・半行半坐三昧（方等三昧・法華三昧）・非行非坐三昧（随自意三昧・覚意三昧・請観世音懺法）を組織化している。常坐は天台止観の正修行にほかならないが，常行は天台浄土教の実践である。半行半坐の行法は別に智顗の『法華三昧行法』（大正蔵46），『方等三昧行法』（同）がある。湛然の『法華三昧行事運想補助儀』（同）は，後世の諸行法に影響を与えている。非行非坐は，慧思の『随自意三昧』（続蔵2編3套4冊），智顗の『覚意三昧』（大正蔵46）がある。遵式の『請観世音菩薩消伏毒害陀羅尼

三昧儀』(同)は,智顗の『請観世音懺法』を修訂したものであり,今日まで日本の禅宗教団で実修されている。また,智顗の『金光明懺法』は,遵式の『金光明懺法補助儀』(同)や,知礼の『金光明最勝懺儀』(同)等に継承されている。宋代には,知礼の『千手眼大悲心呪行法』(同)や,遵式の『熾盛光道場念誦儀』(同)等の新たな行儀も現れ後世への影響が見られるが,これらの動向も天台教学の伝統を受けたものとして注目される。

前掲池田『国清百録の研究』は『百録』所収の行法の研究の参考になる。同「訓読注解・法華三昧行法」(駒大仏教紀要56,1998)も参照されたい。前掲大野『天台止観成立史の研究』は,『方等懺法』『方等三昧行法』『観心十二部経義』『観心食法』『観心誦経法』「四種三昧」等に関する成立史的な考察を収め,前掲林『宋代天台教学の研究』には『金光明懺法』の研究を収めており参考になる。

(9) その他の課題

その他の課題として,まず『維摩経』(大正蔵14)の研究がある。智顗は最晩年に晋王広(後の煬帝)の求めに応えて『維摩経玄疏』6巻(同38),『維摩経文疏』28巻(続蔵2篇28套3・4冊)を著している。湛然はこれを修治して『維摩経略疏』10巻(大正蔵38)を編集した。晋王に3回の献上があったと推定され,最後に献上された本が現行本である。三大部は筆録者灌頂の相当の加筆が認められるのに対して,『玄疏』『文疏』は智顗自らが執筆したものであるから,智顗の教学思想の原形を伺うに足る文献として重視されている。前掲新田『天台実相論の研究』はそのことを強調し研究の緒についている。山口弘江『天台維摩経疏の研究』(2005,駒澤大学博士取得論文)は最新の研究として注目されるが,ここでは内容的に三大部に匹敵するような著述ではないと結論づけている。

『金光明経』(同16)の研究は,『金光明経玄義』2巻,『金光経文句』6巻(同39)があり,いずれも題下に「隋智顗説・灌頂録」と伝える。「長者流水品」の講説をなし,放生事業を行ったことは『智者大師別伝』にも記すから,智顗教学の主要な経典であったことは確かであるが,現行の『玄疏』『文疏』は,智顗の講説の聴記本を素材にして灌頂が作った著述であろうと推定(佐藤説)されている。知礼は智顗の親撰として両書に『金光明経玄義拾遺記』6巻,『金光明経

文句記』12巻（共に同39）を著している。この問題については前掲林『宋代天台教学の研究』が詳しい。

『仁王般若経』（同8）の研究は、隋智顗説・灌頂記『仁王護国般若経疏』5巻（同33）がある。吉蔵の『仁王般若経疏』6巻（同）と70ヶ所以上に及ぶ本文的関連が認められるところから664～734年の間に成立したものであろうと推定（佐藤説）されている。

『金剛般若経』（同8）の研究は、隋智顗説『金剛般若経疏』1巻（同33）があるが、吉蔵の『金剛般若疏』4巻（同）に出る「有人言」として引用する説と関連がみられ、智顗の著作とする決め手に欠く（佐藤説）という。いずれも今後の研究課題であろう。

ほかにも、隋智顗説・灌頂記『観音玄義』2巻、同『観音義疏』2巻（共に同34）があり、知礼の『観音玄義記』4巻、同『観音義疏記』4巻（共に同）があるが、『玄義』『義疏』とも、『法華玄義』成立（602）以後、『法華文句』添削（629）以前の間に灌頂が作ったものであろうと推定（佐藤説）されている。

また、隋智顗説・灌頂記『請観音経疏』1巻（同30）があり、智円の『請観音経疏闡義鈔』4巻（同39）の解釈をめぐって知礼の批判論が起り、山家山外論争の論争点の1つに進展するが、本疏も灌頂の著作と推定（佐藤説）され、本疏に見える「理性三毒」説も、灌頂の創説（佐藤説）か、否（安藤俊雄説）か、見解が分かれている。「一念三千」の成句は灌頂の説（佐藤説）か、否（安藤説）かの論争と合せて再考の余地がある。

また、隋智顗説『四念処』4巻（同46）も灌頂の作であろうと、前掲佐藤『続天台大師の研究』の中で推定されているが、いかがであろうか。

〈2〉 三論宗

奥野光賢

はじめに

「三論宗」とは、鳩摩羅什（350～409）によって伝訳された龍樹（150～250頃）の『中論』、『十二門論』、提婆（170～270頃）の『百論』という3つの論の教義の研究を中心に展開した中国仏教の1学派で、隋の嘉祥大師吉蔵（549～623）によって大成されたものである。したがって、厳密には「三論宗」と言うよりも「三論学派」と呼称した方がより正確ということになるが、「宗」を広く「学派」「学統」の意味にとって「三論宗」と呼称するのが通例になっている。

三論宗という学統がいつ頃から意識されるようになったのかは定かではないが、一般には羅什門下の高弟である僧叡（352～436）・僧肇（374～414）・竺道生（355～434）・曇影（生没年不詳）等がその源流とみなされている。

さて、三論宗の発生と展開や三論宗に対する研究の進め方といった問題については、すでに本書の姉妹編ともいうべき平川彰編『仏教研究入門』（大蔵出版、1984）に、この分野の第一人者である平井俊榮氏による簡にして要を得た説明があるほか（平井俊榮「三論宗と成実宗」）、その歴史的展開については後に詳しく紹介する平井俊榮監修『三論教学の研究』（春秋社、1990）に収められた平井氏の「三論教学の歴史的展開」が必読の論文といえる。また、これから三論宗のことを学ぼうとする人には、伊藤隆寿氏の「三論学派と三論宗―三論思想史の研究課題―」（駒大大学院仏教年報15、1981）も貴重な示唆を与えてくれるであろう。

本稿ではこれらの成果を参考にしつつ、三論宗の歴史的展開についてはひとまず措いて、三論宗の大成者である吉蔵その人を中心に、これまでの「三論宗研究史」を辿ってみることにしよう。

（1） 研究史概観

　すでに述べたように三論宗を大成したのは嘉祥大師吉蔵であるが，吉蔵に対する研究や三論宗に対する研究が本格的になされるようになったのは実のところそう古いことではない。つまり，三論宗の研究は比較的若い学問といえるのである。

　吉蔵の思想のみならず，吉蔵に至るまでの三論宗の歴史と思想を初めて網羅的に解明した，平井俊榮『中国般若思想史研究—吉蔵と三論学派』（春秋社）が刊行されたのは，戦後30年も経た昭和51年（1976）のことであった。平井氏のこの浩瀚な大著によって，以後「三論教学」「三論学」という1つの研究領域が確立され，この分野に対する研究が本格的に開始されるようになったのである。その意味で，この書を三論宗研究史上の不滅の金字塔と評することにおそらく何人も異論はないであろう。そして後に見るように今日に至るまで，この分野に対する研究はつねに平井氏によってリードされてきたといっても過言ではない。

　もちろん，平井氏以前にも三論宗に対する研究が皆無だったわけではない。前田慧雲『三論宗綱要』（丙午社，1920）がその代表といえるもので，同書は平井氏の書が刊行されるまで唯一の三論宗に対する要義解説書として多くの読者を裨益してきた。前田氏は同書第3章「教理の綱要」において，「一　破邪顕正，二　真俗二諦，三　八不中道，四　真如縁起，五　仏身浄土」の5項目にわたって吉蔵の思想を論じているが，その前半の項目の立て方は多分にわが国鎌倉時代の碩学凝然（1240～1321）の『八宗綱要』の影響を受けたものと推測される。

　平井氏以前の研究状況については，前掲平井書「序論」中の「吉蔵と三論―日本におけるその研究の回顧と展望」によって，われわれはそのおおよそを把握することができる。それによれば，わが国における三論研究はその当初より絶えず吉蔵の『三論玄義』中心の伝承的研究として推移し，その傾向は明治以降戦後まで連綿として受け継がれてきたのである。いま明治以降に限って，その代表的研究成果を列挙すれば，次のとおりである。

　　①村上専精『三論玄義講義』（哲学館，1902），②前田慧雲『三論玄義講話録』

(興教書院, 1902), ③今津洪嶽『三論玄義会本』(『仏教大系』12・16, 1918・30), ④高雄義堅『三論玄義解説』(興教書院, 1936), ⑤佐々木憲徳『啓蒙三論玄義通観』(山崎宝文館, 1936), ⑥金倉圓照『三論玄義』(岩波文庫, 1941), ⑦三枝充悳『三論玄義』(仏典講座27, 大蔵出版, 1971), ⑧平井俊榮訳『肇論・三論玄義』(大乗仏典2 〈中国・日本篇〉, 中央公論社, 1990)

このうち現在も入手可能でしかも手頃な研究書ということになれば, 三枝充悳『三論玄義』(前掲) ということになるが, 現在その入手は容易ではないものの, 高雄義堅『三論玄義解説』(前掲) の「語解」「通釈」は今日の研究水準から見ても非常に優れたものであり,『三論玄義』の解読に際してはぜひとも参照すべき貴重な研究成果といえるものである。また, 今津洪嶽『三論玄義会本』(前掲)は『三論玄義』の本文を細かに分節し, それに代表的注釈書の注釈箇所を対応させたいわゆるの会本で, 本文研究の際にはこの上なく便利なものである。各種注釈書やこれまでの『三論玄義』に対する研究史については, 前掲三枝書の「解説」に詳しいのでそれにつくのがよいであろう。

このような『三論玄義』中心の研究動向は, 古くから同書が吉蔵の立宗宣言の代表的綱要書と目され, またその分量が手頃だったということもあって, それはある意味では当然のことだったのであるが, こうした局部的研究から脱却し, 幅広い視角に立った総合的な三論・吉蔵研究を目指したのがまさに前記平井書だったのである。平井書に対しては, 管見の限り, 次の三氏が書評を著しており, 同書の梗概や評価を端的に知ることができて便利である (書評論題は省略し, 所掲誌名のみあげる)。

①岡部和雄 (駒大仏教論集 7, 1976), ②三桐慈海 (仏教学セミナー24, 1976), ③丸山孝雄 (鈴木学術年報14, 1977)

さて次に平井氏以後に著された吉蔵に関係する研究書について紹介しておこう。平井氏に続いて丸山孝雄氏は『法華教学研究序説—吉蔵における受容と展開』(平楽寺書店, 1978) を著し, 吉蔵の法華疏を中心とした研究を遂行された。その「序論」においてわれわれはそれまでの法華教学研究における吉蔵の位置を確認できるほか, 同書では主として「吉蔵の開会思想」「吉蔵の仏身観」等の問題が分析されている。さらに菅野博史氏は『中国法華思想の研究』(春秋社, 1994) を著されて, 吉蔵の法華思想を中国法華思想全体の中に位置づけることを

試みられた。すなわち，菅野氏は初めに鳩摩羅什門下の法華研究から吉蔵に至るまでの法華思想の形成・発展過程を論述され，その上で吉蔵の法華思想を考察して吉蔵を中国法華思想史上に位置づけたのである。そこには随処に新しい知見が提示されているほか，引用原文には訓読と現代語訳が付されていて，われわれの理解を助けてくれる（丸山書，菅野書については，次の書評があるので参照されたい。書評論題は省略し，所掲誌名のみあげる。①三桐慈海，仏教学セミナー29，1979，②丸山孝雄，宗教研究306，1995）。

ところで，吉蔵の法華思想だけを扱ったものではないが，この方面に関する古典的論文として，横超慧日氏の「法華教学における仏身無常説」（『法華思想の研究』平楽寺書店，1971に再録，雑誌論文初出は1937）はどうしても逸することができないものである。菅野氏の「仏性・仏身常住の問題と中国法華思想」（『法華経の出現—蘇る仏教の根本思想』大蔵出版，1997，雑誌論文初出は1984）は横超論文を受けたものであり，前掲書への先駆となるものである。上記2論文では，吉蔵の法華解釈の特色はその解釈に「仏身の常住」と「仏性」を持ち込んだ点にあることが指摘されている。このほか菅野氏の前掲『法華経の出現—蘇る仏教の根本思想』に収められた「『法華経』の中心思想と中国・日本における展開」，同じく「中国仏教における『法華経』」（『法華経思想史から学ぶ仏教』大蔵出版，2003）も初学者が一読しておくべき論考といえよう。

次に伊藤隆寿氏は『中国仏教の批判的研究』（大蔵出版，1992。本書に対しては駒大仏教論集23，1992に岡部和雄氏による書評がある）を著され，松本史朗氏が提起された「如来蔵思想批判」を踏まえた上で，中国仏教を「道・理の哲学」による格義仏教と規定し，その立場から僧肇や竺道生および吉蔵の思想について論究された。同書に収められた「僧肇と吉蔵—中国における中観思想受容の一面—」において伊藤氏は僧肇と吉蔵の思想的同質性を鋭く指摘し，続く「三論教学の根本構造—理と教—」ではそれを受けて，僧肇も吉蔵も結局のところは「道・理の哲学」を基盤として仏教を捉えており，その影響は吉蔵の仏教理解の根幹とされる「二諦思想」にも色濃く及んでいること等を論証している。

さて，近年における三論宗の研究において特筆されなければならないことは，平井俊榮監修『三論教学の研究』（前掲），平井俊榮博士古稀記念論集『三論教学と仏教諸思想』（春秋社，2000）という2つの論文集が刊行されたことである。前

者は仏教学のみならず，中国思想および歴史学等の諸学者が様々な視点から吉蔵の思想およびそれに関連する周辺の諸思想や諸問題について論究したもので，ここにわれわれは現時点における「三論学」「三論教学」研究の１つの到達点とその水準を見ることができる。また，同書には付録として同書刊行時点までの三論宗関係の研究論文を著者別に網羅的に収録した「三論教学関係著書論文目録」が付されており，これから三論宗の研究に志そうとする人にはこの上ない便宜を与えてくれる。後者の『三論教学と仏教諸思想』は収録された論文，すべてが三論宗に関わるというものではないが，その多くは三論宗に関わるものあり，いずれも一読の価値を有している。

　このほか吉蔵に関する単独の著書ではないが，泰本融『空思想と論理』（山喜房仏書林, 1987) に収められた，泰本氏の『中観論疏』解読を通しての吉蔵の「八不中道観」に関する一連の論考も見逃すことができないものである。また，奥野も近年『仏性思想の展開―吉蔵を中心とした『法華論』受容史』（大蔵出版, 2002)を著したが，これについては後に改めてふれることにしたい。

　以上不十分ではあるがこれで研究史の「概観」を終え，次に吉蔵を中心としたその個別的研究の状を見ていくことにしよう。

（２）　吉蔵の著作に対する研究

　現存26部（この中には今日では真撰と見なされない著作も数点ある）といわれる吉蔵の著作を初めとする三論宗関係典籍の書誌的，文献的研究はあまり進んでいないというのが実情である。この点については，すでに紹介した伊藤隆寿「三論学派と三論宗―三論思想史の研究課題―」（前掲）に詳しい。

　吉蔵の著作に対する国訳も長らく『国訳一切経』に収められたものに限られていたが（本項末を参照），上述のような近年の吉蔵の法華思想解明の動きに呼応して，最近法華関係の著作に対する緻密な国訳の発表が相次いでなされるようになった。すなわち，丸山孝雄氏が前掲『法華教学研究序説―吉蔵における受容と展開』の付録として『法華遊意』の訓注を収められたのを嚆矢とし，平井俊榮氏は『法華玄論の註釈的研究』（春秋社, 1987)，『続法華玄論の註釈的研究』（同, 1996) を著して『法華玄論』全10巻の訓注を遂行された。吉蔵は『続

高僧伝』の著者道宣 (596~667) も「目学の長, (吉) 蔵に過ぐるなし」と評するようにその博引旁証をもって知られるが, 平井氏は前記2著において, ほぼ完璧にその引用典拠を明かしている。したがって, 同書は『法華玄論』の研究ばかりでなく, 吉蔵の著作全般の引用典拠検索の際にもきわめて有効にはたらくであろう。なお, 『法華玄論の註釈的研究』には研究篇として平井氏による吉蔵の法華思想に関する論考も収められている。

続いて菅野博史氏は『法華とは何か—法華遊意を読む—』(春秋社, 1992), 『法華統略』上・『同』下 (法華経注釈書集成6・7, 大蔵出版, 1998・2000) を相次いで発表された。前者は吉蔵の法華経観の精髄を要約したといわれる『法華遊意』に対する訓読と現代語訳それに注記を付したもので, 初学者が吉蔵の法華経観のおおよそを捉える書としては最適のものである。後者はこれまでの吉蔵の法華研究においてあまり顧みられることのなかった吉蔵晩年の法華注釈書である『法華統略』全6巻に対する訓読と注釈である。特に同書を刊行されるにあたって菅野氏は, 現在披見し得るすべての『法華統略』の写本, 刊本を閲覧・調査して, 厳密な原文校訂を行われた。そして名古屋真福寺宝性院に所蔵される写本中に, 現在の続蔵経所収の『法華統略』には欠落している, 「薬草喩品」「授記品」「化城喩品」の釈文が存在することを発見されたのである。菅野氏の新発見によって失われたと思われていた『法華統略』の釈文が復元され, 『法華統略』本来の全貌がほぼ明らかにされたことは, 今後の吉蔵研究ばかりでなく中国法華思想の研究全体にとっても大いに意義のあることであったといえよう。

ところで, 写本による新発見といえば, これは思想的研究にも深く関わる問題なのであるが, 末光愛正氏による現行の『法華玄論』巻4の欠落部分の新発見も忘れてはならない貴重な研究成果であった。末光氏は現行の『法華玄論』巻4「一乗義」と『大乗玄論』巻3「一乗義」にいわゆる「三車家」「四車家」をめぐっての論諍の同一文脈があることに着目し, 両者を対照した結果『法華玄論』には欠落部分があるのではないかと疑い, ついに高野山大学に所蔵される『法華玄論』巻4中に現行の大正蔵経には欠落する約680字が存在することを発見されたのである。この事実から末光氏は, これまでの法華研究史において「三車家」と見なされてきた吉蔵の立場は見直されるべきであることを主張している。これについては, 同氏の次の論文に詳しい。①末光愛正「吉蔵三車家説

の誤りについて」(曹洞宗研究紀要16, 1984), ②「吉蔵『法華玄論』巻第四「一乗義」について」(印仏研33-1, 1984)

　上記, 菅野・末光氏の研究は違った方向からではあったが, 大正蔵経や続蔵経だけに頼った研究の1つの限界を示した好例といえる。やはり伊藤隆寿氏が指摘するように(前掲伊藤論文参照), 地道な文献研究が必要なのであろう。

　さて, 三論宗関係の写本や刊本の存在については, 近年伊藤氏により「三論宗関係典籍目録(稿)」(駒大仏教紀要54, 1996)が発表され, われわれは容易にその所在を知ることができるようになった。困難なことではあるが今後の個別の文献研究では, それらの写本や刊本を実地に閲覧・調査することが望まれる。

　法華疏以外の国訳には, 平井俊榮氏の「吉蔵撰『涅槃経遊意』国訳」(駒大仏教論集3, 1972)や, 大西龍峯(大西久義)氏の一連の『浄名玄論』に対する研究(「浄名玄論釈証」(一)～(五), 曹洞宗研究紀要15～19, 1983～88), それに大西氏と奥野の共同研究である大西龍峯・奥野光賢「吉蔵撰『維摩経遊意』の註釈的研究」(駒澤短大紀要29, 2001)がある。

　大西氏の『浄名玄論』に対する研究は, その巻1の限定された部分にとどまるものではあるが, そこには今後の注釈的研究が目指すべき方向性が示されていて, きわめて興味深い論考となっている。また, 同じ著者による「浄名玄論研究序説」(曹洞宗研究紀要14, 1982)も吉蔵の伝記上に関わる問題や吉蔵当時の長安のことを知る上で優れた論文といえる。なお, 『浄名玄論』に関わる研究として, 故横超慧日氏によって神田喜一郎氏旧蔵の慶雲3年(706)書写の国宝『浄名玄論』の写本が翻刻出版されていることを特に付記しておきたい(現在まで『浄名玄論』全8巻のうち巻1と巻3を除く6巻が翻刻刊行されている。現在その入手は困難かもしれないが各仏教系大学の図書館には所蔵されているはずなので参照することが可能であろう)。

　上記以外の文献研究では, 平井宥慶氏による吉蔵関係敦煌写本の研究が注目される。平井宥慶「敦煌文献より見た三論教学」(前掲『三論教学の研究』), 同「敦煌本〈法花経義疏　吉蔵法師撰　道義續集〉」(前掲『三論教学と仏教諸思想』)等を参照(これ以前の平井(宥)氏の論文は前掲「三論教学関係著書論文目録」を参照されたい)。平井(宥)氏に続く敦煌写本を使っての三論教学研究はこれからの研究課題であろう。

上記のように吉蔵の著作に対する研究はあまり進んでいないというのが現状であり，国訳された著作も法華疏を中心とした限られたものに過ぎない。その全体的研究が待たれている所以でもある。

【国訳一切経に収録されている吉蔵関係の国訳】
①『法華義疏』（横超慧日訳，「経疏部」3・5），②『三論玄義』（椎尾辨匡訳，「諸宗部」1），③『勝鬘宝窟』（桜部文鏡訳，「経疏部」11），④『中観論疏』（泰本融訳，「論疏部」6・7），⑤『百論疏』（椎尾辨匡訳，「同」8），⑥『十二門論疏』（長尾雅人・丹治昭義訳，「同」7），⑦『大乗玄論』（宇井伯寿訳，「諸宗部」1）（以上の配列は概ね吉蔵の著作順によった）

（3） 吉蔵に対する思想的研究

吉蔵教学の中心主題がその二諦思想にあることは，多くの吉蔵研究者が一致して認めるところである。そしてその二諦思想の解明でも絶えず学界をリードしてきたのが平井俊榮氏であった（前掲『中国般若思想史研究—吉蔵と三論学派』に収められた諸論文を参照）。

すなわち，平井氏は現存する吉蔵の著作では最初期のものに属する『二諦義』（『二諦章』）の解読を通じて，吉蔵の二諦思想の特徴を明らかにされたのである。それによれば，吉蔵の二諦思想の特色は，二諦を真理の形式とみる成実学派を中心とした南北朝以来の約理の二諦説に対して，二諦を教化の手段とする約教の二諦説を主張したところにその大きな特徴がある。つまり，真理を悟りの世界と世俗の世界におけるそれぞれの存在の法則と見なす約理の二諦説では，二諦相互の間の相即関係を説明できないので，吉蔵は『中論』巻4「観四諦品」に「諸仏は二諦に基づいて衆生のために法を説く。一つには世俗諦を以てし，二つには第一義諦である。何人でも，これら二つの真理の区別を知らない人は，甚深なる仏の教えの真実義を了解しないのである」（大正蔵30・32c）とあるのに基づいて，二諦は仏の説法の手段方法であって，真理の形式そのものではないと主張したのである。そして平井氏はこのような二諦観が，「インドにおける二諦観とも異なって，特に世俗諦を重視し，世俗諦と勝義諦を等価視するという中国仏教に特徴的な現実重視の一面を打ち出すとともに，世俗と勝義の相即融

合を論理的に証明し，二諦並観という空観の実践に導入する指導動機を形成するにいたったのである」と述べている（前掲『中国般若思想史研究』114頁）。

さらに平井氏は，吉蔵の約教二諦説の根本構造を示すものが「三論初章義」であり（「三論初章義」については，伊藤隆寿氏に詳細な研究がある。伊藤「三論教学における初章中仮義（上）（中）（下）」（『駒大仏教紀要32～34，1974～76）を参照)，また上記のような「二諦相即思想」の背景には中国的な思弁に馴染みやすい「体用」の論理があったことを指摘している（「中国仏教と体用思想」理想549，1979）。

平井氏はまた吉蔵の思想形成に圧倒的影響を与えたのが『涅槃経』であり，したがって吉蔵の思想には「真空」と「妙有」の相即というインドの中観派には見られなかった有的な面の強調が顕著に見られ，般若空観思想の空的な展開と如来蔵仏性思想の有的な展開との融即こそが吉蔵教学の最大の特徴であったことを強調している。そしてさらに，「有」と「無」，「有無二」と「非有非無不二」という相即のあり様は，原初的なかたちではあるがすでに羅什門下の僧肇や曇影にその萌芽が認められることも示唆している。

ところで近時，松本史朗氏は事実問題としては上記平井説を高く評価しつつも，インド中観思想および「如来蔵思想批判」の立場から吉蔵の思想に対して批判的研究を提示していて注目される（「三論教学の批判的考察—dhātu-vāda としての吉蔵思想」前掲『三論教学の研究』，後に松本『禅思想の批判的研究』大蔵出版，1994に再録）。松本氏の主張は，次の一文に端的に見ることができる。

> ナーガールジュナの『根本中頌』は，確かに青目（Pingala）の註釈を伴った形で，羅什によって，五世紀初頭に，『中論』として漢訳され，この『中論』と『百論』『十二門論』の思想を研究する人々が三論宗という有力な学派を形成し，彼等がいわば，中国における中観思想，「空の思想」の継承者となったのである。しかるに，彼等三論宗の人々の「空」の理解は，根本的な誤解を含んでおり，そのために，インド中観派の「空の思想」は，中国には正確に伝わらなかったのである。ではその誤解とは何か。これについては，二点を指摘できる。第一は，彼等の「空」の理解が，根本的に老荘思想の影響を受けていたという点であり，第二は，彼等が如来蔵思想という「有」の思想にもとづいて，「空」を解釈したということである。これらの二点は，決して別個なものではなく，むしろ第一点が第二点の根拠に

なっていると見ることができる。すなわち，老荘思想の構造とは，「道」または「理」という単一の実在が根拠になって万物が生じるという発生論的一元論であり，構造的には，如来蔵思想の根本論理をなす"dhātu-vāda"と完全に一致している。従って，老荘思想の影響から最後まで脱却できなかった大部分の中国仏教思想家は，如来蔵思想というものに批判的視点をもつことができず，容易にこれを受け容れたのである。それ故，驚くべきことに，インド中観派の「空の思想」の継承者たるべき三論宗の大成者とされる吉蔵（五四九～六二三）でさえも，如来蔵思想を積極的に容認し，"dhātu-vāda"という「有の思想」を説いたのである。（『チベット仏教哲学』「むすび」412頁，大蔵出版，1997）

松本氏の所説を受けて研究を進められているのが伊藤隆寿氏であり，すでに紹介した『中国仏教の批判的研究』や「鳩摩羅什の中観思想—『青目釈中論』を中心に」（前掲『三論教学と仏教諸思想』），および「〈研究ノート〉中国仏教の批判的研究について—方法論と可能性—」（駒大仏教論集32, 2001）はそのような問題意識からなされた研究である。

また近年，吉蔵に関して多くの論文を発表している末光愛正氏の研究も忘れてはならない重要な成果といえる。

①末光愛正「吉蔵の「唯悟為宗」について」（『駒大仏教論集15, 1984），②「吉蔵の「無礙無方」について」（同16, 1985），③「吉蔵の成仏不成仏観」（1）～(10)（駒大仏教紀要45～50〈但し47は除く〉, 1987～92, 〈駒大仏教論集18～22, 1987～91），④「吉蔵の法華経観」（前掲『三論教学と仏教諸思想』）

特に末光氏は一連の「吉蔵の成仏不成仏観」と題する論文において，吉蔵にもいわゆる「一分不成仏説」を認める立場があったことを主張し，吉蔵と慈恩大師基（632～82）の思想的親近性を主張している。吉蔵が如来蔵仏性思想をその思想基盤としていた仏教者であることは衆目が一致して認めるところであるが，とすると松本説とも相俟って，吉蔵が「一分不成仏説」を認めたとする末光説はどのように考えればよいのかという問題意識から，主として末光説を検証するかたちで論究したのが奥野の『仏性思想の展開—吉蔵を中心とした『法華論』受容史』（前掲）である。このように近年における吉蔵の思想的研究は，松本氏の「如来蔵思想批判」の影響もあって新たな展開を見せているというのが

現況である。

　最後に管見にふれた欧文，中文の主な研究成果を指摘しておきたい。
　　①Aaron Ken Koseki "CHI-TSANG'S TA-CH'ENG-HSUAN-LUN: THE TWO TRUTHS AND THE BUDDHA-NATURE" (Dissertation, The Univ. of Wisconsin, Madison, 1977)，②金仁徳『三論学研究』(韓国・仏教思想社，1982)，③廖明活『嘉祥吉蔵学説』(台湾・学生書局，1985)，④韓廷傑『三論玄義校釈』(北京・中華書局，1987)，⑤華方田『吉蔵評伝』(北京・京華出版社，1995)，⑥韓廷傑『三論宗通論』(台湾・文津出版社，1997)

【追記】
　吉蔵の思想的特色を手短に知ろうと思うならば，私は躊躇なく平井俊榮氏の次の2つの論文を推す。
　①　「実相と正法——吉蔵における法の観念と体系」(『平川彰博士還暦記念』春秋社，1975)
　②　「中国仏教と体用思想」(前掲)

（4）　吉蔵疏と天台疏，その他の文献交渉

　近時の吉蔵をめぐる注目すべき研究の1つに，吉蔵と智顗（538〜97）の文献交渉の問題がある。この問題は佐藤哲英氏の『天台大師の研究』(百華苑，1961)によって先鞭がつけられた。すなわち，同書において佐藤氏は，智顗と吉蔵に共通して現存する経典註疏間には明らかな依用関係があることを指摘し，とりわけ現行の『法華文句』は吉蔵の『法華玄論』・『法華義疏』，『法華玄義』は『法華玄論』と密接な関係のあることを示唆されたのである。この佐藤氏の研究を受けて，両者の文献交渉をさらに詳しく精査されたのも平井俊榮氏であった。平井氏は吉蔵と智顗に共通して現存するすべての経典註疏の比較研究を行い，その結果最も依用関係が明らかである『法華文句』に焦点を絞り，『法華文句の成立に関する研究』(春秋社，1985)を著されたのである（同書中で平井氏は『法華玄義』や維摩疏に対しても論及している。また同書に対しては，池田魯参氏の書評(駒大仏教論集16，1985)がある）。同書「はしがき」において，平井氏は次のよう

に述べる。

> 現存する智顗と吉蔵に共通する経典註疏間の相互の依用関係は，ほとんど例外なく吉蔵疏から智顗疏へという参照依用の跡が顕著に見られ，その逆は全く見られないことが判明したのである。このことは，智顗撰と伝えられる現存註疏の多くが，智顗の著述であり得ないことは勿論，その講説を門人が筆録したものというのも多分に疑わしく，むしろ灌頂その他の門人によって，吉蔵疏の成立以降に，これを参照し依用して書かれたことを証するものである。(「はしがき」ii頁)

すなわち，平井氏は『法華文句』をはじめとする吉蔵と共通した天台の経典註疏はすべて智顗亡き後，門人の灌頂 (561〜632) 等が吉蔵の註疏を参照し，それを下敷きとして書かれたものであると主張されたのである。その典型的な例として平井氏が論証につとめたのが天台宗の根本典籍と目される天台三大部の1つ『法華文句』だったのであり，前掲書の中で平井氏は『法華文句』の場合，その依用は単なる術語や歴史的事実の問題にとどまることなく，「四種釈義」等の重要な教義にまで及んでいることを指摘している。

佐藤氏によって先鞭がつけられ，さらに平井氏が細やかに論証されたように，現行の『法華玄義』，『法華文句』の一部が吉蔵の『法華玄論』，『法華義疏』を参照して成立したという事実は文献学的にまったく正しい指摘であり，管見の限りこれについて目立った反論はなされていない。しかし，両者に共通する経典註疏のすべてが，平井氏の指摘されるような結論になるのかは議論の余地のあるところであり(平井氏もすべての経典註疏について具体的論拠を提示しているわけではない)，そのような立場から平井説を検証するかたちで研究を進めているのが藤井教公氏である。

> ①藤井教公「天台と三論の交流—灌頂の『法華玄義』修治と吉蔵『法華玄論』をめぐって—」(『鎌田茂雄還暦記念』大蔵出版, 1989)，②「天台と三論の交渉—智顗説・灌頂録『金光明経文句』と吉蔵撰『金光明経疏』との比較を通じて—」(印仏研37-2, 1989)，③「天台と三論—その異質性と類似性—」(印度哲学仏教学15, 2000)

この中『印仏研』論文において藤井氏は，天台の『金光明経文句』と吉蔵の『金光明経疏』の文献交渉について追究し，この場合は前の平井氏の結論とは

必ずしも合致した結論にはならないことを主張している。

このほか上記の問題に関連する論文としては，多田孝文「法華文句四種釈考」(大正大学研究紀要〔仏教学部・文学部〕72，1986)，浅井円道「法華文句の有する独創性」(『野村燿昌古稀記念』春秋社，1987)等があり，いずれも平井説に否定的立場からその論を展開している。

このように近時，三論と天台の文献交渉の研究は大きな進展を見せているが，これまでの研究はどちらかといえば両者の依用関係の解明が中心であり，両者の経典観の同異といった思想上の比較研究は今後に残されているというのが実際のところである。

さて，天台以外との文献交渉に関する研究としては，浄影寺慧遠(523～92)の『勝鬘義記』と吉蔵の『勝鬘宝窟』の比較研究を試みられた藤井教公氏の研究があって注目される。

①藤井教公「Pelliot Ch. 2091『勝鬘義記』巻下残簡写本について」(聖徳太子研究13，1979)，②「浄影寺慧遠撰『勝鬘義記』巻下と吉蔵『勝鬘宝窟』との比較対照」(常葉学園浜松大学研究論集2，1990)

すなわち，藤井氏は『勝鬘義記』下巻部分に相当する敦煌文書ペリオ3308，2091と『勝鬘宝窟』の原文対照を行い，その結果得られた結論として次のように述べている。

この対照表によって，吉蔵が慧遠の『義記』のかなりな分量を自由に取り込んで，そのまま地の文としたり，あるいは自己の説と抵触する場合には慧遠の名を出すことなく異説としてこれを破斥したりしており，吉蔵の『宝窟』は，慧遠の『義記』をいわば換骨奪胎し，その上で異説を多く盛りこんで成立したものだということが明らかになった。(前掲論文の後者「まえがき」より)

そしてさらに藤井氏は上記のような事実は，前に見た天台の『法華文句』と吉蔵の法華疏の関係とまったくパラレルなものであり，それは現代的視点からいう剽窃といった類のものではなく，むしろそれが当時の制疏の際の一般的手法であったことを示唆している。

ところで，吉蔵の『勝鬘宝窟』に『大乗起信論』の引用が見られることはこれまでもしばしば指摘されてきたことであるが，最近吉津宜英氏は前記藤井氏

とはまったく別個に，『宝窟』中に見られる『起信論』への言及箇所のほとんどがその前後の文脈を含めて『勝鬘義記』からの孫引きであったことを論証された（「吉蔵の大乗起信論引用について」印仏研50－1，2001）。この事実は，吉蔵と『起信論』との関係，『起信論』真諦訳出をめぐる諸問題という点ばかりでなく，前記藤井論文と同様，吉蔵の著述実態を考える上でもきわめて貴重な視点を提供するものであった。

その他，平井俊榮氏は前掲『法華玄論の註釈的研究』の中で，自身およびそれまでの先学の研究を総合するかたちで，吉蔵の法華疏と新羅元暁（617～686）の『法華宗要』および慈恩大師基の『法華玄賛』，そしてわが国の聖徳太子（574～622）の『法華義疏』との依用関係を論じ，『法華玄論』を中心とした吉蔵の法華疏が当時の東アジア仏教圏全般に与えた影響について考察している。それらに関連する代表的論文としては，次のようなものがある。

①石井公成「朝鮮仏教における三論教学」（前掲『三論教学の研究』），②金昌奭「元暁の教判資料に現われた吉蔵との関係について」（印仏研28－2，1980），③徐輔鉄「法華宗要における元暁の和諍思想」（駒大仏教論集16，1985），④末光愛正「法華玄賛と法華義疏」（曹洞宗研究紀要17，1986），⑤平井俊榮「三経義疏と吉蔵疏」（印仏研27－1，1979），⑥同「三経義疏の成立と吉蔵疏」（前掲『三論教学の研究』），⑦袴谷憲昭「『維摩経義疏』と三論宗」（同）

（5） おわりに

以上，不十分ながら吉蔵を中心としてこれまでの三論宗の研究史を概観してきた。しかし，紙幅の関係上論じきれなかった部分も多い。例えば，三桐慈海氏や村中祐生氏の吉蔵全般にわたる一連の研究，『勝鬘宝窟』を中心に研究を進められた鶴見良道氏の諸論文，最近の高野淳一氏の論考等はいずれもこれから吉蔵の研究を進める上で見逃すことができないものである。それら諸氏の論文については，すでに紹介した「三論教学関係著書論文目録」を参照していただくとともに，インターネット上で検索をかければ容易に当該論文に行きつくことができるであろう。

最後に「三論宗研究史」というからには，その源流に位置する鳩摩羅什門下

の僧叡・僧肇・竺道生に対する研究成果はどうしてもこれを逸することはできないであろう。そこで以下に重要と思われる必要最小限のこれまでの研究を摘記して本稿を閉じることにしたい。

　　a　僧　　叡

　羅什門下の高弟である僧叡の研究としては、まずこれまで別人とされてきた僧叡と慧叡が、実は同人であったことを論証した横超慧日「僧叡と慧叡は同人なり」（同『中国仏教の研究』第二，法蔵館，1971）が重要である。また，古田和弘「僧叡の研究」（上）（下）（仏教学セミナー10，1969，同11，1970）は，僧叡に関する全般的考察をなした論文として貴重である。しかし，僧叡に対する研究は，実のところこれまでそれほど多くはなされてはいないというのが実情である。それは現存する僧叡に関する文献が，序文等の短編のものに限られているということが多分に影響していると思われる。

　そのような中，僧叡教学の分析としては，平井俊榮「「十二門論序」と僧叡教学の特質」（前掲『中国般若思想研究—吉蔵と三論学派』97頁以下）が重要である。ここで平井氏は，僧叡の仏教理解が老荘思想を中心とした中国の伝統思想に基づいたものであったこと，そしてそうした僧叡の影響が吉蔵にも及んでいることを指摘している。また，荒牧典俊氏は『喩疑』（『出三蔵記集』巻5）の読解を通して，中国仏教における教相判釈の成立の問題を論じており注目される（「南朝前半期における教相判釈の成立について」福永光司編『中国中世の宗教と文化』京都大学人文科学研究所，1982。同論文中には同氏による『喩疑』の訳注が収められている。また，『喩疑』の訳注は同氏によって『大乗仏典』〈中国・日本篇〉3「出三蔵記集・法苑珠林」中央公論社，1993においてもなされており参考となる）。

　　b　僧　　肇

　僧肇は中国仏教の実質的祖の1人と見なされる重要な人物である。したがって，その主著『肇論』に対してはこれまで実に多くの研究がなされている。中でも故塚本善隆氏を中心に京都大学人文科学研究所中世思想史研究班によって進められた解読の成果である①塚本善隆編『肇論研究』（法蔵館，1955）は，『肇論』の現代語訳と詳細な注記のほか仏教学者，中国哲学者によるそれぞれの立

場からの論考が収められる，僧肇研究のいわばバイブルともいうべき研究書である。

このほか『肇論』に対する英訳として，

②Walter Liebenthal "*Chao Lun-The Treatise of Seng-Chao*" (Second Revised Edition, Hong Kong Univ. Press, 1968)

があるほか，③任継愈著，古賀英彦・沖本克己他訳『中国仏教思想論集』（東方書店，1980）には「涅槃無名論」を除く「物不遷論」「不真空論」「般若無知論」の現代語訳と注記が収められている。また，④徐梵澄訳注『肇論』（北京・新華書店，1985）および⑤平井俊榮氏による現代語訳（大乗仏典〈中国・日本篇〉2「肇論・三論玄義」前掲）も参考とすべき一書である。また，伊藤隆寿氏による労作，⑥『肇論一字索引』（玉殿山自性院，1985）は『肇論』読解の際，ぜひ手許においておきたい一書である。その入手は困難であるものの，各仏教系大学図書館には所蔵されているので参照することができるはずである。

さて，『肇論』の他に僧肇のもう1つの主著と見なされるものが羅什訳『維摩詰所説経』に対する注釈書である。同書は鳩摩羅什，竺道生，道融の注釈とともに合糅されて『注維摩詰経』（大正蔵38, No. 1775）として現存するが，『注維摩』に対する研究としては以下のようなものがある。

⑦木村宣彰『注維摩経序説』（東本願寺出版部，1995），⑧大正大学綜合仏教研究所注維摩詰経研究会編『対訳注維摩詰経』（山喜房仏書林，2000），⑨龍谷大学仏教文化研究所西域研究室編『注維摩詰経一字索引』（法蔵館，2003），⑩『注維摩詰所説経』（上海古籍出版社，1995。民国刊10巻本の影印）

⑧は長らく大正大学綜合仏教研究所で行われてきた『注維摩』に対する会読の成果が公刊されたものであり，⑨は『注維摩』に対する総合的な一字索引として昨年刊行されたものである（その際，底本とされたのが⑩である）。『注維摩』の一字索引としては，これまで私家版である丘山新他編『注維摩詰経索引』（1980）が研究者を裨益したきたが，⑨の刊行により広くその入手が可能になったことは喜ばしいことである。

ところで，僧肇に対する研究はその重要性のゆえ，諸国においても近年盛んなようであり，次のような成果が相次いで報告されている（このなかには筆者未見のものある）。

⑪劉貴傑『僧肇思想研究―魏晋玄学与仏教思想之交渉』(台北,文史哲出版社,1985),⑫許抗生『僧肇』(南京大学出版社,1998),⑬永明編輯『肇論通解及研究』(高雄・仏光山文教基金会,2001)

また,現在の学界ではその僧肇真撰が否定されてはいるが,最近『宝蔵論』に対する次のような欧文の研究書も出版された。

⑭Robert H. Sharf "Coming to Terms With Chinese Buddhism A Reading of the *Treasure Store Treatise*" (Univ. of Hawai'i Press, 2002)

このほか個別の論文ついては枚挙に暇がないほど数多く報告されているが,ここではすべて割愛せざるを得ない。

c 竺道生

竺道生は『大般涅槃経』40巻の伝訳以前にいわゆる「一闡提成仏説」を唱えた仏教者として,あるいは後世の禅宗における「頓悟成仏説」の先蹤をなした仏教者として,中国仏教史上にその名をとどめる重要な人物である。したがって,これまでもそのような視点から数多くの研究がなされてきた。いまその代表的なものを指摘すれば,次のような研究成果を認めることができる。

①横超慧日「竺道生撰『法華経疏』の研究」(同『法華思想の研究』平楽寺書店,1975),②小林正美「竺道生の仏教思想」(同『六朝仏教思想の研究』創文社東洋学叢書,1993)

①の横超論文は,道生の主著である『法華経疏』を初めて総合的に分析したこの分野の古典的論文である。②の小林論文は,「竺道生の仏教思想」を「Ⅰ 大乗観と小乗観」「Ⅱ 実相と空」「Ⅲ 頓悟成仏説」「Ⅳ 一闡提成仏義」の四節に分かって,これを詳細に論じている。さらに近年,道生に対する研究は,

③伊藤隆寿「竺道生の思想と"理の哲学"」(前掲『中国仏教の批判的研究』),

④菅野博史「道生『妙法蓮花経疏』の研究」(前掲『中国法華思想の研究』)

という2つの研究が発表されたことにより飛躍的に進んだ。両氏の問題意識は相違するものの,両氏ともに道生の仏教思想には「理」の概念が色濃く反映されていることを指摘している。

上記の道生に関する研究は,横超論文を嚆矢としていずれもその主著『法華経疏』の解読を中心としてなされたものであるが,『法華経疏』に対する国訳と

しては，中国仏教思想研究会の共同研究である「道生撰妙法蓮華経疏対訳」（三康文化研究所年報9・10, 1977・80）があるほか，最近次のような英訳も発表されている。

⑤YOUNG-HO KIM "Tao-sheng's Commenntary on the Lotus Sutra" (SUNY, 1990)

また，奥野も晴山俊英氏と共同で⑥奥野光賢・晴山俊英『法華経疏一字索引』（私家版, 1992）を発表しているが，これは私家版であるため残念ながら一般には流通していない。しかし，希望者には同索引のもととなった『法華経疏』の電子テキストを公開するので，希望者は次のアドレスまで連絡されたい（連絡先→mokuno@komazawa-u.ac.jp）。

上記以外の道生に関する主な研究成果は，①〜④の注記を参照をすれば，その概要を把握することができるであろう。このほか，⑦陳沛然『竺道生』（台北・東大図書公司, 1988）という著書も刊行されており，竺道生研究の際の１つの指標とすることができる。

【補記】

本稿を脱稿してから初校を待つまでにしばらくの時間が経過してしまった。その間，奥野は本稿に関わる論文として，次のものを発表しているのであわせて参照していただければ幸いである。

①「吉蔵の法華経観」（駒澤短大紀要33, 2005），②「天台と三論—『法華文句の成立に関する研究』刊行二十年に因んで」（駒澤短大仏教論集11, 2005），③「吉蔵撰『浄名玄論』巻第一の註釈的研究」（駒澤短大紀要34, 2006）

(2006.7.20 記)

〈3〉 三 階 教

西 本 照 真

（1） 矢吹慶輝『三階教之研究』

　日本における近世までの三階教研究は，三階教自体の研究を目的として行われたものではない。『釈浄土群疑論』等の中国浄土教の論書に三階教を批判した箇所があったために，それらの論書自体の研究に付随して三階教の批判的な研究が行われたというにすぎない。しかし，皮肉なことに三階教の思想を最もよく保存したのは，三階教を批判した浄土教側の文献であった。道忠（〜1281）の『釈浄土群疑論探要記』には日本に伝来した『三階仏法』（以下，本邦本『三階仏法』と略）が随所に引用されている。そのほかには，『続高僧伝』等に掲載された信行等の伝記，『歴代三宝紀』等の経録類に掲載された三階教に関する簡単な記述と典籍の目録，石刻資料に載録された三階教徒の墓碑銘等が存するのみであったが，これらとて矢吹慶輝の研究をまってはじめてその存在の重要性が注視されはじめたのである。

　矢吹慶輝『三階教之研究』（岩波書店，1927，以下『研究』と略）は，近代の三階教研究のまさに金字塔ともいうべき大著で，三階教研究を進める際に常に座右に置くべき必須の書である。本書の最大の功績は，従来まったく無名であった三階教の存在を世に知らしめ，その全貌を明らかにした点にあり，その論述内容は，教祖信行の伝記，三階教の歴史，歴代三階教籍録，現存する三階教文献，教義と実修，と実に多岐にわたっている。とりわけ重要な意義をもつのは，敦煌写本中の三階教文献の蒐集，紹介である。矢吹が敦煌写本のなかから探し出した三階教関係の写本はスタイン本（以下，Sと略称）14断片，ペリオ本（以下，Pと略称）5断片，合計で19の断片に及ぶ。その大半は『三階教之研究』別篇に翻刻して収められており，『対根起行法』，敦煌本『三階仏法』，『三階仏法密記』，『七階仏名経』，『無尽蔵法略説』をはじめとして，いずれも重要なものば

かりである。同じく別篇に翻刻されている本邦本『三階仏法』とあわせて研究をすすめれば、三階教の基本思想や実践をほぼうかがいしることができよう。

本書の研究の特徴と成果については、矢吹の博士論文『三階教の研究』(旧稿)に対する姉崎正治の「三階教の研究及び参考論文三篇審査報告案文」(『研究』764〜780頁)に詳しいが、比較的新しいものとしては木村清孝「信行の時機観とその意義」(1984→『東アジア仏教思想の基礎構造』春秋社、2001)の論評が参考となる。木村は、矢吹『研究』の問題点を指摘しつつ、今後の三階教研究の課題として次の4点を提起している。(1)三階教資料の一層の収集に努める必要がある。(2)現存資料の一層の整理と、配慮の行き届いた取り扱いが必要である。たとえば、『研究』には、本邦本『三階仏法』と敦煌本『三階仏法』の取り扱い方に曖昧なところがある。(3)『研究』には、誤読あるいは誤植と思われる箇所が少なからずある。資料の正確な解読が必要である。(4)『研究』は、百科辞典的なものであり、方法論的厳密さが貫徹されていない。より厳密な文献学的、ないし思想史学的方法による三階教の再検討が要請されている。木村論文は矢吹の成果を踏まえた上で今後の三階教研究のあり方に的確な指針を与えたものであり、1980年代以降の三階教研究の再活性化に重要な役割を果たした。80年代以降の三階教研究は、木村の指摘したこれらの点をふまえた新たな展開を見せているといえよう。このほか、早川道雄「三階教研究の歴史と今後の課題」(豊山教学大会紀要17、1989)においても『研究』の意義と到達点について論じている。なお、矢吹慶輝の三階教に関する研究は『三階教之研究』以外にも数多く発表されているが、主要なものは『マニ教と東洋の諸宗教』(芹川博通校訂、佼成出版社、1988)に収められている。

(2) 20世紀前半の研究

矢吹以前の研究として、河野法雲「信行禅師の三階仏法」(無尽燈14-4、1909)、佐々木月樵「三階教と浄土教」(『支那浄土教史』上、無我山房、1913)、今津洪嶽「信行禅師の事蹟及其の教義」(宗教界11-6/8、1915)、岩崎敵玄「信行禅師の三階教」(宗教界13-9、1917)等があるが、資料不足の感を否めない。ただ、佐々木の論文は「三階教」という呼称を早い時期に用いたものとして注目しておく

必要がある。今日,「三階教」という呼称は,信行が創開した仏教の一宗派の呼称として一般的に用いられているが,この呼称が真に相応しいものであるかどうか,改めて検討を要する課題だからである。

さて,20世紀前半において歴史学的方法論に基づき三階教研究に先鞭をつけたのは神田喜一郎である。神田は,石刻資料のなかに三階教に関する資料が含まれているのではないかと予測し,膨大な石刻資料の中から三階教徒の墓碑等を捜出し,「三階教に関する隋唐の古碑」(『神田喜一郎全集』1,同朋舎出版,1922→1986) および「化度寺塔銘に就いて」(同) 等の論文として発表した。神田の研究は,歴史学的側面からの三階教研究の可能性を実証したという点で重要な意味を持っている。矢吹が『研究』の冒頭の「三階教史」において言及している信行やその後の三階教徒に関する墓碑のいくつかは,実に神田によって初めて紹介されたものであった。この方面の研究をさらに進めたのは塚本善隆である。塚本は,「三階教資料雑記」(1937→塚本善隆著作集3『中国中世仏教史論攷』大東出版社,1975),「続三階教資料雑記」(同) において,矢吹『研究』に紹介されていない,地方の三階教関係の碑文を収集し,紹介している。また,「信行の三階教団と無尽蔵について」(1926→前掲書) は,矢吹の『研究』以前に三階教の無尽蔵の活動に着目したものとして重要である。このほか,歴史学的方法に基づく研究としては,常盤大定の「三階教の母胎としての宝山寺」(宗教研究4-1,1927),「隋の霊裕と三階教の七階仏名」(1927→『支那仏教の研究』春秋社,1938,1974再刊) 等が挙げられる。これらは中国史跡の実地調査の成果に基づいて三階教史を新たな角度から分析したものであり,三階教成立の背景に地論宗の影響を論じた最初の重要な研究といえる。

文献学的方法論に基づく戦前の研究としては,まず,大屋徳城の研究が挙げられる。大屋は矢吹の『研究』が公刊される2年前に,日本に現存する4種類の『三階仏法』の写本の影印版を『三階仏法』上下2巻(便利堂コロタイプ印刷所,1925) として公刊した。本邦本『三階仏法』は矢吹『研究』別篇にも翻刻はされているが,翻刻ミスも少なからず存在するため,大屋の影印版は今日においてもなお有益である。大谷勝真は,「三階某禅師行状始末について」(京城帝国大学文学会論纂7,岩波書店,1938) において,矢吹の捜集に漏れた三階教関係写本,P2550を翻刻し,内容を紹介した。この写本は,7世紀半ばに活動した三階

教僧の思想と活動を窺い知ることのできる資料として貴重である。

　思想史的研究として注目に値するのは，横超慧日の「仏教における宗教的自覚―機の思想の歴史的研究―」(1944→『中国仏教の研究』第二，法蔵館，1971)における三階教思想の分析である。横超は機根の自覚という点において浄土教と三階教は態度を共通にしていたとして，それぞれの機根論を解明し，その上で浄土教と三階教とを分岐せしめた根本理由は何にあったかという問題を設定し，両者の分岐は『涅槃経』に対する態度の相違から導き出せるとして，「信行は涅槃経中にある悉有仏性思想を追求していったために普仏普法に到達し，道綽は涅槃経中にある仏の大慈悲精神に着眼したために念仏往生へ展開した」(前掲書, 64頁)と結論づける。「三階教の主要問題は，ほとんど涅槃経の中に養成された」(同, 63頁)という見解は今日においても斬新である。また，湯用彤は，『漢魏両晋南北朝仏教史』(1938→中華書局，1981)第19章「北方の禅法，浄土与戒律」の中で，「三階教の発生」という項を立てて三階教について簡潔に論じているが，思想史的な押さえ方には学ぶべき点が多い。すなわち，信行の三階教は隋代に興ったが，実は北朝に流行した信仰が生み出した結晶にほかならないと述べる。具体的には，末法の思想，禅観思想，生盲の思想，頭陀乞食行，捨身供養，根機に応じた仏法，無尽蔵等，三階教の思想と実践に欠くことのできない構成要素がことごとく北朝の思想と実践の影響のもとに形成されたものであると指摘している。このような思想史的押さえ方は，信行の思想形成の時期が北朝の時期であった以上，ある意味では当然の方法といえるが，矢吹の書においては三階教自身の紹介が中心となっており，北朝期の思想や実践との関係で三階教を位置づけるという視点が貫徹されているとは言いがたい。その意味で，湯の論攷のもつ意味は大きい。湯はこのほかに『隋唐仏教史稿』(中華書局，1982)「第四章　隋唐之宗派」のなかでも「第九節　三階教」の項で三階教について略説し，矢吹の考証の訂正，あるいはいくつかの新事実を指摘している。このほか，道端良秀には浄土教の道綽や善導と三階教の関係を考察した論文「善導と三階教」(『中国浄土教史の研究』法蔵館，1932→1980)，「道綽と三階教」(同)がある。

（3） 20世紀後半の研究

　戦後，1970年代まで，三階教の研究は停滞していたといってよい。書法史の分野から信行の弟子僧邕の碑文を研究した中田勇次郎「化度寺邕禅師塔銘校字記」（大谷学報31−1，1952），同「翁覃渓本宋拓化度寺碑について」（同33−4，1954）や，三階教の成立や無尽蔵行等ついて論じた兼子秀利「三階教の成立」（文化史学13，1957），同「三階教の布施観」（仏教史学7−4，1959），山本仏骨「信行と道綽の交渉」（印仏研6−2，1958）等数えるほどの研究しか発表されていない。

　三階教研究の停滞した状況に一石を投じたのは，木村清孝の「智儼・法蔵と三階教」（同27−1，1978）である。同論文は三階教の思想的特徴を明らかにしつつ，華厳教者の智儼に対する影響や法蔵の三階教解釈等にも考察を加えたもので，80年代以降，三階教に対する研究が再び活況を呈し始めるきっかけとなった論文である。翌年刊行された『中国仏教思想史』（世界聖典刊行協会，1979）では，従来の中国仏教史に比して三階教の位置づけは格段に高い。さらに木村は，「像法決疑経の思想的性格」（1974→前掲『東アジア仏教思想の基礎構造』），「初期華厳教学と元暁の闡提仏性論」（1981→前掲書），「信行の時機観とその意義」(1984→前掲書），「華厳思想における人間観」（1987→前掲書），「中国仏教における「個」の存在性」（1991→前掲書），「『念仏鏡』の一考察」（『石上善応古稀記念』山喜房仏書林，2001），「『息諍論』考」（前掲『東アジア仏教思想の基礎構造』）等において三階教の思想史的位置づけについて様々な角度から解明を深めている。特に，「信行の時機観とその意義」は，矢吹の研究を総括し，その問題点を指摘し，その後の三階教研究の方法論的指針を与えたものとして注目される。

　80年代以降，日本における三階教研究は次第に活況を呈してくる。広川堯敏「敦煌出土七階仏名経について」（宗教研究251，1982）は，敦煌から出土した『七階仏名経』の諸写本を全面的に整理した労作である。また，岡部和雄「三階教の仏陀観」（『仏陀観』日本仏教学会編，1988）は，三階教の仏陀観を論じた論文としてまとまっている。一方，三階教と諸宗との関係を論じた研究，あるいは三階教と日本仏教の関係を考察した研究も盛んになりつつある。浄土教との関係を論じたものとしては，粂原勇慈の「念仏鏡の対三階門」（仏教論叢31，1987），

「西方要決と念仏鏡」（宗教研究271，1987），「『西方要決』の対三階釈難」（印仏研36－2，1988），「善導教学と三階教―『礼讃』無余修との関連において―」（仏教論叢33，1989），宮井里佳「善導浄土教の成立についての試論―『往生礼讃』をめぐって―」（『北朝隋唐中国仏教思想史』法蔵館，2000），金子寛哉「三階教と『群擬論』」（印仏研49－2，2001）等があり，粂原には「三階教の時代観について」（宗教研究283，1990），「三階教の普行について」（印仏研39－2，1991）等の論文もある。また，石井公成は，「梁武帝撰「菩提達摩碑文」の再検討」（一）（駒澤短大紀要28，2000），「「二入四行論」の再検討」（『平井俊榮古稀記念』春秋社，2000），「祖師禅の源流―老安の碑文を手がかりとして―」（禅学研究80，2001），「『秀禅師七礼』試論―「如是順物」と普敬の関係」（駒澤短大紀要30，2002）をはじめとして，三階教の思想を禅宗思想もしくは地論宗思想との関連において捉えた注目すべき論攷を発表している。また，日本仏教の流れのなかに，三階教との関係を見いだそうとしたものとしては，戦前では恵心教学との関係を考察した八木昊恵「恵心教学における三階教の考察」（上）（支那仏教史学6－2，1942），同「恵心教学における三階教の考察」（下）（同7－2，1943）があり，最近では行基の思想と実践における三階教の影響を考察した吉田靖雄「行基と三階教」（『行基と律令国家』吉川弘文館，1986），同「行基と三階教の関係」並びに「『日本霊異記』と三階教の関係」（『日本古代の菩薩と民衆』同，1988）等が挙げられる。また，後述する洪在成の研究でも三階教と日本仏教との関係が論じられている。

　歴史学の立場からの三階教研究では，早川道雄の研究が注目される。「三階教と無尽蔵院」（鴨台史論1，1988），「三階教の意味するもの」（上）（同2，1989），「三階教研究の歴史と今後の課題」（豊山教学大会紀要17，1989），「三階教の教義―普敬認悪について―」（同18，1990），「唐代三階教徒の信行崇拝について」（大正大学大学院研究論集15，1991），「三階教の実践」（豊山教学大会紀要20，1992），「三階教の弾圧と隋唐国家」（同22，1994），「三階教団の性格」（豊山学報39，1996）等数々の論文を発表している。これらの論文は，三階教の思想と活動を，当時の国家や社会との関係の中で歴史的な位置づけを与えようとしたものであり，三階教研究の方法論を考える上でも重要な論攷である。また，最近の論文では，愛宕元「唐代河東聞喜の裴氏と仏教信仰―中眷裴氏の三階教信仰を中心として」（吉川忠夫編『唐代の宗教』朋友書店，2000）が特に優れている。同論文では裴氏一

族の三階教信仰について碑文資料を用いて実証的な研究をすすめており，加えて「大唐霊化寺故大德智詵法師之碑」，「優婆姨張常求墓誌銘」，「唐故優婆姨段常省塔銘」をはじめとした合計8点の三階教関係の石刻資料を紹介している。

　西本照真は，90年代以降，積極的に三階教研究を進め，20数本の論文を発表してきた。『三階教の研究』(春秋社，1998)は，1995年に東京大学に提出した博士論文を加筆・補訂して公刊したもので，98年以前に発表の論文はほぼこのなかに載録されている。また，同書には，三階教関係の参考文献一覧が巻末に掲げてあり，三階教研究史を紐解くのに便利である。西本の1998年以前の論文で同書に収録されていないものには，「中国浄土教と三階教における末法思想の位置」(宗教研究290，1991)，「三階教は異端か」(シリーズ東アジア仏教3『新仏教の興隆』春秋社，1997)がある。また，『三階教の研究』以降の主な研究論文には，「西安近郊の三階教史跡―百塔寺と金川湾唐刻石窟石経―」(印仏研48－1，1999)，「三階教の観法について」(大倉山論集44，1999)，「『三階仏法』諸本の成立と傳播について」(七寺古逸経典研究叢書5『中国日本撰述経典（其之五）・撰述書』大東出版社，2000)，*The Current State of the Study of Chinese Buddhism in Japan and Future Issues: With a Focus on the San-chieh-chiao Studies* (大倉山論集46，2001)，「関於三階教研究的方法論」(『世界宗教研究』2001増刊（総第87，2002)，「『仏性観修善法』の基礎的研究」(『木村清孝還暦記念』春秋社，2002)，「敦煌抄本中的三階教文献」(戒幢仏学2，岳麓書社，2002)，「『仏性観修善法』題解・録文」及び「三階教文献綜述」(蔵外仏教文献9，2003)，「論三階教與禅宗在思想上的接近―以"自我"認識與"他者"認識為中心」(中国禅学2，2003)，「三階教写本研究の現況―新資料の紹介を中心として―」(印仏研52－1，2003)，「北京国家図書館所蔵の三階教写本について」(『朝枝善照還暦記念』永田文昌堂，2004)等がある。以上の西本の三階教研究を総括すると，まず文献学的研究においては，従来特定されていなかった10数点の三階教文献を敦煌写本のなかから探し出し，翻刻・紹介した点が注目される。そのなかには，『仏性観修善法』，『仏性観』(擬)，『悪観』，『第三階仏法広釈』(擬)等，三階教の禅観思想を説いた文献が数多く含まれており，三階教の思想と実践を南北朝時代後半から隋唐代にかけての禅観思想史のなかに位置づけることが可能になった。また，三階教の教団規律を定めた『制法』1巻(前掲『三階教の研究』第五章参照)も，単に三階教団の修行生活の実際

を明らかにするだけでなく，天台の『立制法』とならんで，唐代以前の仏教教団の寺院規律をうかがい知ることのできる希少な資料であり，やがて清規へと展開していく中国仏教の寺院規律の歴史の中で重要な位置を占めているといえる。また，歴史学的研究においては，金石資料のなかから「大唐崇義寺思言禅師塔銘並序」，「大唐宣化寺故比丘尼堅行禅師塔銘」，「大唐光明寺故真行法師之霊塔」，「大唐澄心寺尼優曇禅師之塔銘並序」等の三階教徒の墓碑資料を新たに特定して紹介した点が重要である。『三階教の研究』「第二章　三階教の展開」では，これらの新出資料も含めて矢吹以来の三階教研究で明らかになった三階教関係者60数名をまとめて紹介しており，三階教団史の研究を進める上では不可欠な資料を提供している。

　なお，中国仏教の通史においては，1999年に出版された鎌田茂雄『中国仏教史』第6巻（東京大学出版会）では，「第四章　隋唐の諸宗」として三論宗，天台宗，法相宗，華厳宗，律宗，密教，禅宗，浄土教と並んで三階教の思想と歴史が概観されている。戦前の通史においては項目立てさえなかった三階教であるが，矢吹以来の三階教研究の進展がその思想史的位置づけと評価に新たな変化を生じさせたことの反映といえよう。

（4）　海外での三階教研究

　80年代以降，海外では特に欧米において三階教に対する関心が払われはじめ，注目すべき研究がいくつか発表されている。Forte. Antonino の La Secte des Trois Stades et l'Hérésie de Devadatta (*Bulletin de l'École Française d'Extrême-Orient* 74, 1985) は，則天武后の時代の政治と仏教の関係について，特に『大雲経』の成立の問題と三階教の弾圧の問題を中心に論じている。また，同じく The Relativity of the Concept of Orthodoxy in Chinese Buddhism: Chih-sheng's Indictment of Shih-li and the Proscription of the Dharma Mirror Sūtra (*Chinese Buddhist Apocrypha*, Honolulu: Univ. of Hawaii Press, 1990) では，8世紀始めの三階教徒師利による『瑜伽法鏡経』という偽経の撰述の経緯について，当時の政治との関係を交えて論じている。M. E. Lewis の The Suppression of the Three Stages Sect: Apocrypha as a Political Issue

(同)は,三階教の思想について概観しつつ,特に三階教の弾圧の経緯に関する問題を深く論じている。

　欧米の三階教研究で特に注目されるのは,*Jamie Hubbard* の研究である。氏の近著 *Absolute Delusion, Perfect Buddhahood: The Rise and Fall of a Chinese Heresy* (Univ. of Hawaii Press, 2001) は,*Salvation in the Final Period of the Dharma: The Inexhaustible Storehouse of the San-chieh-chiao* (Ph. D. diss., Univ. of Wisconsin, 1986) に改稿を加え,その後の新たな研究の成果を盛り込んだもので,欧文の三階教研究書としては唯一のものである。同書は矢吹以降の三階教研究の成果に基づいて三階教の文献や思想について総合的に明らかにしている。また,歴史学的研究においては信行の碑文史料に独自の解釈を施すとともに,無尽蔵の問題についてその思想的根拠と化度寺の無尽蔵院の活動に関して研究を深めている。信行伝研究の基本資料であり拓本が現存する「故大信行禅師銘塔碑」は,従来の研究では信行の弟子裴玄証が撰して終南山の信行の墓所に建てた碑によるものであるとみなされていたが,Hubbard は種々の石刻資料を検討した上で,この拓本の原碑は信行が入京以前に活動していた相州の地に近い湯陰に存したものであり,信行没後間もなく建てられた碑に基づいて貞元20年(804)に再修された碑であると結論づけている。また,同論文には,『普法四仏』(S5668),『無尽蔵法略説』(S190) と『大乗法界無尽蔵法釈』(S721V) の英訳もなされている。現時点での三階教文献の英訳はこの3文献だけであり,貴重な成果といえる。また,Mofa, The Three Levels Movement, and the Theory of the Three Periods (*Journal of the International Association of Buddhist Studies* 19, 1996) では,正法・像法・末法という三時説と三階教の第一階・第二階・第三階の枠組みが厳密に対応するわけではなく,三階教の説く三階は主要には機根の分別に基づいているとしている。また,同氏のインターネット上のサイト (http://sophia.smith.edu/~jhubbard/materials/) には,The Manuscript Remains and Other Materials for the Study of the San-chieh Movement と題して,同氏の上記著作 *Absolute Delusion, Perfect Buddhahood: The Rise and Fall of a Chinese Heresy* の全文,三階教の主要テキスト,三階教に関する参考文献等三階教研究に不可欠なあらゆる情報が公開されているので,三階教の研究を志す研究者は是非とも参照されたい。このほか,同氏の The Teaching of the Three Levels and the Manuscript Texts of the *San chieh fo fa*（七寺古逸経典研究叢書 5『中国日本撰述経典（其之五）・撰述書』前掲）では，七寺から発見された『三階仏法』の写本についての氏の見解を提示しており，日本に伝わる『三階仏法』の研究を進めるためには必読である。

このほか，敦煌文献研究の中での成果としては，Gernet の P2001～2500 の目録中において，P2115（『窮詐辯惑論』巻下），P2268（『三階観法略釈』（擬）），P2283（『発菩提心法』（擬））の 3 種の写本を三階教文献として特定している点が特に注目される。この 3 文献については，西本前掲書の資料篇に翻刻がなされている。

現代中国の研究者の中で，70年代以降の三階教研究でまず注目されるのは，藍吉富『隋代佛教史述論』（新文豊出版公司，1974）に収められた「信行与三階教」である。藍は隋代の重要僧として智顗，吉蔵，慧遠等と共に信行を取り上げ，矢吹の研究に依拠しつつ，信行の三階教法の歴史的意義を，（一）信行の仏教思想は中国仏教思想家のあらゆる仏法に対する総批判であった，（二）信行の当根仏法と生盲衆生仏法等の観点は，中国の民間仏教徒の一種の信仰態度を代表している，（三）信行の教法は，深奥な教義によってではなく，民間の仏教徒の主要な要素を吸収することによって，隋唐民間仏教界において盛行しえたのである，（四）信行の弘法は，僧俗の厳格な区別なく行われた，（五）信行の三階教団は，中国においてもっとも早い時期に宗派としての様相を具有した教団であった，という 5 点を指摘した。その後，まとまった研究としては，郭朋「一度出現的三階教」（『隋唐仏教』斉魯書社，1980）が注目される。このほかにも，楊曾文「三階教教義研究」（仏学研究1994－3），同「信行与三階教典籍考略」（世界宗教研究1995－3）等も発表され，中国においても三階教に対する関心は徐々に高まってきている。また，三階教写本の蒐集においては，方廣錩によって S7450V2（『制法』の断片），S9139（『大乗無尽蔵法』の断片），北京新1002（『仏性問答』（擬）断片）等が三階教文献であることが明らかにされ，方廣錩により『大乗無尽蔵法』の題解・録文が，業露華により『仏性問答』の題解・録文が発表されている（いずれも蔵外仏教文献 4，1998）。また，特に最近注目されているのは，西安の西北約100キロの陝西省淳化県に位置する金川湾三階教刻経石窟に関する研究である。この石窟は現存する唯一の三階教石窟としてきわめて貴重なものであり，

『明諸経中対根起行発菩提心法』1巻,『明諸大乗修多羅中世間出世間両階人発菩提心法』1巻,『大集経月蔵分略抄出』等,写本資料としては現存しない貴重な三階教文献が刻まれている。現在,中国社会科学院の張総を中心に研究が進められており,その概要は,張総・王保平「陝西淳化金川湾三階教刻経石窟」(文物564, 2003) として発表されている。今後,刻経の翻刻・発表がなされていけば,三階教思想の新たな解明につながるものと期待される。

また,韓国の研究者のなかでも,三階教に関する関心は急速に高まってきており,李相鉉「隋,信行의思想에関한研究」(隋,信行の思想に関する研究)(『韓国仏教学関係学位論文集』5 (碩士論文),東国大学校大学院碩士学位請求論文, 1983),方栄善「三階教의無尽蔵院에대한考察」(三階教の無尽蔵院に対する考察)(同, 1987),李平来「三階教運動의현대적조명」(三階教運動の現代的照明)(韓国仏教学20, 1995),洪在成「三階教の影響:円光,神昉と道明の考察」(印仏研47-2, 1999),同「三階教の影響:元曉と行基を考える」(同50-2, 2002),同「三階教と『冥報記』・『日本霊異記』」(同51-2, 2003),同「三階教と『占察善悪業報経』の影響」(同52-2, 2004) 等の論文が次々と発表されている。

(5) 今後の三階教研究の課題

まず資料収集の課題から述べると,文献資料については,S7600以降や北京図書館の未整理断片写本の中に若干の断片が含まれている可能性もあるが,長文の資料の発見は望めない。現時点でもっとも注目されるのは,金川湾三階教刻経に刻まれた『明諸経中対根起行発菩提心法』1巻,『明諸大乗修多羅中世間出世間両階人発菩提心法』1巻等の文献資料である。これらの翻刻が発表されれば,新たな思想研究の進展が期待できよう。また,日本に所蔵されているとされる李盛鐸旧蔵敦煌写本 (No.537)『人集録明諸経中対根浅深発菩提心法』1巻が世に出ることも切望される。一方,墓碑等の石刻資料については,最近では西本照真や愛宕元等によって新たな三階教関係の資料が紹介されているが,まだまだ未紹介のまま残されている資料もあろうかと思われる。ただ,この方面の研究は,中国仏教研究全体に通じる今後の課題であるともいえる。特に戦後の中国仏教研究は文献資料を用いた研究に重点が置かれていたため,歴史資料

を用いた研究は立ち後れた状況にある。今後，中国仏教研究の方法論として石刻資料の位置づけと重要性をさらに明確にして研究を進めていくなかで，結果的に蒐集に漏れた三階教関係の資料も見いだされてくるであろう。

　基礎的研究は，他の隋唐代の諸宗の研究に比べてまだまだ立ち後れている。訳注研究においては，すでに紹介したごとく Jamie Hubbard によって『普法四仏』(S5668)，『無尽蔵法略説』(S190) と『大乗法界無尽蔵法釈』(S721V) の英訳がなされ，西本によって『対根起行法』の訳注がなされているが，その他の三階教文献に関しては手つかずのままである。また，現存する三階教写本の翻刻，校訂は大半が発表されているが，矢吹や西本の翻刻にも誤りは少なくない。翻刻資料に全面的に依拠することなく，必ず写本（影印）を傍らに置いて研究を進める必要があるし，より正確な翻刻，校訂の研究，発表も期待される。

　思想史的研究においては，三階教思想自体の骨格については，かなり具体的に明らかになってきているように思う。今後の課題としては，三階教思想を中国仏教思想史のなかに，さらには中国思想史のなかに，位置づける作業に重点を置くことが大事である。第1には，三階教成立の母胎となった地論宗を中心とする南北朝時代後半の仏教思想から三階教の思想への展開をさらに具体的に跡づけること，なかでも仏性・如来蔵思想の中国的展開として三階教思想を位置づける作業を積極的に行う必要があろう。三階教文献のなかには，『起信論』の思想構造を明確に受け継いだ文献と，その影響が顕在的でない文献が混在している。その文献的性格の違いをどう処理するかが，三階教文献成立の謎を解く1つの重要な鍵になろう。第2には，同時代の仏教諸派との影響関係をより綿密に明らかにしていく必要がある。華厳宗，浄土教，禅宗等との思想的交渉に関して，ここ20年ほどの間に随分と解明がなされてきているが，まだまだ多くの課題が残されている。具体的には，禅宗の文献と見まがうような三階教文献，あるいは三階教の影響を受けたのではないかと思われる禅宗文献に関して，その成立の過程や影響関係をどのように説明するか，すでにいくつかの論攷がなされているが，まだまだ研究の余地があろう。作業仮説的に「三階禅」の成立と展開，という研究の課題を設定してみるのもあながち無駄ではあるまい。さらにまた，三階教思想の中心に位置づけられてきた「普敬」や「認悪」という語に関しても，どこまでが三階教の思想としての閉じた用語で，どこからど

のようにして開かれていくのか，用例を広く検討し明らかにしていく必要があろう。また，他者を徹底して敬う「普敬」と自己の行いを徹底して省みる「認悪」の精神が，中国思想の長い伝統の中で培われてきた人性論や道徳観の展開においてどのように位置づけられるのか，あるいはまた印度から中国への仏教思想の展開のなかで「普敬」と「認悪」の思想がどのように位置づけられるのか，等さらに広い視野に立って三階教思想を捉えていく必要があろう。仏教儀礼に関しても，「七階仏名」にもとづく礼拝儀礼は地論宗の霊裕の影響を受けて三階教においても儀礼化したといわれているが，この儀礼がどの程度まで三階教に特有の儀礼であったのか，あらためて検討を要する問題である。そうしなければ，敦煌で筆写されたものも含めて「七階仏名」が大量に筆写された理由を説明しえないであろう。第3には，朝鮮や日本への三階教思想の影響についても研究が進展中であるが，点と点として散在する思想的類似性を，実証的な事実を積み重ねて線にしていく作業が今後ますます重要となってくるであろう。

最後に，歴史学的研究については，すでに紹介した愛宕元の研究が1つのモデルとなろう。現在明らかになっている70名を超える三階教関係者について，出身や身分，活動の地域や場所等を含めて緻密な検討を加え，流れの見える教団史にしていくことが求められる。また，思想史的研究の課題とも密接に関わってくるが，「禅師」と「法師」の呼称や居住寺院の問題等を通じて，三階教団内の諸潮流をよりリアルに描き出す試みも必要であろう。今1つの重要な課題は，三階教がなぜ滅んだか，という問題である。当然，「滅ぶ」という語が的確かどうかも含めて検討する必要があるが，中国仏教史の中で三階教が独自の宗派としての存在性を喪失していく過程を，単に三階教自身の展開としてのみならず，中国仏教の歴史的展開の中に位置づけて捉える総合的な研究が切望される。この課題が総合的である理由は，三階教思想の展開，仏教諸派との交渉や対立，三階教団の性格，教団の展開と活動地域，修行の内容や寺院生活の状況，教団をささえた政治的財政的基盤，政治権力の弾圧もしくは支援，等々三階教の思想と活動に関するあらゆる内的，外的諸事実の総合的検証をふまえてはじめて，この課題の解明がリアリティー豊かに成し遂げられるからである。三階教の歴史と思想に新たな光を照射していく作業は，中国仏教史研究さらには中

国思想史研究のなかで，今後ますます重要になってくるであろう。

〈4〉 法相宗

吉田道興

はじめに
―― インド仏教「瑜伽行」から「瑜伽行学派」へ ――

　中国仏教における「三家唯識」,すなわち地論宗・摂論宗と法相宗を探る上でまず必要なことは,インド仏教のヨーガチャーラ(瑜伽行・瑜伽師)を知ることである。「瑜伽行」とは,いわば「禅定」を実践することである。その体験を通し,心識のみあり外境はないという「唯識無境」を説く瑜伽行学派(瑜伽行派・瑜伽行唯識派)は,大乗仏教において「空」を説く中論学派(中観派)と共にその精緻を極めた分析と理論体系で人々を圧倒する。まずこの実践体験から精緻な理論が生じたことを注目しておきたい。

　その瑜伽行派の学問体系は,5世紀の頃,北インドのガンダーラにおいてアサンガ(無着)とヴァスバンドウ(世親)との兄弟によって築かれたとされる。なおチベット仏教の伝承としてマイトレーヤ(弥勒)と密接に関係する『大乗荘厳経論』等の「五法(五論)」の位置づけの問題とも絡み,そのマイトレーヤは「菩薩」ではなく「論師」と見なす宇井伯寿説(「史的人物としての弥勒及び無著の著述」(哲学雑誌,411・413,1921。後に『印度哲学研究』第一に収録。別に「弥勒菩薩と弥勒論師」『大乗仏典の研究』岩波書店,1963)があり,学会に論争を呼び現在に至っている。例えば明石恵達「瑜伽派と弥勒菩薩」(仏教学研究5,1951),深浦正文「無著世親と唯識の大成」(『唯識学研究』上,永田文昌堂,1954),工藤成性「『瑜伽師地論』の成立に関する私見」(仏教学研究31,1975),向井亮「『瑜伽論』の成立とアサンガの年代」(印仏研29-2,1981)等がある。勝呂信静「瑜伽論の成立に関する私見」(大崎学報129,1976),同「弥勒諸論の成立とその歴史的位置づけの問題」(『初期唯識思想の研究』春秋社,1988)には,『瑜伽師地論』は個人的著述ではないとしている。そのような最近の学会の説に添い,またチベ

ットの伝承とプトンの『仏教史』による分類を考慮しマイトレーヤおよびアサンガとヴァスバンドウの「論師」3人に関する文献を解説したものに袴谷憲昭「瑜伽行派の文献」（講座大乗仏教8『唯識思想』春秋社, 1982）がある。また同「チベットにおけるマイトレーヤの五法の軌跡」（山口瑞鳳監修『チベットの仏教と社会』同, 1986.『唯識思想論考』に再録, 大蔵出版, 2001）には, この論争の決着はつかないものの最近における学会の成果をまとめている。

インド瑜伽行派の思想を研究するには, 上記の3人のほかに世親の『唯識三十頌』に注釈した十大論師（護法, 徳慧, 安慧, 親勝, 難陀, 浄月, 火弁, 勝友, 最勝子, 智月）や護法の師である無性, その無性の師である陳那, さらにチベット仏教の論師たちとその著述等も把握するべきであると思われる。

インドの瑜伽行派を中心とする歴史や思想の古典的概説書として, 斎藤唯信『仏教に於ける二大唯心論』（法文館, 1930）, 村上専精『仏教唯心論』（創元社, 1943）がある。最近における概説書には, 平川彰・梶山雄一・高崎直道編「唯識思想」（前掲, 講座大乗仏教8）が挙げられる。この内容は「Ⅰ－瑜伽行派の形成, Ⅱ－瑜伽行派の文献, Ⅲ－唯識説の体系の成立, Ⅳ－世親の識変, Ⅴ－唯識の実践, Ⅵ－無相唯識と有相唯識, Ⅶ－中観と唯識, Ⅷ－瑜伽行唯識から密教へ（以下略）」という構成になっている。また平川彰「瑜伽行派の成立・瑜伽行派の発展」（『インド仏教史』下, 春秋社, 1979）にも簡潔にまとめられている。

インドの初期ないし後期の唯識経論の成立や特色の解明, 思想形成について明らかにしている専門的な研究書として, 勝又俊教『仏教における心識説の研究』（山喜房仏書林, 1961）, 舟橋尚哉『初期唯識思想の研究』（国書刊行会, 1975）, 勝呂信静『初期唯識思想の研究』（春秋社, 1988）, 海野孝憲『インド後期唯識思想の研究―その成立過程をめぐって』（山喜房仏書林, 2002）等がある。また袴谷憲昭『唯識思想論考』（前掲）は, チベット仏教学の専門的立場から序論に「インド仏教思想史における Yogacara の位置」における「批判的外在主義」という新しい観点のもと, 本論が叙述されている。そのうち第一部「文献と伝承」中の第一章「瑜伽行派の文献」・第二章「敦煌出土チベット語唯識文献」・第四章「唯識の学系に関するチベット撰述文献」, 第二部「文献研究」をまとめている。特に上記の「瑜伽行派の文献」「文献研究」の項目等は, 瑜伽行派の教学を研究する上で基本的に掌握しておきたいものである。

このインド瑜伽行派の一系統「有相派」に連なっている中国「法相宗」における思想方面の研究には，（1）近代的な文献学的研究，（2）伝統的な宗学（宗派）的研究が想定できる。従来，後者が主流であったが最近は前者が重視されるようになっている。サンスクリットやチベット語原典を正しく理解することは，学問の基本からいっても当然であり，後者の漢文を中心とした文献理解の主観性や排他的態度からくる独善性を防ぐことにもなる。多くの文献や思想を批判的な視点を保持しつつ，広く受容する姿勢が必要と思われる。単純に「異端派」を設定し排除することは避けたいものである。

（1）「地論宗（地論学派）」の成立と展開
──南北朝北魏・陳，隋代──

　南北朝時代ないし隋代頃まで中国へ伝来した「瑜伽行派（唯識系）」の経論は，当然のことながら各伝訳者の教学や志向によって自由に翻訳され，時系列的・組織的に行われなかったため，僧侶はその受容や理解に多少混乱を来したといえる。しかし，インドの学派的傾向は引き継いでいたと思われる。曇無讖訳『菩薩地持経』をはじめとして求那跋陀羅訳『楞伽阿跋陀羅宝経（楞伽経）』，同『相続解脱地波羅蜜了義経』，菩提流支訳『十地経論』，同『入楞伽経』・『深密解脱経』，仏陀扇多・真諦訳『摂大乗論』，真諦訳『仏説解節経』等が次々に翻訳された。これらの伝訳については，勝又俊教「求那跋陀羅による唯識系経論の伝訳」「菩提流支，勒那摩提，仏陀扇多による唯識系経論の伝訳」「特に十地経論の訳出について」および「（真諦三蔵）訳経の概観」（前掲『仏教における心識説の研究』）等がある。

　『楞伽経』を所依とし修する人々を「楞伽師」，『十地経論』を所依とする学派を「地論宗」，『摂大乗論』を所依とする学派を「摂論宗」と称し，これらの人々は後に一般に「地論師」「摂論師」と呼ばれた。とはいえ後に地論南道派の開祖とされる慧光（468～537）は一方で「律宗中興の祖（光統律師）」並びに「華厳宗の祖」と称される例のように，当時の彼らは多くの師に従い多くの経論を学び一経一論に傾くことはなく，また自ら称することもなかったのである。これに関しては吉津宜英「地論師という呼称について」（駒大仏教紀要31，1973）を参照

願いたい。
　南山道宣（596～667）撰『続高僧伝』習禅篇・義解篇・感通篇等には，後の「禅宗」に属する「坐禅衆」の人々，各種の「観法」ないし「経師」「論師」の人々，すなわち前掲の「楞伽師」「地論師」「摂論師」も編入され，黎明期の彼らの行実が間接的に記されている。その研究の一端は吉田道興（「中国南北朝・隋・唐初の地論・摂論の研究者達―「続高僧伝」による伝記一覧表―」駒大仏教論集5，1974）にある。
　通称としての地論宗・摂論宗および法相宗の全体的な様相をまとめた概説書には，佐々木月樵「地論学派と摂論学派，地・摂・法三学派の唯識義」（『漢訳四本対照摂大乗論』上，萌文社，1931），平川彰『八宗綱要』上〔仏典講座39上，法相宗。附，法相宗の研究法と参考書〕（大蔵出版，1980），竹村牧男「地論宗・摂論宗・法相宗」（前掲講座大乗仏教8），また鎌田茂雄『中国仏教史』4「南北朝の仏教」（下）の「地論学派・摂論学派」（東京大学出版会，1990），同6「隋唐の仏教」（下）の「法相宗」（同，1999）等がある。
　なお多少古い学術書であるが，深浦正文『唯識学研究』上・下（永田文昌堂，1954）には，インド・中国・日本にわたる唯識法相学の歴史的展開と教義に関する諸項目を組織的に詳しくまとめている。唯識法相学の全体的な文献を国別に系統的に並べ，各文献に歴史的史料を添え，その足跡を簡潔に解説した結城令聞『唯識学典籍志』（大蔵出版，1962）は，常に研究者の座右に備えて置きたいものである。以下の祖師たちの文献に関する情報もこれらによって得て頂きたい。
　近年の唯識教学における研究動向の一端を知るには，渡辺隆生「中国唯識の研究動向と『成唯識論』」（『渡辺隆生還暦記念』永田文昌堂，1997）がある。それは「一，中国おける唯識教学史展開の概観。二，地論・摂論の唯識に関する教学史展開と課題。三，法相唯識の教学史に関する研究と課題。四，『成唯識論』を中心とする唯識学の研究動向。五，資料―『成唯識論』の章節項目の新編成」という構成である。これらはいわゆる「法相唯識」を学ぶ便利な手引書といえる。
　この「法相唯識」の名称に含まれる「唯識」・「法相」の語句は，唐代玄奘訳『解深密経』分別瑜伽品第6と一切法相品第4の叙述に由来する。瑜伽行派は元来，瑜伽行（禅定）の実践に伴い，心中に現れた影像（表象）は心と異ならず，

心外に実在するものではないとし，これを「唯識」と称し，対象は実在しないので「無境」という。「法相」とは，一切諸法の「性相」面のうち，あらゆるものの実性・実体を指し，これを研究することである。

この重要な概念を派生した『解深密経』の成立と思想に関する研究は，勝呂信静「『瑜伽師地論』と『解深密経』の成立に対する考察」（前掲『初期唯識思想の研究』），上田義文「深密解脱経と解深密経」（仏教学研究3，1950），稲葉正就「解深密経成立構造の研究」（大谷学報24-1～5，1953），伊藤秀憲「『解深密経』における玄奘・流支の縁起理解について」（印仏研23-1，1974）等がある。また関連の専門的研究書として，西尾京雄『仏地経論之研究』（破塵閣書房，1940），野沢静証『大乗仏教瑜伽行の研究』（法蔵館，1957）がある。

最近，チベット仏教の研究者袴谷憲昭が『解深密経』を解明した『唯識の解釈学―『解深密経』を読む―』（春秋社，1994）を出版した。この序説の部分に「『解深密経』の研究文献」がある。ここにはチベット訳・漢訳（6本），玄奘訳の訓読国訳，チベット訳の邦訳と研究書並びに註釈と文献，円測『解深密経疏』の散逸部分の研究と西蔵訳とその研究等が所収されている。関連するものに袴谷「唯識の学系に関するチベット撰述文献」（『駒大仏教論集7，1976）もあるので，それらの「研究文献」の紹介はそれに譲り，ここでは割愛する。

次にいわゆる「地論宗（地論学派）」と称される歴史と人物・思想等の研究について述べることにしよう。まずよりどころとなる世親造『十地経論』は，『華厳経』「十地品」を展開した釈論である。この『十地経論』の翻訳には，「論序」や『歴代三宝紀』『続高僧伝』等の記事により以下の3説がある。①菩提流支・勒那摩提一処共訳説，②菩提流支・勒那摩提二処別訳説，③菩提流支・勒那摩提・仏陀扇多三処別訳説（前掲『唯識学典籍志』）。このうち坂本幸男（『華厳教学の研究』平楽寺書店，1964）は，法上・慧遠・法蔵の撰述書より②の「別本存在説」が有力であったが，その部分が巻1に限られることもあり，現在は①の説，すなわち「菩提流支の主訳本説」に傾いている。

菩提流支については，野上俊静「北魏の菩提流支について」（大谷史学3，1954），宇井伯寿「菩提流支の翻訳と金剛仙論」（『大乗仏典の研究』岩波書店，1963），勒那摩提の略伝と伝訳については，同「本論（宝性論）の訳者，訳年」（『宝性論研究』同，1959）等がある。菩提流支は，中国仏教界へ世親の唯識説を最初にまと

めて紹介した人物といえる。

　「地論宗」が南道・北道の2派に分かれ，また「摂論宗」と対立したとする記事は，天台智顗 (538〜97) の『法華玄義』巻9上や『続高僧伝』巻7「道寵伝」である。この「地論南北二道」の分派や思想の研究には，布施浩岳「十地経論の伝訳と南北二道の濫觴」(仏教研究1-1, 1937)，村田常夫「十地経論伝訳小論—「有不二不尽」と「定不二不尽」について—」(大崎学報100, 1953)，加藤善浄「地論宗の形成」(印仏研5-1, 1957)，勝又俊教「地論宗南道派北道派の論諍」「地論宗二派の発展」(前掲『仏教における心識説の研究』) 等がある。

　南道派と北道派の思想的相違については，湛然 (710〜82) の『法華文句記』巻7中や『法華玄義釈籤』巻18に述べられている。その『釈籤』には，北道 (派) は一切法は阿黎耶識から生じたとして「阿黎耶 (無明) 依持」，これに対し南道 (派) は「真如 (法性) 依持」という主旨を伝え，この点から北道 (派) は「黎耶妄識」説，南道 (派) は「黎耶真識」説を唱えたとしたり，さらに展開して北道 (派) は第八黎耶妄・第九黎耶浄の九識建立説，南道 (派) は黎耶浄識の八識建立説が生じたとされるが，南道派に属する浄影寺慧遠の晩年における行学 (摂大乗論) や撰述書 (『十地経論義記』・『大乗義章』「八識義」) から果たしてどうであろう。なお『十地経論』の注釈書には，上記の慧遠の書と法上の『十地義疏』しか残っていない。その法上と慧遠の心識説は『楞伽経』(4巻本・10巻本) や仏陀扇多訳『摂大乗論』・真諦訳『摂大乗論』等も引用し論述しているので，上記の如き単純なものではない。この慧遠と法上の心識説については勝又俊教「法上の心識説」「慧遠の心識説」(前掲『仏教における心識説の研究』) をはじめ，多くの研究者も関説している。

　「地論学派」の思想を研究したものには，渡辺隆生「中国初期唯識説の問題点—印度から中国への地論思想史の一断面—」(仏教文化研究所紀要2, 1963)，三井淳弁「地論摂論の阿梨耶識観」(龍大論集42, 1905)，菩提流支の「半満二教説」，慧光の「頓漸円三教説」，慧遠の「声聞蔵菩薩蔵二教説，また局漸頓説」に関説した村田常夫「地論師の教判について」(大崎学報108, 1958)，同「地論師の教判に於ける頓教論」(印仏研7-2, 1959)，成川文雅「地論宗南道派に於ける二系譜」(同9-1, 1961)，北道派に如来蔵的性唯識と南道派に阿梨耶的相唯識の素地があるとする藤 [渡辺] 隆生「地論唯識説の二傾向に対する教学的試論」(同

12-2, 1964), 結城令聞「支那唯識教学史に於ける楞伽師の地位」(支那仏教史学 1-11, 1937), 勝又俊教「摂論の北地伝播」(前提『仏教における心識説の研究』), 坂本幸男「地論学派における二, 三の問題―特に法上, 慧遠の十地論疏を中心として―」(仏教研究3-4, 1939), 吉田道興「初期地論学派における諸問題」(印仏研23-2, 1975), 吉津宜英「大乗義章八識義研究」(駒大仏教紀要30, 1972), 同「浄影寺慧遠の真妄論について」(宗教研究46-3, 1973), 同「浄影寺慧遠の「真識」考」(印仏研22-2, 1974), 同「浄影寺慧遠の「妄識」考」(駒大仏教紀要32, 1974), 同「地論学派の学風について」(宗教研究50-3, 1976) 等がある。

上記のように南道派に属する浄影寺慧遠に関する研究が多いのは, 著作が比較的多く残っている点にある。唯識思想に属する書として『十地論義記』4巻・『起信論義疏』4巻・『大乗義章』14巻等が残っているからである。彼の晩年, 時代は隋になって洛州沙門都となり, 6大徳の1人に選ばれ長安に召され, そこで年少の曇遷から『摂大乗論』を聴聞している。『大乗義章』には, その摂論学派の影響が見られる。同じ南道派に属する智正門下に智現と智儼がいる。その智儼の弟子法蔵 (643〜712) は, 周知のように『華厳経』の大家「華厳宗第三祖」「賢首大師」と称されている。このように地論学派の人々は, 他の経論に吸収されるような形で衰退していった。

一般に北道派は,「黎耶依持説」を保持し, やがて真諦訳『摂大乗論』の訳出と流行により合流ないし併呑されてしまったとされる。

(2) 「摂論宗 (摂論学派)」の成立と展開

アサンガ (無著) 造『摂大乗論』の中国への伝訳は, 北魏敬帝代のブッダシャーンタ (仏陀扇多) 訳『摂大乗論』〈普泰元年 (531)〉, 陳文帝代のパラマールタ (真諦) 訳『摂大乗論』〈天嘉四年 (563)〉, 同じくヴァスバンドウ (世親) 釈・真諦訳『摂大乗論釈』〈同〉, 隋煬帝代のダルマグプタ (達磨笈多)・行矩等訳『摂大乗論釈論』(部分訳〈大業5年 (609)〉) があり, いずれも大正蔵巻31に収録されている。当時よく研究されたのは, 難解な仏陀扇多訳よりも注釈も揃う真諦訳のようである。

『摂大乗論 (マハヤーナ・サングラハ)』は,「大乗仏教を包括した論」という意

味であり，『般若経』・「中観」思想をはじめ，瑜伽行学派の先行経論の『解深密経』『大乗阿毘達磨経』『中辺分別経』『大乗荘厳経論』等の思想を組織的にまとめた論書である。

次に真諦訳『摂大乗論』の章題と内容項目を挙げる。①応知依止勝相品第1（アラヤ識・縁起），②応知勝相品第2（三性・実相），③入応知勝相品第3（唯識観），④入因果勝相品第4（六波羅蜜），⑤入因果修差別勝相品第5（十地），⑥依戒学勝相品第6（戒），⑦依心学勝相品第7（定），⑧依慧学勝相品第8（慧），⑨学果寂滅勝相品第9（無住処涅槃・六種転依），⑩智差別勝相品第10（仏三身・浄土十八円浄）。

この「摂論宗（摂論学派）」についての概説書には，「地論宗」の箇所で挙げた竹村牧男「地論宗・摂論宗・法相宗」（前掲，講座大乗仏教8）等のほか，佐々木月樵「無著の摂大乗論とその学派」（前掲『漢訳四本対照摂大乗論』），勝又俊教「摂論宗教学の一断面」（日仏年報26, 1961），伝訳者の真諦三蔵については，宇井伯寿「真諦三蔵伝の研究」（『印度哲学研究』第六，岩波書店，1965）等がある。

『摂大乗論』を通読するには，研究者向きの重厚な文体の長尾雅人『摂大乗論・和訳と注解』上・下（インド古典叢書，講談社，1982）と一般向きの比較的身近な文体で簡略な岡野守也・羽矢辰夫『摂大乗論現代語訳』（星雲社，1996）があり，その用途で選ぶことができる。

この「摂論宗（摂論学派）」に属する人々の行実は，主に『続高僧伝』に所載する。佐々木月樵『漢訳四本対照摂大乗論』（前掲書）には，彼らの系譜を表記している。

そのうち曇遷（542～607）は，前述のように元来，地論宗南道派曇遵の弟子であり，北周の破仏の際に南（寿陽の曲水寺・揚都金陵道場寺）に逃れ，そこで『摂大乗論』に接してこれを学び，北（彭城慕聖寺・広陵開善寺）に帰り，それを広めた人で「摂論北地伝播の祖」とされる。慧遠は長安大興善寺で曇遷の講義を熱心に聴講した1人である。鎌田茂雄「摂論学派」（『中国仏教史』4，東京大学出版会，1990）には，この曇遷の門下に属する人々を系統別に三区分している。すなわち①地論宗南道派曇延下で「涅槃学」を学んでいた慧海（550～606），道遜，玄琬，法常，②同じく慧遠下で「地論」を学んでいた浄業，浄弁，静蔵，弁相（558～627），③曇遷より直接「摂論」を学んだ道哲，道英，道琳，静凝で

ある。このように地論宗南道派に属する慧遠，および主に『涅槃経』と『地論』等を講じていた曇延の門下の人々へいかに大きな影響を与えたかが判明する。

『摂大乗論』の代表的な専門書には，佐々木月樵『漢訳四本対照摂大乗論，附山口益校訂西蔵訳摂大乗論』（前掲。改訂新版，1977），宇井伯寿『摂大乗論研究』（岩波書店，1935。再刊，1967）がある。後者の内容構成は「第一著者，第二摂大乗論の伝来，第三摂大乗論の基づく諸経，第四摂大乗論の基づく諸論，第五摂大乗論義疏の断片，第六摂大乗論科判，第七摂大乗論の内容研究」となっている。最近の研究成果としては勝呂信静「文献成立から見た『大乗荘厳経論』と『菩薩地』および『摂大乗論』の相互比較」（前掲『初期唯識思想の研究』），『摂大乗論』の部分的な研究として上田義文『摂大乗論講読』（同，1981）には「応知勝相品第2」の三性の考察〔9・10品〕，片野道雄『インド仏教における唯識思想の研究——無性造「摂大乗論註」所知章の解読——』（文栄堂書店，1975），武内紹晃『瑜伽行唯識学研究』（百華苑，1979）には，同様に第一章では「三性説」に関し弥勒論師と「摂大乗論」，第二章では「アーラヤ識」を「摂大乗論」の所知依分を中心に，第三章では「摂大乗論」の実践論，第四章では「仏身と仏土」を説いている。

真諦訳『摂大乗論』は「九識説」を立てる。第八阿黎耶識は真妄和合識（＝雑識）〔『摂大乗論』巻5中〕また妄識〔『中論疏』巻4本〕であり，さらに第九阿黎耶識は浄識（＝真識）〔同上〕とみて「如来蔵」的解釈をしている。なお第九識の名称「阿摩羅識」は本書にはないが，彼の著『決定蔵論』巻5や『三無性論』『十八空論』『顕識論』に見えるものであり，現存しないが彼には『九識義記』の著があったとされる。この「九識説」に関し詳しくは，勝又俊教「真諦三蔵の九識説とその背景思想」（東洋大学紀要6，1954），同「真諦三蔵の識説」（前掲『仏教における心識説の研究』）に譲る。また渡辺隆生「摂論学派における阿摩羅（amala）識の問題」（仏教文化研究所紀要4，1965），高崎直道「真諦訳・摂大乗論世親釈における如来蔵説——宝性論との関連」（『結城教授頌寿記念』大蔵出版，1964），岩田良三「摂大乗論と九識説について」（印仏研20-2，1972）等がある。宇井伯寿「摂大乗論の一識説」（『印度哲学研究』第五，岩波書店，1965）の「一識説」とは，「一意識計」（八識体一）のことであり，その論及である。真諦三蔵の「九識説」は，彼の特色ある学説であり，地論南道派にも影響を与え，注目すべきも

のである。

（3）「法相宗」の成立と展開

　少壮期の玄奘（602〜64）は，従来の漢訳経典に厭きたらず求法のためインド留学（入竺）を決行し，艱難辛苦を経て約19年もの歳月をかけ「原典」であるサンスクリット語の経論を中国へ多数将来し翻訳した。その志気の純粋性，翻訳経典の多さ，正確性等からまさに「三蔵法師」の代表格といえる。『大慈恩寺三蔵法師伝』巻1によると彼の留学の目的は，真諦訳『十七地論』の完本『瑜伽師地論（ヨーガーチャーラブーミ）』の学習とその取得にあったと伝えられる。ナーランダ大学にてシーラブハドラ（戒賢）に師事し学んだ『瑜伽師地論』は，インドの「瑜伽行派」の重要論書であり，「瑜伽行者のさとりへの修行階梯」を示したものである。「瑜伽行派」の経論は，玄奘の帰国後，組織的体系的に翻訳されたといえる。『成唯識論掌中枢要』巻上本によれば門下の筆頭である大乗基（632〜82）の要請により，ヴァスバンドゥ（世親）造『唯識三十頌』の16論師の注釈書中，その1人ダルマパーラ（護法）の説を中心に顕慶4年（659）長安玉華寺にて参糅翻訳したのが『成唯識論』とされる。その『成唯識論』を基本聖典として「法相宗」を開いたのが大乗（慈恩大師）基である。

　「法相宗」は，唐代初期における玄奘の名声，また第1祖慈恩大師基の学識や才能もあり一時期大いに栄えたが，宗派色（セクト性）が濃厚となり，やがて衰退していくことになる。この「法相宗」「護法宗」等の名称（法性宗・唯識宗・応理円実宗，慈恩宗・慈恩教・慈恩宗教）について，自称他称の別もあるが教学との関係で歴史的に考察した吉津宜英「『法相宗』という宗名の再検討」（前掲『渡辺隆生還暦記念』）がある。

　玄奘を知る基本的な伝記資料には『大慈恩寺三蔵法師伝』巻10，『続高僧伝』巻4，『開元釈教録』巻8，『旧唐書』巻192，『玄奘三蔵師資伝叢書』巻下等がある。このうち最初の慧立・彦悰著，長沢和俊訳『玄奘三蔵，大唐大慈恩寺三蔵法師伝』（光風社選書，1988），深浦正文「玄奘の事蹟」（前掲『唯識学研究』上），結城令聞「玄奘とその学派の成立」（東京大学東洋文化研究所紀要11，1956），宇井伯寿「玄奘三蔵翻訳歴」（『瑜伽論研究』岩波書店，1958），袴谷憲昭「将来原典の

翻訳とその概観」（人物中国の仏教『玄奘』大蔵出版，1981），鎌田茂雄「玄奘の大翻訳事業」（『中国仏教史』6，東京大学出版会，1999），さらに旅行家「三蔵法師」のイメージを抱かせる啓蒙書には，玄奘著・水谷真成訳『大唐西域記』（中国古典文学大系22，平凡社，1971），前嶋信次『玄奘三蔵―史実西遊記―』（岩波新書，1952），湯浅泰雄『玄奘三蔵』（さみっと双書，名著刊行会，1991）等がある。

　玄奘の訳出した経論数は（1）「七十六部千三百四十七巻」（『開元釈教録』巻8），（2）「六十七部千三百四十四巻」（『大唐内典録』巻192），（3）「七十五部千三百三十三巻」（『古今訳経図紀』巻4）とあるが，普通（3）が用いられる。比較的多いのが「瑜伽部」，それに次いで「毘曇部」である。このうち，『成唯識論』が法相宗の根本聖典となり，その文中に引用されている「六経十一論」が重要視される。その「六経」とは『華厳経』『解深密経』『如来出現功徳荘厳経』『大乗阿毘達磨経』『楞伽経』『厚厳経』，「十一論」とは『瑜伽師地論』『顕揚聖教論』『大乗荘厳経論』『集量論』『摂大乗論』『十地経論』『分別瑜伽論』『観所縁縁論』『二十唯識論』『弁中辺論』『大乗阿毘達磨雑集論』（『成唯識論述記』所述）である。このうち『厚厳経』『大乗阿毘達磨経』と『分別瑜伽論』とは翻訳されていない。この「六経十一論」は，あくまでも法相宗という限定的範囲の経論であり，学問的には他の唯識経論も把握し充分尊重する必要がある。

　根本聖典の『成唯識論』の成立事情や問題点に関する論究は，勝又俊教「仏地経論と成唯識論―成唯識論の原型を考究する一視点として―」（印仏研7−1，1958），深浦正文「玄奘三蔵是非論―特に成唯識論の翻訳に関する事実を中心として―」（仏教学研究復刊号，1949），勝呂信静「成唯識論における護法説の特色」（前掲『結城教授頌寿記念』），結城令聞「成唯識論開発の研究」（東方学報〈東京〉3，1932），上田義文「安慧説と護法説との相違の根本は何か」（京都女子学園仏教文化研究所研究紀要10，1980）等がある。

　玄奘の下には多くの優秀な人材が雲集し，「六傑」と称される人物には慈恩・円測・普光・恵観・玄範・義寂（道証『唯識要集』）である。そのほかに神昉・嘉尚・神泰・法宝・文備・靖邁・慧立・玄応・霊泰・道邑・如理・彦悰等の名が知られる。なお日本からの入唐僧道昭（629〜700）も玄奘に師事し，日本への「法相宗」第1伝とされる。さらに智通と智達の2人は，玄奘と慈恩大師基（632〜82）の2人に師事し，「法相宗」第2伝とされ，帰国し元興寺を開き教えを弘め

たとされる。

　慈恩大師基は，前述のように玄奘に依頼し，『成唯識論』を10大論師中の護法の注釈を中心に合糅してもらい，『瑜伽師地論』等を伝授され，「法相宗」を樹立した祖師（「第一祖」）である。彼は経論の注釈を多数著し「百疏論主（百本疏主）」と称されている。散逸したものを含め約50部が知られ，確実視されるものは20部ほどである。そのなかで重要な唯識関係書は，『成唯識論述記』『成唯識論掌中枢要』と『大乗法苑義林章』『因明入正理論』等である。なかでも『成唯識論述記』は，後述する『成唯識論了義灯』『成唯識論演秘』と共に「三箇の疏」として「法相宗」では必読書となっている。

　慈恩大師基の伝記史料として『宋高僧伝』巻4，『仏祖統紀』巻29，『玄奘三蔵師資伝叢書』巻下等があり，その研究として宇都宮清吉「慈恩伝の成立について」（『中国古代中世史研究』創文社，1977），渡辺隆生「慈恩大師の伝記資料と教学史的概要――「伝記」集の原文と訓読・註記――」（『慈恩大師御影聚英』法蔵館，1983）等が知られる。

　慈恩大師基および後述の淄州大師慧沼・濮陽大師智周に関する研究には，深浦正文「三祖の教判」（前掲『唯識学研究』上）があり，三人の略伝や「三箇の疏」等を中心とした思想をまとめている。

　玄奘の門下で慈恩大師基と並び称され，傑出した人物が新羅出身の西明寺円測（613～96）である。円測の伝記は，『玄奘三蔵師資伝叢書』巻下や『六学僧伝』『大周西明寺故大徳円測法師舎利塔銘並序』『故翻経証義大徳円測』等に所載する。彼には，『解深密経疏』『般若波羅蜜多心経賛』『百法論疏』『二十唯識論疏』『成唯識論疏』『成唯識論別章』等がある。なかでも『成唯識論疏』（逸亡）は，慈恩大師基の『成唯識論述記』の説への反駁書とされ，そのため異端派と見なされている。その異端派に関しては深浦正文「正系と異派」（前掲『唯識学研究』上）に詳述している。円測の門下には，道証・勝荘・慈善が知られ，いずれも新羅出身である。同時代，同郷の僧に遁倫や太賢がいる。

　西明寺円測に関する研究には，稲葉正就「朝鮮出身僧円測法師について」（朝鮮学報2，1951），同『円測解深密経疏の散逸部分の研究』（法蔵館，1949），真城晃「西明寺系唯識について――特に種姓論に関して――」（龍谷大学仏教文化研究所紀要8，1969），木村邦和「西明寺円測所引の真諦三蔵逸文について」（印仏研26－

2, 1978)，申賢淑「新羅唯識相承論—円測の道証，大賢の継承について」(同27-2, 1979)，同「円測伝の二三の問題について」(同26-1, 1977)，吉田道興「西明寺円測の教学」(同25-1, 1976)，同「唐代唯識諸家の「唯識」論考—解深密経疏と瑜伽論記を中心に—」(曹洞宗研究紀要10, 1978) 等がある。円測を含む新羅の唯識学に関しては，申賢淑「新羅唯識学の典籍章疏」(『新羅仏教研究』山喜房仏書林，1973)，鎌田茂雄「仏教教学の隆盛」(『朝鮮仏教史』東京大学出版会，1987) 等が参考になる。

　慈恩大師基の弟子，慧沼 (650~714) がその跡を継ぎ「法相宗」の第2祖となった。慧沼は，その出身地から「淄州大師」と尊称され，前掲の「三箇の疏」の1つ『成唯識論了義灯』をはじめ『大乗法苑義林章補闕』『能顕中辺慧日論』等の著書がある。慧沼の門下には，智周・義忠・道邑・道献がいる。

　慧沼の伝記や思想に関する最近の研究には，根無一力「慧沼の研究—伝記・著作をめぐる問題—」(『山崎慶輝定年記念』，1987)，寺井良宣「唯識三類境義の解釈に関する問題—慧沼の『唯識了義灯』を中心として—」・長谷川岳史「『摂大乗論』の法身説についての慧沼の見解」(前掲『渡辺隆生還暦記念』)，同「転識得智の異説に関する慧沼の見解」(印仏研44-2, 1996) がある。

　淄州大師慧沼の後継者として「法相宗」の第3祖となったのが智周 (668~723，一説678~733) であり，やはり出身地から尊称して「濮陽（撲揚とも）大師」と呼ばれる。「三箇の疏」の1つ『成唯識論演秘』，および『大乗法苑義林章決択記』『成唯識論掌中枢要記』『成唯識論了義灯記』『因明入正理論疏抄略記』等を著している。智周の門下には，如理・崇俊・従方・長安道氤，西明円照，安国素師，安国瑞甫，安国信師，彭州知玄，西明乗恩，曇曠等が知られる。日本から入唐した智鳳・智鸞・智雄の3人も智周に師事し，わが国への「法相宗」の第3伝とされている。

　以上，「法相宗」において3祖の「三箇の疏」を中心とした華々しい著作活動があったものの，智周の没後は次第に衰滅し，替わって華厳宗や浄土教・禅宗等が盛んになってくる。とりわけ賢首大師法蔵は，「法相宗」に対抗意識を持ち華厳宗に優位な「教判」を立て隆盛を見ることになる。

　次に「法相宗」の教学，すなわち「護法唯識」たる『成唯識論』の体系を構成する重要語句を挙げてみよう。「唯識観」〔五重唯識観〕，教判「三時教」，「五

位百法」，「八識」，「四分三類」，「三性三無性」，「五性各別」の諸説である。なかでも「八識」説を立て，その「第八阿頼耶識」は「有漏染分の妄識」とするのが特徴といえる。前掲「地論学派」の南道派の第八梨耶浄識説，北道派の第八梨耶浄妄識・第九梨耶浄識説や「摂論学派」の九識説（第九阿摩羅浄識）とは異なるものである。

　伝統的な「法相宗」による『成唯識論』の詳細な解説書の１つに富貴原章信『護法宗唯識考』（法蔵館，1955）がある。次に「阿頼耶識」や「種子」「三性説」「四分」等に関する研究として結城令聞「成唯識論を中心とする唐代諸家の阿頼耶識論」（東方学報〈東京〉１，1931），同「唯識学に於ける種子説構成の経過と理由」（宗教研究10－3，1933），同「唯識学に於ける二諦義に就いて」（東方学報〈東京〉3，1933），石川良昱「三性説序説—唯識説の成立について—」（印仏研４－2，1956），舟橋尚哉「八識思想の成立について—楞伽経成立年時をめぐって—」（仏教セミナー13，1971），同「阿頼耶識思想の成立とその展開」「唯識三性説の形成」「大乗における無我説の研究」「『中辺分別論』の諸問題」，「世親と『入楞伽経』との先後について」（前掲『初期唯識思想の研究』），上田義文「空の論理と三性説」（『仏教思想史研究』永田文昌堂，1951），福原亮厳「三性三無性の源流」（印仏研20－2，1972），長尾雅人「空性より三性説へ」（『中観と唯識』岩波書店，1977），富貴原章信『唯識の研究』（『富貴原章信仏教学選集』２，国書刊行会，1988）がある。葉阿月『唯識思想の研究—根本真実としての三性説を中心として—』（国書刊行会，1975）の内容は『中辺分別論』相品・真実品・無上乗品を中心に考察したものであり，また竹村牧男『唯識三性説の研究』（春秋社，1995）の内容は，三性説の起源，三性説の基本構造として深密・瑜伽・摂論および弥勒・世親・安慧の各著書とに関連し論じている。

⟨5⟩ 華　厳　宗

吉　津　宜　英

はじめに

　中国の華厳宗について研究する場合，まず『大方広仏華厳経』(以下では，『華厳経』と略称する)に関しての知識が必要である。第1節では『華厳経』関係の基礎的文献について述べる。第2節では華厳教学を支える重要な論書である『十地経論』と『大乗起信論』について概説する。第3節では中国華厳研究史の先行文献に言及する。第4節では中国華厳宗の通史的な文献を取り上げる。第5節では中国華厳の思想全般を扱った文献を紹介する。第6節からは人物中心に伝記・著作・思想に関する業績を取りあげる。唐代だけではなく，宋朝の華厳や，新羅・高麗の若干の人物にも言及する。最後の第7節では中国華厳教学のこれからの研究課題を述べて，締めくくる。

（1）『華厳経』について

『華厳経』については次の三種がある。
60巻『華厳経』東晋・仏駄跋陀羅訳（420訳出，大正蔵9）
80巻『華厳経』唐・実叉難陀訳（699訳出，大正蔵10）
40巻『華厳経』唐・般若訳（798訳出，大正蔵10）
　これらのうち，60巻『華厳経』によって，中国華厳宗が成立した。法蔵(643～712)以降は80巻本が大切であり，また澄観(738～839)以降は40巻本を視野に入れる必要がある。40巻本はほか二本の最後の「入法界品」のみが「入不思議解脱境界普賢行願品」として訳出された。
　これらの『華厳経』のテキストがいかに成立したかを概観するには平川彰・梶山雄一・高崎直道編『華厳思想』(講座大乗仏教3，春秋社，新装版1996)所収

の高崎直道「華厳思想の展開」，伊藤瑞叡「華厳経の成立」，荒牧典俊「十地思想の成立と展開」等の論文が便利である。

また，60巻本の国訳は衛藤即応訳『華厳経』（国訳大蔵経・経部5－7，第一書房，1974），80巻本には衛藤即応訳『華厳経』（国訳一切経・華厳部1－4，大東出版社，1929〜31）があり，それぞれの解題が役立つ。

さらに60巻本のポイントとなる経文を選んで解説したものに木村清孝『華厳経』（仏教経典選5，筑摩書房，1986）がある。サンスクリット原点が残っている「十地品」の現代語訳に荒牧典俊訳『十地経』（大乗仏典8，中央公論社，1974）があり，「入法界品」には梶山雄一監修『さとりへの遍歴──華厳経入法界品──』2巻（中央公論社，1994）がある。また，森本公誠『善財童子求道の旅──華厳経入法界品──』（朝日新聞社，1998。東大寺にて再版，2004）は東大寺所蔵等の絵巻物と解説とからなるユニークな内容である。

（2）『十地経論』と『大乗起信論』

中国華厳教学が成立するには南北朝からの，特に北朝で盛んに研究された『十地経論』の教学，すなわち地論学派の存在が大きな背景となる。大竹晋校注『十地経論』1（新国訳大蔵経・釈経論部16，大蔵出版，2005）の解題では，『十地経論』の位置，『十地経論』の著者，『十地経論』の訳出，『十地経論』研究史等を詳細に説明する。この大竹氏の校注本はチベット訳を参照しており，石井教道『十地経論』（『国訳一切経・釈経論部6』大東出版社，1935）をはるかに凌駕する。

『大乗起信論』については，その成立事情等未解決な問題が多い。この論書は法蔵以前の注釈書もあるが，法蔵の『大乗起信論義記』（大正蔵44）の出現により，華厳教学を代表する論書としての位置付けを得た。

本書をめぐる様々な成立史的研究は柏木弘雄『大乗起信論の研究──大乗起信論の成立に関する資料論的研究──』（春秋社，1981）により総括され，柏木氏は基本的にインド成立説を主張した。その後，竹村牧男『大乗起信論読釈』（山喜房仏書林，1985）が出て，本書は真諦（499〜569）訳出というよりも，訳語が菩提流支（？〜527）訳出経論に近いという主張がなされ，現在では竹村説が説得力を発揮している。柏木氏は柏木弘雄・高崎直道『仏性論・大乗起信論（旧・新二

訳)』(新国訳大蔵経⑲論集部 2，大蔵出版，2005)の『大乗起信論』の解題で，最近の石井公成・大竹晋両氏の精力的な論攷に至るまでの研究成果に論評を行った。

その間，平川彰編『如来蔵と大乗起信論』(春秋社，1990)が出て，『起信論』をめぐる様々な論攷が纏められ，竹村氏は所収の論攷「地論宗と『大乗起信論』」で地論宗北道派の道寵（生没年不詳）を造論者として推定した。荒牧典俊編著『北朝隋唐中国仏教思想史』(法蔵館，2000)所収の荒牧論文「北朝後半期仏教思想史序説」では『起信論』注釈書が現存する曇延（516〜88）を造論者に擬している。両説ともに説得性を持たない。柏木氏が基本的に主張するように，本書はインド仏教の流れの中で成立したが，その撰述は菩提流支訳経の影響を受けて，中国北地でなされたのではないかと思われる。吉津宜英「慧遠の大乗義章における起信論思想—論文改変の事実をめぐって—」（『福井文雅古稀記念』春秋社，2005)，同「起信論と起信論思想—浄影寺慧遠の事例を中心にして—」（『駒大仏教紀要』63，2005)はいずれも慧遠の引用の検討を通して，起信論が梁代太清4年（550）真諦三蔵訳出説は不可能であることを論じた。石井公成「近代アジア諸国における『大乗起信論』の研究動向」（後の文献一覧の文献(21)所収は広く東アジア全般における『起信論』研究史の最近に至るまでの総括を行い有益である。

以上，『十地経論』と『大乗起信論』について研究史の一端を紹介したが，華厳教学にとって真諦訳『摂大乗論』及び同世親釈に基づく摂論学派の存在，玄奘（602〜64）の将来した唯識教学の影響，特に後者への智儼（602〜68）や法蔵の批判的な視点は重視しなくてはならないが，その面は「法相宗」の項にゆずる。

（3） 中国華厳研究史について

この項目も含めて，以下の各節で何回か言及することになる21冊の著作をここで列挙し，後は文献番号で文献(1)湯次著作のように指示する。

（1） 湯次了榮『華厳大系』（国書刊行会，1915）
（2） 高峯了州『華厳思想史』（百華苑，1942）

（3） 坂本幸男『華厳教学の研究』（平楽寺書店，1956）
（4） 川田熊太郎監修・中村元編集『華厳思想』（法蔵館，1960）
（5） 石井教道『華厳教学成立史』（平楽寺書店，1964）
（6） 鎌田茂雄『中国華厳思想史の研究』（東京大学出版会，1965）
（7） 高峯了州『華厳論集』（国書刊行会，1976）
（8） 木村清孝『初期中国華厳思想の研究』（春秋社，1977）
（9） 坂本幸男『大乗仏教の研究』（大東出版社，1980）
（10） 吉津宜英『華厳禅の思想史的研究』（同，1985）
（11） 鎌田茂雄博士還暦記念論集刊行会編『中国の仏教と文化』（大蔵出版，1988）
（12） 吉津宜英『華厳一乗思想の研究』（大東出版社，1991）
（13） 木村清孝『中国華厳思想史』（平楽寺書店，1992）
（14） 陳永裕『華厳観法の基礎的研究』（民昌文化社，1995）
（15） 石井公成『華厳思想の研究』（春秋社，1996）
（16） 鎌田茂雄博士古稀記念会編『華厳学論集』（大蔵出版，1997）
（17） 結城令聞『華厳思想』（結城令聞著作選集2，春秋社，1999）
（18） 中村薫『中国華厳浄土思想の研究』（法蔵館，2001）
（19） 木村清孝博士還暦記念会編『東アジア仏教―その成立と展開―』（春秋社，2002）
（20） 福士慈稔『新羅元暁研究』（大東出版社，2004）
（21） 花園大学禅学研究会編『小林円照博士古稀記念論集・仏教の思想と文化の諸相』（『禅学研究』特別号，2005）

さて，華厳教学研究史について，文献（4）所収の鎌田茂雄「華厳学の典籍および研究文献」は広く東アジア一円の華厳教学に関する研究史を網羅した。それを継承するものが鎌田茂雄『華厳学研究資料集成』（当初は東京大学東洋文化研究所発行，1983，後に大蔵出版より再刊）であり，小島岱山氏の尽力による。本書は古典的な中国・韓国・日本の研究業績が中心に纏められているが，現代の中国文・韓国文・欧文のものも附録として加えられ，世界の華厳教学研究史である。簡単な研究史としては吉津宜英「華厳宗」（平川彰編『仏教研究入門』大蔵出版，1984）もある。

（4） 中国華厳教学通史について

　文献（2）高峯著作は文献（1）湯次著作を受けて，華厳経成立から印度の華厳思想，地論宗の展開，摂論学派の思想を論じ，次に伝統的に杜順（法順ともいう，557〜640）・智儼以下の華厳学派の列祖を中国から新羅・高麗，また日本へと詳細に説明する。最後は一蓮院秀存（1788〜1860）で終わる。華厳教学通史として現在まで，これ以上のものは出ていない。後の第6節の人物ごとに扱う項目では各人ごとに本書に言及すべきであるが，ここで扱う人物についてはすべてを網羅しているので，言及を省略する。次節の思想を扱ったものにも，部分的に華厳教学成立史を扱ったものもある。

　文献(13)は木村清孝氏の論文をまとめたものであるが，華厳教学の形成から法蔵・李通玄（635〜730）・澄観・宗密（780〜841），遼の鮮演（〜1055−1101〜頃活躍）等から元代・明代の仏教者までを扱っているので，一種の通史的な視点をもった著作といえる。

（5） 中国華厳思想について

　日本の伝統的な華厳思想は文献（1）湯次著作に集大成されている。本書では法蔵と李通玄の思想の相違を論じ，禅宗や浄土教からの華厳経や華厳教学も扱われるが，特色は一切の教学を法蔵中心に見ていくことにある。本書と比較すれば，文献（2）高峯著作は歴史的に個々の教学者の特色を鮮明にしようとする。戦後の華厳教学は文献（2）の立場を受けて，もっと個々の教学者や教学のテーマの研究を深めていったといえよう。

　コンパクトな形の書物で，華厳の歴史的展開や思想を知るためには鎌田茂雄・上山春平『無限の世界観〈華厳〉』（角川書店，1969，後に角川文庫，1997）が至便である。第1部の鎌田氏の中国華厳の歴史と思想，第3部の上山氏の華厳の哲学的考察に加え，第2部に塚本善隆氏を加えた鼎談がある。また，鎌田茂雄『華厳の思想』（講談社学術文庫，1988）も中国から日本にかけての華厳教学を俯瞰するにはよい本である。

また，著作ではないが木村清孝「華厳」（岩波講座東洋思想12『東アジアの仏教』1988）や吉津宜英「華厳系の仏教」（高崎直道・木村清孝編『シリーズ東アジア仏教3，新仏教の興隆・東アジアの仏教思想2』春秋社，1997）も，華厳教学のポイントや様々な教学の類型を知るには便利である。

　先に文献（1）において，湯次氏は禅と華厳経や華厳教学の関連を考察していたが，それを広く研究した業績が高峯了州『華厳と禅との通路』（南都仏教研究会，1956）である。本書では「華厳に於ける禅」と「禅に現われた華厳」の2部に分け，華厳と禅との相互の交流を詳論する。高峯氏は文献（7）のなかにも「禅における心性と性起」「華厳と禅との通路」「李通玄の思想と禅」等の関連論文を収める。文献(10)吉津著作もポイントは宗密の教禅一致説を「華厳禅」と称して，華厳と禅との融合が，宗密独自の本来成仏論と三教一致説に帰結することを論じた。本書では宗密に至るまでの華厳教学を，智儼・法蔵・慧苑（673〜743頃）・李通玄・澄観に関して，教判と成仏論に焦点を合わせて論じた。

（6）　中国（新羅・高麗を含む）の華厳教学者たちについて

a　杜　順

　伝統説では杜順（557〜640）は中国華厳宗の初祖とされる。これは後代に形成された説である。文献(11)所収の吉田剛「中国華厳の祖統説」によると，宗密が『註法界観門』（大正蔵45，684下）において初祖杜順・2祖智儼・3祖法蔵の3祖説を出し，それに基づいて浄源が印度までさかのぼり，また宗密までを加え，馬鳴・龍樹・杜順・智儼・法蔵・澄観・宗密という7祖説を立てたという。

　杜順初祖説を巡って，智儼初祖説，智正（559〜639）初祖説等が先学により主張された。これらの諸説は拙著文献(10)の「第1章　華厳教学の成立」の注で詳しく紹介した。智儼が第2祖であるかどうかは別にして，道宣の『続高僧伝』巻25（大正蔵50，654上）の杜順伝に弟子として智儼の名前が出ていること，法蔵の『華厳経伝記』巻3（大正蔵51，163中）の智儼伝に師としての杜順が出ていることで，両者の師弟関係は明白である。

　それよりも，杜順の著作をめぐってはまだまだ解決していない問題が多い。

特に『五教止観』(大正蔵45)、『法界観門』(詳しくは修大方広仏華厳法界観門、大正蔵45に澄観や宗密の注釈文中に本文があり、本文だけの別行本は存在しない)、杜順の説を承けて智儼が撰述したとされる『華厳一乗十玄門』(同45)の3つの著作が問題となる。『一乗十玄門』については智儼の項で扱う。

まず、『法界観門』については、杜順撰述説と、法蔵の『華厳発菩提心章』(大正蔵45)から『法界観門』相当部分を引き抜いて杜順の名前を付けて世に送り出したものとの説、つまり杜順撰述説からすれば、偽撰説とがある。文献(8)木村著作「法界観門をめぐる諸問題」(328頁以下)は偽撰説の論証である。結城令聞「華厳の初祖杜順と『法界観門』の著者の問題」(文献(17))は伝統説を主張した。この点に関しても拙著文献(10)の17-18頁の注(3)(4)で先学の説を整理した。私は木村清孝氏のような偽撰説を取らず、杜順の真撰説に立つ。舘野正生「『華厳発菩提心章』と法蔵撰『華厳三昧観』に関する一考察」(宗教研究320, 1999)は、現存はしないが法蔵撰述とされ、法蔵が自著で何回も言及する『華厳三昧観』を介在させ、木村氏等の偽撰説を補強した。

次に『五教止観』については、文献(17)所収の論文「『華厳五教止観』撰述者論攷―『五教止観』の杜順撰述説を否定し、法蔵撰『遊心法界記』の草稿なりと推定す―」の中で結城氏は『五教止観』の杜順撰述説を否定し、法蔵撰の『遊心法界記』の草稿本であると主張した。この『遊心法界記』自体が本当に法蔵の撰述であるかどうかにも疑いがある。文献(15)で石井公成氏が法蔵撰述とされていた『華厳経問答』(大正蔵45)を新羅での成立文献と論じたと同様に、『遊心法界記』も『五教止観』も新羅成立も視野に入れる必要があるだろう。さらに石井公成「華厳宗の観行文献に見える禅宗批判―慧能の三科法門に留意して―」(松ヶ岡年報17, 2003)では、すでに文献(5)石井教道著作(301頁以下)が華厳教学の観行文献と禅宗との関係を指摘することに言及し、『五教止観』や『遊心法界記』等が結城説のように法蔵撰述書中の草稿云々の議論ではなく、法蔵教学を意識しながらも、法蔵以降の成立であり、初期禅宗文献との関連を重視しなくてはならず、また現存本は新羅・高麗もしくは日本での書写の可能性も指摘した。

華厳の初祖が誰であるかという議論は、禅宗の祖燈説等に刺激された宗密以降の問題意識によるといえよう。『華厳経』をめぐる教学や儀礼は、文献(6)鎌

田著作が述べるように南北朝時代から少しずつ行われた華厳斎会,『華厳経』の講説を中心とした法会等が基盤となって華厳教学が次第に浮上したと考えるのが自然であろう。『華厳経論』100巻(12巻のみ現存)を撰述した北魏の霊弁(477〜522)や杜順等もその斎会の中心人物であったと考えられる。霊弁については石井公成「敦煌写本中の霊弁『華厳経論』断簡―縁集説をめぐって―」(文献(16))がある。また文献(15)石井公成著作「地論宗における『華厳経』解釈―『華厳経両巻旨帰』を中心として―」(23頁以下)で考察している『華厳経両巻旨帰』という著作は誠に不思議な内容であるが,これも地論宗の伝統の中で『華厳経』信仰が形成されてきた査証の1つであろう。60巻『華厳経』訳出前後からの初期華厳教学史については文献(8)木村著作「第1篇　華厳的思惟の形成」は重要である。

b　智儼

智儼(602〜68)については法蔵の『華厳経伝記』巻3(大正蔵51, 163中)に伝記がある。智儼の本格的な研究としては文献(8)木村著作「第2篇　智儼とその思想」が伝記・著作・思想を総合的に論究する。その第1章「杜順から智儼へ」において『法界観門』偽撰説が縷々展開され,8世紀後半までに誰かが法蔵の『発菩提心章』から実践的に重要な一部を抜き出して『法界観門』と名付け,それを杜順に帰したとする。

さて,『一乗十玄門』であるが,これについて木村氏は真撰として智儼教学の重要な柱と認定した。それに対して,文献(15)石井公成著作の「第1部　華厳思想史の研究」・「第2章　智儼の華厳教学」では『一乗十玄門』すべてを智儼の真撰に帰することには反対する。石井氏は新興の東山法門,すなわち初期禅宗との関連にも注目し,もともと地論教学の伝統を身に付けた人物が,禅宗の動向にも目配りしながら,智儼の晩年の講義録を『一乗十玄門』として纏め上げたと論究する。文献(12)吉津著作では「第1章　智儼の同別二教論」において『一乗十玄門』の真偽を論じ,本書には智儼教学の中核である同別二教の教学が存在しないので,智儼の著作とは認定しがたいと論じた。本書は法蔵以降の誰かによる偽撰であり,法蔵教学の影響の下で8世紀中葉頃成立したと主張する。

智儼の教判についても議論がある。文献(9)坂本著作「五教判の起源と玄奘唯識説」(402頁)では,智儼の『孔目章』(大正蔵45)の段階で,玄奘唯識を大乗始教と位置づけるために,小乗教・大乗始教・終教・頓教・円教という五教がすでに成立していると論じる。文献(8)木村著作「華厳経観の特質」(428頁以下)において智儼の教判は法蔵によって完成された五教のようなものもあるし,漸教・頓教・円教の三教,一乗・三乗・小乗の三乗,同教・別教の二教等様々なものがあることを分析した。文献(10)吉津著作「智儼の教判論」(9頁以下),文献(12)吉津著作「智儼の教判論」(39頁以下)では,智儼の教判論は『華厳経捜玄記』(大正蔵35)以後一貫して漸教・頓教・円教の三教判であったと論じ,法蔵の『華厳五教章』(大正蔵45)において初めて五教が成立したと主張する。

c 法　蔵

　法蔵(643〜712)の研究は多い。先に列挙した文献が何らかのテーマで法蔵を論じている。法蔵の伝記・著作・思想という区分で紹介しよう。文献(6)鎌田著作「武周王朝における華厳思想の形成」は唐代に出現した武周王朝という特異な時代に形成された法蔵教学の特色を政治的背景,社会的基盤から解明する。小林実玄「華厳法蔵の事伝について」(南都仏教36,1976)は法蔵の事歴を詳細に論述した。それを承けて文献(12)吉津著作「法蔵の伝記について」(99頁以下)では法蔵伝の再検討を行った。鍵主良敬・木村清孝『法蔵』(大蔵出版,1991)は法蔵の生涯と思想を概観するには至便の著述である。

　法蔵の著作は多いが,真偽不明のものもある。文献(5)石井教道著作(321〜323頁)には詳しい著作一覧表がある。文献(12)吉津著作「法蔵の著作について」(130頁以下)では,法蔵撰述とされる著作一覧を示し,真偽問題にも触れ,13種の著作について撰述年代も推定した。通常『華厳五教章』(原題は『華厳一乗教分記』)と呼ぶ法蔵の初期(40歳頃)の著作を問題にする。この著作には複雑なテキスト論がある。昔から和本(日本に天平年間以来伝来しているもの)と宋本(中国の宋代に成立したテキスト)の違いについての議論はあった。それに加えて,金知見氏が高麗均如の『釈華厳教分記円通鈔』等を『均如大師華厳学全書』(後楽出版,1977,後に『韓国仏教全書』4,東国大学出版部,1982)として公刊されてから,新羅・高麗に伝承された錬本(均如の所釈本であるが,テキスト全体は現存し

ない)の存在が浮上した。

　この間の論争の経緯は文献(12)吉津著作「『華厳五教章』のテキスト論」(178頁以下)に詳論するが，今は論争に関わる文献紹介も兼ねて概観する。金知見氏は「寄海東書考―特に五教章和本・宋本の背景について―」(朝鮮奨励会『学術論文集Ⅰ』1972)や「校注『法界図円通記』」(『新羅仏教の研究』山喜房佛書林, 1973)において，均如『釈華厳教分記円通鈔』巻1(『韓国仏教全書』4, 245頁)にある記事に基づき，新しい提案を行った。それは『五教章』のテキストに草本と錬本とがあるというものである。『円宗文類』巻22(続蔵経・影印本103冊, 422左上)に『賢首国師寄海東書』という法蔵から義湘への手紙が収められる。その手紙と一緒に『五教章』等が届けられた。手紙に「ご批正ください」という文意があることを典拠に，均如は本来法蔵から送られたテキストは列門が第九「所詮差別」・第十「義理分斉」であったものを義湘が門弟たちと検討して，逆に第九「義理分斉」・第十「所詮差別」にした。これを草本と呼ぶ。その義湘の意見を法蔵は容れなかったということであろうか，本来の第九「所詮差別」・第十「義理分斉」のテキストにさらに序分や流通偈まで付して完成したのが均如の注釈しているテキストである錬本であり，これが真正な法蔵の原本であるという。

　この均如の伝承を根拠にして金知見氏は日本に伝来した和本は義湘が列門を逆にした草本であり，法蔵本来のテキストは均如が注釈している錬本であると主張した。宋本も列門は錬本に一致する。このことも金知見氏にとっては錬本が法蔵の原初のテキストであることを傍証することになる。

　これに対して文献(17)に収録するように，結城氏は「『華厳五教章』に関する日本・高麗両伝承への論評」(印仏研24-2, 1976)，「華厳章疏の日本伝来の諸説を評し，審祥に関する日本伝承の根拠と，審祥来日の正当性について」(南都仏教40, 1978)，「『華厳五教章』の高麗錬本・径山写本(宋本)の前却と和本の正当性について」(同50, 1983)等を次々発表し，金氏の説を批判し，また既にこの問題について発表していた吉津「華厳五教章の研究」(駒大仏教紀要36, 1978)にも批判的に論評を加えた。結城説は日本の伝統説を補強するものであり，『五教章』は唐から日本に天平8年(736)にやってきた道璿(702~60)が将来し，第九「義理分斉」・第十「所詮差別」の列門が法蔵の原本であったとするものである。

文献(12)吉津著書「『華厳五教章』のテキスト論」(178頁以下)で論じたように，私も第九「義理分斉」・第十「所詮差別」の列門のテキストが法蔵の原本であったと思う。また，結城氏の論説を参照することにより列門の前後の入れ替えは新羅で澄観の華厳教学の影響で行われ，そのテキストが中国宋代に宋本の形成を促し，大正蔵45の第九「所詮差別」・第十「義理分斉」のテキストができ上がり，宋代の道亭たちによって盛んに注釈されるに至ったと考える。

　『華厳五教章』は『華厳経探玄記』と共に法蔵の主著であり，華厳教学への入門的な意味も持つ。国訳としては，鎌田茂雄訳『華厳五教章』(仏典講座28，大蔵出版，1979)と同『華厳一乗教分記』(『国訳一切経・諸宗部4』大東出版社，1979)とがある。現代語訳としては，木村清孝訳『華厳五教章』(大乗仏典〈中国・日本篇〉7，中央公論社，1989)がある。

　他の法蔵の著作について，文献(12)吉津著作「『大乗起信論義記』の成立と展開」(491頁以下)では『起信論義記』の法蔵教学における位置づけを論じた。これに対して木村宣彰「法蔵における『大乗起信論義記』撰述の意趣」(井上克人編著『『大乗起信論』の研究』関西大学出版部，2000)では，吉津説が『義記』撰述の意図を元曉の『起信論疏』『同別記』の批判に焦点を当てるのは妥当ではなく，玄奘の唯識説への批判とその位置づけが中心であると主張した。

　文献(12)吉津著作「法蔵の『梵網経疏』の成立と展開」(563頁以下)では，『梵網経疏』について法蔵前後の諸注釈書と比較して論究した。文献(15)石井公成著作「法蔵教学の帰結—法蔵の菩薩戒観—」(332頁以下)も法蔵の『梵網経疏』を分析し，法蔵の現実主義的な側面を指摘する。同著作「『華厳経問答』の諸問題」(270頁以下)では，法蔵撰述とされる『華厳経問答』がほとんど法蔵に関わらない文献であり，新羅の義湘系思想との接点，三階教との関係，『釈摩訶衍論』への影響等を論じ，8世紀後半になってからの新羅での流布を指摘する。

　その他，著作に関して注目される論文としては，次のようなものがある。小島岱山「〈妄心還源観〉の撰者をめぐる諸問題」(南都仏教49，1982)は法蔵撰述とされている『妄心還源観』を後代の禅者の撰述と論じた。文献(12)吉津著作「『華厳経伝記』撰述の意義」(151頁)は法蔵教学における当該文献の重要性を指摘した。当該文献について藤善真澄「『華厳経伝記』の彼方—法蔵と太原寺—」(文献(16))は法蔵の伝記への新しい視点を提案した。舘野正生「法蔵撰『華厳

経文義綱目』の研究」(印仏研47-1, 1998) は法蔵の主著『華厳経探玄記』等との関連を追究した。同「法蔵華厳思想形成上に於ける『華厳経旨帰』の位置―法性融通を中心として―」(文献(16))は縁起相由と並んで十玄門の根拠となる法性融通に焦点を当てて考察した。

　法蔵の思想に関しては華厳教学に関わるすべての文献が直接的か，間接的かで論述する。今は先に列挙した文献群のなかで主なものを指摘するにとどめたい。まず文献(4)所収の鎌田茂雄「華厳教学の根本的立場―法蔵における実践の解明―」は文字通り法蔵の実践性を解明する。それを法蔵に留まらず智儼・澄観・宗密にまで広げて観法を論究したのが文献(14)陳著作である。文献(6)鎌田著作「法蔵の華厳思想の特質―性相融会を中心として―」(134頁)，文献(9)坂本著作「法蔵の同体説」，文献(10)吉津著作「華厳教学の成立」(9頁以下)，文献(12)同「第3章　法蔵の別教一乗優越論」(177頁)，同「第4章　『華厳経探玄記』における一乗大乗批判」(249頁)，文献(13)木村著作「華厳教学の大成」(124頁)，文献(15)石井公成著作「法蔵の華厳教学」(299頁以下)等は，それぞれの華厳学者たちが法蔵の華厳教学の中核に迫ろうとしたものである。

　法蔵は禅宗に関して一回も言及していない。神秀(？～706)や慧能(639～713)と同時代に則天武后王朝を共有する法蔵が禅宗に無関心であったはずはない。智儼は達摩の禅法である面壁に言及する。石井公成「禅宗に対する華厳宗の対応―智儼・義湘の場合―」(韓国仏教学 SEMINAR 9, 2003) において，智儼や義湘の禅宗への対応を論じ，同「則天武后「大乗入楞伽経序」と法蔵『入楞伽心玄義』―禅宗との関係に留意して―」において法蔵においても禅宗への意識は旺盛であることを論証した。

d　元　暁

　ここで元暁(617～86)と義湘に言及する理由は彼らが中国華厳教学に与えた影響が大きいからである。法蔵は元暁を批判したが，ほとんどの元暁文献を参照しているらしい。また，慧苑・澄観・宗密等も元暁教学に言及する。特に宗密に与えた影響は大きい。元暁に関する研究文献は韓国を視野に入れると膨大なものになるが，日本での主なものに限定する。文献(15)石井公成著作「元暁の教学」(191頁以下)は元暁の和諍思想の根拠としての『起信論』に注目し，著

作の前後関係を明らかにした。金勲『元暁仏学思想研究』(大阪経済大学出版部,2002) は広く元暁思想を論じ,東アジア仏教史に位置づけする。福士慈稔『新羅元暁研究』(大東出版社,2004) は元暁伝を再検討し,広く中国・韓国・日本の仏教文献の中に元暁の逸文を渉猟した。吉津宜英「元暁の起信論疏と別記との関係について」(前掲韓国仏教学 SEMINAR 9) は石井公成氏や福士慈稔氏が『起信論別記』から『起信論疏』へという流れを主張するのに対して,同時かまたは逆の順序の可能性もあると論じる。

元暁思想は日本の東大寺華厳宗成立の背景として多大な影響を与えた。彼は自らが華厳学派に所属するとは考えていなかったと思われるが,東大寺華厳宗への影響力から日本では次第に新羅華厳宗の人として扱われ,華厳の祖師としては法蔵と並び称されるに至る。そのあたりの経緯については,吉津宜英「新羅の華厳教学への一視点—元暁・法蔵融合形態をめぐって—」(韓国仏教学 SEMINAR 2,1986) や文献(15)石井公成著作「日本の初期華厳教学—寿霊『五教章指事』の成立事情—」等を参照してもらいたい。

e 義　湘

義湘 (625~702) は法蔵初期の教学に影響を与えた。文献(3)坂本著作「新羅の義湘の教学」(421頁以下) では義湘の『一乗法界図』が法蔵の『華厳五教章』の十玄門に影響していることを指摘した。文献(15)石井公成著作「義湘の華厳教学—『華厳一乗法界図』の成立事情—」(217頁以下) は地論学派や東山法門との関連にも着目する。佐藤厚氏は義湘の『一乗法界図』を基点にした義湘系華厳の新羅・高麗での展開を研究し,同『新羅高麗華厳教学の研究—均如『一乗法界図円通記』を中心にして—』(1997年度学位請求論文,東洋大学,東洋大学及び国会図書館で閲覧可能) により学位を得た。彼には多くの論文があるが,今は佐藤厚「義湘の教判思想」(文献(16)),同「義湘系華厳文献に見える論理—重層的教理解釈—」(韓国仏教学 SEMINAR 7,1998) 等の紹介にとどめる。

ところで,『起信論』に関連して,『釈摩訶衍論』の成立問題は長く学界の課題であった,森田龍僊『釈摩訶衍論之研究』(山城屋文政堂,1935) の大著以来,本論が法蔵の『起信論義記』を下敷きにした中国成立の偽論であることは通説であった。文献(15)石井公成著作「新羅華厳思想展開の一側面—『釈摩訶衍論』

の成立事情―」(361頁以下)は本論が徹底して新羅の義湘教学や『金剛三昧経』，また元曉の『金剛三昧経論』等を縦横無尽に依用しており，新羅における成立の可能性を提起した。

f 李通玄

李通玄(635〜730)は法蔵を意識して教学を展開した居士である。その独特の人生は闇に包まれていると言っていい。彼に関する研究も多いが，文献(17)高峯著作「李通玄の思想と禅」，文献(13)木村著作「李通玄の華厳思想」(165頁)，文献(10)吉津著作「李通玄の思想」(176頁以下)等を指摘する。

近時，小島岱山氏は李通玄が活躍した五台山を基点とする仏教思想の独自性を強調して「五台山系華厳教学」と称し，智儼・法蔵を中心とする「終南山系華厳教学」と対峙し，異質なものであると強調する。小島岱山『東アジア仏教大系・新華厳経論資料集成』(華厳学研究所，1992)は『新華厳経論』の異本の集大成である。その他，小島岱山「新華厳経論の文献学的並びに注釈的研究」(仏教学18，1984)，同「臨済義玄と李通玄―『臨済録』における李通玄の影響―」(文献(11))，同「李通玄の性起思想とその諸相」(『前田専学還暦記念』春秋社，1991)，同「五台山系華厳思想の中国的展開序説」(文献(16))，同「東アジア仏教学とその具体的内容」(文献(19))等の多くの論文がある。

g 慧苑

慧苑は法蔵(673〜743頃)が80巻『華厳経』の注釈を行う途上で示寂した後を受けて『続華厳略疏刊定記』をまとめたが，そのなかで法蔵の五教判に異を唱え，別な四教を主張する等，全体的に法蔵教学を変更した。後代の澄観はその点を厳しく指弾した。そのため「背師異流」(師に背いた異端者)と批判される。この点に関して，文献(3)坂本著作「第1部 慧苑の華厳教学の研究―特に教判論を中心として―」は慧苑教学がいかに華厳の伝統を継承し，澄観ですら慧苑教学を依用している面が多いことを論証した。文献(10)吉津著作「静法寺慧苑の教学」(147頁以下)は慧苑の教判が法蔵の五教判と四宗判との統合であり，決して師説に反したとばかりは言えないことを論じた。李恵英『慧苑撰『続華厳略疏刊定記』の基礎的研究』(同朋舎出版，2000)は慧苑に関する専著としては

初めてのものである。

　h　文　超

　文超（生没年不詳）については文献(17)高峯著作「文超法師の華厳経義鈔について—附・金沢文庫「華厳経義鈔第十」—」がある。

　i　法　銑

　法銑（717～78）については文献(12)吉津著作「法銑の『梵網経疏』について」において，彼の唯一の残存著作『梵網経疏』（上巻のみ）を他の『梵網経』諸注釈書と比較検討した。

　j　澄　観

　澄観（738～839）の研究に本格的な進展を与えたのは文献(6)鎌田著作「第2部　澄観の宗教の思想史的考察」（253頁以下）である。本書は画期的な成果と言える。近時，張文良『澄観華厳思想の研究』（山喜房仏書林，2006）が公刊され，特に心の問題の解明に焦点を合わせている。その他，文献(7)高峯著作「澄観の『十二因縁観門』について」，文献(13)木村著作「澄観とその思想」（214頁以下），文献(10)吉津著作「澄観の華厳教学と禅宗」（219頁以下），徐海基「清涼国師澄観の伝記と学系」（前掲韓国仏教学 SEMINAR 7）等の研究を紹介するに止めるが，澄観が中国仏教に占める位置付けは大きなものがある。

　k　宗　密

　宗密（780～841）については，華厳教学のサイドからだけではなくて，禅宗の面からも紹介されるべき文献は多い。華厳教学を中心とし，禅宗史までも視野に入れた成果が鎌田茂雄『宗密教学の思想史的研究』（東京大学出版会，1975）である。鎌田氏は『円覚経』を中心とする宗密教学について『円覚経』の多くの注釈書に加えて『円覚経道場修証儀』の儀礼の分析をも行う。

　思想に関しては文献(13)木村著作「宗密とその思想」（226頁以下），文献(10)吉津著作「宗密における華厳禅の成立」（269頁以下），曹潤鎬「宗密における真理の把握—「円覚」の理解と関連して—」（前掲韓国仏教学 SEMINAR 7）を指摘

するに止める。

宗密の著作は『円覚経』の諸注釈書が中心であるが，よく読まれたものが『禅源諸詮集都序』と『原人論』である。文献（7）高峯著作「禅源諸詮集都序―解題と概要―」，鎌田茂雄『禅源諸詮集都序』（禅の語録9，筑摩書房，1971），同『原人論』（明徳出版社，1973），同訳『原人論』（『国訳一切経・諸宗部4』大東出版社，1979），小林円照訳『原人論』（前掲大乗仏典〈日本・中国篇〉7）等がある。

l 伝奥

宗密以降は，唐の武宗の破仏等もあり，一般に教学仏教は一時期衰退する。宗密以降の伝奥（生没年不詳）等の華厳教学の伝統について，文献(16)鎌田著作「宗密以後の華厳宗」という論文がある。

m 子璿

北宋から南宋にかけて，二水四家と呼ばれる二人の華厳教学者，すなわち長水子璿（965〜1038）と晋水浄源，そして主として『華厳五教章』を注釈した4人の教学者，すなわち道亭（1023〜1100）・観復（〜1144−52〜）・師会（1102〜66）・希迪（〜1202−18〜）が有名である。

二水四家について総合的に研究した吉田剛氏は『宋朝華厳教学史の研究』（1999年度学位請求論文，駒澤大学，駒澤大学及び国会図書館で閲覧可能）として学位論文を纏めた。他に吉田剛「北宋代における華厳興隆の経緯―華厳教学史に於ける長水子璿の位置づけ―」（駒大禅研年報9，1998），同「長水子璿における宗密教学の受用と展開」（南都仏教80，2001），同「長水子璿の無情仏性説」（印仏研51−1，2002）等の論文がある。また，吉津宜英「華厳教学に与えた宋代禅宗への影響―首楞厳経信仰形成への要因―」（鈴木哲雄編『宋代禅宗の社会的影響』山喜房仏書林，2002），同「宋代における「華厳禅」の展開―子璿『起信論筆削記』を中心として―」（『田中良昭古稀記念』大東出版社，2003），同「長水子璿の『金剛経』理解―『金剛経纂要刊定記』を中心にして―」（『村中祐生古稀記念』山喜房仏書林，2005）は子璿の残存する3つの注釈書を分析したものである。結果的には徹底した無情成仏論・草木成仏説，また華厳をベースにし，禅や天台をも包括する総合仏教性が指摘できる。

n 浄　源

浄源（1011〜88）については，鎌田茂雄「華厳普賢行願修証儀の研究」（禅研究所紀要6・7，1976），伊藤隆寿『真福寺文庫蔵〈肇論集解令模鈔〉の翻刻』（駒大仏教紀要42，1984），吉田剛「晋水浄源と宋代華厳」（花大禅学研究77，1999），同「宋代における華厳礼懺儀礼の成立」（印仏研52-1，2003），王頌「僧肇撰〈物不遷論〉の意義と浄源の理解の特質」（南都仏教82，2002），同「浄源の〈不真空論〉に対する華厳的な捉え方〈不真空〉と〈真心〉の解釈について」（印仏研51-2，2003）等のテキスト紹介や思想分析が行われているが，研究はこれからの段階と言わざるをえない。

（7）　中国華厳教学の研究課題

中国華厳教学の研究は伝統的な立場からの総括である文献（1）湯次了榮著作等から約100年の歳月を経過した。その間，人物単位で考えれば智儼・法蔵・慧苑・澄観・宗密・子璿等の研究はかなり深められたと判断される。ただ，それらの人物に関してですら，いちいちの著作についてみればまだまだ分析は不十分である。智儼の『華厳経捜玄記』ですら丹念に読み込まれた成果は出ていない。他の智儼の著作も同様である。法蔵についても『華厳五教章』はよく扱われてきたが，『華厳経探玄記』については素晴らしい国訳（『華厳経探玄記』5冊〈『国訳一切経・経疏部』6〜10，6〜9は坂本幸男訳・1937〜40，10は鍵主良敬訳・1984〉）があるが，日本の凝然（1240〜1321）の注釈（『華厳経探玄記洞融鈔』120巻，現存42巻）等を援用しての細密な研究はまだなされてはいない。以下の慧苑等に関しても同様の状況にある。まず，その面が進められるべきであろう。

次に，華厳教学の研究は単にその教学の内部の研究や展開を問題にしていては，その特色を摑むことはできない。禅と華厳の交渉については研究が進んでいると言いうるが，中国仏教における二大教学と言われる天台と華厳の交渉史の研究はまだまだこれからと言ってもよい。また，智儼・法蔵においては地論・摂論・法相の唯識系教学の研究が前提であり，必須である。特に玄奘将来の唯識学の解明が遅れていることが法蔵研究等を刺激しない要因となっている。澄観・宗密で言えば，禅・律・三論・天台・法相等時代的に見ても多彩な唐代の

諸教学や諸流派を考慮せざるを得ない。

　また，趙宋の華厳学派は荒木見悟『仏教と儒教―中国思想を形成するもの―』（平楽寺書店，1976）が華厳学と禅宗，総じて仏教に対して勃興した朱子（1130～1200）の新儒学を考慮に入れ，先鞭を付けたように，中国思想史の立場からの視点と研究が要請される。荒木氏は本書以降次々に中国思想史の立場からの書物を公刊しているので，華厳教学の研究者もその後塵を拝しつつも，研究を進めていかざるをえない。

　ところで，華厳教学は東アジア共通の仏教思想基盤となっている。今回は新羅の元暁・義湘に関しての若干の成果しか紹介できなかったが，現代でも盛んに華厳教学が機能している韓国仏教における研究成果を紹介できなかった。ぜひ『韓国仏教学 SEMINAR』8号（山喜房仏書林，2000）所収の曺潤鎬・佐藤厚「韓国華厳学の研究」を参照してもらいたい。日本の華厳学研究史については，現在までのところ冒頭で紹介した鎌田茂雄『華厳学研究資料集成』を参照し，1980年代以降の成果については改めて検討する必要がある。

⟨6⟩ 律　　宗

川口高風

（1）大乗戒

　インドの律蔵は小乗律としてとらえられるのに対し，大乗律とされたものは大乗経典中に律を説くものか，経題に戒学関係の語をとるものとされた。これらは中国の梁・陳以来，仏典の整理や大蔵経編集の際に律部とか経・論部等のごとく律部を大小乗に分けたところに原因がある。しかし，大乗戒の思想はすでにインドの大乗仏教にもあったわけで，一層明確になったのは中国からである。大野法道は『大乗戒経の研究』（山喜房仏書林，1954）において，経典や大乗律典を17類200部に分類し，大乗戒の総合的研究をなした。

　大乗戒として代表される経典に『菩薩地持経』『梵網経』『瓔珞本業経』等があげられるが，これらに関する研究では松本文三郎「小乗戒から大乗戒へ」（龍大論叢252，1923）があり，戒律の歴史的展開を概論したわかりやすいものである。大野法道は大乗戒経が小乗律として受けとられている例を出し，「小乗律として取扱はれたる大乗戒経」（『今岡教授還暦記念』同刊行会，1933）があり，石垣源瞻は「大乗戒の起源論」（西山学報4，1931）を記し，その起源を釈尊に求めた。菩薩戒経としての『涅槃経』を中心にながめた横超慧日「菩薩の戒律」（東方学報5，1934）は法華経，涅槃経，瑜伽論の関係を明確にしたものとして注目すべきものである。平川彰「大乗戒と菩薩戒経」（『福井博士頌寿記念』同刊行会，1960）では十善戒，三聚浄戒より各経典の菩薩戒思想をながめている。

　三聚浄戒については，その語源を天台に求めた石田瑞麿「三聚浄戒について」（印仏研1-2，1953）や佐藤達玄「中国における大乗戒の展開―三聚浄戒について」（同18-2，1970）等がみられる。菩薩について出家菩薩，在家菩薩の意味や立場をながめた平川彰「大乗仏教の教団史的性格」（『大乗仏教の成立史的研究』三省堂，1954），道端良秀「大乗菩薩戒と在家仏教―在家菩薩と出家菩薩」（『北魏

仏教の研究』平楽寺書店, 1970) 等ではインドと中国の観念の相違が指摘されている。

そのほか, 大乗菩薩戒全体については石田瑞麿「菩薩戒について」(宗教研究 133, 1953), 芳村修基「大乗戒の諸問題」(仏教学研究21, 1964), 池田魯参「菩薩戒思想の形成と展開」(駒大仏教紀要28, 1970), 佐藤達玄「中国出家教団における戒律の研究——菩薩戒の流布について」(曹洞宗研究紀要 7, 1975), 利根川浩行「僧伝に見られる唐代の菩薩戒」(印仏研32-2, 1984), 竹田暢典「中国仏教と菩薩戒」(『牧尾良海頌寿記念』国書刊行会, 1984) 等があげられよう。

(2) 菩薩地持経

『菩薩地持経』は『瑜伽論』本地分中の菩薩地と同本で, 弥勒の説法を無著が記録したものである。漢訳の求那跋摩訳『菩薩善戒経』9 巻本とは同本異訳といわれており, 特に『瑜伽論』菩薩地は荻原雲来が梵本を『梵文菩薩地経』(山喜房仏書林, 1936) として出版しており, これによって, すでにインドで大乗戒思想のあったことが裏付けられる。地持経が重視されるのは律儀戒, 摂善法戒, 摂衆生戒の三聚浄戒を説き, 大小乗の区別を戒の立場で総合しているためである。したがって, 研究もその方面からであり, 平川彰「大乗戒と菩薩戒経」(前掲『福井博士頌寿記念』) や石田瑞麿「三聚浄戒について」(前掲) 等に問題がとり上げられている。

善戒経については大野法道「菩薩善戒経について」(前掲『大乗戒経の研究』) があり, 地持経を改修して善戒経を作ったという中国改修説をたてた。内藤龍雄は善戒経の中国改修説と形態に関する問題をとりあげ, 戒条の変化等から地持経との同本異訳説を論証した「菩薩善戒経における二三の問題点」(印仏研10-1, 1962) がみられる。『瑜伽論』関係については福井静志「菩薩の戒律儀の問題点——瑜伽論戒本」(同15-1, 1966) があって, 瑜伽論の戒品をながめており, 宇井伯寿『瑜伽論の研究』(岩波書店, 1958) もある。

（3） 梵網経

『梵網経』は中国，日本において大乗戒の第1経として重んぜられ，戒経のなかでも重要な地位を占めるものである。しかし，インドにおいて成立した経典ではなく，中国撰述の疑経である。詳しくは「梵網経盧舎那仏説菩薩心地戒品第十」といい，上・下2巻からなる。上巻には十発趣，十長養，十金剛および十持の四十位が説かれ，下巻には十重四十八軽戒が説かれている。経名も一定していないが，その成立について望月信亨『仏教経典成立史論』（法蔵館，1946），大野法道『大乗戒経の研究』（前掲）では劉宋中頃から斉の初め頃の成立とみている。しかし，布施浩岳は広義の意味で西域地方撰述説を「菩薩戒の精神とその発達」（印仏研3-2，1955）で主張している。石田瑞麿は諸註釈の比較と『梵網経』の訳註を試みており，『梵網経』（仏典講座14，大蔵出版，1971），同「梵網戒経の注釈について」（『佐藤博士古稀記念』山喜房仏書林，1972）を発表した。それ以前には仏教聖典講義の一端として大野法道が『梵網経』を解説しており（『涅槃経遺教経梵網経講義』同刊行会，1935）それ以外にも境野黄洋が『国訳大蔵経』第3（国民文庫刊行会，1918）に，加藤観澄が『国訳一切経・律部12』（大東出版社，1930）で書き下しを行っている。

本文研究としては大野法道「梵網経の形相」（大正大学報5，1929），同「梵網経菩薩戒序について」（同21～23合併号，1935），西本龍山「梵網経戒相の批判研究」（印仏研8-2，1960），白土わか「梵網経研究序説」（大谷大学研究年報22，1970），同「梵網経の形態」（仏教学セミナー16，1972）等があり，そのほか，松本文三郎「大乗梵網経に就て」（無尽燈21-9，1916），増山顕珠「梵網経成立考」（龍大論叢247，1922），藤田泰実「梵網経菩薩戒経私考」（密教学会報6，1967），竹田暢典「梵網経における菩薩像」（印仏研26-2，1978），佐藤達玄「梵網経における新学菩薩の戒律」（駒大仏教紀要41，1983），石井公成「法蔵の『梵網経菩薩戒本疏』について」（印仏研32-2，1984），吉津宜英「法蔵以前の『梵網経』諸注釈書について」（駒大仏教紀要47，1989），石井公成「『梵網経菩薩戒本疏』に見える生命観」（日仏年報55，1990），釈舎幸紀「梵網経と梵網経変——孝順心と慈悲心を中心として」（高田短期大学紀要8，1990）等もみられる。

談話形式のものとして椎尾辨匡『授戒講話』(弘道閣, 1931) や長井真琴『仏教戒律の真髄—梵網経講話』(大蔵出版, 1957) 等もあり, 簡単な入門書として便利である。なお, 『梵網経』は天台大師によって羅什訳とされて『菩薩戒義疏』を著し天台教学の中にとり入れられた。しかも, 『梵網経』の天台学に占める地位は大きく, それらに関して恵谷隆戒『円頓戒概論』(大東出版社, 1937) や芝水生「天台大師の円頓戒概論」(大崎学報43, 1915), 竹田暢典「戒体論から見た天台大師戒疏」(印仏研11-2, 1963), 池田魯参「天台大師にみられる清規思想」(同16-1, 1967), 福島光哉「天台智顗における大乗戒の組織と止観」(大谷学報60-2, 1980),「智顗の戒律思想—性罪をめぐる問題について」(佐々木教悟編『戒律思想の研究』平楽寺書店, 1981), 鷲坂宗演「天台智顗の戒律観の一考察」(花大研究紀要14, 1983) 等があげられよう。

(4) 瓔珞本業経

『瓔珞本業経』は, 『梵網経』と同様に華厳経系統の大乗戒経で三聚浄戒を説く。摂善法戒は八万四千の法門, 摂衆生戒は慈悲喜捨の四無量心, 摂律儀戒は十波羅夷としており, 瑜伽戒の系統とは異なっている。望月信亨『仏教経典成立史論』(前掲) によれば, 梁以前に中国で作られた偽経とみており, 成立時期については大野法道『大乗戒経の研究』(前掲) で仁王経, 梵網経以後であり, 引用される勝鬘経の劉宋元嘉13年 (436) 以後に成立したとみなしている。成立問題に関しては佐藤哲英「瓔珞 (本業) 経の成立に関する研究」(龍大論叢284・285, 1929) がある。瓔珞経と梵網経とは姉妹関係で, それについては宮城信雅「梵網瓔珞経の成立年代と其教理とに就て」(哲学研究7-74, 1922) があり, 大野法道によって『国訳一切経・律部12』(大東出版社, 1930) で書き下しされている。

(5) 四分律宗と道宣

東晋代に『十誦律』『四分律』『摩訶僧祇律』等の律典が中国に伝訳されると律に関する研究が盛んになり, 北魏代には法聡が『四分律』を研究して四分律

宗を開いた。ついで慧光（468～537）が律宗を盛んにし，唐代になると道宣（596～667）は終南山豊徳寺を中心に南山律宗を開いた。また，法励（569～635）は相州の日光寺を中心に相部宗を開き，法励の弟子懐素（624～97）は法励の『四分律疏』を批判して長安の崇福寺東塔を中心に東塔宗を開いた。

このほかに并州大興国寺の法願（524～89）を中心とする并部宗もある。後に相部宗，東塔宗，并部宗は衰え，ひとり南山宗のみが栄えて宋代まで伝わった。

道宣によって大成した南山宗を研究するには，最初に祖たる道宣までの法系をたどり，分派に関する研究から始めなければならない。鈴木哲雄「中国律宗の法系」（愛知学院大学禅学研究5，1970）や佐藤達玄「中国南北朝時代における戒律の教線展開」（駒大仏教紀要29，1971），川口高風「中国仏教における戒律の展開（上）—南北朝時代について」（駒大大学院仏教年報5，1971）により道宣や南北朝時代の律者の法系，律者の教線分布が明らかになる。

道宣については境野黄洋『支那仏教史講話』下（共立社，1929），宇井伯寿『支那仏教史』（岩波書店，1936），道端良秀『中国仏教史』（法蔵館，1939），伊藤康安『仏教の理論と展開』（早稲田大学出版部，1959）等に概説されているが，特に高雄義堅『中国仏教史論』（平楽寺書店，1952）は道宣を末法僧としてながめ，末法に対する動向をみている。山崎宏『隋唐仏教史の研究』（法蔵館，1967）では道宣を感通僧として考究している。したがって，道宣は著作より律僧，史伝僧，経録僧，護法僧，感通僧等に分類ができ，律僧としては甘蔗円達「道宣の支那戒律史上に於ける地位」（支那仏教史学3-2，1939）で律宗祖師としての立場を明らかにした。また，道宣の菩薩戒を同門で弟の道世（？～668）の『毘尼討要』より追究した土橋秀高「道宣の菩薩戒」（印仏研15-1，1966）があり，道世を著作の『法苑珠林』から明らかにした川口義照『中国仏教における経録研究』（法蔵館，2000）もみえる。

南山宗が円教であることを考察した徳田明本「鑑真和上の律宗」（南都仏教24，1970）や同「南山大師の戒律観について」（前掲『佐藤博士古稀記念』）において論を明確にさせた。

道宣の撰述書については，田島徳音が「教誡律儀撰述者に関する疑問」（大正大学報2，1927）において『教誡律儀』は道宣の撰述でないとみている。平川彰は『教誡律儀』の国訳解題（『国訳一切経・諸宗部14』大東出版社，1960）で，その

例を指摘しているが，道宣の著作とみなして訳註を行っている。律宗三大部の根本である『四分律行事鈔』は西本龍山により『国訳一切経・律疏部1』(同, 1938) で訳註している。川口高風「中国仏教における戒律の展開(中)—四分律行事鈔より見た道宣の戒律」(駒大大学院仏教年報6, 1972)，同「四分律行事鈔における道宣の戒律」(宗学研究14, 1972)，同「四分律行事鈔にあらわれた引用典籍の研究」(駒大大学院仏教年報9, 1975)，同「四分律行事鈔にあらわれた引用典籍の研究—経論部」(曹洞宗研究紀要6, 1974) では『四分律行事鈔』のすべての引用典籍を明らかにし，特に菩薩戒経の引用意義をみた。また，同「中国律宗における四分律の大乗的理解」(印仏研21-2, 1973) では教判論として引用経典より考察している。そのほかに大沢伸雄「『四分律行事鈔』における受戒思想の一考察」(宗教研究226, 1976)，同「『四分律行事鈔』における安居について」(同230, 1976)，同「在家戒の授受について—四分律行事鈔導俗化方篇を中心として」(仏教学セミナー24, 1976)，同「四分律行事鈔説戒正義篇の一考察—時節の不同を中心に」(印仏研26-2, 1978)，同「『四分律行事鈔』における僧制について」(宗教研究238, 1979)，同「説戒儀礼における犯戒者について—四分律行事鈔説戒正儀篇を中心として」(印仏研27-2, 1979)，同「道宣の出家学仏道観—四分律行事鈔沙弥別行篇を中心として」(前掲『戒律思想の研究』)，同「四分律行事鈔による涅槃経の受容」(仏教学セミナー4, 1984)，佐藤達玄「行事鈔六十家攷(1)(2)」(駒大仏教紀要35・36, 1977・78)，同「行事鈔における懺悔法」(同39, 1981)，河野訓他「僧衣資料研究」(1)〜(3) (仏教文化18-21・19-22・23-26, 1987・88・90)，榎本正明「『四分律刪繁補闕行事鈔』における頭陀説について」(華頂短大研究紀要48, 2003) 等もある。

史伝籍として『続高僧伝』は，野上俊静『続高僧伝私考』(大谷派安居事務所, 1959) や前川隆司「道宣の後集高僧伝について—続高僧伝との関連」(龍谷史壇46, 1960) があり，『後集続高僧伝』が現在の続高僧伝に付加された過程をながめ，史伝籍を著し重要視したのは戒律顕彰のためであると同「道宣の仏教史観」(印仏研9-2, 1961) において主張している。そのほか，佐藤達玄「道宣の吉蔵伝について」(同9-1, 1961)，宮林昭彦「道宣の戒律観」(日仏年報32, 1967)，松浦俊昭「道宣の律学の研究」(『渡辺隆生還暦記念』永田文昌堂, 1997)，宮林昭彦「道宣の三学観」(関口真大編『仏教の実践原理』山喜房仏書林, 1977)，平川彰

「道宣の法華経観」(坂本幸男編『法華経の中国的展開』平楽寺書店, 1972), 安重喆「道宣の修道観」(印仏研37-1, 1988), 同「唐道宣と義天の修観」(同51-2, 2003)等がある。

　南山宗を始め四分律宗分派の様子は境野黄洋, 宇井伯寿の前掲著書に問題提起しているが, 石井教道「四分律四宗論—特に并部宗に就いて」(大正大学報24・25, 1936・37) や宮林昭彦「四分律宗について」(宗教研究38-2, 1965), 平川彰「四分律宗の出現と十誦律」(南都仏教56, 1986) 等がみられる。しかし, 四派の宋代にいたるまでの研究論考はなく未開拓の分野である。

　近年では道宣の研究をまとめられた佐藤達玄『中国仏教における戒律の研究』(木耳社, 1986) や藤善真澄『道宣伝の研究』(京都大学学術出版社, 2002) によって明らかになった。宋代に南山宗を受け継いだ元照については麻生履善「大智律師元照の業蹟」(龍谷史壇23, 1939), 土橋秀高「元照戒観の展望」(印仏研30-1, 1981) や平川彰が『仏制比丘六物図』を訳註した『国訳一切経・諸宗部14』(大東出版社, 1960) がある。また, 元照の浄土思想については日置孝彦「宋代戒律史上にあらわれた元照の浄土教」(金沢文庫研究13, 1976), 柏原明裕「霊芝元照の浄土教と天台浄土教」(宗教研究291, 1992), 佐藤成順『宋代仏教の研究—元照の浄土教』(山喜房仏書林, 2001) があるが, 宋代の律宗の法系や分派形態, さらに『四分律行事鈔』の解釈をめぐる元照の資持記, 允堪の会正記等に関する研究はみえず, 今後, 積極的に目を向けなければならない課題が存在している。

(6) 戒体論

　戒の本質である戒体について, インドでは『大毘婆沙論』や『倶舎論』等に説かれる。中国仏教で最初に唱えたのは天台智顗 (538～97) であった。智顗は『摩訶止観』等において心法戒体説を主張し『菩薩戒義疏』巻上では無作の仮色を戒体となす色法戒体説を唱えたといわれ, 天台の戒体説の解釈には種々の解釈があるといわれる。

　道宣は『四分律行事鈔』巻上1において, 戒体を四種に分けて戒法, 戒体, 戒行, 戒相とし, それぞれについて説明している。律宗三派の分裂は戒体論の相違によるともいわれ, 南山宗は『成実論』, 相部宗は『大毘婆沙論』, 東塔宗

は『倶舎論』によっている。これら律宗三派の戒体論については，境野黄洋『支那仏教史講話』下（前掲）に各祖師の所依典籍や師資関係等が述べられており，問題提起を与えている。

戒体思想の究明と種別及び系統等を明らかにした大野法道「戒体論」（南都仏教 5，1958）は，戒体の語義を研究する上で欠くべからざる論稿である。平川彰「戒体と戒の得捨」（『原始仏教の研究』春秋社，1964）も戒の本質は何かということについて諸経論を引き考察されている。そのほかに宮林昭彦「中国仏教における戒体論」（1）（仏教文化研究15, 1969），同「四分律宗の戒体論」（前掲『佐藤博士古稀記念』），同「戒体論」（『三蔵集（2）』1975），土橋秀高「戒体について」（印仏研20-1, 1971），青木孝彰「中国仏教における戒体観についての一考察」（同20-2, 1972）等がみられるが，中国律宗三派の戒体論は明確にされていないため，境野黄洋の考察を指標にして新しく取り組むべき問題であり，中国律宗を研究する上で必ず考えなければならない課題である。

（7） 戒　　壇

戒壇は授戒の儀式を行う場所で，その壇場を戒壇という。『大唐西域求法高僧伝』によれば，インドの那爛陀寺に戒壇があったと記されており，インドに存在したことが明らかになる。しかし，本格的に建立され授戒儀式が盛んに行われるようになったのは中国といえる。インドにおける戒壇の様子は平川彰「戒壇の原意」（印仏研10-2, 1962→前掲『原始仏教の研究』）において受戒と僧伽との関係からインドの戒壇の意義を探っている。

中国における戒壇のはじめは『出三蔵記集』巻14の求那跋摩（367～431）伝において南林寺に戒壇が設けられたことがわかる。道宣は『律相感通伝』に歴代の戒壇が建てられた場所と人名について述べており，戒壇は300余所に建てられたという。また，中国仏教が退廃しなかったのは戒壇が存在し，受戒が行われたからであるといっている。

六朝から北宋，新羅，高麗，日本の戒壇にいたるまでの歴史的変遷を考察しているものに横超慧日「戒壇について」（上）（中）（下）」（支那仏教史学 5-1～4，1941～42→『中国仏教の研究』第 3，法蔵館，1979）があり，戒壇研究の先駆けとな

っている。道宣の戒壇については甘蔗円達「道宣の支那戒律史上に於ける地位」（前掲）で道宣の想像に基づくものといっており，宮林昭彦「中国仏教における戒壇について」（大正大学研究紀要56，1971）も甘蔗円達の説を受け継ぎ，道宣の戒壇が原始仏教にみえる戒壇の意味とは相違していることをあげている。伊東忠太『東洋建築の研究』下（龍吟社，1937）には道宣の『祇洹寺図経』が内容的にも筆致の上からも後世の偽作と推定されており，道端良秀「中国仏教と大乗戒壇」（前掲『佐藤博士古稀記念』）では宋代に初めてあらわれてきた大乗戒壇という名称の理由を考察し，叡山大乗戒壇の影響であったことを論証している。そのほか，鑑真や最澄の戒壇等については石田瑞麿『日本仏教における戒律の研究』（在家仏教協会，1963）を始め中西智勇「叡山戒壇の設立に就て」（六条学報79，1908），大屋徳城「大乗戒壇の問題」（支那仏教史学 5－2，1941），田村晃祐「大乗戒壇独立について」（印仏研 5－2，1957）等があり，その関連として末広照啓「戒壇に就いて」（山家学報19・20，1924），服部清造「戒壇の研究」（文学哲学史学会連合研究論文集 6，1955），道端良秀「中国仏教の大乗戒壇」（前掲『佐藤博士古稀記念』）等もあり，戒壇の様子が明らかにされた。しかし，中国において戒壇が設置される場合，どのような人々が招かれ，どのような儀式が行われたかという具体的なことは究明されておらず，今後の研究テーマであろう。

（8） 袈　　裟

袈裟を戒律研究の一部としてながめたものに境野黄洋「戒律研究」（上）（『国訳大蔵経・附録』1928）があり，佐藤密雄「仏教の衣制」（『原始仏教教団の研究』山喜房仏書林，1963）は比丘の三衣と比丘尼の五衣に関した戒律の検討を行っている。平川彰「袈裟について」（『山田無文古稀記念』1972），同「三衣について」（前掲『佐藤博士古稀記念』）は袈裟の色に関して各律蔵により異なる点を指摘し，三衣の大きさを律蔵からながめたものである。僧服としての偏衫や僧祇支の成立については，大西修也「百済仏再考―新発見の百済石仏と偏衫を着用した服制をめぐって」（仏教芸術149，1983），岡田健・石松日奈子「中国南北朝時代の如来像着衣の研究」（上）（下）（美術研究356・357，1993），岩井共二「仏像の服制と「偏衫」をめぐる諸問題」（美学美術史研究論集13，1995）や吉村怜「仏像の着衣

《僧祇支》と《偏衫》について」(南都仏教81, 2002) 等がある。

川口高風「道宣の袈裟観」(駒大大学院仏教年報7, 1973) や同「袈裟史における道宣の地位」(宗教研究217, 1974) は道宣が袈裟に関する戒を曲解し天人の御告げとして非論理的な変更を行っている点を指摘し、それが江戸期の黙室良要の著した『法服格正』等に影響を及ぼした点を追及したものである。

上座仏教の袈裟については、井上義宏が実際にセイロン比丘との生活を体験して著した『原始僧衣の研究』(井上義宏, 1935) があり注目すべきものといえる。そのほか、那須政隆「法衣について」(智山学報9, 1961) はインド、中国、日本における法衣の変遷を一般に理解しやすいように書かれている。

(9) 中国道徳と戒律

仏教に説く空を中国人に理解させるため、無という観念を利用して仏教を説いた。これを格義仏教というが、戒律も中国人の道徳である五常と相通ずるものがあった。

その過程をみることは、中国人の思惟方法を考える上で重要なことである。それについて久保田量遠「五戒と五常とに対する調和論の研究」(無礙光17－9, 1921)、道端良秀「中国仏教に於ける五戒と五常の問題」(印仏研4－2, 1956→『仏教と儒教倫理』平楽寺書店, 1968)、田中文雄「六朝知識人の五戒理解の一側面」(豊山教学大会紀要10, 1982)、中山正晃「中国浄土教と倫理思想」(龍大論集424, 1984) がある。

特に廬山慧遠の戒律を礼と比較して考察したものに、板野長八「慧遠の沙門不敬王者論に就いて」(史学論叢5, 1933)、同「慧遠に於ける礼と戒律」(支那仏教史学4－2, 1940)、田中文雄「慧遠の『沙門不敬王者論』にあらわれたる沙門不応拝俗思想について」(豊山学報25, 1980)、利根川浩行「浄影慧遠の戒律観」(印仏研34－2, 1985) 等があり、禅の戒律観と五戒との関係については佐藤達玄「禅の戒律観と五戒について」(同5－1, 1957)、同「中国仏教形成期における生活威儀について」(同13－2, 1965) がある。さらに儀礼と関連したものには、大谷光照が唐代の仏教儀礼に関して史伝資料にいたるまでながめた『唐代仏教の儀礼』(有光社, 1937) があり、華やかな唐代仏教の一面を窺っている。また、

今津洪嶽「中国仏教教団の制度並に儀礼に関する諸文献の考察」(禅学研究44, 1953)や塩入良道「中国仏教儀礼における懺悔の変容過程」(印仏研11-2, 1963)もある。しかし, 儀礼の研究は余りなされていなかったが, 鎌田茂雄が『中国の仏教儀礼』(東京大学出版会, 1986)を発表し新しい分野を開拓された。

(10) 僧　　制

教団生活は戒律を基軸とした規則が定められている。しかし, 時代や風習等に適応した日常規範も定められるようになった。これは国家体制下にあった場合と教団自体のみの制度との二通りのものが考えられる。したがって, 僧官や度牒等と関わる問題に発展するもので服部俊崖「支那僧官の沿革」(仏教史学2-5・6・8, 1912)や高雄義堅「度牒考」(六条学報226, 1920)はその先駆けといえよう。

その後, 支那仏教史学会による仏教制度史分野の研究で小笠原宣秀「支那の僧制に就いて」(龍大論叢304, 1932), 同「支那南北朝時代仏教教団の統制」(龍谷史壇14, 1934)があり, 禅の清規におよぼした影響等の問題提起がなされた。山崎宏は僧官の考察を進めて「北斉の僧官昭玄十統考」(史潮8, 1938), 同「唐代に於ける僧尼所隷の問題」(支那仏教史学3-1, 1939), 同「唐代の僧官について」(史潮9-2, 1939), 同「南北朝時代に於ける僧官の検討」(仏教研究4-2, 1940), 同「隋代僧官考」(支那仏教史学6-1, 1942)等を発表し, 中富敏治には「唐代の僧統」(大谷学報40-3, 1960)がある。宋代については高雄義堅「宋代に於ける僧官の研究」(支那仏教史学4-4, 1941)や小坂機融「宋代寺院僧尼制度と清規」(駒大仏教紀要26, 1968)等があげられる。

度牒や童行制度については諸戸立雄「中国に於ける度牒初授の年代について」(文化15-10, 1951)や高雄義堅「宋代に於ける度及び度牒制」(仏教研究4-2, 1940), 塚本善隆「道君皇帝と空名度牒政策」(支那仏教史学4-4, 1941), 同「宋時代の童行試経得度の制度」(同5-1, 1941), 藤善真澄「唐五代の童行制度」(東洋史研究21-1, 1962), 諸戸立雄「唐代における僧侶の税役負担について―僧侶の課役免除に関連して」(仏教史学会『仏教の歴史と文化』同朋舎出版, 1980), 中尾雄二「唐代の僧尼の所隷」(龍谷大学大学院紀要2, 1981), 砺波護「唐代にお

ける僧尼拝君親の断行と撤回」(東洋史研究40-2, 1981), 諸戸立雄「唐・五代の童行と度牒制について」(仏教史学研究31-2, 1988) 等がある。特に那波利貞「中晩唐時代に於ける偽濫僧に関する一根本資料の研究」(『龍谷大学仏教史学論叢』1939) は中晩唐時代の実情を追究したもので, 僧侶の俗化と堕落を指摘し, 国家と僧団のあり方を見る上に参考となるべき論文である。

『僧史略』を著した賛寧の目からながめた仏教教団の立場は, 牧田諦亮「僧史略の世界」(印仏研2-1, 1953), 同「君主独裁社会に於ける仏教教団の立場——宋賛寧を中心として」(仏教文化研究3, 1953) 等がある。しかし, 僧制の研究は仏教関係資料のみによって考察するだけでなく, 仁井田陞「唐の僧道・寺観関係の田令の遺文」(『塚本博士頌寿記念』同記念会, 1961) をはじめ仁井田陞『唐令拾遺』(東京大学出版会, 1933), 同『唐宋法律文書の研究』(東方文化学院東京研究所, 1937), 同『中国法制史研究』(東京大学出版会, 1959) 等にみられる法制史の上からもながめていかなければ, 僧団の制度が国家に占めた真の意義を知ることはできないと考えられる。

以上, 律宗とその周辺の研究成果をながめてきたが, 集大成されたものとしては土橋秀高『戒律の研究』(永田文昌堂, 1980), 同『戒律の研究』第2 (同, 1982), 佐々木教悟編『戒律思想の研究』(前掲) がある。また, 中国の出家者が律典の伝訳をどのように受容して中国社会に同調させたか, さらに中国的屈折変容の歩みを通して戒律仏教の発展をあとづけた佐藤達玄『中国仏教における戒律の研究』(前掲), 藤善真澄『道宣伝の研究』(前掲) がある。諸戸立雄『中国仏教制度史の研究』(平河出版社, 1990), 諏訪義純『中国中世仏教史研究』(大東出版社, 1988), 鎌田茂雄『中国仏教史』第6巻 (東京大学出版会, 1999), 川口義照『中国仏教における経録研究』(法蔵館, 2000) 等にも関連の論考が所収されている。

戒律研究や中国律宗の研究史・研究方法, 参考文献については大野法道「戒律研究の現状と将来への希求」(仏教研究5-5・6, 1941), 佐々木教悟「インド仏教への道しるべ——戒律仏教」(仏教学セミナー11, 1970), 川口高風「中国律宗への研究動向」(南都仏教30, 1973), 徳田明本『律宗文献目録』(百華苑, 1974), それに「戒律思想に関する研究文献」(『戒律思想の研究』平楽寺書店, 1981),「戒律関係文献目録」(『戒律の世界』渓水社, 1994) 等がある。

⟨7⟩ 浄土教

柴田泰山

（1） 隋唐浄土教史の概説

　隋唐代の浄土教は，今日までの中国浄土教研究でも特に重点的に研究が進められてきた領域である。隋唐代は阿弥陀仏信仰を教理的に体系化した道綽や善導らが活躍した時代であり，中国浄土教を概観する際に極めて重要な時期でもある。

　この頃の浄土教の歴史的な展開を解説した研究として，古くは佐々木月樵『支那浄土教史』（無我山房，1913）や望月信亨『略述浄土教理史』（浄土教報社，1921），同「唐代の浄土教」（支那仏教史学3－3・4，1939），同『浄土教概論』（弘文堂書房，1940），同『中国浄土教理史』（法蔵館，1942／76）等があり，その後，塚本善隆・梅原猛『不安と欣求』（角川書店，1968），木村清孝『中国仏教思想史』（国書刊行会，1979），柴田泰「中国における浄土教の発展」（『講座大乗仏教』5，春秋社，1985），正木晴彦「浄土」（『岩波東洋思想・東アジアの仏教』岩波書店，1988），柴田泰「浄土系の仏教」（『東アジア仏教』3，春秋社，1997）等が発表された。近年では鎌田茂雄『中国仏教史』6（東京大学出版会，1999）で隋唐代の浄土教の展開が整理されている。また戦前の研究史については道端良秀「「支那浄土教」研究の回顧—漢魏晋南北朝—」（支那仏教史学3－3・4，1939）と小笠原宣秀「「支那浄土教」研究の回顧—隋唐時代—」（同4－1，1940）に紹介されている。

　このように隋唐浄土教史の研究は戦前から近年まで多くの先学が整理を行っているが，時代的には古いながらも望月信亨『中国浄土教理史』は中国浄土教の思想史的展開をよくまとめたものとして現在でも貴重な研究書である。

　隋唐代の浄土教では，道綽から迦才・善導・懐感等を経て，慈愍三蔵慧日・法照・飛錫等が活躍している。なお当時の諸著作に関しては，望月信亨「唐代の浄土教」（同3－3・4，1939）に整理がされている。

（2）道　　綽

　道綽については山本仏骨『道綽教学の研究』（永田文昌堂，1959／79）で『安楽集』の教義を中心として，牧田諦亮・直海玄哲・宮井里佳『道綽』（『浄土仏教の思想』4，講談社，1995）では道綽の伝歴と『安楽集』の構成と概要について，内藤知康『安楽集講読』（永田文昌堂，2000）では『安楽集』の引用経論の整理がそれぞれ行われ，渡辺隆生『安楽集要述』（同，2002）では『安楽集』の解説と訳注が行われている。また中国仏教研究会「『安楽集』「第一大門」の訳注研究」（仏教文化研究論集4，2000）では部分的ではあるが『安楽集』本文について詳細な訳注が施されている。

　また道綽の伝記に関しては，成瀬隆純「道綽伝と沙門道撫」（印仏研32−2, 1984），同「道綽伝の一考察」（同38−2, 1990），藤善真澄「曇鸞大師生卒年新考──道宣律師の遊方を手がかりに──」（〈浄土真宗教学研究所〉教学研究紀要1，1991）等で研究が行われており，道綽門下については柴田泰山「道綽門下の整理」（宗教研究73−4, 2000）等の論考がある。道綽の伝記は道宣『続高僧伝』と迦才『浄土論』所収の伝記が基本となり，慧瓚ならびに慧瓚門下との接点，玄中寺との関係，弟子の整理等について研究が進められてきた。しかし，近年の道宣『続高僧伝』に関する書誌学的研究の展開，あるいは地論学派の研究の発展等，道綽と直接関与すると考えられる様々な分野の研究が進んでいるので，今後は道宣『続高僧伝』所収の道綽伝の再検討，あるいは太原から平遙を中心とした仏教界の動向等について調査を要することとなるであろう。

　道綽の著書である『安楽集』に関しても多数の論考がある。まず書誌については禿氏祐祥「安楽集の書誌学的整理」（宗学院論輯31, 1939）や徳沢竜泉「安楽集の体裁についての一考察」（同）に整理されており，現存するものでは高野山宝寿院蔵の天永3年（1112）の写本や大谷大学所蔵の建久9年（1197）の写本等がある。また『安楽集』には多数の諸経論が引用されているが，その大半が道綽自身の取意文であり，一々の引文に関して道綽が引用した意図を考察する必要がある。このような視点から行われた研究として，大内文雄「安楽集に引用された所謂疑偽経典について──特に惟無三昧経・浄度菩薩経を中心として──」

（大谷学報53－2，1973），同「安楽集所引疑偽経典の二・三について」（同54－4，1975），同「安楽集所引疑偽経典の研究―特に十往生阿弥陀仏国経について―」（印仏研23－2，1975），佐藤健「安楽集と偽経」（佛教大学研究紀要60，1976），宮井里佳「道綽浄土教における『十往生経』の意味」（印仏研41－2，1993），柴田泰山「道綽『安楽集』における『観経』理解」（宗教研究75－4，2002）等がある。また『安楽集』に引用された諸経論そのものに着目した研究として佐藤成順「引文からみた十往生経と山海慧菩薩経」（印仏研18－2，1970）や伊吹敦「『法句経』の成立と変化について」（仏教学44，2002）等がある。

　『安楽集』の教義的な諸問題についても多くの先行研究がある。まず仏身仏土論に関連する論考として，内藤知康「『安楽集』における道綽禅師の浄土観」（『桐渓順忍追悼』1986），渡辺了生「『浄土論註』広略相入の論理と道綽の相土・無相土論」（真宗研究会紀要24，1992），同「『安楽集』の相善往生にみられる「報・化」の弁定」（印仏研41－1，1993），同「『安楽集』における「三身三土」の研究」（龍谷大学大学院研究紀要（人文科学）15，1994），同「『安楽集』にみる二つの弥陀身土論考」（印仏研43－2，1995），武田龍精「中国浄土教三祖の比較思想論的研究（１）―法身・報身・法界身の概念―」（龍大論集451，1998），粂原恒久「道綽における仏身仏土論の特異性」（印仏研50－2，2002），曾和義宏「道綽の仏身仏土論の特異性」（『高橋弘次古稀記念』山喜房仏書林，2004）等があり，個々の研究で道綽が提示している阿弥陀仏報身報土論の特徴がそれぞれの視点から指摘されている。また『安楽集』所説の三昧や実践行に関する論考として，岡亮二「『安楽集』に見られる十念の一考察」（仏教文化研究所紀要４，1965），大田利生「安楽集の念仏思想について」（印仏研18－1，1969），矢田了章「中国浄土教における懺悔について」（仏教文化研究所紀要13，1974），山本仏骨「道綽・善導の念仏思想」（『石田充之古稀記念』永田文昌堂，1982），宮井里佳「曇鸞から道綽へ―五念門と十念―」（日仏年報57，1992），藤丸智雄「『安楽集』における「三昧」の受容」（武蔵野女子大学仏教文化研究所紀要17，2000），大南龍昇「『観仏三昧海経』と慧遠・道綽・善導」（『阿川文正古稀記念』山喜房仏書林，2001），藤丸智雄「『安楽集』と『観仏三昧海経』」（『木村清孝還暦記念』春秋社，2002）等があげられる。

　『安楽集』という典籍は浄土教に関する教義的な諸問題を網羅した内容であり，隋唐代の浄土教を考える際に始点的な位置にある極めて重要な著作である。

上記以外にも多数の先行研究があり，優れた業績が蓄積されている。今後の『安楽集』研究は引用経論の問題に対応しつつ，道綽の教学背景や慧瓚や信行等との思想的な交渉，さらには地論学派が提示する浄土観との交渉，念仏三昧説等，道綽とその周囲との思想的な接点を考慮しつつ『安楽集』独自の阿弥陀仏理解および阿弥陀仏信仰の全体像をより詳細に解明していく必要がある。

（3）迦　才

迦才『浄土論』は道綽『安楽集』の影響下で作成されたが，作者の迦才という人物に関しては一切未詳であり，またその内容も仏土論を中心に『安楽集』とは異なったものであり，今後も研究を要する著作である。本書については名畑応順『迦才浄土論の研究』（法蔵館，1955）という優れた先行研究があり，特に本文篇は当時可能な限りの校訂を施す等，今なお『浄土論』研究には不可欠な1冊である。

著者の迦才については成瀬隆純「弘法寺迦才考」（『平川彰古稀記念』春秋社，1985），同「「道綽・善導之一家」の背景」（東洋の思想と宗教4，1987），同「蒲州栖厳寺の浄土教」（『仏教思想とその展開』山喜房仏書林，1992），同「迦才『浄土論』成立考」（印仏研42-2，1994）等によって道綽の弟子にあたる道撫が「釈迦子」と自称し，後世「子」が「才」と誤写されたのではないかという推論が提示されている。

『浄土論』は写本に七寺本，龍大本，天海蔵本，常楽台本，また版本に慶安2年（1649）版と慶安4年版等がある。これら諸本は森川昭賢「迦才浄土論の我が国に於ける流伝」（仏教学研究5，1951）で整理されている。また七寺本については坂上雅翁「七寺所蔵，迦才の『浄土論』について」（印仏研41-2・1993），同「七寺所蔵・迦才『浄土論』について」（『七寺古逸経典研究叢書』5，大東出版社，2000）で七寺本の特徴が解説され，常楽台本については曾和義宏「常楽台所蔵，迦才『浄土論』について」（印仏研51-2，2003），同「常楽寺所蔵迦才『浄土論』について―上巻の翻刻と解説―」（浄土宗学研究28，2001）および同「翻刻・常楽寺所蔵迦才『浄土論』巻中」（同29，2002）で影印と翻刻が紹介されている。また慶安2年版については同「迦才『浄土論』の版本について―とくに慶安二年版に

ついて─」(仏教論叢48, 2004)で慶安2年版が多分に問題ある版本であることが報告され，併せて慶安4年版の成立についても言及している。

教義的な問題については，森二郎「迦才の十念と念仏」(印仏研8－2, 1960)，山田行雄「迦才教学における行論の一考察」(同13－2, 1965)，稲岡了順「迦才の本為凡夫兼為聖人説について」(同26－1, 1977)，宇野禎敏「迦才の三乗観」(東海仏教27, 1982)，江隈薫「迦才における観法」(印仏研31－2, 1983)，宇野禎敏「迦才『浄土論』における懺悔」(同32－2, 1984)，同「迦才『浄土論』における誹謗大乗について」(宗教研究57－4, 1984)，小林尚英「迦才『浄土論』における念仏について」(印仏研35－2, 1987)，柴田泰山「迦才『浄土論』所説の生因論」(宗教研究71－4, 1998)，曾和義宏「迦才『浄土論』における教判」(佛教大学大学院紀要27, 1999)，同「迦才『浄土論』における念仏」(印仏研47－2, 1999)，柴田泰山「迦才『浄土論』所説の往生人伝について」(仏教文化学会紀要8, 1999)等多数の論考があるが，その内容はおおむね仏身仏土論，実践論，往生人伝に分類することができる。

迦才『浄土論』は他の典籍より写本が充実しているので，今後は名畑本を再検討しつつ諸本を校合する必要がある。また教義的には迦才の思想背景と思われる摂論系統の学説との接点，あるいは『浄土論』巻下に説示されている諸問答の一々の背景や問答の意図について論及する必要があるものと考える。

(4) 『無量寿観経讃述』

敦煌文献『無量寿観経讃述』(以下，『讃述』と略称)はスタイン本(S327『無量寿観経義記』)・大谷本(『無量寿観経讃述』甲本，乙本)があり，著者は未定であるが道綽『安楽集』と道誾『観経疏』と一致する文章が散見できることから研究が続けられている。

スタイン本については矢吹慶輝が『鳴沙餘韻』解説篇でS327の存在を指摘し，その内容を概説し著者問題にも触れている。また望月信亨が『中国浄土教理史』でS327の著者に関して，『続高僧伝』の記述から演空寺霊祐ではないかと推論している。

大谷本については種々の研究が行われている。小川貫弌「唐鈔無量寿観経讃

述」(仏教史学3, 1950)は『讃述』甲本および乙本に関して初めて言及を行い,『讃述』の説示内容と道綽『安楽集』・善導『観経疏』との比較,および道誾『観経疏』との比較を行い著者問題について初めて紀国寺慧浄説を提唱している。村上速水「『無量寿観経讃述』の一考察」(真宗学13・14, 1955)において,『讃述』と善導『観経疏』との内容の相違に視点を置き,両者の比較を行っている。石田充之「敦煌本「無量寿観経讃述」の地位について」(龍大論集354, 1957)で従来の小川説と村上説を整理した上で,改めて著者問題と『讃述』の内容について整理を行っている。また『讃述』本文の公開を受けて恵谷隆戒が「隋唐時代の観経研究史観」および「源隆国の安養集について」の稿(同『浄土教の新研究』山喜房仏書林, 1976)で,著者問題として紀国寺慧浄説を提唱,併せて『讃述』と道誾『観経疏』との接点について言及をしている。岸覚勇『続善導教学の研究』(記主禅師讃仰会, 1966)では著者問題については恵谷氏の紀国寺慧浄説を支持し,また『讃述』と慧遠・道綽・迦才・道誾・善導の所説内容との比較および検討を行っている。

　これらの研究は,第1に『讃述』の著者問題について,第2に『讃述』とその他の(特に善導の)『観経』註釈との比較が,中心的な課題となっている。著者問題は紀国寺慧浄説と著者未定説とがある。また『讃述』と善導『観経疏』との比較については仏身論,別時意会通説,二乗種不生説を中心として論考が行われている。

　これら諸研究を踏まえた上で柴田泰山「『無量寿観経讃述』について」(仏教論叢41, 1997),同「道誾『観経疏』について」(宗教研究77-4, 2004)では,『讃述』の引用経論から考えて『讃述』成立後に道誾『観経疏』が成立したことを指摘,また『讃述』が九品階位説や二乗種不生説に関して『讃述』が隋唐代の浄土教の展開過程上,重要な位置にあることを指摘している。また,西本照真が『安楽集』と『讃述』の成立前後について貴重な指摘を行っている。

(5) 智儼

　華厳教学者である智儼(602〜68)の著作である『華厳経内章門等雑孔目』(以下,『孔目章』と略称)巻4には往生章として,阿弥陀仏の浄土に往生することに

関する一連の議論が行われている。

この『孔目章』の内容に関しては，小澤勇貫「摂論学派の浄土観」(浄土学 8，1934)，小林実玄「唐初の浄土教と智儼『雑孔目』の論意」(真宗研究24，1980)，木村清孝「智儼の浄土思想」(『藤田宏達還暦記念』春秋社，1990)，柴田泰「中国における華厳系浄土思想」(『鎌田茂雄古稀記念』大蔵出版，1997)等で整理が行われている。また柴田泰山「善導『観経疏』の思想的背景」(『宮林昭彦古稀記念』山喜房仏書林，2004)では智儼の著作中に見られる浄土教関連事項の整理を，また同「道誾『観経疏』について」(宗教研究77－4，2004)では智儼の九品や仏土の議論が道誾『観経疏』に影響を与えていることを指摘している。

従来の隋唐代の浄土教研究は道綽や善導が中心でであったが，智儼・道宣・道世等が提示している浄土教に関する記事も当時の阿弥陀仏信仰の状況を知る際には不可欠な資料であり，今後のさらなる研究が期待される。

(6) 善　導

善導に関する先行研究は非常に多く，また広範囲である。

まず善導の伝記と事跡に関する先行研究として，小笠原宣秀『中国浄土教家の研究』(平楽寺書店，1951)，岩井大慧『日支仏教史論攷』(東洋文庫，1957／原書房，1980)，野上俊静『中国浄土三祖伝』(文栄堂書店，1970)，大原性実『善導教学の研究』(永田文昌堂，1974)，野上俊静『中国浄土教史論』(法藏館，1981)，孫浮生『中国浄土教論集』(文化書院，1985)，藤田宏達『善導』(『人類の知的遺産』講談社，1985)，牧田諦亮『善導』(『浄土仏教の思想』5，講談社，2000)等によって諸伝記ならびに金石文を通じた整理が進められ，また山崎宏『中国仏教・文化史の研究』(法藏館・1981)等により善導と当時の社会との接点について言及され，新資料の発見や唐代研究の進歩等を通じて大きく展開した。特に金石文の解明については金子寛哉「隆闡法師碑文」(孫浮生『中国浄土教論集』前提)，八木宣諦「唐代浄土教僧の碑銘について」(法然学会論叢 5，1985)，同「隆闡碑の建碑地について」(仏教論叢29，1985)，同「僧伝資料としての碑銘」(綜仏教年報 8，1986)，金子寛哉「浄業法師碑をめぐって」(『戸松教授古稀記念』大東出版社，1987)，牧田諦亮『善導』(前提)等により大きく進展した。

また善導の伝記に関する近年の学術論文として、諸戸立雄「善導伝についての一考察」(東北大学東洋史論集5、1992)、柴田泰山「『続高僧伝』所収の「善導伝」について」(『佐藤成順古稀記念』山喜房仏書林、2004)等がある。諸戸立雄「善導伝についての一考察」では現存する善導の遺跡寺院の再考を、また柴田泰山「『続高僧伝』所収の「善導伝」について」では道宣『続高僧伝』所収の善導伝の成立年次と善導が長安に入った頃の様子を指摘している。

善導教学に関しては、戦前では望月信亨『略述浄土教理史』(前掲)、浄宗会編『善導大師の研究』(知恩院内浄宗会、1927)、椎尾辨匡『善導大師―全研究の提唱』(浄土宗務所、1928)、望月信亨『浄土教概論』(弘文堂書房、1940)、同『中国浄土教理史』(前掲)等が出版され高水準の研究が行われていた。戦後、神子上恵龍『弥陀身土思想の展開』(永田文昌堂、1950／68)、岸覚勇『善導教学の研究』(記主禅師讃仰会、1964)、同『続善導教学の研究』(前掲)、同『続々善導教学の研究』(同、1967)、大原性実『善導教学の研究』(前掲)、藤原凌雪『善導浄土教の中心問題』(永田文昌堂、1977)等が刊行され、善導教学の研究が進められた。また1980年前後に続々と善導に関する論文集が編纂された。大正大学浄土学研究会『善導大師の思想とその影響』(大東出版社、1979)、藤吉慈海編『善導大師の浄土教』(知恩院浄土宗学研究所、1980)、佛教大学善導大師研究会『善導教学の研究』(東洋文化出版、1980)、藤堂恭俊編『善導大師研究』(山喜房仏書林、同)、戸松啓真編『善導教学の成立とその展開』(同、1981)等である。これら諸論集によって善導研究の一時代が築かれることとなる。その後も藤原幸章『善導浄土教の研究』(法蔵館、1985)、藤田宏達『善導』(前掲)、三枝樹隆善『善導浄土教の研究』(東方出版、1993)、高橋弘次『改訂増補・法然浄土教の諸問題』(山喜房仏書林、1994)、牧田諦亮『善導』(前掲)、松本史朗『法然親鸞思想論』(大蔵出版、2001)、深貝慈孝『中国浄土教と浄土宗学の研究』(思文閣出版、2003)等が出版され、善導教学の全体像が解明されてきた。特に藤田宏達『善導』(前掲)と牧田諦亮『善導』(前掲)は、善導の伝記と著作内容を概観した善導教学の入門書として貴重な存在である。また高橋弘次『改訂増補・法然浄土教の諸問題』(前掲)および深貝慈孝『中国浄土教と浄土宗学の研究』(前掲)に収録されている善導教学に関する論考は、善導の機根論および仏身仏土論に関する貴重な先行研究であろう。また柴田泰山がこれまでの業績をまとめ『善導教学の研究』(山喜房仏書林、

2006近刊）を出版し，善導研究の現状を整理している。

次に善導教学に関する学術論文についてはその数が膨大であり，また佛教大学善導大師研究会『善導教学の研究』（前掲）に1980年までの雑誌論文が整理されている。ここでは特に1981年以降に発表された善導教学および周辺領域に関連する雑誌論文を中心にあげておきたい。

過去25年の善導研究はその大半が善導の主著ともいうべき『観経疏』に関するものである。まず善導以前の『観経』理解と善導『観経疏』の比較を意図した論考として，石垣源瞻「善導大師の古今楷定考」（下）（西山学報29, 1981），池田和貴「『観経』註釈者の思想的相違について――浄土観と凡夫観を中心として――」（駒澤短期大学仏教論集3・1997），八力広超「『観経』諸註釈における凡夫観」（印度哲学仏教学15, 2001），正木晴彦「『観経疏』に於ける九品の問題」（『田村芳朗還暦記念』春秋社, 1982），同「諸『観経疏』に於ける仏身および国土観とその意味」（『インド学仏教学論集』春秋社, 1987），森田真円「善導教義とその周辺『観経四帖疏』と浄影寺慧遠の『観経疏』との関連」（『村上速水喜寿記念』1997）等があげられる。八力広超「善導著作の引用経論」（印度哲学仏教学13, 1999）では善導著作中における引用経論の精査が行われている。

次に仏身仏土論に関する研究として柴田泰「中国浄土教における唯心浄土思想の研究」（1）（札幌大谷短期大学紀要22, 1990），同「指方立相説と唯心浄土論の典拠」（前掲『藤田宏達還暦記念』），同「中国浄土教における唯心浄土思想の研究」（2）（『札幌大谷短期大学紀要』26, 1994），高橋弘次「善導の浄土観――指方立相について――」（日仏年報58, 1993），河智義邦「善導浄土教における法界身論」（真宗研究会紀要26, 1994），同「善導の仏身論における「法界身」の意義」（印仏研43-1, 1994），小林尚英「善導の『観経疏』像想観釈について」（同42-2, 1994），梶山雄一「別時意論争と是報非化論」（『親鸞の仏教』永田文昌堂, 1995），正木晴彦「『善導疏』における本願の問題」（日仏年報60, 1995），武田龍精「中国浄土教三祖の比較思想論的研究（1）――法身・報身・法界身の概念――」（龍大論集451, 1998），曾和義宏「阿弥陀仏の仏身規定をめぐって」（浄土宗学研究26, 2000），袴谷憲昭「是報非化説考」（駒澤短大紀要29, 2001），柴田泰山「善導『観経疏』所説の阿弥陀仏論」（『高橋弘次古稀記念』前掲）等多数の研究が行われている。

また機根論に関する研究として玉城康四郎「「唯除五逆誹謗正法」の意味につ

いて——中国・日本篇——」(『東方学論集』東方学会, 1987), 正木晴彦「観経疏に於ける二乗種不生の問題——特に中輩の廻心得生等を巡って——」(『「我」の思想』春秋社, 1991), 堀本賢順「玄義分「何機得受」と善人往生」(西山学会紀要 2, 1992), 鈴木善鳳「善導大師の浄土観——九品往生人釈を中心に——」(真宗教学研究17, 1993), 河智義邦「善導浄土教の人間観にみる大乗仏教的原理」(印仏研44-1, 1995), 同「善導『観経疏』における「三縁釈」設定の意図」(龍谷大学大学院紀要17, 1996), 柴田泰山「善導『観経疏』における「未来世一切衆生」への理解」(仏教文化学会紀要10, 2001) 等がある。

　実践論に関する研究は, 福原隆善「善導大師の懺悔思想」(浄土宗学研究12, 1981), 石田雅文「善導大師の念仏実践論の展開」(龍谷教学20, 1985), 宮井里佳「善導における道綽の影響——「懺悔」をめぐって——」(待兼山論叢(哲学篇) 28, 1994), 天岸浄円「善導における『観経』見仏思想の展開について」(行信学報 8, 1995), 上野成観「善導に於ける懺悔観の一考察」(龍谷大学大学院文学研究科紀要23, 2001) 等がある。

　信仰論に関する研究は, 寺倉襄「善導「三心釈」の特質」(同朋大学論叢44・45, 1981), ジョアキン・モンテイロ「二種深信の思想的な意味について——善導における如来蔵批判——」(同朋大学仏教文化研究所紀要16, 1997), 柴田泰山「善導『観経疏』所説の至誠心釈について」(印仏研51-2, 2003), 同「善導『観経疏』所説の至誠心釈について」(三康文化研究所年報35, 2004), 同「善導『観経疏』所説の「深心」について」(印仏研52-1, 2003), 同「善導『観経疏』所説の「廻向発願心」釈について」(同53-1, 2004) 等がある。

　その他の著作に関しては, 上野成観「善導著述関係の一考察」(真宗研究会紀要33, 2001) で善導著作の成立前後が, 金子寛哉「『浄土法事讃』について——龍門・奉先寺廬舎那像との関連を中心に——」(印仏研35-1, 1986) で『法事讃』の成立について考察が行われている。『観念法門』については斉藤隆信「『観念法門』における三念願力」(同43-1, 1994), 同「善導所釈の三念願力」(佛教大学大学院研究紀要23, 1995), 成瀬隆純「善導『観念法門』の位置づけ」(印仏研48-1, 1999), 能仁正顕「善導浄土教における般舟三昧説について——『観念法門』成立問題に関連して——」(前掲『親鸞の仏教』)等によって『観念法門』の成立問題が研究されている。『往生礼讃』については宮井里佳「善導浄土教の成立につい

ての試論—『往生礼讃』をめぐって—」(前掲『北朝隋唐・中国仏教思想史』)、柴田泰山「善導『往生礼讃』所説の「広懺悔」について」(綜仏年報22, 2000)、同「善導『往生礼讃』所引の「宝性論」「弥陀偈」について」(仏教文化学会紀要9, 2000) 等が、また『般舟讃』については同「善導『般舟讃』所説の「心識」について」(仏教論叢43, 1999) 等がある。

これら従来の善導研究を概観すると次のようにまとめることができる。

　　①善導の伝記資料および伝記の解明
　　②善導の著作内容の論述
　　③善導教学が日本浄土教に与えた影響の解明
　　④中国仏教思想史内における善導浄土教の位置付け

特に中国仏教思想史内における善導浄土教の位置付けを試みた論考として、望月信亨『高祖善導大師』(1927)、椎尾辨匡『善導大師—全研究の提唱—』(1928) から結城令聞「観経疏に於ける善導釈義の思想史的意義」(『塚本博士頌寿記念』塚本博士頌寿記念会、1961／『結城令聞著作集』3、春秋社、2000)、恵谷隆戒「隋唐時代の観経研究史観」(前掲『浄土教の新研究』)、藤原幸章『善導浄土教の研究』(前掲)、および高橋弘次『改訂版増補・法然浄土教の諸問題』(前掲)、同「善導の浄土観—指方立相について—」(前掲)、深貝慈孝『中国浄土教と浄土宗学の研究』(前掲) に収録されている善導関係の諸論文等を経て、河智義邦「善導『観経疏』における「三縁釈」設定の意図」(前掲)、曾和義宏「阿弥陀仏の仏身規定をめぐって」(前掲)、松本史朗『法然親鸞思想論』(前掲) 等が挙げられる。

個々の内容を見ると、椎尾氏・望月氏により中国仏教内における善導研究の必要性が提示され、結城氏・恵谷氏・藤原氏によって善導が『観経疏』で説示している善導以前の『観経』解釈への批判内容と善導の教学背景が検討されている。さらに高橋氏・深貝氏により善導が『観経疏』で主張している仏身仏土論・機根論・別時意会通説・浄影寺慧遠との交渉・実践論等多岐に渡る内容が検討され、近年では河智氏により善導の宗教体験と説示内容との関連性が、また曾和氏により善導が主張する阿弥陀仏報身論の再検討が行われ、さらに松本氏により善導と中国仏教内における仏性潜在論との交渉がそれぞれ指摘されている。

このように善導教学は今なお様々な方面から研究が進められている。最近で

は斉藤隆信「法照の礼讃偈における通俗性―その詩律を中心として―」(浄土宗学研究30, 2003) による音韻学的な発想を取り入れた研究や, 西本明央「『観経疏』に見られる善導の反語について」(『高橋弘次古稀記念』前掲) による論理学的な視野を導入した善導教学の解明等, 従来の研究方法とは異なった発想や手法も見られるようになってきた。今後の善導研究はこれまで以上に中国仏教との関わりや, 善導の阿弥陀仏信仰の独自性が追及されていくことであろう。

(7) 懐　感

善導の弟子であり, 『釈浄土群疑論』(以下, 『群疑論』と呼称) については1970年以降に精力的に研究を続けている金子寛哉の業績を前後して大きく異なっている。

金子以前の『群疑論』研究として, 鷲尾順敬「古版釈浄土群疑論について」(宗教界 2 - 4, 1908), 矢吹慶輝『三階教の研究』(岩波書店, 1927。再版1973), 松田貫了「釈浄土群疑論標目考」(浄土学13, 1938), 藤原凌雪「懐感の念仏思想」(真宗学 9, 1953), 近藤信行「群疑論に現れた凡入報土論」(浄土学紀要 3, 1954), 坪井俊映「鎌倉時代に於ける群疑論釈書について」(日仏年報21, 1956), 同「金澤文庫所蔵生駒良遍著群疑論見聞について」(佛教大学研究紀要33・34, 1957), 村地哲明「懐感伝についての一考察」(大谷学報38-1, 1957), 同「群疑論に於ける仏身仏土の観方」(同46-2, 1966), 山本仏骨「懐感の浄土教思想」(真宗学52, 1975), 江隈薫「釈浄土群疑論における念仏義」(印仏研23-1, 1975), 島津現淳「懐感の浄土観―唯識説との関係を中心として―」(同朋大学論叢39, 1981), 同「釈浄土群疑論所引の世親の浄土論」(同44・45, 1981) 等がある。

金子寛哉は従来の研究を踏まえた上で, 「懐感の伝記について―特に没年を中心として―」(仏教論叢12, 1967) で懐感の伝記を再検討し, 同「懐感の浄土観」(浄土宗学研究 4, 1970) および「懐感の念仏三昧説」(同 5, 1971) で『群疑論』の内容についてこれまでにない詳細な検討を行っている。その後, 『群疑論』に引用されている諸経論について考察を試みる一方で, 同「「孟銑伝」について」(印仏研20-1, 1971) および「涇川水泉寺出土「涇州大雲寺舎利石函」の銘文について」(同28-2, 1980) で『群疑論』序の作者である孟銑について研究を行い,

懐感の時代的な背景について指摘している。また同「日本における群疑論の受用—法然以前を中心として—」(『竹中信常頌寿記念』山喜房仏書林, 1984) および同「善導・懐感と法然浄土教法然の著作に見る両師の引用を中心に」(『法然浄土教の綜合的研究』山喜房仏書林, 1984) 等で, 日本における『群疑論』引用の整理を行い, 法然以前と法然以後では『群疑論』の受容態度が異なることを指摘している。最近では同「三階教と『群疑論』」(印仏研49−2, 2001) や同「弥陀弥勒両信仰について」(『佐藤良純古稀記念』山喜房仏書林, 2003) 等で,『群疑論』の対論者に関する言及を考察している。(なお, 金子の業績は『『釈浄土群疑論』の研究』〈大正大学出版会, 2006〉にまとめられている。)

金子に続いて村上真瑞も1980年代前半から『群疑論』の研究を進めている。村上は「『釈浄土群疑論』における浄土論—特に慈恩思想との関連として—」(仏教論叢30, 1986), 同「『釈浄土群疑論』における仏身仏土論」(浄土宗学研究15・16, 1986), 同「『釈浄土群疑論』における慈恩の影響」(印仏研36−1, 1987), 同「七寺所蔵『釈浄土群疑論』写本について」(同40−2, 1992), 同「『釈浄土群疑論』に説かれる阿弥陀仏と凡夫との呼応関係」(同44−1, 1995), 同「『釈浄土群疑論』に説かれる三階教批判」(『高橋弘次古稀記念』前掲) 等を通じて, 七寺本を中心とした『群疑論』の写本研究,『群疑論』と基を中心とした仏身仏土に関する議論の展開等を研究しており, 一方で『群疑論』のテキスト化にも尽力している。

金子や村上の他に, 村地哲明「善導と懐感との師弟説についての疑問」(真宗研究34, 1986), 同「善導の浄土教の展開について」(同36, 1989) 等, 善導以後の浄土教の状況について『群疑論』を通じて見ようとする研究もある。

このように『群疑論』研究は引用経論と仏身仏土論, 三階教への対応以外にはまだまだ研究の余地がある資料であろう。また『群疑論』所説の個々の問答を詳細に検討することで, 善導以後の浄土教に対する批判や, 浄土教との対論者の想定, あるいは懐感の善導浄土教の受容等が解明されてくるものと考える。

（8） 道誾，靖邁，龍興，その他

　善導や懐感とほぼ同時代に長安で活躍した浄土教者として道誾，靖邁，龍興等をあげることができる。

　道誾とその著作である『観経疏』に関しては望月信亨が『中国浄土教理史』（前掲）において，いわゆる真福寺本『戒珠集往生浄土伝』の内容と『観経疏』の紹介を行い，その後，恵谷隆戒が『浄土教の新研究』（前掲）第3章「古佚書道誾の観経疏について」および第12章「源隆国の安養集について」において研究を進めている。恵谷は，前者では道誾が提示している四種浄土説が智儼・道世と類似した内容であり道誾は智儼の見解を踏襲した点，および道誾が提示している九品階位説の整理を，後者では道誾と『纘述』が近似した文章を有しつつも別本であることを指摘している。また恵谷の研究を受けて，岸覚勇が『続善導教学の研究』（前掲）において，道誾と善導・龍興との比較を試みている。その後，柴田泰山が「道誾『観経疏』について」（仏教文化研究47・48合併号，2004）において『纘述』との前後関係，智儼との教義的な接点，道誾の浄土理解の特徴等を指摘している。

　靖邁とその著作である『称讃浄土経疏』については，柴田泰山「靖邁『称讃浄土経疏』について」（印度哲学仏教学19, 2004）で靖邁の伝記と『安養集』を通じて多少なりとも復元が可能な『称讃浄土経疏』について研究が行われている。

　龍興『観経疏』については，恵谷隆戒が『浄土教の新研究』（前掲）第4章「古佚龍興観無量寿経記の研究」および金子寛哉「浄業法師碑をめぐって」（『戸松教授古稀記念』前掲）で龍興が浄業と同一人物か否かということが議論されている。また恵谷隆戒『浄土教の新研究』（前掲）では『安養集』等を通じて龍興『観経疏』を4分の3ほど復元している。

　また宇野順治「ペリオ断片中の浄土教資料について―浄土教団史を中心に―」（印仏研38-2, 1990）および同「ペリオ Ch・2720の「観経疏」について」（仏教学研究45・46, 1990）では従来の研究では未発見であった『観経』注釈書を紹介している。

　今後，これらあまり研究されていない『観経』諸注釈書の研究を通じて，善

導『観経疏』以後の『観経』理解について検討を行う必要がある。またこの作業を通じて，懐感『群疑論』がなぜ作成されたかという問題が少しずつ明らかになっていくものと思われる。

（9） 慈愍三蔵慧日，承遠，法照，飛錫，『西方要決』

唐代中期の浄土教に関しては塚本善隆『唐中期の浄土教』（東方文化学院研究報告（京都）4冊，1933／法藏館，1975／『塚本善隆著作集』4，大東出版社，1976）が先駆的存在であり，かつ法照ならびに承遠の研究については今なお必読の書である。

慈愍三蔵慧日とその著作である『浄土慈悲集』については大屋徳城『鮮支巡礼行』（東方文献刊行会，1930），木下靖夫「慈愍三蔵の念仏観」（顕真学報12，1934），小野玄妙『仏教の美術と歴史』（大蔵出版，1937），中山正晃「慈愍三蔵の禅宗批判」（印仏研10-1，1962），柴田泰「慈愍三蔵慧日に関する二，三の問題」（同17-2，1969），道端良秀「真宗より見たる慈愍三蔵」（『中国仏教史の研究』法藏館，1980），近藤良一「慈愍三蔵慧日の禅宗批判とその対象」（『古田紹欽古稀記念』創文社，1981）等がある。また近年，伊吹敦「禅宗の登場と社会的反響―『浄土慈悲集』に見る北宗禅の活動とその反響―」（東洋学論叢53，2000）が発表され，従来の諸説を再検討しつつ，慧日の批判対象であった禅宗の存在について言及している。

承遠については塚本善隆『唐中期の浄土教』（前掲）所収の「南岳承遠とその浄土教」に，承遠の学問的な系統が説示されており，承遠が天台や密教と近い位置にあったことが指摘されている。

法照については塚本善隆『唐中期の浄土教』（前掲）が最も良くまとまっている。その他に法照に関する研究として上山大峻「敦煌出土「浄土法身讃」について」（真宗研究21，1976），江隈薫「唐代浄土教の行儀―懐感・慈愍・法照について―」（日仏年報43，1978）や廣川堯敏「敦煌出土法照関係資料について」（『石田充之古稀記念』前掲），坂上雅翁「五台山大聖竹林寺について」（印仏研51-2，2003）等がある。また近年，斉藤隆信「法照の礼讃偈における通俗性―その詩律を中心として―」（浄土宗学研究30，2003）が発表され音韻学的に法照の著作を再検討し，校訂を試みているが，このような研究はこれまでの礼讃研究にはなか

った方法である。また五十嵐明宝『浄土五会念仏略法事儀讃』(永田文昌堂, 2001)では法照の著作である『浄土五会念仏略法事儀讃』(『略本』)の解説と訳注が行われている。

飛錫とその著作である『念仏三昧宝王論』についても塚本善隆『唐中期の浄土教』(前掲)が先駆的な研究である。その後,中山正晃「飛錫の念仏三昧観」(印仏研17-2, 1969),同「念仏三昧宝王論について」(日仏年報41, 1976),石川琢道「飛錫の実践論—称名念仏と般舟三昧—」(仏教論叢48, 2004),曾根宣雄「『念仏三昧宝王論』における仏身論」(同),伊吹敦「『念仏三昧宝王論』に見る禅の動向」(東洋学研究41, 2004)等が発表された。また『念仏三昧宝王論』の訳注が大正大学綜合仏教研究所・唐代中期仏教思想の研究会「唐代中期仏教の研究」(1)～(4)(綜仏年報23～26・2001～04)で発表されている。

特に伊吹敦「『念仏三昧宝王論』に見る禅の動向」(前掲)は,同「禅宗の登場と社会的反響—『浄土慈悲集』に見る北宗禅の活動とその反響—」(前掲)と併せて,唐代中期の浄土教文献の中から当時の禅宗の動向を探るという論旨で非常に興味深い内容である。また同「『念仏鏡』に見る禅の影響」(印仏研51-1, 2002)や同「『念仏鏡』に見る八世紀後半の禅の動向」(前掲)でも同様の研究が行われている。これら一連の伊吹論文によって唐代中期の浄土教と禅宗の情勢をうかがうことができる。

また浅野教信『講本・西方要決』(永田文昌堂, 1993)では『西方要決』の解説と訳文が紹介されている。

これら唐代中期の浄土教は禅宗との接点のほかにも,華厳宗・天台宗や密教との関わりや朝廷等との関与等唐代初期の浄土教とは異なった阿弥陀仏信仰の状況があり,今後は唐代中期から五代を経て宋代へと浄土教がどのように展開していくかということについても研究を進める必要がある。

(10) 今後の展望

中国浄土教の研究でこれまで最も多くの業績が残された領域は隋唐代であろう。この時代には日本の浄土宗開祖が浄土五祖とした道綽と善導が活躍しており,特に善導は法然が『選択集』で「偏依善導一師」あるいは「弥陀化身」と

いいその教説を根拠として自説を展開したことから，鎌倉時代から今日に至るまで浄土系の教学で研究が進められてきた。これらの研究による学問的な成果は多大である。同時に1980年代以降，中国仏教が大きく進展していく中で，浄土教研究が大きな発展をしてきたとは言い難い。この理由として，第1に特に歴史的側面では諸先学により既に現存資料の研究が整理されこれ以上新たな見解を提示することが困難な状況にあること，第2に思想的側面ではそれぞれの著述内容については一応の確認が行われていること，第3に従来の道綽や善導の研究の多くが法然浄土教研究の視座から進められてきたこと等が挙げられる。

今後の隋唐代浄土教の研究の方向性は，敦煌文献や各種金石文や『全唐文』等，さらには新出資料にも注意しつつ中国仏教思想史の中で浄土教を捉える必要があるであろう。視野を広く持ち，中国の一宗教として阿弥陀仏信仰を見ることで，中国浄土教の研究は従来と異なった方法論と成果を提示できるようになるものと考える。

〈8〉 禅　　宗

田中良昭

はじめに

　本書は，戦後（1945～）50年余の中国仏教研究の歩みを回顧・検証し，これから中国仏教の研究を志す人びとへの研究の指針を提供することを意図したものである。しかしながら，隋唐時代の仏教のなかで，ここで取り上げる禅宗に関する研究は，戦前からの長い歴史の上に培われ，その発展の上に成立したものであり，とりわけ中国禅宗の研究は，1900年に発見された敦煌文書の出現により，1930年代以降，画期的な研究の進展をもたらした分野であり，従って，そうした歴史的背景の上に立って，従来の研究を回顧し，今後を展望する必要がある。そこで，本書が意図する戦後の研究成果に重点を置きつつも，それに先立つ戦前からの中国禅宗の研究の歴史を視野に入れながら，その研究の歴史を以下の4つの時期に分けて俯瞰するのが適切であると考える。

　第Ⅰ期　1911～25年　敦煌文書の発見・紹介以前の伝世資料による最初期の
　　　　　研究時代。
　第Ⅱ期　1926～55年　敦煌文書の発見と紹介，その新資料を用いた初期の研
　　　　　究時代。
　第Ⅲ期　1956～90年　その後に新たに発見された敦煌文書によるより充実し
　　　　　た教団史的，思想史的研究時代。
　第Ⅳ期　1991年～現在　敦煌文書の研究成果をふまえつつ，新たに発見され
　　　　　た塔銘・碑銘や従来の伝世資料等を多角的に活用した広範な視野に立
　　　　　った研究時代。

　以上の4期の内，いわゆる戦前の第Ⅰ期と一部戦後にまたがる第Ⅱ期については，それぞれの代表的な研究者とその研究成果の紹介に止め，文字通り戦後の第Ⅲ期と第Ⅳ期については，研究者名はもちろんのこと，その研究成果の内容

や学問的意義にまで踏み込んで論述することにする。

（1） 近代的学問研究の幕明け

　第Ⅰ期のいわゆる最初期における近代的な学問研究の幕開けとしては，松本文三郎による『達磨』（国書刊行会，1911→『達磨の研究』第一書房，1942）と，『金剛経と六祖壇経の研究』（貝葉書院，1913）を挙げねばならない。すなわち，中国禅宗の研究のスタートが，禅宗の初祖とされる達磨と，六祖とされる慧能（638～713）に関するものであったことは，その後の中国禅宗の研究史において，この両者の研究がその中心的役割を果たしていることからしても，極めて先見の明のあったことというべきである。

　次いで，こうした個別的な問題の研究から，今度はインドから中国，さらに日本へと三国にわたる禅の歴史的展開を総合的に把えようとする意欲的研究が相次いだ。すなわち，孤峰智璨の『禅宗史』（光融館，1919→『印度・中国・日本禅宗史』国書刊行会，1975）は，その改訂版に印度，中国，日本と三国伝燈の禅宗史を意図したことが明記されており，それに続く忽滑谷快天による『禅学思想史』上（玄黄社，1923→名著刊行会，1969），下（同）も，上巻に印度と支那の部，下巻に日本の部というように，三国にわたる禅思想史の展開を網羅するという偉業をなしとげたことは，十分評価すべきことである。もちろんこれらの成果のすべてが今日そのまま通用するものではないが，当時の学者のスケールの大きさを示す秀れた研究成果として，今日も尚，その存在感を示している。

（2） 敦煌文書の発見

　次いでいよいよ敦煌文書の発見・紹介を中心とした第Ⅱ期に入る。

　①その先陣をきったのが，中国の代表的哲学者である胡適による初めて敦煌文書を用いた神会（684～758）研究の成果である『神会和尚遺集』（上海，商務印書館，1930→『胡適校　敦煌唐写本神会和尚遺集』台北，胡適紀念館，1968）の刊行である。この書の出現により，敦煌文書による中国禅宗の研究という新たな幕が切って落されたわけであり，その意味で画期的な業績というべきである。それ

から今日に至る中国禅宗史の研究は，この新たに出現した敦煌文書によって，従来の研究に全面的書き直しをせまったとまでいわれるほどに，大きな意味を持つものであった。そこでまず敦煌文書の発見のことについて触れておきたい。

敦煌文書が，中国甘粛省の西の辺に位置するオアシス都市敦煌の東南約25キロにある莫高窟の第17窟（この洞窟より多くの経典類が出現したことから，蔵経洞と呼ばれる）から，洞窟の管理者であった道士の王円籙によって偶然に発見されたのは，清朝末の光緒26年（1900）5月26日（中国では22日とする）のことであった。当時西域の探検に参加していた各国の探険家たちは，この報せによって次々と敦煌を訪れ，王道士から新たに出現した敦煌文書を購入（中国では劫め取ったとする）し，自国に持ち帰った。すなわちそれは，清の光緒33年（1907）から新たに成立した中華民国の民国4年（1915）にかけてのことである。その結果，今日敦煌文書を収蔵するのは，スタイン将来のロンドンの大英図書館（当初は大英博物館であったが，後に改組された），ペリオ将来のパリのフランス国立図書館，中国の清朝政府が収蔵した北京の中国国家図書館（当初は京師図書館であったが，後に改名された），大谷探検隊将来の京都の龍谷大学図書館（当初はその一部が旅順博物館に収蔵されたが，現在は北京の中国国家図書館に移管されている），オルデンブルク将来のサンクト・ペテルブルクのロシア科学アカデミー東方研究所の5ヶ所であり，それ以外にも中国，台湾，日本の図書館や博物館，さらには個人の手に帰したものもある。これらの敦煌文書は，各コレクションごとに整理され，分類作業や目録の作成が進められる一方，マイクロフィルム撮影や影印本の刊行が行われていて，今日では比較的容易にその内容を知ることが可能になっている。

ところで当初，この敦煌文書に学者の関心が集まるようになったのは，その発見からおよそ4半世紀を経過した1925年頃からであった。敦煌文書の中の禅宗資料，すなわち敦煌禅籍に最初に関心を示し，ヨーロッパに資料調査に赴いたのが先の胡適であり，それは1926年のことであった。胡適はパリの国立図書館とロンドンの大英博物館で，神会に関する敦煌文書を発見し，その校訂と研究を一書にして公にしたのが，先の『神会和尚遺集』であった。しかも胡適は，この偉大な業績を刊行したことにより，少くとも中国禅宗の研究においては，生涯にわたって神会とその系統を引く宗密（780～840）の研究に，画期的な成果

を遺すことになるのである。

　②敦煌文書の出現は，当時日本で刊行中であった高楠順次郎・渡辺海旭等による仏典の一大叢書である『大正新脩大蔵経』全100巻にも，大きな影響と学問的価値を与えることになった。特に経典類を集めた全85巻の最終巻に当たる第85巻が，古逸・疑似部とされ，その古逸部に収録されたのが敦煌文書によって新たに知られた経典類であるが，それらはいずれも矢吹慶輝がロンドンに赴いて撮影したロートグラフによるものであって，そのなかには従来知られなかった重要な禅宗文献も数多く含まれていたのである。ただ禅宗文献は，古逸部以外にも，第48巻の諸宗部に『六祖壇経』（略称），第51巻の史伝部に『歴代法宝記』が収録されていることは注意を要する。

　ところで矢吹慶輝は，『大正蔵』への資料提供をする一方で，自ら撮影し将来した仏典を『鳴沙余韻』（岩波書店，1930→臨川書店，1955）と題して影印で公にし，その2年後には，その典籍に関する解説を『鳴沙余韻解説』（同，1933→同）として出版している。特にその「解説」の中で，「敦煌出土支那古禅史並に古禅籍関係文献に就いて」と題して，矢吹がロートグラフによって将来した敦煌禅籍に関する詳細な文献研究の成果を公にされていることは，高く評価されるべきであり，これは先の胡適の神会に関する研究成果の公刊と同じ1933年に刊行されたものである。かくして中国，日本の代表的な学者による敦煌禅籍の新たな研究によって，いわゆる第Ⅱ期の敦煌文書による新研究の時代へと入ったことが，確実なものとなったのである。

　先の第Ⅰ期の最初に，『六祖壇経』についての研究を公にされた松本文三郎も，矢吹の『鳴沙余韻』による新たな敦煌本の紹介により，明本に興聖寺本と敦煌本を対校する新たな研究へと歩を進め，「六祖壇経の書誌学的研究」（禅学研究17, 1932）と題する論文にまとめたが，これは後に「六祖壇経の研究」と改題して，『仏教史雑考』（創元社，1944）に収録された。松本が敦煌文書にも関心を示し，それを活用した一例である。

　③神会研究は胡適によって始められたが，それから2年後に，稀覯本の蒐集で有名な積翠軒の号を持つ石井光雄が，自ら入手した敦煌禅籍の1つである『神会語録』を，『燉煌出土神会録』（石井光雄，1932）と題して影印本で刊行し，それに付録として「解説」を書いたのが，胡適とは生涯を通してライバル関係に

あった鈴木大拙である。胡適がパリで自ら発見したＰ3048により，「神会語録第一残巻」として『神会語録』を紹介したのに対し，鈴木が解説を付した石井所蔵の『神会語録』は，その末尾に『師資血脈伝』とみられる達摩から慧能に至る6代の略伝を附した異本であり，この両者による最初の敦煌禅籍の研究が，共に『神会語録』であったことは，奇しき因縁というべきことであり，先の松本による達摩と慧能の研究が，第Ⅰ期における近代的な中国禅宗研究の嚆矢であるとするならば，胡適と鈴木による神会の語録の研究は，敦煌文書の発見による第Ⅱ期における新たな中国禅宗研究のスタートということができる。鈴木は，先に解説を付した影印本の『神会語録』に，矢吹発見の敦煌本『六祖壇経』，興聖寺本『六祖壇経』の2本を加え，都合3本の初期禅宗語録の校定を公田連太郎と共に行い，それに3本の「解説及目次」を加えた都合4本を1帙とした和装本の『燉煌出土荷沢神会禅師語録・燉煌本六祖壇経・興聖寺本六祖壇経・解説及目次』（森江書店，1934）を出版している。『六祖壇経』と『神会語録』という，いわゆる南宗系の基本的語録の校訂が，こうした早い段階に公にされたことは，その後の中国禅宗の研究に多大の貢献をしたというべきである。

既に矢吹によって『大正蔵』にも収録された敦煌禅籍の内，『大乗開心顕性頓悟真宗論』『楞伽師資記』『歴代法宝記』の3本と朝鮮安心寺本の『達摩大師観心論』を校定し，『薑園叢書』（北平，来薫閣，1934～36）として刊行したのが，朝鮮半島出身の金九経である。金は先の胡適と鈴木の仲をとりもった人物としても知られ，その校訂が『大正蔵』の校訂の不備を補う役割を果したものとして評価された。

胡適がヨーロッパに資料調査に赴いたように，1934年，今度は鈴木が北京を訪問し，当時の京師図書館に収蔵された敦煌文書，すなわち北京本の中から，禅籍を選び出して調査研究を行い，その成果として北京本宿99の『二入四行論』長巻子をはじめとする数点の敦煌禅籍を紹介し，翌1935年，自らそれらを影印にした『燉煌出土少室逸書』（鈴木大拙，1935）を刊行する一方，翌1936年には，その本文校訂と解説を『校刊少室逸書及解説』，新出文献を用いた新たな研究成果を『附録　達摩の禅法と思想及其他』と題する和装本2冊の合佚（安宅仏教文庫，1936）として出版した。特に後者の主要部分は，戦後の1951年に刊行された鈴木の『禅思想史研究　第二』に採録されているが，鈴木による敦煌文書を用

いての達摩に始まる初期中国禅の思想史的研究が始めて公にされたことは，その後の研究の進展に大きな役割を果たす結果となった。

④鈴木は臨済宗の居士であるのに対し，同じ禅宗でも曹洞宗の僧籍を有する宇井伯寿も，中国禅宗史の研究に偉大な足跡を遺している。もっとも宇井の専門とするところは印度哲学であり，中国禅宗史の研究も広範な印度哲学研究の一環をなすものとして位置づけられていた点に特色がある。宇井は，鈴木の『達摩の禅法と思想及其他』が刊行された1936年から遅れること3年の1939年より，隔年で『禅宗史研究』（岩波書店，1939→同，1966），『第二禅宗史研究』（同，1941→同），『第三禅宗史研究』（同，1943→同）の3部作を公にしたのである。すなわち最初の『禅宗史研究』では，達摩・慧可から僧璨まで，牛頭宗の法融（594〜657）とその門下，5祖弘忍（601〜74）とその門下，北宗の神秀（606?〜706）とその門下，南宗の慧能は次巻に廻して荷沢宗の神会（684〜758）とその門下，南宗の馬祖道一（709〜88）と石頭希遷（700〜91）までを系統的に論述したもので，先の鈴木の研究成果と同一部分を扱った双璧ともいうべきものであり，特に敦煌文書に関しては，最後に「北宗残簡」と題して，北宗系の新資料の校定を加えている点にこの書の斬新さが発揮されている。

続く『第二禅宗史研究』では，まず「壇経考」と題し，南宗の祖六祖慧能の語録とされる『六祖壇経』について，その異本を系統別に詳論した後，敦煌本の校定を示し，次に慧能の伝記についての詳細な分析がなされ，さらに慧能の門人に関する論述，百丈懐海（749〜814）と石頭下の薬山惟厳（751〜834）と天皇道悟（748〜807）についての考察，そして最後に『古尊宿語録』についての論考までが収録されている。最後の『第三禅宗史研究』には，中国曹洞宗の系譜に連なる雲厳曇晟（780?〜841）と曹洞宗の大成者である洞山良价（807〜69）と曹山本寂（840〜901），両者の語録と五位説，雲居道膺（835?〜902）以後，日本曹洞宗の開祖である永平道元（1200〜53）の師とされる天童如浄（1162〜1227）に至る歴代の祖師に関する考察がなされ，最後に宗密の著作である『中華伝心地禅門師資承襲図』の佚文を，『法集別行録節要并入私記』によって補い得た成果を加えている。このように，『第三禅宗史研究』の内容は，中国曹洞宗の祖師の伝記とその思想に限定されたもので，必ずしも全体的な視野に立った中国禅宗史の論考とはいえないが，従来の孤峰，忽滑谷の研究からすれば，近代的研究の

手法による新たな成果をもたらしたものとして，以後の中国曹洞宗の研究の拠り所とされてきたものである。

宇井の3部作は，中国禅宗史の通史としてはその後それに優るものが見当らないほどに充実したものであるが，同じ通史でありながら，釈尊以来の禅定思想に焦点をあて，その歴史的展開をまとめたのが，増永霊鳳の『禅定思想史』(日本評論社, 1944) であり，後にそれを要約し，一般向きに改められたのが『禅宗史要』(鴻盟社, 1957) である。

⑤第II期の敦煌禅籍の新たな研究で中心的役割を果たしてきた鈴木が，この時期の掉尾をかざるものとして，2つの成果を公にされている。その1つは，先の『神会録』と同様，積翠軒石井光雄の所蔵になる『絶観論』を，門下の古田紹欽と共に紹介し研究を加えたもので，鈴木大拙編・古田紹欽校『燉煌出土積翠軒本絶観論』(弘文堂, 1950) と題するものであり，今1つは，その翌年に出版されたもので，後に禅思想史に関する4冊のシリーズに体系化される『禅思想史研究　第二』(岩波書店, 1951→同, 1968, 87, 2000) である。特に後者は，その副題に，「達摩から慧能に至る」とある通り，達摩に始まる中国初期の禅思想史を，自ら発掘した敦煌文書を駆使してまとめた画期的な成果であり，学界を裨益すること極めて大なるものがあった。

またこの時代になって，ヨーロッパの学者による研究が，にわかに注目されるようになった。いずれも胡適以来の神会の研究をその内容とするもので，ジャック・ジェルネとウォルター・リーベンタールによる『神会語録』の仏訳と英訳が公にされたのである。すなわち前者は，Gernet, Jacques "Entretiens du Maître de Dhyāna Chen-houei du Ho-tsö (668～760)" (PEFEO 31, 1949) と，同じく "Complément aux Entretiens du Maître de Dhyāna Chen-houei (668～760)" (BEFEO 44, 1954) であり，後者は，Liebenthal, Walter "The Sermon of Shen-hui" (AM New Series 3-2, 1952) である。これは神会の研究がヨーロッパで注目されたことを如実に物語っている。

(3) 学問的研究の進展

胡適，矢吹，鈴木，金九経，宇井で代表される敦煌禅籍の発見，紹介とその

新資料を用いたいわゆる第Ⅱ期の研究時代は，大体1955年あたりで1つの区切りをつけることができる。それは，この時代までは，現地での文献調査が必須の要件とされていたのであるが，この頃からマイクロフィルム撮影による写真を用いた研究が可能になり，敦煌文書に関しては，東京の東洋文庫と京都の京都大学人文科学研究所にその写真が備えられ，そこでの調査研究ができるようになったことである。もちろんより厳密な文献研究は，現地調査を俟たねばならないが，文献の内容の調査研究は，写真でも十分可能になったのである。

また従来の研究でかなりの成果が示されていたものに，新たな，しかもより保存のよい異本が発見されたことにより，さらなる学問的進展が期待されたのも，この時期の特色である。以下，年代を追って具体的な研究の成果をみることにしたい。

①その最初に位置づけられるのが，天台止観と中国禅の比較研究から，特に中国禅の研究に大きな足跡をのこされた天台宗の僧籍を有する関口真大の研究成果である。関口の関心は，達摩の名を冠したいかにも達摩の語録の如き多くの達摩論が，実は達摩に仮託した初期の禅僧の手になる偽書であることを厳密な文献批判によって明らかにしようとした点にあり，その研究成果である『達摩大師の研究』（彰国社，1957→山喜房仏書林，1969）は，書名こそ『達摩大師の研究』とあるが，その内実は，達摩論の文献批判研究ということができる。私自身，この書から受けた刺戟の大きさは，今も忘れることができない。次いで関口は，その成果をふまえつつ，初期禅宗の思想史研究へと関心を深め，初期禅宗の通史として『禅宗思想史』（山喜房仏書林，1964）をまとめ，さらに歴史上の達摩がいかにして伝説上の達磨へと変貌していったのか，という達摩像の変遷を，達摩に関する年代別資料18種の内容の分析によって跡づけた『達磨の研究』（岩波書店，1967, 94）の公刊によって，いわゆる3部作を完成したのである。

②この関口の『達磨の研究』が公にされた1967年には，さらに注目すべき禅宗史研究が出版されている。その1つは，アメリカのフィリップ・ヤンポルスキーによる敦煌本『六祖壇経』に関する英文の研究，本文校定，英訳の成果である。その著作である Yampolsky, Philip "The Platform Sutra of the Sixth Patriarch" (Columbia Univ. Press, 1967) は，コロンビア大学の授賞作品とされ，特にその校定は，興聖寺本と対校したもので，秀れたものとして高い評価を受

け，敦煌県博物館所蔵の敦煌本の異本が出現するまでの長期にわたり，拠り所とされたものである。

③同年刊行の今1つの成果は，柳田聖山による大著『初期禅宗史書の研究』(法蔵館，1967→〈柳田聖山集〉6，同，1999) の刊行である。この著作は，花園大学禅文化研究所研究報告の第1冊として同年1月にペーパーバックスで刊行されたものが，5月になって法蔵館によってハードカバーで刊行されたものである。この書には，「中国初期禅宗史料の成立に関する一考察」と題する副題が付されている通り，敦煌文書のみならず，中国初期禅宗の歴史書，すなわち燈史について，特にそれらの成立した歴史的意味の解明と価値批判を目指した画期的な研究成果であり，後半には「資料の校注」と題して，8種の代表的な資料の校訂と語注が付された大冊で，この書の出現によって，中国禅宗史の研究がまさに一時代を画したと評されたほどのものである。特に再販された全集本の巻頭には，新たに著者による「再刊の辞」と，先の刊行直後にフランスの東洋学の泰斗ポール・ドゥミエヴィルによるフランス語の書評が，林信明の翻訳により「再刊の辞」として掲載されている。その書評の巻頭には，「宇井伯寿の三巻本以来，中国禅宗史に関する最もすぐれた文献である」と絶賛しつつ，「多くの迂回と詳論，明確な結論の少なさ，大洪水のような注釈のために，読解は容易でない」といわしめたほどに，この書を理解するにはかなり高度な専門知識が前提になることだけは明記しておきたい。これ以後の柳田の精力的な研究の成果は，多くの大部な論文によって公にされてきており，今，それらを網羅したものが〈柳田聖山集〉全6巻として法蔵館から刊行中であり，その1日も早い完結が待たれるところである。因に前著と同時期にまとめられた初期禅宗に関する研究論文の多くは，新たに1冊にまとめられた〈柳田聖山集〉1『禅仏教の研究』(法蔵館，1999) に収録されていて，後進の者にとっては大変便利である。

柳田は，先の大著の出版を嚆矢として，その後に敦煌禅籍の出現によって新たにその内容が知られるに至った多くの初期禅宗の典籍について，その本文校訂と訳注の成果を発表され，大いに学界を裨益された。すなわち，まず燈史に関するものとしては，『初期の禅史 I―楞伽師資記・伝法宝紀―』(〈禅の語録2〉筑摩書房，1971) と『初期の禅史 II―歴代法宝記―』(同3，1976) があり，

また語録に関するものとしては,『達摩の語録—二入四行論—』(同 1, 1969→『禅家語録』I 〈〔世界古典文学全集〕36A, 同, 1972〉) と『禅語録』(〈世界の名著〉続 3, 中央公論社, 1974→同18, 1978), さらに常盤義伸による英訳を含む常盤・柳田編『絶観論』(花園大学禅文化研究所, 1976) があり, それ以外にも, 胡適の禅学研究の成果を収録した柳田編『胡適禅学案』(中文出版社, 1975) や『六祖壇経』の諸本を集成した柳田主編『六祖壇経諸本集成』(〈禅学叢書〉7, 同, 1976) がある。

また, 中国禅宗史に出現する禅宗祖師の系図と, ほとんどすべての禅籍の解題を集大成した成果として, 柳田稿「中国禅宗系図」「禅籍解題」(『禅家語録』II 〈世界古典文学全集〉36B, 筑摩書房, 1974) があるが, この両者は後進の研究者にとっては極めて有益なものである。さらに先の『達摩の語録』に収録された『二入四行論』の訳文をはじめ, 達摩に関する研究成果をまとめたものに,『ダルマ』(〈人類の知的遺産16〉講談社, 1981→〈講談社学術文庫〉1313, 1998) があり, 先の大著『初期禅宗史書の研究』が, 初期の禅宗燈史の総合的研究であるのに対し, 今 1 つの禅宗文献である初期の禅宗語録に対する総合的研究として, 柳田稿「語録の歴史—禅文献の成立史的研究」(東方学報57, 京都大学人文科学研究所, 1985→〈柳田聖山集〉2『禅文献の研究』上, 法蔵館, 2001) があって, この両者によって柳田の初期禅宗文献に関する研究が集大成されたのである。なお, 初期の禅籍ではないが, 後の禅宗燈史についても, 特に『祖堂集』(952) に関する研究には注目すべきものがあり, 古くその抄訳が先の『禅語録』にあり, また柳田のいう『祖堂集』の原型部分 (過去 7 仏, 西天27祖, 東土 6 祖にその後の唐代の代表的禅者11名を加えたもの) の全訳と語注, 解説が,『祖堂集』(〈大乗仏典　中国・日本篇13〉, 中央公論社, 1990) に収められる一方, このテキストの索引が, 京都大学人文科学研究所より『祖堂集索引』(上冊, 1980：中冊, 1982：下冊, 1984) の 3 冊本として出版されており, 特に下冊には, この書の「解題」と自ら句読をほどこした全巻の「影印」が付されている。またその影印本は, 先の『六祖壇経諸本集成』と同じ〈禅学叢書〉の 1 巻として, 柳田主編『祖堂集』(〈禅学叢書〉4, 中文出版社, 1972) によって公にされている。

④ところでこの『祖堂集』には, 多くの唐宋時代の口語や俗語による問答が用いられているが, その方面の専門的な研究成果として, 太田辰夫『中国歴代

口語文』(江南書店, 1957), 同『祖堂集口語語彙索引』(同, 1962), 同『唐宋俗字譜—祖堂集の部—』(汲古書院, 1982)があり, そうした口語や俗語の意味をふまえた禅語の辞典としては, この分野の研究の指導的立場にあった入矢義高の監修による古賀英彦編著『禅語辞典』(思文閣出版, 1991)があって, 研究者に多くの利便を与えていることは特筆されてよい。

⑤敦煌禅籍の成果を取り入れた初期禅宗の通史として注目すべきものとして, 台湾の印順の手になる『中国禅宗史』(台北, 正聞出版社, 1971)がある。この書には, 「従印度禅至中華禅」, すなわち「インドの禅より中国の禅に至る」との副題が付されているが, 実際は達摩の禅より馬祖・石頭に至る中国禅宗の成立までのいわゆる中国初期禅宗史をその内容とするものであり, 原文は中国語で書かれているが, それを広く日本の学会に紹介されたのが伊吹敦である。伊吹はこの書に新たな訳注と索引を付して和訳し, 『中国禅宗史—禅思想の誕生—』(山喜房仏書林, 1997)と題して出版したが, これは外国語で書かれた中国禅宗関係の著作が和訳された極めて稀な例であり, 訳者の労を多としたい。印順にはインド仏教に関する多くの著作があり, この書も中国語圏や欧米の学者の間で広く読まれ, 名著の誉れも高いものであったが, 日本の学会での関心は必ずしも高いものではなかった。伊吹は巻末の「訳者あとがき」で, 著者印順の経歴や著作について詳述すると共に, 本書の学問的価値についても高い評価を与えており, 通史としての本書の和訳が公刊されたことの意義は, 極めて大なるものがあるというべきである。

⑥柳田が臨済宗の花園大学から京都大学人文科学研究所を通じて, ほとんど独力で次々と研究成果を公にしていったのに対し, 共同研究という新たな手法を用いてその研究成果を世に問うていったのが, 曹洞宗の駒澤大学を基盤とした田中良昭である。田中は駒澤大学に職を得ると間もなく, 若手の研究者や院生を糾合した自主ゼミを開始し, その最初の研究成果として, 六祖慧能の伝記と著作に関する基礎的研究をまとめ, 駒澤大学禅宗史研究会編『慧能研究—慧能の伝記と著作に関する基礎的研究—』(大修館書店, 1978)と題して公刊した。この共同研究は, その後学会未紹介の『宝林伝』(801)の解読と訳注を継続し, その成果を各巻ごとに分冊の型で公表する方法がとられたが, 10巻あるべき本書の欠本である第7巻, 第9巻, 第10巻の3巻を除く第1巻から第6巻までと

第 8 巻の都合 7 巻の現存部分の訳注の完成を見た後，改めて田中が全巻を通した改訂を加えて一書にしたのが，『宝林伝訳注』（内山書店，2003）である。

　田中の関心は，敦煌禅籍の発掘とその研究にあり，この分野の研究成果としては，大東出版社による〈講座敦煌〉全 9 巻中の 1 巻である篠原寿雄・田中良昭編『敦煌仏典と禅』（同 8，1980）と，その 3 年後に同じ大東出版社より刊行された田中『敦煌禅宗文献の研究』(1983) があり，この 2 つの出版によって，敦煌禅籍の研究に新たな一歩を印することを可能にした。これ以外にも田中には，古田紹欽との共著により，慧能の伝記と思想を扱ったものとして，『慧能』（〈人物中国の仏教〉大蔵出版，1982）があり，また沖本克己ほかとの共訳で，初期の禅宗語録を現代語訳し，語注と解説を付した『敦煌 II』（〈大乗仏典　中国・日本篇11〉，中央公論社，1989）もある。1989年春に，中国の北京大学で開催された中日禅学研討会に参加した駒澤大学の禅学研究者の報告は，その年に発行された『駒澤大学仏教学部論集』第20号に掲載されたが，その報告を中心とし，さらにそれを禅学研究のすべての分野に拡大して，日本における禅学に関する研究状況を網羅した研究入門書の必要性から，田中がその編者となって刊行したのが，『禅学研究入門』（大東出版社，1994）であり，その後の研究状況を加えた改訂本が最近刊行の『禅学研究入門　第二版』（同，2006）である。

　⑦敦煌禅宗文献は，その大部分が唐代に成立した写本であるが，宋代以後，木版本が出現し，大蔵経の開版が行われるに至って，禅籍研究も新たな段階に入ることになる。この大蔵経の開版については，本書のⅠ総説の中に，「大蔵経の開版」と題する項目が設けられ，そこで関説されているが，この分野の専門家であり，この項目を担当された椎名宏雄によって，その研究成果が公にされている。すなわち『宋元版禅籍の研究』（〈学術叢書禅仏教〉大東出版社，1993）である。またこれと関連するものに，明代の大蔵経の内，南京法恩寺版大蔵経，一般に「南蔵」と呼ばれる大蔵経を中心とした研究として，野沢佳美『明代大蔵経史の研究―南蔵の歴史学的基礎研究―』（汲古書院，1998）があり，先の写本の研究とこうした版本の研究の両者を総合することによって，中国禅籍研究の全体像を明らかにすることが可能となる。

　⑧敦煌の禅籍は，馬祖・石頭以前の初期禅宗史の研究に多くの新資料を提供したが，今 1 つの伝世資料としての僧伝や燈史の分析に加えて，従来の禅宗史

研究者にはほとんど関心を持たれることのなかった地方志を活用し，中国禅宗の地域的発展を跡づけ，その全体像にせまろうとしたのが鈴木哲雄であり，その最初の研究成果が『唐五代の禅宗―湖南江西篇―』（〈学術叢書禅仏教〉大東出版社，1984）である。続いて刊行された『唐五代禅宗史』（山喜房仏書林，1985）と，後の刊行である『中国禅宗史論考』（同，1999）では，いずれもその前半に先の地域的発展の継続的研究の成果があり，後半には禅思想の展開が論述されており，地域的展開と思想的展開の両面から禅宗の歴史を解明しようとする意図が，これらの著作によって明らかにされている。また文献による研究であるいわゆるデスクワークに対し，自ら現地調査に赴いて実際の状況を研究するフィールドワークを加えた成果として，『浙江江西地方禅宗史蹟訪録』（同，1985）が出版されている。そうした中国禅宗に関わる人物と地域に関して，鈴木はかねてから関心を示し，独力で蒐集した基礎資料をまとめたものが，鈴木の最初の出版である『中国禅宗人名索引』（其弘堂書店，1975）であり，最近の出版である『中国主要地名辞典―隋～宋金―』（山喜房仏書林，2002）である。こうした索引や辞典の刊行は，決して容易なことではなく，インターネット時代とはいえ，今後の研究者にとっては，極めて有益な資料を提供するものといえよう。

⑨中国禅は8世紀末から9世紀前半にかけての敦煌の吐蕃（チベット族）支配という時期において，チベットとの交渉を持ったことが，一時期のチベット学の専門家に大いに注目され，その研究が世界的関心を呼んだことがある。その先鞭をつけたのは，フランスのポール・ドゥミエヴィルによる成果である Demièville, Paul "Le Councile de Lhasa" (Paris, 1952) であり，今1つイタリアの東洋学者ジュゼッペ・トゥッチによる成果である Tucci, Giuseppee "The Debate of bSam yas according to Tibetan Saurces" ("Minor Buddhist Texts" Part II, Roma, 1958) であるが，特に中国の禅籍のチベット訳や，中国の禅僧である摩訶衍とチベット仏教との関係等については，数多くの論文が存在する。ここでは，この問題を扱った単行本として，山口瑞鳳，沖本克己，木村隆徳による論考，「中国禅とチベット仏教」を収録する篠原寿雄・田中良昭編『敦煌仏典と禅』（前掲）と，敦煌で成立した仏教と仏教学の全体像を敦煌文書によって解明した上山大峻の大著『敦煌仏教の研究』（法蔵館，1990）を挙げるに止めたい。

⑩敦煌文献を用いての中国禅の新たな研究や中国禅とチベット仏教との関係

が日本の学会で注目されていたことは，はるか海を超えたアメリカの仏教学者の間にも深い関心を呼ぶに至った。その多くは，日本や中国に留学し，東洋の言語を体得して文献を読解し，会話もできる研究者たちが，多くの研究成果を発表したものである。それらを代表する単行本としては，次のものを挙げることができよう。

まず，多くの論文を編集したものとしては，ルイス・ランカスターとウォーレン・レイの編になる Lancaster, Lewis & Lai, Whalen ed. "Early Ch'an in China and Tibet" (〈Berkeley Buddhist Studies Series〉 5, Berkeley, 1983) とピーター・グレゴリーの編集になる2つの論文集，すなわち Gregory, Peter Nielsen ed. "Traditions of Meditation in Chinese Buddhism" (〈Studies of East Asian Buddhism〉 4, Honolulu, 1986) と "Sudden and Gradual: Approaches to Enlightenment in Chinese Thought" (〈Studies of East Asian Buddhism〉 5, Honolulu, 1987) を挙げることができる。一方，個人の著作としてはジョン・マックレイによる北宗禅と初期中国禅の形成過程を明らかにした McRae, John "The Northern School and the Formation of Early Ch'an Buddhism" (〈Studies of East Asian Buddhism〉 3, Honolulu, 1986) とベルナール・フォールによる北宗禅における伝燈の主張の経過を分析した Faure, Bernard "La volonté d'orthodoxie dans le bouddhisme chinois" (〈Editions du Centre Nationale de la recherehe Scientifique〉IMPRIMERIE Louis-Jean, Paris, 1989) 及びそれをフィリス・ブルックスが英訳した Brooks, Phyllis tr. "The Will to Orthodoxy－A Critical Geneology of Northern Chan Buddhism" (Stanford Univ. Press, 1997) がその代表的なものである。

⑪以上は主として新たな文献の研究とその文献を用いた歴史的研究の成果であるが，今1つの中国禅研究の方法としての禅の思想的研究についても，多くの秀れた研究がなされている。それは鈴木大拙以来の臨済宗の系統で伝統的に行われてきた方法であり，この分野の学者には花園大学の関係者が多い。まず西村恵信『己事究明の思想と方法』(法蔵館, 1993) は，必ずしも中国禅に限定されたものではないが，ここで「己事究明」というのは臨済禅における悟りを意味し，禅の思想的研究の極致というべきものである。またこれに先立つ西村『人物中国禅宗史―ノスタルジアとしての禅者たち』(禅文化研究所, 1985) において

は，問答を通して代表的な中国の禅者の人間像を明らかにしようとする意図がある。この思想的研究の伝統は，その後村上俊や沖本克己の著作にも継承され，村上俊『唐代禅思想研究』（花園大学国際禅学研究所研究報告4，1996）は第1部　初期禅宗思想と中国仏教，第2部　禅的個性の開花，第3部　円相の研究の3部からなっているが，その研究方法は，題名通り禅思想の研究であり，また沖本『禅思想形成史の研究』（花園大学国際禅学研究所研究報告5，1997）も，その前半は初期禅宗の習禅者たちと理論形成について，後半は敦煌の禅文献と禅語録の諸相についての研究に分けることができるが，その全体を貫いているのは，その題名の通り禅思想の形成史を解明しようとしたものなのである。

⑫仏教学乃至は禅学の立場からの中国禅の研究を概観してきたが，今1つ東洋史乃至は中国史の立場からの中国禅の研究がある。その代表的な研究者が阿部肇一であり，その研究成果が『中国禅宗史の研究―南宗禅成立以後の政治・社会史的考察―』（誠信書房，1963）である。その内容は，第1篇　唐代における禅宗史，第2篇　五代呉越の仏教政策，第3篇　宋代における禅宗史，第4篇　資料からなっていて，唐代から宋代までをカバーしており，その副題にもみられる通り，その主眼が禅宗とそれを取り巻く政治・社会との関係に置かれている点に特色がある。またこの書の改訂増補版として出されたのが，『増訂中国禅宗史の研究』（研文出版，1986）であり，またこれに続く阿部の研究成果として，『禅宗社会と信仰―続中国禅宗史の研究―』（近代文芸社，1993）があって阿部の独壇場の観を呈している。

中国禅宗の研究が，禅宗内部における禅者の思想や行動を対象としてなされてきたことは，まぎれもない歴史的事実であるが，禅宗自体の存在は，禅者だけで成立するものではなく，それを取り巻く政治や社会，とりわけ為政者のみならず，それと関わった人びととの関係を無視して成り立つものではないことは，早い段階からわかっていたことではあるが，資料の関係もあってこうした視点からの研究が十分なされてこなかったことも事実である。今後こうした見地からの総合的な禅宗の研究の進展が，期待されるところである。

⑬以上はあくまで禅宗を研究の対象とした成果であるが，今1つ仏教諸宗の1つとして禅宗を位置づけ，他の仏教宗派との関係の中で禅を問題とした研究もなされている。先に挙げた天台宗の立場から，天台止観と中国禅との関係に

注目したのが関口真大であり，華厳宗やそれに先立つ地論宗の研究のなかで，禅との関係を明らかにしようとしたものに，古くは高峯了州『禅と華厳の通路』(南都仏教研究会，1956) があり，近年では吉津宜英『華厳禅の思想史的研究』(〈禅学叢書禅仏教〉大東出版社，1988)，石井公成『華厳思想の研究』(春秋社，1996) 等を挙げることができ，また三論宗の立場から関心を示されたものに，平井俊榮『中国般若思想史研究』(同，1976) がある。

このことに関し，近年，東アジア仏教圏という広範な視点に立っての研究の必要性が鎌田茂雄によって提唱され，ダイナミックに展開した東アジア仏教の実態の中で禅を見ることの大切さが強調されたことから，その立場に立つ木村清孝，吉津宜英，石井公成等の研究者の成果が注目されている。

⑭今1つ，最初期に中国禅の研究でその名を馳せた胡適以後，ほとんど研究成果が伝えられなかった中国において，近年，禅の研究が極めて盛んになっていることは，注目すべきことである。先に北京で開催された中日禅学研討会のことにも触れたが，中国で出版された禅宗関係の研究成果の内，特に日本の研究者にとって有益な単行本として，『六祖壇経』や『菩提達摩南宗定是非論』を含む敦煌県博物館本を用いての校定と研究をまとめた楊曾文の『敦煌新本六祖壇経』(上海古籍出版社，1993) とその新版である『新版・敦煌新本六祖壇経』(北京・宗教文化出版社，2001)，周紹良編『敦煌写本壇経原本』(北京・文物出版社，1997)，楊曾文編校『神会和尚禅話録』(〈中国仏教典籍選刊〉北京・中華書局，1996) 等は，中国禅宗史研究にとっては欠くことのできない最新の成果である。今後の中国の禅宗史研究の成果にも十分注目する必要がある。

⑮最後に，中国の禅宗の研究を4期に分けて論述してきた上記の日本や欧米で出版されてきた研究書にしろ，近年注目されている中国の研究書にしろ，それらはいずれもかなり専門的な学術書であって，本書が意図するこれから中国の禅宗を研究しようとする人びとの手引となるような「研究入門」という見地からすると，より一般的な，初心者にも親しめるような中国禅宗の書物が求められるに違いない。従来，そのような書物の必要性が叫ばれながら，容易に実現できなかったことも事実であるが，最近，ようやくこの要請に応える書物が出現した。それが伊吹敦『禅の歴史』(法蔵館，2001) であるが，この書は中国の禅のみならず，日本の禅をも含むまさに禅の歴史を概観したものであり，わか

りやすい記述のなかに最近の学術的な研究成果を盛り込んだ禅の概説書として最適のものである。この書から入って各分野のより専門的な学術書へと進む方法を，初心者には薦めたい。

⟨9⟩ 密　　教

平 井 宥 慶

はじめに

インド仏教に端を発する「密教」について，その名で語られる仏教現象の，あまりに多岐に渡り，ときに深い神秘性に彩られた歴史諸相のあり様に，近代知識人はほとんど見る目を失って，近代仏教研究が躍進的な進歩をしてきたにもかかわらず，密教については遅々として進まず，否むしろ負の評価さえ伴って退歩してきたかにみえた。それが近時，密教も極めて重要な仏教文化の一相というふうに認識されつつあって，そのいわば密教「復権」の歴史こそ，近代における密教研究の歩みの実相である。

（1）総説的研究

a　現代中国における研究書

1999年11月上海の学林出版社から，厳耀中『漢伝密教』が出版された。その黄心川先生の序に，中国における近年の密教研究が西蔵密教（乃至限定的範囲の中国密教）に偏るなか，本書は「漢地における密教の歴史的発展について全面的に専門的考察をくわえた論攷」だという。「1 密教和漢伝密教」（＝定義問題）から「20"獅子大王"考」（民神と密教信仰）まで，20のテーマをあげて密教信仰の深意を探る。ただし日本人の目から見た隋・唐時代の密教は［善無畏］［金剛智］［不空］［一行］［恵果］が課題であると考えるが，この論述はほとんどない。ここに中国人研究者の関心の行方がよく知られる本でもあるといえよう。

論者は上海師範大学教授で，多数の資料・参考文献を参照して日本学者の書物も引見する。そのなかでも殊に引用する日本書が大村西崖『密教発達志』（仏書刊行会，1918）である。こういう古書がいまだに権威を有するあたりに，密教

研究展開の実状が如実に示されているといえよう。大村西崖（1868～1927）は元来東洋美術史家で，この本は近代の実証的研究法を密教の美術・文献に適用して密教の神秘性に一矢を放ったとされ，「記念碑的労作」（佐和隆研編『密教辞典』法蔵館，1975）というから，中国研究者が多用する理由はある。ただし当時この書に対し，権田雷斧が『我観密教発達志』（1925初刊。東洋文化出版『権田雷斧名著選集』7，1985。うしお出版『権田雷斧著作集』5，1994）を，加藤精神等が『密教発達志批判講演集』（1920）を発表し，批判した。なおこの大村本は漢文で書かれているので，中国人に親しみやすかったのかもしれない。

しかし呂建福『中国密教史』（北京，中国社会科学出版社，1995）には，大村書は全く引用されていない。巻末の主要参考書目にも挙げられていない。かわりにこの書がしきりに引用するのが《講座敦煌》（大東出版社，全9巻）で，そのうち6『敦煌胡語文献』（1985），7『敦煌と中国仏教』（1984）所収論文が依用され，そのほか日本密教研究として，栂尾祥雲『秘密仏教の歴史』（『栂尾祥雲全集』1，高野山大学，1982再版全6巻），神代峻通訳『インド密教学序説』（密教文化研究所，1962），宮坂宥勝『インドの密教』（講座仏教3，大蔵出版，1959），松長有慶『密教の歴史』（サーラ叢書，平楽寺店，1969），同『密教経典成立史論』（法蔵館，1980），『現代密教講座』全8巻（大東出版社，1976），『真言宗全書』（同刊行会，1934），酒井真典『チベット密教教理の研究』（高野山出版社，1956），森田龍仙『秘密仏教の研究』（臨川書店，1973復刊），村上専精『日本仏教史綱』，『密教大辞典』（同編纂会，1931。1970再版）等で，これらは日本における密教研究のあらましを展望するときにも，見落とせない書であるので，修学者は記憶せられたい。

さて，この『中国密教史』は全7章立て，密教の教理的概略（第1章）から魏晋南北朝（第2章）以降の流入を経て近代密教（第7章）までを網羅する論述で，時代別論述は常套的である。そのうち，「第5章宋・遼時代」「第6章元・明時代」という配置に対し，唐代密教については第3・4章の2章に重点的に論ずる。「第4章唐代密宗の形成と発展」では，第5節に日本的発展についても論じ，日本の密教についても怠りない。いままでわが国に日本密教史があるようには中国に中国密教史はなかったのだが，この書は中国密教学界及至仏教学界にとってひとつの転換点となるに違いない。

前出『漢伝密教』は，この『中国密教史』をしきりと引用する。しかし1996年に出版された周一良著／銭文忠訳『唐代密宗』(上海遠東出版社)を引用していない。1979年台北で『密宗教史』(大乗文化出版社)が出版されて，そのなかに蔣維喬『密教史』があり，『漢伝密教』はこれをよく引く。『唐代密宗』は1945年に英文で発表された(原題)「中国密宗」の漢訳本で［善無畏］［金剛智］［不空］の論述が主なので漢訳では「唐代密宗」としたとあり，その他「仏学論文選」も集録されている。その初篇は「宋高僧伝善無畏伝中的幾個問題」，そこで善無畏の行路に「路出吐蕃」とある点を捉え，［悟空］の云う「東接吐蕃」に符合させて「東路」という想定をしているが，それ以上の具体的指摘はない。ここは吐蕃勢力の北方(新疆地域)侵攻を想定すべきであろう(平井宥慶「中国への道—善無畏来唐にかかわる八世紀内陸アジアの歴史状況—」「善無畏の『来唐』再考」：後述)。しかし，周一良氏が早くもここに関心を向けた点は，まさに慧眼といえよう。
　以上，中国密教(乃至インドを含む)の歴史的枠組みは，［善無畏］［金剛智］［不空］を一組，そして"その以前"と"それ以後"という三部門に分けられるという見識は，諸本にほぼ一致して支持されている。これからも，この枠組みを前提にして論述するであろう。

b　全集類にみる中国密教研究

　立川武蔵・頼富本宏編《シリーズ密教》(春秋社，1999)は全4巻，「1インド密教」「2チベット密教」「4日本密教」とあって，第3巻が中国密教である。この巻は頼富本宏「序論—中国密教とは何か—」から始まって，歴史篇，思想篇，美術篇，実践儀礼篇に分別される。その課題は，密教に伝統的な諸問題をはじめ，すぐれて今日的な課題の，韓国に関わる設題，中国道教と密教の邂逅，敦煌美術，ラマ教との関わり等に目が配られ，東南アジアの儀礼仏教に言及するのも新鮮，そこには研究方法に著しい進展が認められる。即ち，かつて"中国"密教研究とはいっても，漢訳密教経典の素述でことが終ってしまう時代があった。それは本来生きている資料を固定的(死)に扱う典型で，そういう過去に比して，今ここでは資料を中国の大地に躍動したものと捉え，資料の"時代性"を明らかにしようとする研究態度が鮮明にみられる。その意味から新出土資料(呉立民・韓金科『法門寺地宮唐密曼荼羅之研究』香港，中国仏教文化出版公

司, 1998。《書評》頼富本宏, 密教学研究32, 2001) にも注意を欠かさない。これらの点で, 当書の研究姿勢には長足の進歩が認められると愚考する。

宮坂宥勝・松長有慶・頼富本宏編《密教大系》(法蔵館, 1994) は全12巻, この叢書は既発表の論文を集めたもの, 換言すれば評価の高い論文の集約といえる。その第2巻が松長有慶編『中国密教』(1994) である。構成は「1総説・中国密教, 2『大日経』系の密教——善無畏から一行へ——, 3『金剛頂経』系の密教——金剛智から不空へ——, 4金胎両部と唐代後期密教, 5東南アジアの密教」と分節されて論文が蒐集され, 松長有慶博士がそれらの論文を解説する。

この構成は, いわゆる金胎両部大経の各系統に沿った関係論文が収録されておおむね伝統的と言えるが, この"中国"のなかに, 第5項を入れたのが新機軸といえようか。ここではスリランカ・インドネシア (ジャワ=ボロブドゥール等) の密教が論じられている。前出の《シリーズ密教》では, 1『インド密教』(1999) の第1部 [仏教の密教] のなかに補説 (第11章) として, 松長恵史「ジャワの密教」を収載する。氏は先に単著『インドネシアの密教』(法蔵館, 1999) を上梓し, インドネシア就中ジャワ島の密教を中心にして論じている。インドネシア諸島と密教の関係は, 端的に [金剛智] と [不空] の行状に知られる。その知見は確かに中国側漢文献によるところが大であるが, 近代では現地の建造遺物や新発見文献 (碑文類) が重要な資料として認識され研究も進んで, それらはインド文化圏の延長上に位置付けられるものである。しかして前者に重点を置けば中国密教の項に, 後者ならばインドの項にとなる。《密教大系》的配置から《シリーズ密教》の配置への変遷は, まさしく研究方法の注目すべき変化と言わなければならない。

既存論文の集約という企画でいえば, 『真言宗選書』全20巻＋別巻 (同刊行会, 同朋舎出版, 1986) もあるが, これは古典といわるべき著作物を集録する。その第8巻が教相の真言宗史II, ここに吉祥真雄『印度〔と〕支那 (中国) 密教史』(解題；武内孝善) が収載され (全11章), 元本は1929年5月に出版された (まさに古典) ものである。資料的には漢訳仏典に依拠することが多く, 中国に伝えられた典籍の重要性が再認識される。「別巻」は種智院大学密教学会編『文献目録』。1956年発行の『仏教の根本真理』から89年6月発行の『平川彰博士古稀記念論集・仏教思想の諸問題』までの"主要記念論集"類から採集して, 「IIアジア諸

地域の密教」のなかに「中国の密教」がある。この時期の間の論文を検索するのに便利である。

さて，変化といえば，"講座もの"の編集枠組そのものにみられる。高井隆秀・鳥越正道・頼富本宏編《講座密教文化》（人文書院，1984）は全4冊で，「1密教の流伝」「2密教の文化」「3密教のほとけたち」「4密教と現代」という構成，1984年の時点では前述のようには国別を立てられなかったということである。このうち中国密教に直接かかわる部分を拾えば，1（10節ある）に頼富本宏「中国密教の展開」と鳥越正道「中国密教遺跡の現状」の2節と付随的に4巻の藤善真澄「空海と長安」のみで全体からみて多いとは言えない。この構成に国別を採用していないことは，それを採り得なかった中国密教に関する研究のいまだし，という段階の反映と言わるべきか。ただしこの講座の1には，井ノ口泰淳「シルクロードの密教」，田村隆照「ジャワへの密教伝播」，木村武応「朝鮮半島における密教」とあって研究領域の地平を広げ，前出《シリーズ密教》がとりあげた課題の先駆的提供をしたことで大いに評価されるべきである。

宮坂宥勝・梅原猛・金岡秀友編《講座密教》（春秋社，1976～87）は，「第1巻密教の理論と実践」「第2巻密教の歴史」「第3巻空海の人生と思想」「第4巻密教の文化」「第5巻密教小辞典」の全5巻，これも国別ではない。このうち中国密教関係論文は，第1巻に思想（宮坂宥勝「インド・中国」）と実践（那須政隆「中国」），第2巻に中国密教（勝又俊教「歴史過程と金剛界」，長部和雄「胎蔵界」），第4巻に芸術（石田尚豊「中国・朝鮮」），第5巻に中国・日本（金岡秀友・野村全宏・真柴弘宗・福田亮成）と配されて，思想・実践・歴史・美術と研究分野の洩れなき配慮がみえる。このようにこの叢書には研究分野の大筋が開陳されていることで重要だが，酷に言うと，国別にしない（敢えて言えば，できなかった）ということは，"中国"密教研究が他領域に厳然として独立して存在するという認識の形成が薄いという印象を免れない。しかしそれは編者の責任では全くない。1975年代初頭における日本密教学界の研究状況のなせる業とみられるからである。ただしここに既に岩本裕「南海の密教」があり，この分野の開陳について，先見的叢書といえる。また吉岡義豊「密教と道教」があるが，ここでは主に『三教指帰』の問題について論じ，これは日本密教の問題である。しかしさすがに氏は，中国密教と道教の関係については「もっと資料が整理されて」（135頁）い

かねばならないと指摘することを忘れていない。

　宮坂宥勝・金岡秀友・松長有慶編《現代密教講座》（大東出版社，1975〜93）は全8巻，歴史篇（1），思想篇（2・3），行道篇（4・5），美術篇（6），文化篇（7），研究篇（8）と並ぶ。中国密教に直結する部分は，第1巻金岡秀友『インド・中国・日本を中心とする密教の歴史』と，第6巻田村隆照『中国・日本の密教美術』がそれに当たる。

　その第1巻（1979）の第3章が「中国・チベット・モンゴル密教史」，章内は「歴史」と「基調教理史」に分節され（他章も同じ），その「歴史」の1で「シナ（原文のママ）密教の区分について―特に初期と後期の問題点―」を論ず。その分量7頁（全456頁）にして，モンゴル・チベットのそれより少ない。そこに2冊の書が引用されている。1つは松長有慶『密教の歴史』（前掲），2つに栂尾祥雲『秘密仏教史』（1923初刊。『栂尾祥雲全集』1，高野山大学，1982再刊）。松長本でも中国密教については全13章中のわずか1章であるから，前述"7頁"の分量は必然といわねばならない。くどいようだが，これらは筆者らの怠慢ではない。これはまさしく当該時期における中国密教研究の立遅れを如実に語る現象で，このことは歴史観の変遷にかかわるので，のちに歴史部門において関説したい。

　さて第8巻（1976）は〈研究篇〉として，栂尾祥瑞「外国人の密教研究―現代における密教理解の方法―」と松長有慶編「日本人の密教研究―密教文献目録―」が収録されている。前者は序と4章立てで著者の書下し論文，後者は5篇立て，5分野別に著書と論文を目録作成している。「第1篇密教関係基本図書目録」「第2篇弘法大師を中心とする密教学関係論文目録」「第3篇日本密教史関係文献目録」「第4篇インドおよび東アジア（日本を除く）の密教関係文献目録」「第5篇十巻章注釈書目録」の5篇である。論文の集録期間は，第5篇を除いて，1868年から1975年までとなっている。凡例によれば「蒐集したカードのごく一部分を掲載」し，「重要な研究を選択」したというから，厳選された論攷が記載されているので今でも充分有益で，全篇初心者必見である。

　このうち，隋・唐時代に限定すると，該当書・論文は極端に限定されるのが実状で，この目録を一覧するとそれがよく知られる。そこで探索を中国密教に広げると，第1篇の5密教史（28篇所収）と第4篇の11祖師研究（35篇所収），13

シナ密教圏（29篇所収）が直接参考になる。また第4篇の，1総論の「海外の密教研究」（1）〜（3）とか，10特殊研究の「唐代五輪塔の研究」等も参考になる。それにしても，この分類項目の多さをみるとき，つくづくと密教研究の多様性を思わずにはいられない。

　しかし隋・唐時代が中国密教のもっとも花の時代であることにかわりはない。その時期はまた中国史にとっても最も国際的な時代で，密教はその国際的な文化交流の産物でもある。したがって密教という仏教形態は，隋・唐時代のみを切り取って研究するのでは終らない性格を有する。そしてそれは"密教"なる概念の多義性に及ぶ。これまでの研究書が，多くその冒頭に密教の定義（乃至"時代区分"）について論ずる。これは他の仏教学分野にはほとんど見られない現象であろう。定義から議論を始めるとは，密教がいかに複雑な要素の集積であるかということの証左で，そのなかで隋・唐代が花の時代と見られるのは，その時代の登場人物が歴史的に把握可能，という意でもある。隋・唐代の密教が，精力的に研鑽されるべきことをあらためて思う。

c　密教の歴史的考察

　人文科学の研究分野は広遠な地平の彼方に広がっているが，筆者の愚考によれば，"歴史的考察"は人文科学の全領域にかかる基本学と心得ている。そこで中国仏教史のなかで密教がどう語られているか，鎌田茂雄博士の大著『中国仏教史』全6巻（東京大学出版会，1982〜99）にみる。鎌田氏はこれに先立って1冊本『中国仏教史』（岩波書店，1978）を公表して，これが仏教非専門書店からの出版だったので，当時話題になったものである。その1年前，道端良秀『中国仏教史』（法蔵館）が出たが，これは初版が1939年，翌年増補され，さらに77年に改訂された本の改訂新版であった。つまり鎌田本は新研究として発表された戦後久方ぶりの中国仏教全史を通覧した成果であった。道端改訂本出版と共に勘案したとき，この頃ようやく中国仏教史全般に新たな展望が開けたという想いを強くしたものである。鎌田博士の畢生の著作となったのが第6巻で，さらに第7・8巻が予告されていたが，博士が身罷ってしまった（2001・5・12, 73歳）。かつて塚本善隆博士が『中国仏教通史』（鈴木学術財団，1968）を書き始め，第1巻のみで完成を見ずに亡くなってしまった故実が思い出される。鎌田博士の死

後『新中国仏教史』(大東出版社, 2001) が出版され, その「あとがきにかえて」(池田魯参) によれば, これからその第7・8巻も出版されるような様子であるが――。

さて1999年第6巻「隋唐の仏教」(下) が出版され, その第4章「隋唐の諸宗」の第7節に三論宗・天台宗・三階教・法相宗・華厳宗・律宗・禅宗・浄土教と共に「密教」が並述されている。鎌田博士は密教研究については必ずしも専一的ではなかった。しかし氏自身の史観のもと, ほぼ過不足なく隋・唐代前後の密教について纏められている。ことに「中国密教の思想史的意義」を論じ, 唐末以降の中国密教について, 従来"衰亡"ばかり喧伝されていたところだが, 博士は「多くの神呪や真言は後代の民衆仏教に大きな影響を与えた」(754頁) ことを実証され,「宋代以後の仏教造像のなかに密教像影響が顕著に現れている」ことを指摘されていることは, 博士の長年に渡る実地を踏まえた研究による中国仏教全般への深い洞察から導かれた特筆に値する成果であると言わなければならない。かの1975年代以前の寥々とした状況を振りかえるなら, これこそ研究方法論の, 戦後50数年を要してなしとげられた質的躍進と言わるべきである。

1965年代後半から『アジア仏教史』(佼成出版社) の出版が開始され, 74〜76年に『中国編』1〜5が出た。その第1巻 (前半：藤堂恭俊／後半：塩入良道, 1975, 全384頁) で仏教伝来から隋・唐までが論じられて, 密教は「第8章隋・唐の中国仏教」の「3インド仏教への追求と新伝来の仏教」の一項に「密教の伝来」として, 8頁にて初期伝来から善無畏・金剛智・不空・恵果までを論じ尽くす。まことに素述とならざるを得ない。しかしこれも著者らの筆無精ではなく, 時代の要請がまだその程度であったとみるべく, むしろこのシリーズのような総合的仏教史の企画が立てられ実行され, しかも完結されただけでも大慶の至りと言うべく, ならば仏教研究史上の記念碑となるであろう。

そのうち, 唐末以後の密教 (塩入良道筆) について「民間には根強い密教信仰があったと思われるが, 道教などに吸収され」(299頁) たと述べている。偲べば, 博士は仏名経典の研究者であった。密教のそういう傾向に言及していることが当該時代にいかに進取的であったか, 鎌田博士の前述の如き確実な指摘までの四半世紀強の時間を思うとき, あらためてしみじみと胸に迫るものがある。ちなみに両博士とも生前親交を保たれておられた。

鎌田博士が前掲書に引用する著作・論文が多数あり，今日でも研究の目安となるので，研究者は参考とすべし。以下の如くである（引用順。名前のみは既出書あり）。大村西崖，栂尾祥雲，長部和雄『唐代密教史雑考』(1971)『一行禅師の研究』(以上，神戸商科大学出版会，1963)，『密教大系・中国密教』「漢訳三種悉地法の系譜」，呂建福「法門寺出土文物中的関密教内容考釈」(『首屈国際法門寺歴史文化学術検討会論文選集』陜西人民教育出版社，1992)，周一良，渡辺照宏『お経の話』(岩波書店，1967)，松長有慶『密教経典成立史論』(法蔵館，1980)，佐和隆研『密教美術の原像』(法蔵館，1982)，講座密教文化1『密教の流伝』(長部和雄・中村涼応)，平井宥慶，津田真一「百六十心の研究―大日経住心品の体系化の試み―」(豊山学報14・15号，1970)，吉田宏晢「『大日経』住心品における大乗的なものと密教的なもの」(『勝又俊教古稀記念』春秋社，1981)「蔵漢注釈による大日経住心品解説（智山宗務庁，1984)」「『大日経広釈』部分訳（1）～（3）」(大正大学研究紀要67～69，1982～84)「一行阿闍梨の思想」(『牧尾良海頌寿記念』1984)「不空三蔵の密教について」(『牧尾博士喜寿記念』1991)，岩崎日出男「善無畏三蔵の在唐中における活動について―菩薩戒授与の活動を中心として―」(東洋の思想と宗教6，1989)「金剛智三蔵の在唐中の活動について」(密教学会報29，1990)「不空三蔵の護国活動の展開について」(前掲東洋の思想と宗教6)「不空三蔵の五台山文殊信仰の宣布について」(印仏研42-1，1993)，春日礼智「一行伝の研究」(東洋史研究7-1，1942)，池田宗譲「『胎蔵縁起』と『血脈譜一行伝』―開元十四年『清滌毀戒』の意味とその伝教大師による削除の理由を求めて―」(三康文化研究所年報29，1998)，塚本善隆「南岳承遠伝とその浄土教」「玉泉寺蘭若和尚恵真の教学」(『塚本善隆著作集』全7巻，大東出版社，1974～76)，関口真大「玉泉天台について」(天台学報1，1960)，北尾隆心「菩提心論の成立について―特に思想背景について―」(密教学研究20，1988)，小野塚幾澄「不空の密教について―その根底にあるもの―」(大正大学研究紀要65，1980)，勝又俊教「恵果和尚伝の研究」(『櫛田博士頌寿記念』山喜房仏書林，1973)，三崎良周「唐末の密教と蘇悉地」(『密教学密教史論文集』高野山大学，1965)，松永有見「三種悉地破地獄儀軌の研究」(密教研究35，1975)。

　博士の引用は，密教系資料のほか，『旧唐書』『歴代名画記』乃至『全唐文』『宝刻叢編』といった東洋史一般の資料にまで目を向けるが，これは注目すべき

である。これまで空海大師が学んだ唐密教という視点からのみ研究され，研究方途に偏りを来たす傾向が否めない。しかし資料渉猟を広げることによって，密教史が中国仏教史全般のなかの歴史となった。それが密教のみに専一の研究者ではない博士をして可能となったのである。博士は資料をより広範に求めることで視点のより高い史観を構築するという方法によって，仏教史に質的転換を果たした。これによって，仏教学も真の学に値する部門に入り得た。これこそさきに，歴史的考察が人文学全分野にとって基礎的学問となる，と言った由縁である。

《大乗仏典〈中国・日本篇〉8『中国密教』（頼富本宏訳）》（中央公論社，1988）は，『大日経(抄)』『金剛頂経(抄)』『菩提心論』『摂無礙経』の現代語訳集，これに訳者の解説が附き極めて有益である。さらに「中国密教の概説」が第1節（21頁分）にあり，この解説に95条の注記があって，主要な著書・論文が引用されているので，これからの研究者はぜひ参照すべきである。そのほかに最後に「中国密教史年表」と「参考文献(〈通史〉と〈研究書〉)」が列挙されているのも参考になる。尚この書によって，経典も歴史的に研究する必要性を知らされる（経典の歴史性について，竹村牧男「仏教―その読みかえの精神史」国文学48-6，2000）。

本書は経典の翻訳であるからインド密教の範疇にみえるが，実際は中国における密教の諸相を論じて余すところがない。これも密教の歴史的考察が多面性を有する事実を物語るものである。なお，この巻に挿まれた『月報8』の松長有慶「両部に関する伝統説をめぐって」も，『大日経』と『金剛頂経』の関係について簡にして要を得た叙述がなされ，見逃すことができない。

昭和の最終年期に，仏教非専門出版社から《大乗仏典〔中国・日本篇〕》という企画の1冊として『中国密教』という部門が1巻を占めるまでになったことは，密教研究に長足の進歩を認めることのできる"事件"といってよいだろう。講座もののなかで，研究が地道に重ねられてきた賜物と心得る。

（2） 部門的研究

a 概説のなかの中国密教研究

密教の近代的研究の立ち遅れは，1965年代初頭，深刻であった。一般仏教学

では，戦後20年余を過ぎて各分野に続々と成果が出始めたが，密教学では初心者にとって最新の研究書がほとんどなかったからである。そんなとき，松長有慶『密教の歴史』(前掲) と金岡秀友『密教の哲学』(サーラ叢書, 1969) が，相次いで出版 (平楽寺書店) された。この概説書の出版は，まさに研究初学者らに干天の慈雨であった。

この両本共に，その冒頭で"密教"についての近代仏教学のもっている誤解乃至迷信を指摘する。そして密教の近代的研究が今出発するから，これからの研究の進歩によって早晩書き換えられてしかるべき，という言辞がしたためられている。これは著者方の謙遜の美徳と共に，密教学研究への当時の厳しい認識を表明するものでもあったといえよう。いま研究の嚆矢が放たれ，成果の蓄積が始まった。

『密教の歴史』から見る。この書は全13章から成り，その第7章に「シナの密教」がある。全体は，6章までがインド期の密教 (チベットを含む)，8章以後は日本密教にかかわる記述，中国密教にかかわる章は第7章 (15頁分) のみである。それは「1 密呪経典の伝来流布」「2 組織的な密教経典の移植」「3 両部不二と蘇悉地経」という構成になっており，その2は善無畏・金剛智・一行・不空を論じ，3で恵果以降を論ず。これが当時の，中国に係る密教研究の範疇であったということである。

『密教の哲学』では，中国密教については，「第4章密教の仏陀観」の「第3節大日思想の発展」の冒頭「大日思想のインド的発展と中国・日本的発展」にみえる。この2頁弱の記述で，大日如来の思想はチベットにおいては発展するも，中国においてはほとんど認められないとしている。これも中国に係る密教研究の蓄積の立ち遅れを示すものといえよう。この状況は1995年に出版された松長有慶編『密教を知るためのブックガイド』(法蔵館) の時期にも相変わらず嘆かれている。そこに収載された岩崎日出男「中国密教」に，「インド・チベット密教及び日本密教の研究に比べると数が少ない」(102頁) と述べられる如くである。この松長編著は，この時点までにおける研究模様を知るのに大変便利な本で，参照に値する。そのなかで「中国密教」部門が「II 密教の流れ」のチベット密教・日本密教と別立・並記された。1995年の時点で，この研究分野に成果が漸く蓄積されるようになった証左で，「過去に比べてかなり改善された」のも

事実であった。

　近年"中国密教"を冠する単行本は、頼富本宏『中国密教の研究』（大東出版社，1979）のみといえる。これは「般若と賛寧の密教理解を中心として」と副題されるごとく、必ずしも密教相承者ではない仏者の中国密教に関わったことの研究である。般若は弘法大師が長安で直接師事した梵語学者、訳経には密教的色彩の濃い経典もあり、そこには「特異な思想」（序章）が認められるという。賛寧は宋代の人、『宋高僧伝』を編纂したことで有名だが、律に明るかった。その彼を取り上げる理由は、いつに第一級の歴史家であると認められること、その彼の目を通した中国人の密教像を描くとどうなるか、ここにその意義がある。こういう生きた歴史の眼差しからの研究が、今後一層求められるべきと心得る。

b　空海研究にみる中国密教研究

　小野塚幾澄『空海教学における背景思想の研究』（山喜房仏書林，2000）は、「資料編」を含めて1400頁余に及ぶ近来の大著、博士の終世の研究を集大成したものといえる。そもそも空海の思想構築は、中国学の素養なくしては成し遂げられなかったから、空海の研究そのものが中国密教の研究といってもいい。ことに「第1篇空海思想の背景をなす諸資料の基礎的研究」の「第1章空海の教学に影響を及ぼした密教経論儀軌章疏」に「第1節不空の密教について」と「第2節不空・恵果より空海へ─『御請来目録』に示されるもの─」があり、これが直接中国密教の解明に当る。この書は空海著作に大量に引用されている諸経論を精査して、その全様態を明らかにし、その原文も資料編として付した画期的な著作で、これからの空海研究に参照必須の成果となろう。

　静慈圓『空海密教の源流と展開』（大蔵出版，1994）は、空海研究が中国学研究にも直に通ずることがよく理解される成果である。その第1編がずばり「空海と中国思想」で、「空海と儒教」「空海と道教」「空海の三教思想」「空海と中国文学」に分けて論ずる。第2編「空海の行動と思想」にも、随所に中国学を意識した設問がみられ、さらに余録には「『淮南子』の影響」「『楚辞』の影響」「空海の辞賦文学」が論じられ、空海研究には中国学的素養の必要性の大なることが如実に示されている。

　加藤精一『弘法大師思想論』（春秋社，2002）は、5部に内容が分けられ、その

Ⅲに「弘法大師と中国仏教」（9節あり）があるほか，他の章にも中国仏教の知識なしには追求し得ない題目が含まれ，いかに空海教学に中国仏教学が深く吸収されているかがよく知られる。博士は純学術書だけでも『密教の仏身観』『弘法大師空海伝』『日本密教の形成と展開』『空海入門』等々多数あって，本書はその最近書〈最新書は『弘法大師空海論考』（春秋社，2006)〉である。

福田亮成『空海思想の探究』（大蔵出版，2000）には，空海研究の典型が示されている。即ち，本覚論・三密加持・重重帝網論・三摩地法門・法身説法説・十住心・三平等観その他多々である。これは中国学に関して直接論ずるものではないが，"空海"という研究対象については多様な観察眼の要請されることが如実に実践されている（この本は福田氏の最新学術書）。そもそも十住心の世間三個の住心は，中国学への展望なくしては発想できない。それはまた空海時代の学術潮流が中国思想学界と不離の精神的背景に支えられていたことを物語っている。氏は『弘法大師が出会った人々』（山喜房仏書林，2001）で，唐土における日本僧・永忠との交流に注目して，空海の日本―中国両性を明かしている。

c 密教図像学にみる中国密教研究

頼富本宏『秘密仏の研究』（法蔵館，1990）は，まさにインド密教の仏像形態に焦点を当て精力的に検証を進めた成果であるが，その資料には漢訳経典・論書・図像（例えば敦煌図様）にも隈なく目配りをした雄作で，中国密教研究にも欠かせぬ成果である。この書には，インド世界に現に存在する造像造形物が多量に使用され（かつて佐和隆研編『密教美術の原像―インド・オリッサ地方の仏教遺跡―』〈法蔵館，1982〉があった），現地踏査の成果を利用した研究の最良の見本を見せてくれる。この造形物に直接当る研究方法は，造形表現を重んずる密教の研究には当然ともいえるのに，かの『密教発達志』以後進んだとはいえなかった。平成の御代に一挙に花開いたといえよう（近時，森雅秀『インド密教の仏たち』〈春秋社，2001〉もある。《書評》頼富本宏，北陸宗教文化14，2002）。

真鍋俊照『密教図像と儀軌の研究』上・下（法蔵館，2000）は，ほとんど日本密教に関する論玫だが，その造形表現物を最良の資料とする図像学的方法論において，前述した近時の趣向によく合致した大著で，いずれの密教研究にも参考にして有益な成果と言うべきである。文献研究においても現物は重要で，印

刷本ばかりでない諸版本・写本（即ち原物）を校合してテキストを確定する必要性をも示している。

　ところで造形資料の利用には，表現技術になにほどかの才能も要求されるかもしれない。前出の真鍋氏が自ら曼荼羅や稚児大師等を描かれる（同『現代マンダラと現代芸術』法藏館，2003）如くである。八田幸雄『胎蔵図像の研究』（法藏館，2002）は円珍請来の『胎蔵図像』を蔵経所収本から再現しようと試みたもので，その転写に奈良国立博物館所蔵の原本を対照するなど，その造形表現的資質が要求されたであろう。その原本は唐伝来とされるもので，この成果も中国仏教と関わるとみたい。このよう図像学的密教研究に，曼荼羅への関心も欠かせない。

　その成果のなか，図版-染川英輔／解説-小峰弥彦・小山典勇・高橋尚夫・廣澤隆之『曼荼羅図典』（大法輪閣，1993）が俊逸だ。近時，小峰弥彦・高橋尚夫監修『図解別尊曼荼羅』（同，2001）も出版された。その染川氏は最近，実際に両界曼荼羅を完成させた（観蔵院版）。

　田中公明『敦煌　密教と美術』（法藏館，2000）にも注目したい。敦煌資料は第一義的には敦煌という一地方の仏教様態を明らかにするものであるが，周辺領域（中国中原乃至西蔵）の歴史事象を明かす資料としても利用し得る。本書は敦煌仏教を介しつつ，チベット密教の一局面を研究解明する。経典を含むすべての資料について，その歴史性に留意しなければならないのは当然だが，ことに敦煌文献類はその時間（時代）の推定可能な性質の資料で，本書はその点に留意しながら論考されている。

　朴亨國『ヴァイローチャナ仏の図像学的研究』（法藏館，2001）は，「第1部ヴァイローチャナ仏の図像学的研究の前提」を「中国を中心に」時代別に論じている。ちなみに第2部ではインドとインドネシア，第3部で韓国，第4部で日本の密教仏について論ずる。なかで第4部第3章に「大阪金剛寺の金剛界大日・不動・降三世の三尊形式に関する一考察」とあるのにも，「中国四川省盤陀寺石窟の大日三尊龕の紹介を兼ねて」と副題されているように，中国密教の現存仏に関心を示しつつ比較検討する。さらに韓半島仏教の密教に多大な関心を寄せて論及する等，新鮮な密教研究書となっている。これからさらなる躍進が期待される分野である。

d　現地踏査の中国密教研究

　李興範『韓国古代伽藍の形成と展開の研究』（山喜房仏書林，2003）は，直接の密教研究書ではないが，伽藍配置の形式から韓半島仏教の中国乃至日本の仏教伽藍との深い関わりを明かし，幾ばくか密教寺院——例えば青龍寺——形式に関係する寺院の言及もする。東アジア仏教圏を１つの視野に納めた総合的研究の必要性が実感される。これも実地を踏んでの研究で，実物に即した研究は今後ますます重要性を増すに違いない。

　かつて日本に，常盤大定・関野貞『中国仏教史蹟』全12巻（法蔵館，1925－戦後復刊）があった。しかし，かの時代の日本仏教学界は思想研究が主流であり，また中国・インドに動乱の時代が襲って久しく空白の時期があった。近時ようやく前述の鎌田博士や福井文雅博士の「マレーシア仏教管見」（東方界，1981。なお博士の『般若心経の歴史的研究』〈春秋社，1987〉は『般若心経秘鍵』研究にも欠かせない。般若経の代表的研究には木村高尉『梵文二万五千頌般若』Ⅰ—Ⅴ〈山喜房仏書林，2006〉がある）等，現地踏査の努力が実りつつある。中国で青龍寺（「唐青龍寺遺址発掘簡報」考古1974－5：暢燿『青龍寺』三秦出版社，1986）の発掘が進められたことは周知のところであろう。

　近時では「法門寺」（前出本のほか法門寺博物館編『法門寺』陝西旅遊出版社，1994：李本華編『讃舎利』法門寺，2001等）の発掘が衆目を賑わせ，今井浄圓「智慧輪と法門寺」（密教学研究34，2002，同「晩唐における中国密教の一断面—智慧輪三蔵奉納の法門寺文物を中心にして—」平安仏教学会年報２，2003）が発表された。この発見で，唐代密教の"現物"を目の当たりにできたことは，僥倖といわなければならない。

　敦煌の密教造像乃至画類に関しての報告は，中国から『敦煌研究』『敦煌学輯刊』等の専門誌が創刊され，ここを中心に発表されている。それ以外の石窟仏跡にも密教的研究視点が注がれ始め，常青「試論龍門初唐密教雕刻」（考古学報2001－3），邢軍「広元千仏崖初唐密教造像析」（文物1990－6）等の研究もある。丁明夷「四川石窟雑識」（同，1988－8）は敦煌と四川に存する石窟の題材比較をなす。

e　真言学にみる中国密教研究

　新義真言教学研究会（榊義孝代表・大塚伸夫・全・本多・渡辺・藤田・大塚秀見・元山・小林・田中・早川・原・遠藤・倉持・巌）『大疏第三重・釈論第三重の研究』（大正大学綜合仏教研究所, 1997）は, 複数の版本・写本を依用しテキスト校訂をなす。これは日本密教の成果だが, その内容解明には中国仏教の知識が必要なるを痛感させられ, 密教研究の多義性を想わずにはいられない。大正大学金剛頂経研究会（遠藤祐純代表・苫米地・伊藤・松丸・高橋・小川）『六巻本《金剛頂瑜伽中略出念誦法》の研究「慈覚大師将来本　校訂訳注篇」』（ノンブル社, 1999）も諸本校訂作業で, 直接には日本密教の成果だが, 当該経典の金剛智にかかわる性格から中国密教の研究にも欠かせない。

　木村秀明「長谷寺蔵梵文貝葉版本」（『新義真言教学の研究』大蔵出版, 2002）は, 日本密教の研究にも梵語学の知識が必要なことを示唆すると共に, 現物の重要性も示され, それは北尾隆心『道場観等観想図解説』（東方出版, 1999。《書評》平井宥慶, 密教学研究33, 2001）にもいえる。現物に肉薄する研究姿勢である。野口圭也「〈即身成仏〉のサンスクリット表現」（前掲『新義真言教学の研究』）は梵語学の一端にみえて, 実は漢訳経典の読みにかかわる成果である。漢訳経典は中国密教にとってもっとも重大な資料で, これも密教研究の多面性のなせる業である。大塚伸夫「『蘇婆呼童子請問経』にみられる初期密教者像について」（密教学研究33, 2001）は, 『蘇婆呼童子請問経』を基本資料にしてインド密教徒の実体に迫ろうとするもの。チベット訳を併用しながらの研究だが, この漢訳者は輸波迦羅, この訳者はいうまでもなく善無畏のことで, 中国密教にとって看過できない。当経典の背後に潜む時代性を詮索し, 事実の歴史事象に肉薄しようと試みる研究姿勢に, 新鮮な探索の息吹を感ずる。

　中国密教学に係る中国仏教学全般にわたる知識の必要性は, 早川道雄「『釈摩訶衍論』に対する『大乗起信論義記』の影響について」（豊山学報46, 2003）に端的に現れて, 氏はここで法蔵の思想に着目する。遠藤純一郎「『釈摩訶衍論』と密教（その1）—『釈摩訶衍論』に於ける字輪について—」（智山学報51, 2002）は, 「道教的要素」にも着目して論じている。まことに密教研究は多岐に渡る。佐藤厚「韓国仏教における華厳教学と密教との融合—『健拏標訶一乗修行者秘密義記』小考—」（印仏研51-2, 2003）は, 資料は韓国仏教, 教学は新羅華厳, さ

らには『大乗起信論』と中国固有思想の結合を考慮する。多様性に富む密教の研究には多元的な視点が不可欠である。常塚聰「唐宋期の文学におけるマニ教―外来宗教の受容の側面から―」(宗教研究335, 2003)のような研究もある。武田和昭『星曼荼羅の研究』(法蔵館, 1995)，有賀匠「星曼荼羅と妙見菩薩の図像学的研究」(密教文化204, 2005)等，道教など中国文化の素養が要求される研究分野である。東アジアの文化的混合性が考察されてしかるべきである。

中国密教の中枢は不空和尚である。その研究は数多あるが，近時のものとして，向井隆健「不空三蔵の文殊菩薩信仰」(大正大学研究紀要86, 2001)，岩本弘「不空三蔵の訳経活動をめぐる一考察―乾元元年の訳経許可文書を中心として―」(密教文化199・200, 2002)等。五台山の不空については，平井宥慶「五台山と密教―不空と金閣寺―」(豊山教学大会紀要14, 1986)。

善無畏について，平井宥慶「中国への道―善無畏来唐にかかわる八世紀内陸アジアの歴史状況―」(『那須政隆米寿記念』1984)と同「善無畏の〈来唐〉再考」(豊山教学大会紀要12, 同)は，善無畏の入中国行程を検証するもので，『宋高僧伝』に「路を吐蕃に出る」とある「吐蕃」を，従来は現在のラサと注記するもの，或いは今時のネパールからラサ経由と論じたものもあった（前掲『唐代密宗』131頁）ものだが，これを当該時代の内陸アジアの国際情勢を分析し，吐蕃が今の西蔵地方から大きく北に張り出して，タクラマカン沙漠周辺―河西回廊地方にまで勢力を伸張せしめていた事実を明らかにし，したがって善無畏は通例とあまり変わらぬ西域行路を経て入唐したと論じ，『高僧伝』の記録が当時の国際関係を如実に物語る資料的価値大なるものとした。この論攷はさらに，善無畏翻訳の『大日経』が，善無畏自身によらない無行将来本となっているのだが，それを彼自身による将来本の可能性についても論じ，資料展望の範囲は研究者の視点によって幾様にも広がることを示した。この論考の妥当性についてはまだ考察の余地はあるだろうが，少なくとも新資料のない限界の閉塞感に風穴を開けた如くであったことは確かであろう。

翻刻研究会『《良賁撰》凡聖界地章』(大正大学綜合仏教研究所, 2006)は，大師に影響を与えた唐代僧・良賁（717～77）著作の書下し研究である。

武内孝善「唐代密教における灌頂儀礼―『東塔院義真阿闍梨記録　円行入壇』考―」(『弘法大師の思想とその源流』高野山大学密教文化研究所, 1998)は，ずばり

唐代密教についての研究である。さきの良賁研究と共に，空海を研究すれば唐代密教乃至仏教の研究になる，という見本。大沢聖寛氏（大正大学）の『秘蔵記』を中心とした研究歴にも同様のことが言える。なお武内氏は近時自らの研究を『弘法大師空海の研究』（吉川弘文館，2006）としてまとめ上梓された。

　これまで無作為に有益と思われるいくつかの論文を抽出して述べてみた。まだほかにも多くの著論があるのは当然であるが，紙面には限りもある。だいたいに優秀な論文は先行研究を過不足無く引用しているものであるから，研究初学者はここに列記した著作・論文類を参考にして，さらなる参照文献を探っていただきたい。

　実は中国仏教のなかでも，密教はことのほか難しい分野である。なぜなら，密教の精神性が中国文化すなわち儒教的思考と交合するのには，かなり困難な問題を含んでいるからである。しかもそれはインド文化と中国文化の著しい相違性に萌すもので，一朝に結論のつくようなものではない。ひとくちでいえば，儒教文化の人間的局面を限りなく重視する傾向に対して，インド文化の人間超絶的な象徴性との相違である。

　この邂逅はほとんど困難といわなければならない。事実，空海が即身成仏・十住心を構築したとき，インド密教の豊満な象徴性の要素はすっかり削り取った。若し残したら，中国文化圏では密教はとてもまともな宗教とはみなされないに違いないと想われたからと愚考する。

　そういう制約（？）の中で展開した中国密教について研究することは，中国思想そのものをも研究の視野に置いてはじめて可能，というような性格が付与せられる。その困難性である。しかしそれにもかかわらず，研究は着実に進展している。その経過の中で，インドが原典，中国は翻訳世界，という図式はもはや成り立たなくなったことが明白になってきた。インドでの仏教展開の後尾に登場した密教の，その研究が，アジア文化の二大巨頭インド文化と中国文化の際立った特質を白日の下にさらけ出してくれた，ようにみえるのである。

　これから密教（中国・インド・日本を問わず）の研究を志すものは，この点を肝に銘じて，洋々たる密教的思索・体現の世界に漕ぎ出してほしいと思う。

4　宋代と遼・金の仏教

石井修道

はじめに

　唐が907年に滅亡した後,五代時代を経て,建隆元年(960)に太祖趙匡胤が全国を統一して宋が建国された。宋が統一した頃,北地に遼(契丹より改む)が勢力を持っていた。遼の建国は五代(後梁・後唐・後晋・後漢・後周)に遡る。唐末に契丹族の統一を成し遂げていた太祖耶律阿保機(在位916～26)は916年に契丹と名のり,926年に渤海国を滅ぼし,南進して後梁との抗争を繰り返した。契丹の太宗(在位926～47)は河東節度使石敬瑭と結んで援軍して後唐を滅ぼし,約束により燕雲十六州を手に入れ,947年に国号を遼と称した。遼は太宗の後,世宗の時にたえず内争がつづいたが,穆宗・景宗・聖宗・興宗・道宗と引き継がれた。その遼の最後の天祚帝を捕らえて保大5年(1125)に完全に滅ぼしたのは,女真族の金の太宗であった。金は阿骨打(太祖)によってそれを遡る政和5年(1115)に建国されていた。一方,54年間に興っては滅びる短命の五代の最後の後周の恭帝を廃して帝位についたのが趙匡胤であり,宋の太祖の誕生である。宋の建国の後,遼の聖宗と宋の真宗の間には,澶淵の盟が景徳元年(1004)に締結され,100余年の間はやや和平が保たれていた。金は1125年に遼を完全に滅ぼした後に,宋の陰謀が発覚したために,ついに靖康元年(1126)に都の開封の攻撃を開始した。靖康2年3月には,上皇徽宗,ついで4月1日には皇帝欽宗をはじめ宗族数百人を拉致して北方へ連行した。これが靖康の変とよばれるもので,960年から1127年まで続いた北宋時代は終わるのである。

　宋の宗族はほとんど北方に拉致されたが,それから逃れた重要な人に後の南宋の高宗となる徽宗の第9番目の王子の康王と,尼となっていた徽宗の兄の哲宗の皇后孟氏がいた。康王は河南省応天府で孟太后の意志に従って皇帝の位についた。5月1日のことであり,靖康は建炎と改元された。南宋の始まりであ

り，第1代の高宗（在位1127〜62）の誕生である。都を臨安府（杭州）に置いた。高宗は金軍との戦いに疲れていた。願わくは和平を保ちたかった。主戦論と講和論は対立をくりかえし，結局，秦檜を重んじて和平策を高宗は進めた。宋にとって金軍との戦いは財政を圧迫し，人民を不安におとしいれた。紹興12年（1142）9月13日に正式な和議が公布され，大赦が行われたのである。和議の内容は河南・陝西等を宋に返還することのみかえりに，宋は金に対して臣礼をとることと，銀25万両，絹25万匹を毎年送ることであった。和議を進めた秦檜は，以後，紹興25年（1155）10月22日まで宰相にとどまり，高宗時代の政治を支えるのである。そして秦檜は，宰相を罷めたその夜，66歳で病死した。

　南宋は屈辱的な和議に支えられながら，この後，孝宗（在位1162〜89）・寧宗（在位1194〜1224）・理宗（在位1224〜64）等を経て，厓山の戦いで祥興2年（1279）に元に滅ぼされるまで続くことになるのである。

　さて，この時代の仏教を研究するにあたって，仏教側の基本資料についてその傾向をみてみよう。世に『高僧伝』4集と呼ぶ言い方が伝承されているが，『高僧伝』『続高僧伝』『大宋高僧伝』『大明高僧伝』をさしている。『高僧伝』14巻は梁の慧皎（497〜554）が天監18年（519）に完成したもので，『梁高僧伝』とも呼ばれ，後漢の永平10年（67）から天監18年の453年間における高僧の事蹟を，本伝257人，付伝243人の伝記を収めている。高僧の徳業を10科に分かち，本伝の訳経に35人，義解に101人，神異に20人，習禅に21人，明律に13人，亡身に11人，誦経に21人，興福に14人，経師に11人および唱導に10人を収めるのである。『続高僧伝』30巻は唐の南山道宣（596〜667）が『高僧伝』の後を承けて貞観19年（645）に一応の完成をみたが，その後も補筆したことが知られており，『唐高僧伝』とも呼ばれ，宋本によれば，本伝485人，付伝209人の伝記を収めている。『続高僧伝』も同じく10科に分類して，内容は全同ではないが，本伝の訳経に15人，義解に161人，習禅に95人，明律に28人，護法に18人，感通に118人，遺身に12人，読誦に14人，興福に12人および雑科声徳に12人を収めるのである。『大宋高僧伝』30巻は賛寧（919〜1001）が『続高僧伝』を承けて端拱元年（988）に完成し，序では本伝533人，付伝130人とするが，大正蔵経本には本伝531人，付伝125人の伝記が見られる。10科の分類は『続高僧伝』と同一で，本伝の訳経に32人，義解に72人，習禅に103人，明律に58人，護法に18人，感通に89人，遺身

22人，読誦に42人，興福に50人および雑科に45人を収めている。『大明高僧伝』8巻は如惺（生没年不詳）が万暦45年（1617）に完成したものである。石井修道『宋代禅宗史の研究』（大東出版社，1987）に分析するように，10科の分類は崩壊した。『大明高僧伝』は本伝が112人，付伝が69人で，3科を詳しくみると，本伝の訳経に1人，義解に44人および習禅に67人を収めており，時代別の内訳は宋代72人，元代22人および明代18人となっている。『高僧伝』4集というが，前の3集が前集を承けて『大宋高僧伝』まで相互補完的に成立してきたにもかかわらず，『大明高僧伝』がその後を補いえていない。如惺自身が「南宋より今（＝明）まで」というように，北宋の記述はないのである。石井（前掲『宋代禅宗史の研究』）がいう『大宋高僧伝』より「百年の空白」があって，宋代の研究の網羅的な資料となり得ていないのである。それを補った主な資料は，これまた如惺が「伝燈の諸録」というように，道原撰『景徳伝燈録』等であった。それ故に宋代の研究は，詳しく後述するように，『景徳伝燈録』および燈史と呼ばれる禅宗の歴史書の研究が重要になってくるのである。やがて天台系でも史書が作られるようになり，嘉熙（1237～40）に完成した宗鑑の『釈門正統』8巻，咸淳5年（1269）の志磐撰『仏祖統紀』54巻および至正4年（1344）の序をもつ念常撰『仏祖歴代通載』22巻が成立し，これらの仏教関係の資料を駆使しながら研究はすすめられていかねばならない。入門書を挙げるとすると，鎌田茂雄『中国仏教史』（岩波書店，1978）と郭朋『宋元仏教』（福建人民出版社，1981）と道端良秀『中国仏教史全集1—中国仏教通史』（書苑，1985）が入手しやすい。

　しかし，北地の遼・金の仏教を問題にする場合，北地の情報は現存資料では極めて乏しいのも事実である。これらを補えるのは地方の金石資料や地方志・寺志等の研究があり，今後は考古学的な資料の現地調査による方法も取り入れなければならないであろう。

　以下，本論を（1）禅宗，（2）天台宗・華厳宗・律宗・密教・浄土教，（3）遼・金仏教に分け，最後にその他の問題と工具書等に触れてまとめておこう。

（1）　禅宗の研究

　この時代に最も勢力をもった集団は禅宗である。その禅宗を（a）燈史・公案

集，（b）黙照・看話に分けてみてみよう。

（a）禅宗の研究において，禅宗史書（燈史）の1つである『景徳伝燈録』（1004成立）の重要性は特記すべきことがらである。この書を基本に解釈・再解釈等を繰り返して永い禅宗の歴史は展開しているといってよい。

ただ，近年の研究においてそれを補足する大事な燈史に952年に成立した『祖堂集』がある。『祖堂集』の内容は，五代までの禅ではあるが，宋代禅を明らかにすることは，それ以前の禅の性格との相違を研究することと密接に関連する。『祖堂集』20巻は，20世紀の初頭に高麗大蔵経の蔵外補版として海印寺より発見され，敦煌禅籍と比較しても劣ることのない貴重な禅宗文献である。この『祖堂集』の研究は，柳田聖山の「『祖堂集』の資料価値（1）―唐期禅籍の批判的措置に関する一つの試み」（禅学研究44，1953→『禅仏教の研究』法蔵館，1999）で本格的な研究が始まり，柳田の編著になる『祖堂集索引』3冊（京都大学人文科学研究所，1980～84）として，一字索引が完成すると共に，その「解説」で研究史も総括され，思想史の研究として『唐代の禅宗』（大東出版社，2004）が出版された。

『祖堂集』といえば，柳田の独壇場の感があったが，近年，新たな一石を投じたのが，衣川賢次「祖堂集の校理」（東洋文化83，2003）である。「序文」に対して新見解を出したことや現存の『祖堂集』は952年の成立のままではないという説である。衣川は椎名宏雄「『祖堂集』の編成」（宗学研究21，1979）や特にアーサー・ウェイリの「祖堂集にみえる宋代の白話物語」（*"A Sung Colloquial Story from the Tsu-t'ang chi"*）（「ウェイリ氏の二編の遺稿〈*Two Posthumous Articles by Arthur Waley*〉所収，『Asia Maijor』14－2，1968）により，952年後の成立が確認されるとしたのである。ただ，衣川はほぼ現行本の段階にまとまったのは，開板された1245年に近いのではなく，口語史の研究成果から言っても宋初にまとまっており，その成立時期は1004年成立の『景徳伝燈録』がその役割を代わる以前と考えるのである。

石井が『景徳伝燈録』と法眼宗との関係を問題にしたものが，「『景徳伝燈録』の歴史的性格」（前掲『宋代禅宗史の研究』）である。『景徳伝燈録』に残る「著語」こそ，宋代禅に大きく展開する「頌古門」であり，「拈古門」である。仏国惟白編『建中靖国続燈録』は，記録の内容を正宗門・対機門・拈古門・頌古門・偈

頌門の5門に分類するが，その後に発展した「著語」の性格がよくうかがえる。また，拈古門の立場から再編集されたのが，宗永編『宗門統要集』10巻，晦翁悟明編『宗門聯燈会要』30巻であり，宋代禅が公案集を必要としたことがうかがえると同時に燈史の性格にも，その影響が生まれてきたことが判るのである。なお，栄新江は「俄蔵《景徳伝燈録》非敦煌写本弁」(段文傑敦煌研究五十年紀年文集，世界図書出版公司，1996→『鳴沙集』新文豊出版公司，1999)で，サンクト・ペテルブルグ所蔵の『景徳伝燈録』が敦煌写本とされていたのを，カラホト文書であると断定した。

　もともと，宋代は仏教史書というべき編著が出現した時代である。禅宗においても，『景徳伝燈録』の成立を承けて，『天聖広燈録』(1029成立)，『建中靖国続燈録』(1101成立)，『宗門聯燈会要』(1183成立)および『嘉泰普燈録』(1202成立)が編集され，やがて1252年に『五燈会元』20巻として集大成されるのである。この問題を整理したのが，石井修道「宋代禅宗史の特色—宋代の燈史の系譜を手がかりとして—」(東洋文化83, 2003)であり，「南宋禅をどうとらえるか」(鈴木哲雄編『宋代禅宗の社会的影響』山喜房仏書林，2002)である。覚範慧洪の『禅林僧宝伝』も史書の1つであり，巻5までの訳注本が，柳田聖山編『禅の文化—資料篇』(京都大学人文科学研究所，1988)である。また，逸書及び新発見の紹介もある。『宗門摭英集』等の影印を含む『曉城先生八十頌寿高麗仏籍集佚』(東国大学校出版部，1985)，『祖源通録撮要』の影印を含む高翊晋「『祖源通録撮要』の出現とその史料価値」(東国大学校仏教学報21, 1984→法岳光徳日訳，禅文研紀要15, 1988)及び西口芳男「黄龍慧南の臨済宗転向と泐潭懐澄—附論『宗門摭英集』の位置とその資料的価値—」(同16, 1990)等がある。

　一方，汾陽善昭(974〜1024)の「頌古」を経て，雪竇重顕(980〜1052)が『雪竇頌古』を大成することによって，禅と文学が結合し，新しい禅文献の分野が生まれるのである。入矢義高・梶谷宗忍・柳田聖山共著『雪竇頌古』(筑摩書房，1981)は，その優れた訳注本である。『雪竇頌古』は，臨済宗の圜悟克勤(1063〜1135)が評唱して『碧巌録』となり，臨済宗の根本聖典に数えられている。新しい訓注本に，入矢義高・溝口雄三・末木文美士・伊藤文生訳注の新版『碧巌録』3冊(岩波文庫，1992/97)があり，新しい訓読法の試みもなされている。その成果を承けて，末木文美士編『碧巌録』3冊(岩波書店，2001/03)の現代語訳

が刊行されている。ただし,『碧巌録』は小川隆の「『碧巌録』雑考(一)」(禅文化185～, 2002～) 以降に連載されているように, 宋代禅に加えられたものと『祖堂集』や『伝燈録』の原話の新解釈を通してその相違を明らかにする試みはぜひともなされねばならない視点であろう。また, 宏智正覚 (1091～1157) の『宏智頌古』を万松行秀 (1166～1246) が評唱し,『従容録』として曹洞宗の根本聖典となるが, 完全な訳注研究はなく, テキスト及び訳注研究の成果については, 永井政之『禅籍善本古注集成・従容録』(名著普及会, 1983) にまとめられている。

(b) 宋代禅を代表するのは, 宏智正覚と大慧宗杲 (1089～1163) であり, それぞれ宋代禅の二大思潮である黙照禅と看話禅の大成者である。中国禅宗史は, 結果的に曹洞宗と臨済宗の流れとなり, その思潮が継承される。宋代禅を受け入れた日本の禅も, やはり結果的にその流れを継承した感がある。それ故に, 黙照禅と看話禅の研究は, 宋代禅を考える場合避けて通ることができないのである。

今いうように, 宋代禅者を代表する人は, 大慧宗杲であり, その大慧が大成した看話禅, あるいは公案禅というものは, 唐代にはなかった宋代禅の特徴であろう。大慧が看話禅を大成した後の禅思想は, 禅の歴史の中で一変し, 看話禅の隆盛をみるにいたり, やがて中国禅の性格を決定づけて行くことになる。大慧は, 禅の性格に, 大悟の経験主義を大きく導入したのである。その経験を段階的に追体験する方法として, 公案を用いたのである。古田紹欽「公案の歴史的発展形態における真理性の問題」(宮本正尊編『仏教の根本真理』三省堂, 1956→『古田紹欽著作集』2, 講談社, 1981) にその公案についての論究がある。この公案を用いて修行者を指導する方法は, 大慧自身も述べているが, 修行者を大悟させるのに大変効果的であった。その経験を通して大慧は自信をもってこの指導方法を採用して行くのである。代表的な公案が,「無字の公案」である。

大悟を強調する大慧にとって, 大悟を認めない集団は, 苦々しい存在であった。その最も大きい集団が, 黙照禅を主張する曹洞宗であった。そこで, 大慧はしきりに悪口として「黙照邪禅」と称して, ののしり攻撃した。大慧以降においても, 臨済系の看話禅を奉ずる人々によって, 黙照邪禅の批判はずっと継承されたのである。黙照邪禅の攻撃は, 臨済宗からの曹洞宗への批判となり, 2つの集団は破局的な対立をくりかえすことになるのである。

大慧には，たくさんの著述がある。大慧の主張は，はっきりしていることもあって，多くの人たちに直接に受け入れられて行った。『大慧書』は，大慧が居士に与えた手紙であるが，この著の優れた訳注が，荒木見悟『大慧書』（『禅の語録』17，筑摩書房，1969）である。また，『大慧法語』に関しては，初の訳注が，石井修道『禅語録』（中央公論社，1992）で試みられた。大慧については多く研究されてきたが，大慧の批判した相手の黙照禅の研究は十分ではなかった。石井は，大分県の泉福寺に所蔵されていた宋版の『宏智録』6冊と江戸時代の流布本と対照した影印本『宏智録　上』（名著普及会，1984）を刊行し，伝記研究も石井（前掲『宋代禅宗史の研究』）で一応まとめた。

　近年，興味ある成果の1つに大慧の黙照邪禅攻撃の対象者の解明がある。石井修道「大慧宗杲とその弟子たち（六）―真歇清了との関係をめぐって―」（印仏研23－1，1974）や柳田聖山「看話と黙照」（花大紀要6，1975）により，大慧の攻撃の対象者が真歇清了と限定でき，黙照禅の性格がしだいに明らかになってきたのである。また，大慧はその黙照邪禅の批判を通して，看話禅を形成して行ったことも明らかになったのである。この時，大慧が『弁邪正説』を説いたことが知られていたが，広田宗玄「大慧宗杲の『弁邪正説』について」（禅学研究78，2000）及び「大慧宗杲の邪禅批判の諸相」（禅文研紀要27，2004）によって，大慧の『正法眼蔵』末の示衆がそれに相当することが論証された。その説に基づき唐代語録禅宗班「『正法眼蔵』巻三下末示衆訳注」（同）が公表された。広田には「大慧宗杲の『碧巌録』焼却の問題」（禅学研究82，2004）をはじめ，大慧に関する論文がそのほかにも発表されている。また，大慧の師の圜悟については，土屋太祐「北宋期禅宗の無事禅批判と圜悟克勤」（東洋文化83，2003）が注目される。なお，道元の師の天童如浄については，鏡島元隆『天童如浄禅師の研究』（春秋社，1983）がある。

　大慧の大成した看話禅は，爆発的に広まり，その後の臨済禅の性格を決定づけた。その性格は，『無門関』と『十牛図』に顕著にあらわれている。前者の訳注には，平田高士『無門関』（『禅の語録』18，筑摩書房，1969）があり，後者の訳注には，梶谷宗忍・柳田聖山・辻村公一『信心銘・証道歌・十牛図・坐禅儀』（同16，同，1974）及び上田閑照・柳田聖山『十牛図　自己の現象学』（同，1982）がある。

大慧宗杲の看話禅はその後の禅宗史において，教団内では解体への方向を決定づけ，中国では新たな展開をみせたとする主張がある。前川亨「禅宗史の終焉と宝巻の生成――『銷釈金剛科儀』と『香山宝巻』を中心に――」(東洋文化83，2003) である。また，大慧の影響で成立する朝鮮の知訥の研究成果については，李鐘益『韓国仏教の研究――高麗・普照国師を中心として』(国書刊行会，1980) および公案禅とも関連して中島志郎「高麗中期禅宗史――崔氏武臣政権下の教宗と禅宗の動向を中心として――」(研究報告7，国際禅学研究所，2000) を挙げておこう。

（2） 天台宗・華厳宗・律宗・密教・浄土教

既に述べたように宋代の禅宗の研究はその重要性もあって特に多くの研究成果が残されてきた。宋代の仏教を考える場合，研究の範囲と課題は，禅宗も含めて高雄義堅の『宋代仏教史の研究』(百華苑，1975) が最もまとまっていて，まず第一に参考にすべきであろう。その目次十章は，一，宋代の度及び度牒制，二，宋代の僧官制度，三，宋代寺院の住持制，四，天台と禅との抗争，五，宋代禅宗の性格，六，宋代社会と浄土教，七，宋室の南渡と仏教の復興，八，仏教史書の出現，九，入宋僧俊芿と南宋仏教，十，宋代浄土教典籍と我国諸家の態度，であり，課題が広範囲であることが理解できる。

さて，ここで取り上げる諸宗については，各論の宗派でも問題にされることであろう。まず唐末・五代の争乱は中国において多くの仏教典籍が失われた。このことと大きな関わりをもっているのが，高麗僧義天 (1055?～1101) であり，入宋して晋水浄源から華厳を，天竺慈弁から天台を，霊芝元照から律を，金山了元から禅を受けて帰国し，『義天録』2巻の編纂や高麗続蔵400余巻の刊行で知られている。義天が高麗から中国へもたらした典籍や義和がそれらの華厳典籍を開板したことにより宋代の華厳・天台に大きな影響を与えている。

宋代の天台宗は，趙宋天台と称し，智顗や湛然の教学以降において大きな盛り上がりを見せている。代表的な人に四明知礼がいる。当時，天台の教学は禅宗や清涼澄観・圭峰宗密の影響を大きく受けていた。知礼はそれを異端として智顗・湛然の説に戻ることを主張したのである。知礼の立場を山家派といい，

知礼が異端とする立場を山外派と呼んでいる。大きな教学の対立点は、山家派の「性具説」「妄心観」に対して山外派の「性起説」「真心観」である。この天台内部の論争と密接に関係するものに、天台の四明知礼と禅宗の天童子凝の論争があり、知礼があくまでも宗密の著によって、達磨門下の尼総持のいう断煩悩証菩提（＝二物相合）も、道育のいう迷即煩悩、悟即菩提（＝背面相翻）も、慧可のいう本無煩悩、元是菩提（＝極頓）のいずれの得法も、天台の当体全是の「即」に及ばないといったのである。別の表現をすれば、宗密の「知の一字衆妙の門」に対して、知礼の「即の一字衆妙の門」の対立であった。しかし、禅宗側はそこに取り上げられたのは、宗密の異説であると主張し、決着はつかなかったのである。このように山外派としての慈光晤恩・奉先源清・霊光洪敏・孤山智円・梵天慶昭等と知礼の法系の広智尚賢・神照本如・南屛梵臻の四明三家等の詳細な論争が検討されるに至っている。また、後に神智従義が禅宗批判をしたことが取り上げられている。これらの問題を論じたものには、島地大等『天台教学史』（隆文館、1986再刊）以来、安藤俊雄『天台性具思想論』（法蔵館、1973再刊）、同『天台思想史』（同、1959）、同『天台学―根本思想とその展開』（平楽寺書店、1968）がある。林鳴宇『宋代天台教学史の研究―『金光明経』の研究史を中心として』（山喜房仏書林、2003）は、『金光明経』の広略2本の問題をめぐって展開される山家・山外論争を中心に詳細にこの問題を論じている。宋代の天台宗について研究するには、先にいうように宗鑑の『釈門正統』と志磐の『仏祖統紀』があり、簡便な入門書としては武覚超『中国天台史』（同朋舎出版、1987）がある。

　華厳宗は、大きく『起信論』・『金剛経』及び『首楞厳経』の注釈書と『華厳五教章』の研究をめぐって展開したと見られる。宋代の華厳教学は「二水四家」の6人が代表する。「二水」とは、長水子璿と晋水浄源であり、「四家」とは、普静道亭、華厳観復、可堂師会、武林希迪である。子璿の代表作は『起信論筆削記』20巻、『金剛経纂要刊定記』7巻及び『首楞厳義疏注経』20巻である。宋代華厳教学の興隆の理由を研究したのが、常盤大定「宋代に於ける華厳教学興隆の縁由」（『支那仏教の研究』第三、春秋社、1943）である。『首楞厳経』と『円覚経』は宋代において流行し、三教一致思想の根拠にもなっている。高峰了州「首楞厳経の思想史的研究序説」（龍大論集348、1954→『華厳論集』国書刊行会、1976）

は，宋代に『首楞厳経』が流行し与えた影響について考究している。吉田剛に学位論文『宋朝華厳教学史の研究』があって，関連するいくつかの論文が活字化されている。さらに宋代華厳が日本の湛睿に与えた影響については，納冨常天『金沢文庫資料の研究』(法蔵館，1982) もある。ここでは最近の研究として吉津宜英「華厳教学の与えた宋代禅宗への影響」(前掲『宋代禅宗の社会的影響』) を挙げておこう。

　律宗は，法蔵部の広律である仏陀耶舎と竺仏念の訳である『四分律』を主流として展開していった。『四分律』の学派は唐代の法礪の相部宗と懐素の東塔宗と道宣の南山宗に3分されるが，前の二者が元来の小乗的解釈に止まったために五代には消滅したのに対して，道宣が大乗的解釈を含ませたために，宋代に残ったのは南山宗の学派のみとなった。特に道宣は『四分律刪繁補闕行事鈔』『四分律含注戒本疏』『四分律刪補随機羯磨疏』の律宗三大部を著して戒律研究の不動の地位を築いたが，宋代の律宗は彼の代表作の『行事鈔』の注釈書のさらなる注釈が学派の大きな動向となった。なかでも霊芝元照の『四分律行事鈔資持記』が代表作である。『行事鈔』以外の成果を1つ挙げるとすると，大昭慶律寺で活躍した允堪の『四分律含注戒本疏発揮記』がある。允堪にも『行事鈔』の注釈があったことは知られているが現存していない。宋代の律宗の代表的な研究成果として佐藤達玄『中国仏教における戒律の研究』(木耳社，1986) 及び佐藤成順『宋代仏教の研究―元照の浄土教―』(山喜房仏書林，2001) がある。ただ，元照の本格的な戒律研究はまだなく，山本元隆の修士論文『宋代戒律史に関する一考察―霊芝元照を中心にして―』が注目される。なお，禅宗の清規については後述する。

　密教は，宋代の訳経と密接な関係がある。乾徳3年 (965) には滄州の道円がインドより仏舎利，貝葉梵経をもたらし，これ以降も入竺求法僧が続き，一方，天竺僧の渡来も増大した。太平興国7年 (982) には，太平興国寺に訳経院が創設され，天息災 (法賢)，法天，施護，法護等が訳業に従事し，訳経三蔵惟浄も訳経に参加した。訳出された代表的な経典は施護等訳の『仏説一切如来真実摂大乗現証三昧大教王経』30巻である。この経は不空の訳の闕を補うもので，『金剛頂経』十八会中の初会の全訳に相当するものである。このほかに多くの密教経典の翻訳が残されてはいるが，その影響も少なく，研究成果も多くはない。

松本文三郎「趙宋の訳経事業」(『仏教史雑考』創元社, 1944) は, この時代の訳経を問題にしたものである。

　浄土教は宋代を通じて隆盛であったが, その研究の特色の1つは独立した宗派としてではなく, 禅や天台や律との共通した修行法を行い, 台浄融合, 律浄兼修, 禅浄双修の特色をもった。天台では四明知礼は四明延慶寺で念仏施戒会を起こし, 慈雲遵式は四明宝雲寺で念仏を修し, 『往生浄土決疑行願二門』を著しており, 神照本如は白蓮社を結んで浄業を専修した。律宗の霊芝元照は遵式に私淑し, 律宗の著述のほかに『観無量寿経義疏』『阿弥陀経義疏』『直生浄土礼懺行法』『芝園集』等を著し, そのなかに浄土思想が見られる。先に挙げた佐藤成順 (前掲『宋代仏教の研究』) の成果はこの面を中心とするもので, 福島光哉『宋代天台浄土教の研究』(文栄堂書店, 1995) も同様の研究課題を解明したものである。禅宗では『宗鏡録』100巻, 『万善同帰集』3巻の著で知られる永明延寿は, 蓮社第6祖に数えられている。延寿の浄土思想について論じたものに, 中村薫『中国華厳浄土思想の研究』(法蔵館, 2001) がある。また, 『禅苑清規』の編著で知られる長蘆宗賾も禅浄双修が指摘されている。宋代の浄土教においてもう1つ注目されているのが, 念仏結社の問題である。蓮宗第7祖に数えられる昭慶省常の浄行社は特に有名である。また, 「往生伝」が著され, 遵式『往生西方略伝』1巻 (序文のみ), 戒珠『浄土往生伝』3巻, 王古『新修往生伝』3巻, 陸師寿『浄土宝珠集』8巻等がある。浄土教典籍の宗暁編『楽邦文類』5巻, 王日休撰『龍舒増広浄土文』12巻は, 当時の浄土教を知るには重要である。以上の研究には, 高雄義堅 (前掲『宋代仏教の研究』) のほかに, 小笠原宣秀『中国近世浄土教史の研究』(百華苑, 1963) があり, 特にそのなかに収まっている「白蓮宗の研究」は庶民的念仏結社を解明した点で注目される。山口光円『天台浄土教史』(法蔵館, 1967) をはじめ趙宋天台の研究には多く浄土教についても言及されている。禅浄双修も問題にされることも多いが, 元代以降の方が顕著であろうから, その成果を参照されたい。

（3） 遼・金仏教

　遼・金と宋との関係は最初に簡単に触れたが, 遼を簡単に理解するには, 島

田正郎『契丹国―遊牧の民キタイの王朝』(東方書店, 1993) があり, 本格的な研究には同氏の『遼朝史の研究』(創文社, 1979) がある。また, 愛宕松男『東洋史学論集3―キタイ・モンゴル史』(三一書房, 1990) も契丹を論じたものである。金については, 外山軍治『金朝史の研究』(同朋舎出版, 1964) と三上次男『金史研究』一・二・三 (中央公論美術出版, 1972/73) の優れた成果が出ている。

仏教の専著となると少ない。遼の仏教については, 神尾弌春『契丹仏教文化史考』(満州文化協会, 1937／第一書房, 1982再版) がいまだに優れた成果として利用されている。七篇の目次は, 一, 契丹民族の興亡と其の仏教文化の源流, 二, 契丹の寺院, 三, 契丹の仏塔, 四, 契丹大蔵経, 五, 契丹高僧の小伝と其の教学の傾向, 六, 契丹仏教文献の東流, 七, 金元仏教に対する契丹仏教の寄与, となっている。遼の仏教が華厳と密教と密接に関係していることは, 研究しなければならない課題である。覚苑『大日経義釈演密鈔』10巻, 道殿『顕密円通成仏心要集』2巻, 法悟『釈摩訶衍論賛玄疏』5巻, 志福『釈摩訶衍論通玄鈔』4巻, 鮮演『華厳経談玄決択』6巻, 道宗『華厳経随品讃』等が知られているが, 遼の教学が華厳と密教の融合や一致を主張したことが窺える。このことは脇谷撝謙『華厳経要義』(興教書院, 1920) の中に言及されている。また, 音韻字義の研究も残っており, 希麟『続一切経音義』10巻, 行均『龍龕手鑑』4巻がある。また, 田村実造に『中国征服王朝の研究』3冊があり, 『下』(同朋舎出版, 1985) の第1篇「遼朝の文化建設」, 第二篇「金朝の文化建設」のなかに, 遼及び金の仏教について多くの言及がある。

金の仏教については, その代表的な研究として, 成果が出されて年月を経ているが, 野上俊静『遼金の仏教』(平楽寺書店, 1953) があげられる。この著はこの分野を研究するには欠かせない成果で, 大きく遼と金の二篇に分けられ, 目次に仮に番号を付すと16の論文が収まっている。遼代篇：一, 遼朝と仏教, 二, 遼代に於ける仏教研究, 三,『龍龕手鑑』雑考, 四, 遼代社会に於ける仏教, 五, 遼代燕京の仏教, 六, 遼代の邑会について, 七, 契丹人と仏教, 八,「遼代仏教」に関する研究の発展。金代篇：九, 金帝室と仏教, 十, 金李屛山攷, 十一, 金の財政策と宗教々団, 十二,「二税戸」攷, 十三,「全真教」発生の一考察, 十四, 宋人の見た金初の仏教―『松漠紀聞』の記載を中心として―, 十五,「金代の仏教」に関する研究について, 十六, 胡族国家と仏教, である。

遼・金で見落とせない仏教文化事業に雲居寺の石経刻造がある。隋の静琬にはじまり、唐の会昌以降途絶えていた石経刻造が遼代に国家的な援助を受けて大きく進展し、金に引き継がれていくのである。その経典の底本になったのが、遼代に編纂された幻の『契丹大蔵経』であった。塚本善隆「石経山雲居寺と石経大蔵経」（東方学報〈京都〉5副刊，1935→改訂論文『塚本善隆著作集』5，大東出版社，1975）は本格的な研究成果であり、氣賀沢保規編『中国仏教石経の研究―房山雲居寺石経を中心に』（京都大学学術出版会，1996）に近年の成果が収まっている。現在では『房山石経』30冊（華夏出版社，2000）の内に22冊が「遼金刻経」として影印版も見ることができるようになった。また、1934年に山西省趙城県の広勝寺から金版大蔵経が発見され、塚本善隆にその発見の経過の報告の「金刻大蔵経の発見とその刊行」（日華仏教研究会年報1，1936）があり、そのほかに「仏教資料としての金刻大蔵経」（前掲，1975）がある。金版大蔵経の一部が『宋蔵遺珍』全12函（上海，影印宋版蔵経会，1936～）で影印刊行されて研究者を裨益してきたが、続いて『中華大蔵経（漢文部分）』45冊（中華書局，1984～90）で影印刊行された。

遼・金の美術関係の文物は早くから注目され、関野貞の『支那の建築と芸術』（岩波書店，1938）はその代表作で、2005年にも東京大学総合研究博物館で「関野貞アジア踏査」の展示会が催され、今後も歴史上重要な研究分野だと指摘されている。関野の研究に同行した竹島卓一の『遼金時代の建築と其仏像』（龍文書局，1944）をその成果として紹介しておこう。

（4） おわりに

この時代を研究するには、多方面からの課題があると思われるが、以下に思いつくままにいくつか指摘してまとめておこう。

宋代の研究においては、『宋元地方志叢書』が幾種か出版されており、研究には欠かせない。なお、当時の寺院を取り囲む日常生活に触れた著として、入矢義高・梅原郁訳注『東京夢華録』（岩波書店，1983）、及び臨安（杭州）や蘇州等を問題にした梅原郁編『中国近世の都市と文化』（京都大学人文科学研究所，1984）と伊原弘『中国中世都市紀行―宋代の都市と都市生活』（中公新書，1988）を挙げ

ておこう。

　これらの問題は仏教美術や寺院建築の研究からも幅広く検討しなければなるまい。参考にすべき主なものを挙げると、現地報告では、常盤大定・関野貞『中国文化史蹟　解説(上)(下)』(法蔵館，1975，76) が必読であり、研究書として鈴木啓『中国絵画史　上』・『同　中之一〈南宋・遼・金〉』(吉川弘文館，1981/84) を挙げておこう。その他、京都国立博物館編『禅の美術』(法蔵館，1983) や横山秀哉『禅の建築』(彰国社，1967) があり、関口欣也「中国両浙の宋元古建築(一)(二)」(仏教美術155・157。1984) 等の一連の論文があって、関連分野として目を向ける必要があろう。

　『景徳伝燈録』は、成立後に入蔵の名誉を受ける。宋代は印刷文化の発展した時代であり、禅宗の発展にも大きく影響を与えている。大蔵会編『大蔵経―成立と変遷―』(百華苑，1964) に述べるように、北宋官版大蔵経、遼官版大蔵経、高麗版大蔵経、金版大蔵経、北宋福州東禅寺版大蔵経、北宋福州開元寺版大蔵経、南宋思渓版大蔵経、そして南宋磧砂版大蔵経と次々に大蔵経が開版され、私版も開版が始まるのである。『景徳伝燈録』(禅文化研究所，1991) は、西口芳男の解題を付して東禅寺版の宋版が影印されて入手が簡単になっただけではなく、『索引』も近刊されたのである。また、柳田聖山編『禅学叢書』第一輯第12冊 (中文出版社，1973～80) や柳田聖山・椎名宏雄共編『禅学典籍叢刊』全11巻13冊、別巻1冊 (臨川書店，1999～2001) が出版され、貴重なテキストが研究に利用できるようになった。さらに、禅文化研究所では、『虚堂録犂耕・付索引』(1990) をはじめ「基本典籍叢刊第一期」(9種13巻) の索引等も出版され、従来に比べて大いに便宜となった。また、大正蔵や続蔵のコンピューターディスク化が完成し一層便利になったが、基本資料の句読点等は細心の注意を払って訂正しなければならない箇所も多い。

　特に宋代禅籍については、柳田聖山「禅籍解題」(『禅家語録　II』，筑摩書房，1974) が最も便利である。近年の禅籍の書誌学的研究では、椎名宏雄に個々の多くの成果があり、『宋元版禅籍の研究』(大東出版社，1993) は体系的にまとめたものである。また、會谷佳光『宋代書籍聚散考』(汲古書院，2004) も利用するとよい。それ以前の研究では、木宮泰彦『日本古印刷文化史』(冨山房，1932)、黒田亮『朝鮮旧書考』(岩波書店，1940)、川瀬一馬『古活字版の研究』(日本古書協

会，1967)，同『五山版の研究』(同，1970) 等が見逃せない。柳田聖山「語録の歴史―禅文献の成立的研究」(東方学報57，1985→『禅文献の研究』上，法蔵館，2001) は，禅文献の性格を考えるとき貴重な論文である。さらに，最近，禅語録を多く含む明代南蔵本の精力的な解明を果たしているのが，野沢佳美『明代大蔵経史の研究―南蔵の歴史学的基礎研究―』(汲古書院，1998) である。

日中交流史上においても多くの成果があろうが，主な著作に辻善之助『日支文化の交流』(創元社，1938)，森克己『日宋文化交流の諸問題』(刀江書院，1950)，木宮泰彦『日華文化交流史』(冨山房，1955) があり，清涼寺釈迦の将来で有名な奝然については，木宮之彦『入宋僧奝然の研究―主としてその随身品と将来品―』(鹿島出版会，1983) があり，『塚本善隆著作集』7 (大東出版社，1975) にも奝然関係の論文がおさまっている。また，成尋についても『塚本善隆著作集』6 (同，1974) に論文があり，島津草子『成尋阿闍梨母集・参天台五台山記』(大蔵出版，1959) も参考になろう。

寺院制度の研究は，宋代仏教全体で考察する必要があり，高雄義堅 (前掲『宋代仏教の研究』) が優れており，竺沙雅章『中国仏教社会史研究』(同朋舎出版，1982) の「前編　宋代仏教社会史研究」や黄敏枝『宋代仏教社会経済史論集』(台湾学生書局，1989) や諸戸立雄『中国仏教制度史の研究』(平河出版社，1990) に詳論されている。また，石川重雄「宋代勅差住持制小考―高麗寺尚書省牒碑を手がかりに―」(『宋代の政治と社会』汲古書院，1988)，金井徳幸「宋代禅刹の形成過程―十方住持の法制化―」(駒大禅研年報15，2003) 等一連の論文において精力的に究明されている。特に禅宗寺院の構成員の細かな日常の威儀作法とその心構えや日中・月中・年中行事に関する規程は，「清規」として編集された。現存する最古の清規は，北宋の長蘆宗賾編『禅苑清規』であり，高麗本等と対校をして，鏡島元隆・佐藤達玄・小坂機融『訳註禅苑清規』(曹洞宗宗務庁，1972) の共訳共注が，鏡島の解説を付して出版された。この『禅苑清規』は，その後の清規の成立に大きな影響を与えた。宋代にも，無量宗寿『入衆日用清規』(1209成立)，『入衆須知』(1263頃成立)，そして惟勉『叢林校定清規総要』(1274年成立) がある。元代以降はもちろんのこと，日本，朝鮮においても多く編集されている。また，その影響は禅宗以外の教家や道教にも及んでいる。

禅宗の寺院制度はやがて南宋の寧宗代には，寺院に対する強固な国家統制に

よる五山制度に行き着くことになる。この影響である日本の五山制度は，京都と鎌倉のそれぞれに取り入れられるけれども，中国の制度と性格が全く一致するわけではない。中国の五山制度についての研究に欠かすことのできない便利な資料が，玉村竹二校訂『扶桑五山記』(鎌倉市教育委員会，1963)であるが，日本の制度の場合は有効となっても，中国の制度については十分な資料になりえない。これらの実状を踏まえて，総合的に再検討を試みたのが，石井修道「中国の五山十刹制度の基礎的研究(一)〜(四)」(駒大仏教論集13-16，1982〜85)である。直接日本の制度に影響を与えた元代の五山制度については，最近，野口善敬『元代禅宗史研究』(禅文化研究所，2005)が出版され有益である。強力な宗教支配が，禅宗教団に与えた影響は見逃すことはできない。祝聖上堂の成立起源は，石井修道『道元禅の成立史的研究』(大蔵出版，1991)に，真宗代まで遡れることを指摘している。祝聖の成立こそ宋代禅の性格を象徴しているといえよう。その後，神宗代に見られる東京大相国寺内の慧林禅院と智海禅院の開創による北宋の首都の宗教統制，徽宗代の崇寧寺観制度による地方への波及，これらが禅宗の五山制度へと発展していく。最近の注目すべき成果の1つに劉長東『宋代仏教政策論稿』(四川出版集団巴蜀書社，2005)がある。

　宋代の仏教を研究するのに，重要な分野として，仏教の庶民化をどう捉えるかがある。禅宗の場合は知識人に受け入れられる。その場合，禅と儒教との交渉は重要であろう。研究書には，荒木見悟『仏教と儒教』(平楽寺書店，1963→新版，研文出版，1993)が第1に挙げられる。儒仏一致を説いた雲門宗の仏日契嵩の研究では，荒木見悟訳注『輔教編』(『禅の語録』14，筑摩書房，1981)があり，牧田諦亮「趙宋仏教史における契嵩の立場」(『中国仏教史研究』第二，大東出版社，1984)に仏教史上の位置づけの論がある。また，安藤智信「宋の張商英について―仏教関係の事蹟を中心として―」(東方学22，1961)がある。このように，宋代には仏教者も知識人階級も儒仏道の三教一致を主張する人々が多く輩出する。一方，唐の韓愈等の仏教排撃を承け，北宋の道学から南宋の朱子によって排禅毀仏の思想が大成される。この分野において，通史としては，武内義範『中国思想史』(岩波全書，1936)，馮友蘭『中国哲学史』(商務印書館，1934)，侯外廬主編『中国思想通史』(人民出版社，1957)等があり，常盤大定『支那における仏教と儒教道教』(東洋文庫，1930)，久保田量遠『支那儒道仏三教史論』(東方書院，

1931)，同『支那儒道仏交渉史』（大東出版社，1943）が先駆的業績である。朱子と禅の関係については，柳田聖山「無字の周辺」（禅文研紀要7，1975）がある。朱子研究は，入手しやすいものとして，島田虔次『朱子学と陽明学』（岩波書店，1967），荒木見悟『朱子文集・語録抄』（『朱子・王陽明』中央公論社，1974），吉川幸次郎・三浦国雄『朱子集』（朝日新聞社，1976），三浦国雄『朱子』（講談社，1979），吾妻重二『朱子学の新研究——近世士大夫の思想的地平——』（創文社，2004）等がある。

仏教が民衆に浸透するのは，先に挙げた浄土教関係の論文の中に多く指摘されているが，仏教倫理・社会福祉及び仏教と酒等を論じた道端良秀『中国仏教史の研究』（法蔵館，1970）は視点を異にする興味深い成果であり，永井政之の『中国禅宗教団と民衆』（内山書店，2000）は現在にも残る民間信仰と散聖の関係に視点を当てていて興味深い。

宋代仏教と道教との関係は，陳垣『南宋初河北新道教考』（輔仁大学，1941），吉岡義豊『道教の研究』（法蔵館，1952），窪徳忠『中国の宗教改革』（同，1967），同『道教史』（山川出版社，1977）を挙げておくことにする。

宋代と遼・金の仏教を考察するには，政治・経済の動向と無関係ではありえないので，その時代を知る必要があろう。手近な参考書として，周藤吉之・中嶋敏『五代と宋の興亡』（講談社学術文庫，2004）を挙げておこう。この時代の政治・経済史の研究は著しい成果が出版されており，主なものでも曾我部静雄『宋代政経史の研究』（吉川弘文館，1974），日野開三郎『東洋史学論集6・7——宋代の貨幣と金融　上・下』（三一書房，1983），梅原郁『宋代官僚制度研究』（同朋舎出版，1985），柳田節子『宋代郷村制の研究』（創文社，1986），斯波義信『宋代商業史研究』（風間書房，1968），同『宋代江南経済史の研究』（汲古書院，1988），寺地遵『南宋初期政治史研究』（渓水社，1988），島居一康『宋代税制史研究』（汲古書院，1994），宮沢知之『宋代中国の国家と経済』（創文社，1998）等がある。この同時代にチベット系タングート族の西夏（1138〜1227）の建国があり，西夏は宋・遼・金と和平・抗争を繰り返して元に滅ぼされた国である。この国を含めて中嶋敏『東洋史学論集——宋代史研究とその周辺』，『同続編』（汲古書院，1988/2002）はより深く研究するには参照する必要があろう。

以上の研究成果のうち，発行年までの成果については宋史提要編纂協力委員

会編『宋代研究文献提要』(東洋文庫, 1961) にほぼ網羅されている。近年は人名索引, 年表, 地図も出版され簡単に利用できるようになっている。

5　元明清代における中国仏教研究の動向

永井政之

　元明清代における中国仏教研究の動向を述べることは，他の時代のそれを述べることに比して決して容易ではない。筆者はかつて田中良昭編『禅学研究入門』(大東出版社，1994) において金元代，さらに明清代を加え，「禅宗」研究に的を絞って研究動向を概観したことがある。本書が目的とするような，禅宗というワクをさらに仏教研究へと，より広い視座にたって明清仏教研究の動向を述べるとなると「広く」述べればよいということになるが，しかし事はそう簡単にはいかない。『禅学研究入門』でも述べたように，現代における中国仏教研究は複雑多岐にわたる中国の思想界全体への目配りを必須のものとせざるを得ないからである。「仏教」という限られた分野設定がそもそも成り立つのかという疑問すらある。

　まず方法論の問題から確認しておきたい。

(1) 方法論

　そもそも元明清仏教研究が，他の時代の仏教研究に比して質量いずれの面においても進んでいないという現状は何に起因するのであろうか。この点を明快に指摘したのが溝口雄三『李卓吾』(集英社，1968) であり，そこでは日本の中国思想研究があくまで漢文，唐詩，古典，経書に止まっていて，知的教養のためにそれらを学んだけれども，それは必ずしも中国的世界を学ぼうとしたものではないと指摘されている。

　このことは仏教研究にも言えることであり，日本仏教に関係する中国仏教の教理教学，歴史――つまり歴史的には唐宋，降ったとしても明代仏教の一部――は学ばれたけれども，直接の関係を持たない元明清の仏教研究は渡来僧をめぐる研究など一部の例外を除けば，ほとんど対象になったことがないというのが現状と言えよう。

このような現状の中で，中国人の捉えた仏教，さらに広く中国人の思想の一端としての仏教を考えていくことを提言するのが荒木見悟「宋元時代の仏教・道教に関する研究回顧」（久留米大学比較文化研究1, 1987）である。対象は宋元代であるが，そこで立てられる方法論は，仏教とか儒教とかのセクト主義を排し，両者と均等の距離を保ちつつ中国人にとっての宗教の意味を解明しようとするのである。このような方法論は西順蔵・窪徳忠編『中国文化叢書6　宗教』（大修館書店, 1967）においても採られている。特に以下に掲げる「編集方針」は元明清代にかぎらず中国の仏教を考える上で極めて有効であろう。

ⅰ）宗教を社会現象の一環として理解し，その意味で中国宗教を中国宗教史の形でとらえる。従ってこの中国宗教史の試みは，宗教の内在的理解と外在的理解とを，両者の相互関係において深めようとするものであり，または，中国宗教の把握が中国歴史社会の把握と相互に媒介するべきものであると考える。

ⅱ）中国宗教史を仏教史・道教史といったセクト的宗教史から解放し，これらの完整した教団宗教を，非完整的な，例えば結社宗教や，宗教と規定し難いほどに生活的な，例えば民俗信仰などと並列させて，それらの中国的特質，諸文化との関係，社会的政治的意味を考える。

ⅲ）教義・教典・教理に関する叙述は，上記の趣旨に関係する限りにとどめる。

このような提言がなされてすでに40年の歳月を経るが広まりとしては必ずしも十分ではない。そのようななかで，筆者は荒木見悟の主張する「本来性と現実性」という問題設定を妥当なものと考える。

荒木は『仏教と儒教』（平楽寺書店, 1963）の「あとがき」において，儒仏両教の哲学的母胎としての本来性と現実性との関係を考えることのなかに，諸思想の対立や調和を見出しうるとし，中国思想史を考える上ではこの「本来性と現実性」という哲学的問題圏の設定は不可避であるとする。つまりどこかの思想や宗教に自らをとどめて論を展開したり，あるいは表面上の文言の異動をあげつらって比較しても，当該の思想，さらには中国思想の全体を的確に把握したことにはならないと主張するのである。以後の荒木の成果はこのような立場で一貫するが，それらについては後述する。

ちなみにこのような荒木の先駆をなすものとして島田虔次『中国に於ける近代思惟の挫折』(筑摩書房，1949)があり，島田を批判的に継承したものに溝口雄三『中国前近代思想の屈折と展開』(東京大学出版会，1980)がある。また中国の歴史を停滞性のものと捉え，そこに儒教が深くかかわったとみる丸山真男『日本政治思想史研究』(同，1952)，丸山を批判する守本順一郎『東洋政治思想史研究』(未来社，1967)があり，岩間一男『中国政治思想史研究』(同，1968)がある。守本や岩間の仏教理解には少なからぬ問題があり，特に岩間については溝口「中国思想史研究上のいくつかの問題―岩間一男氏『中国政治思想史研究』をめぐって―」(歴史学研究400，1973)が厳しく批判している。

（2）　元代仏教概説

　漢民族による宋の建国からほぼ160年，徽宗，欽宗が金によって北方に拉致された結果，中国は北方を支配する金と，臨安に遷都した南宋によって二分されることとなった。13世紀中頃，金を滅ぼしたモンゴルはさらに南宋を滅ぼし，元が中国全土を統一することとなった。その間の抗争や歴史的展開，モンゴルの支配の特徴などについては鈴木俊篇『中国史(新編)』(世界各国史9，山川出版社，1964)や松丸道雄等『世界歴史大系・中国史4』(同，1999)に譲りたい。
　元では，さまざまな面でモンゴル至上主義が貫かれたとされるが，その一方，反モンゴル的でなければ寛容な態度がとられることもあったという(松丸等，前掲書516頁)。宗教の場合も道教の一派である全真教保護や仏教保護にみられるように硬軟取り混ぜた政策がとられた。
　ところで元朝の仏教についての研究は，野口善敬『元代禅宗史研究』(禅文化研究所，2005)がその「研究概要」で述べるように必ずしも盛んではない。そこにはまず禅をふくめて「宋代までの仏教を受容することで成立した日本仏教」という，日本側の事情があると共に，当然のことながら元代研究のためには資料解読のための漢文読解能力はもとより，モンゴル語，ソグド語，パスパ文字等，元を構成するさまざまな民族それぞれの言語を解読できなくてはならないと言う，きわめてやっかいな問題もある。元代の仏教については，従来の元代仏教研究が漢文文献に偏ったこともあって，多くの場合，「通史」の枠組みを出

ることがない。そのようななかで，野上俊静『元史釈老伝の研究』（朋友書店，1978）は正史にあらわれた元代仏教を丁寧な訳注をもって解読しており貴重な成果である。加えて「元代の宗教」「元の功徳使司について」等9篇の論文を収録していて元代仏教研究の上で必読のものとなっている。野上にはこれ以前に『遼金の仏教』（平楽寺書店，1953）があり，あわせ読むべきである。

　a　制　　度

　元の仏教で大きな力をもったのはチベット仏教（ラマ教）であるが，野上俊静には元朝におけるラマ教の位置づけについて「元の仏教に関する一考察—ラマ教と漢人仏教—」，「元代ラマ教と民衆」（いずれも前掲書）等がある。ラマ僧のうち特にパスパ（八思巴）はフビライの信任を得て国師，帝師となり，「パスパ文字」を定めて元の政治に資するところがあった。それら政治と仏教との関係については，藤島建樹「元朝『宣政院』考—その二面的性格を中心として—」（大谷学報46-4，1967），野上「元の宣政院に就いて」（前掲書），西尾賢隆「元朝の江南統治における仏教」（仏教史学15-2，1971），野口善敬「元代江南における住持任命権者の変遷」（前掲書）があり，大都の大慶寿寺に住して元朝の仏教政策の一翼を担った海雲印簡（1202〜57）については，岩井大慧「元初に於ける帝室と禅僧との関係について」（東洋学報11-4，12-1・2，1922），野上「元代道・仏二教の確執」（前掲書）がある。パスパをはじめとした帝師については野上・稲葉正就「元の帝師について」（『石浜古稀記念』1958）や，稲葉「元の帝師に関する研究」（大谷大学研究年報17，1964），稲葉「元の帝師について—オラーン史（Hulan Deb gter）を史料として」（印仏研8-1，1960）等がある。

　1297年，元の版図は江南に及ぶ，世祖のときには江南釈教総統所が設置される。西尾「元朝の江南統治における仏教」（仏教史学15-2，1971）があり，江南釈教総統となった楊璉真伽は政治と結んで宋朝の陵墓をあばく等する一方，寺院の復興を行ったことも知られる。野上に「桑哥と楊璉真伽—元代宗教史の一面—」（前掲書）があり，大藪正哉「元代の法制と江南の仏寺道観」（『元代の法制と宗教』秀英出版，1983），野口「元代江南における住持任命権者の変遷」（前掲書）でも関説される。ちなみに大藪『元代の法制と宗教』は，度牒や刑法など元朝の宗教政策を多角的に論じたものであり，一読の必要がある。

　また，寺院経済をめぐっては横山英「元代の寺院財産とその性格素描」（史学

研究 2, 1950), 愛宕松男「元朝に於ける仏寺道観の税粮優免について」(『塚本博士頌寿記念』1961), 佐藤達玄「元代叢林の経済生活——勅修百丈清規を中心として——」(印仏研16-1, 1967), 西尾「元代の叢林経営をめぐって」(禅文研紀要 5, 1973) がある。

b 文　献

元代には現存しないものの道蔵『玄都宝蔵』7800余巻が編纂されたというが, 仏教側においてもさまざまな典籍が刊行される。金岡秀友「蒙古大蔵経の成立過程」(仏教史学 6-1, 1957), 竺沙雅章「元版大蔵経概観」(『宋元仏教文化史研究』汲古書院, 2000) 等があるが, 禅籍を中心とする椎名宏雄の精力的な研究が注目される。個別には『禅学研究入門』を参照されたいが, 論文の多くは椎名宏雄『宋元版禅籍の研究』(大東出版社, 1993) に収録される。また椎名は柳田聖山と共編で『禅籍善本叢刊』全13巻 (臨川書店, 1999) を刊行し, 宋元版の貴重な禅籍を影印紹介している。

野口「元代明初僧侶著述・伝記一覧」(前掲書, 付録 1) は, 当該時代の仏教者にかかわる著述や伝記史料を網羅的に紹介しており工具書として有効である。なお清規の復興を目指した『勅修百丈清規』をめぐっての論考については『禅学研究入門』を参照されたい。

c 個　人

海雲印簡以外の個人についての研究もある。北地に展開した曹洞宗を代表する万松行秀 (1166～1243) は, 元朝の政治に深く関係したとされる耶律楚材 (1189～1243) の帰依を受けた人としても有名であるが, その伝記については永井政之「万松行秀の伝記をめぐる諸問題」(『飯田博士古稀記念』国書刊行会, 1981) があり, 伝記の解明や北京市内に墓塔が現存すること等が論じられる。永井は別に『禅籍善本古注集成・従容録』(名著普及会, 1983) があり, 万松の主著『従容録』の底本化がはかられ注釈書が集められる。万松の帰依者耶律楚材については近年杉山正明『耶律楚材とその時代』(白帝社, 1996) が刊行され, 楚材伝の大きな手がかりとされた「神道碑」成立背景の問題点を指摘した。虚実とりまぜた楚材の伝記解明にはいましばらく時間が必要となろう。ともあれ楚材につ

いては古く陳垣に「耶律楚材之生卒年」(『陳垣学術論文集』2, 原1930刊) があってその生卒年を1189～1243年と考証したものや,「耶律楚材父子信仰之異趣」(同1, 原1925刊) がある。また岩村忍『耶律楚材』(生活社, 1942) があり, 飯田利行には楚材の主著『湛然居士文集』を日本語訳し注を付した『湛然居士文集訳』(国書刊行会, 1985) や同『大モンゴル禅人宰相・耶律楚材』(柏美術出版, 1994) がある。なお文学作品であるが陳舜臣『耶律楚材』2巻 (集英社, 1994) もある。

楚材と共に, 万松に参じ, 『鳴道集説』の著を残す李屏山については常盤大定「金の李屏山撰「鳴道集説」について」(『服部先生古稀記念』1941) や野上俊静「金李屏山攷」(前掲書), その生没年を1175～1231年と考証する桂華淳祥「李屏山の伝について」(仏教史学20-1, 1975), や同「『鳴道集説』の一考察」(印仏研28-2, 1980) 等がある。

江南が元朝の支配下となって以後, わが国五山との関係も踏まえて注目すべき禅僧としては中峰明本 (1263～1323) や古林清茂 (1262～1329) がいる。浄土教に心を寄せた禅者としても知られる中峰については服部顕道『天目中峰国師の研究』(八千代出版, 1980) があるが, それ以前望月信亨「明本・梵琦の浄土兼修」(『中国浄土教理史』法蔵館, 1975) があり, 小笠原宣秀「中峰明本の浄土教」(『大原先生古稀記念』1967), 藤島建樹「元朝仏教の一様相—中峰明本をめぐる居士たち—」(大谷学報57-3, 1977) があり, その法を嗣いでいわゆる「幻住派」を形成した人々をめぐっては西尾賢隆「元の幻住明本とその海東への波紋」, 同「幻住明本と日元の居士」(『中世の日中交流と禅宗』吉川弘文館, 1999) がある。古林清茂をめぐっては古田紹欽「古林清茂とその主なる門人」(禅学研究41, 1948) があり, その派下金剛幢下の動向として西尾「金剛幢下竺仙梵僊の渡来」(同69, 1991) がある。

野口善敬・前掲書の成果によれば元朝は教宗復興の時代でもあったとされ, 特に華厳宗と慈恩宗の活動に見るべきものがあるというが, それらについての研究として竺沙雅章「宋元代の慈恩宗」, 同「元代華北の華厳宗」, 同「燕京・大都の華厳宗」, 同「宋元時代の杭州寺院と慈恩宗」(いずれも前掲書) や, 野口「元代の禅宗と教宗—至元二十五年正月十九日の出来事を中心に—」(前掲書) がある。

d　道仏論争

　元朝が道教を保護し，特に華北において丘処機ひきいる全真教が隆盛を誇ったことは周知のとおりであるが，仏教の影響を受けた部分もあり，それらを論じたものに窪徳忠『中国の宗教改革――全真教の成立――』（法蔵館，1967）がある。窪には別に「元代道仏論争研究序説」（『結城教授頌寿記念』1964）や「元代の仏道関係――『至元弁偽録』を中心として――」（駒大大学院仏教年報20，1987）があって，仏教側の資料『至元弁偽録』のみで論争を理解することを批判する。なお道仏の論争をめぐっては野上俊静「元代道仏二教の確執」（前掲書）があり，陳垣「南宋初河北新道教考」（中華書房，1963），陳国符『道蔵源流攷』（同）もあわせ読むべきである。

　なお論争の中心となったのは万松の弟子の雪庭福祐（1203〜75）と林泉従倫であったことが知られる。雪庭にはその碑銘が嵩山少林寺に現存し，鷲尾順敬『菩提達磨嵩山史蹟大観』（同刊行会，1932，のち復刊）に拓本等が収録される。

（3）　明代仏教概説

　明代仏教を知るためには明代全体にわたる理解が必要であることは言うまでもない。その分野での成果は少なくないが，今は鈴木俊篇・前掲書や松丸道雄等『世界歴史大系・中国史4』（山川出版社，1999）を挙げておきたい。一方，仏教を中心とした通史としては，道端良秀『概説支那仏教史』（法蔵館，1939，のち『中国仏教通史』と改題されて『同著作集』10に収録），高雄義堅『中国仏教史論』（平楽寺書店，1952），中村元編『アジア仏教史・中国編II』（佼成出版社，1976），『中国仏教史論集（明清仏教篇）』（現代仏学叢刊100，台湾大乗文化出版社，1977），鎌田茂雄『中国仏教史』（岩波全書，1978），郭朋『明清仏教』（福建人民出版社，1982）等がある。特に禅宗に視点を据えたものとして忽滑谷快天『禅学思想史』下（名著刊行会，1979影印）があり，孤峰智璨『印度・支那・日本禅宗史』（総持寺，1974影印）があるが，そのいずれもが通史の最後としての明清時代であり，当然ながら他の時代に比して記述に濃淡のあることは否定できない。

a 制　　度

　ところで14世紀中頃になると，元朝の支配力の低下にともなって紅巾軍の起義が勃発した。紅巾軍は後述する白蓮教徒による武装集団であり，その一派に加わって頭角を現し，ついに洪武元年（1368），明を建国するにいたったのが朱元璋（太祖・洪武帝）であった。農民出身であった太祖は，儒教に心を寄せ「六諭」を発布してその統治方針とし，宗教に対しては淫祀邪教を禁ずる等，厳しい対応をとった。

　それらについて論じているものに，龍池清の「明初の仏教」（支那仏教史学2－4，1938）や同「明の太祖の仏教政策」（仏教思想講座8，1939），同「明代の僧官」（支那仏教史学4－3，1940），野上俊静「明初の僧道衙門」（大谷学報27－1，1950），間野潜龍「中国明代の僧官について」（同36－3，1956），滋賀高義「明初の法会と仏教政策」（大谷大学研究年報21，1969）があり，清水泰次には「明代に於ける仏道の取締」（史学雑誌40－3，1929），同「明代に於ける仏道の取締（続）」（密教学報187～89，1929），同「明代僧道統制考」（東洋史会紀要2，1937）がある。また教団の内部改革の一端を論じ，僧の役割分担について指摘した龍池清「明代の瑜珈教僧」（東方学報＜東京＞11－1，1940）がある。寺院の復興にかかわる経済的な側面については，鈴木正「明代帝室財政と仏教」（歴史研究6－11，1936），長谷部幽蹊「明清時代仏教界の展望―寺刹の復興をめぐって―」（禅研究所紀要6－7，1976），野口鉄郎「明代寺田の税役と砧基道人」（仏教史学14－2，1968），石田徳行「明代の寺荘について―特に南京寺荘を中心として」（東洋史論集7，1965），同「明代南京の寺荘について―特に寺荘の税役負担を中心として」（花大禅学研究55，1966），竺沙雅章「明代寺田の賦役について」（『明清時代の政治と社会』京都大学人文科学研究所，1983）等がある。竺沙には別に『中国仏教社会史研究』（同朋舎出版，1982）があり，時代は明代に限らないものの中国仏教教団と社会の関係を知る上で必読のものとなっている。

b 文　　献

　元という異民族統治を経て漢民族がようやく復権を果たした中で行われた大蔵経の刊行も明代の仏教を考える上では重要である。個別の典籍については割愛するが，古く禿氏祐祥「明初に於ける大蔵経校刻の事業」（密教研究11，1923）

があり，長谷部幽蹊に「明代以降における蔵経の開雕(1)～(3)」(愛知学院大・一般教育研究30－3/4, 31－1/2, 1983, 84) がある。ちなみに長谷部は明清仏教の解明に精力的に取り組み，その成果には各僧たちの主要な著作を網羅した「明清仏教主要文献書誌要説(1)～(5)」(同32/3・4～34/3, 1985～87) があり，「明清仏教文献著者別小目録(Ⅰ)～(Ⅲ)」(同27－4・28－1・2, 1980) がある。なお大蔵経については野沢佳美による『明代大蔵経史の研究』(汲古書院, 1998) が最新の成果として有効であり，個別の文献についてはやはり駒澤大学図書館編『新纂禅籍目録』(1962) を参照する必要がある。

c　僧　　伝

　明末には少なからぬ「燈史」が成立する。それらの索引的な役割を果たすのが長谷部幽蹊『明清仏教史研究序説』(新文豊出版公司, 1979) や，同『明清仏教教団史研究』(同朋舎出版, 1993) であろう。しかしここでは当該の僧の年譜や碑銘によるデータは収録されないから，陳垣『釈氏疑年録』(中華書局, 1964) の成果が有効となろう。また『禅学大辞典』(大修館書店, 1978) は，語録等をのこす僧の伝記を略述していて便利である。また野口善敬に「明末清代仏教の語録・著述とその法系」(『東洋古典学研究』同研究会, 2000) がある。近年，碑銘等の原資料を影印した徐自強編『中国歴代禅師伝記資料滙編』3冊 (全国図書館文献編微複制中心, 2003) が刊行されたことは，必ずしも十分ではないが原典遡及に利便性を与えたものとなっている。

　さらに自序は康熙11年 (1672) と清初の成立であるが，明代の禅宗の隆盛を特に青原系を意識しつつ編集された『祖燈大統』や『洞上祖憲録』が長谷部によって紹介分析されている (「『祖燈大統』について」宗学研究19, 1977, 「智沄撰『洞上祖憲録』について」禅研究所紀要11, 1982)。『祖燈大統』『洞上祖憲録』は共に藍吉富編『禅宗全書』19～22 (文殊文化有限公司, 1990) に収録される。長谷部にはこのほか自ら発見した資料を紹介する「智楷撰『正名録』について」(印仏研30－1, 1981) や同「普慧蔵所収の禅籍一本について――『祖燈大統』に含まれる『祖燈弁訛』を中心に」(禅研究所紀要9, 1980), 同「『祖燈弁訛』考釈(1)(2)」(同13・14, 1984・85) がある。上記以外の個別の資料の歴史的性格についての研究は未だしの観がある。なお費隠通容 (1593～1661) による『五燈厳統』の成立

はさまざまな波紋を呼び起こしたことについて論じたものに永井政之「五燈会元続略の成立について」(印仏研24-1, 1975)、同「明末に生きた禅者たち―費隠通容による五燈厳統の成立―」(駒大宗教論集9, 1979) がある。個々の燈史の性格等については今後の成果を待ちたい。

また長谷部には僧伝の記述の異同を問題視した「明代における禅の法系・師伝に関する異説考(1)～(4)」(愛知学院大・一般教育研究25-2～4, 1977・78)や「海舟普慈・永慈に関する疑点」(印仏研26-1, 1977) がある。

地域の仏教の展開を考える上では、近年刊行された『中国仏寺志彙刊』1～3輯 (明文書局, 丹青図書公司, 1980, 85) や『中国仏寺誌叢刊』(江蘇広陵古籍刻印社, 1996)、『中国名山勝蹟志叢刊』1～4輯 (文海出版社) はそれぞれの寺院の歴史を知る上で重要である。さらに各地の地方志における「寺観」の記事が有効であることは言うまでもない。このような特定の地域や寺院に関わる分野を論じたものは近年散発的に公表されているが、当面、陳垣『明季滇黔仏教考』(中華書局, 1962) を挙げるに止めたい。

d　儒仏関係

宋の朱子学に代表される仏教批判に対抗して三教の一致を主張する『尚直篇』や道蔵の偽経を破した『尚理篇』を著した空谷景隆 (1392～?) をめぐっては間野潜龍「明の景隆における仏教観」(印仏研11-2, 1963)、野口善敬「明代前期禅門の一断面―毒峰本善と空谷景隆―」(日本中国学会報34, 1982) がある。なお明代に起った陽明学と仏教との関係を論じたものとしては少なからぬ成果があるが、当面は荒木見悟の成果のみを上げておきたい。すなわち『明代思想研究』(創文社, 1979) では一般ではあまり顧みられることのなかった人々が取り上げられ、なかでも管東溟については同『明末宗教思想』(同) で詳しく論じられ、溝口雄三「無善無悪論の思想史的意義」(歴史学研究487, 1987) に書評がある。また荒木『仏教と陽明学』(レグルス文庫116, 第三文明社, 1979) は、明の三大師である紫柏達観、憨山徳清、雲棲袾宏、さらに藕益智旭、覚浪道盛が取り上げられ、加えて平易に説かれていて、この分野への方法論や梗概を知るための恰好の入門書と言える。なお雲棲袾宏について荒木には『竹窓随筆』の現代語訳 (明徳出版社, 1969) があり、雲棲を総合的に論じた『雲棲袾宏の研究』(大蔵出版,

1985)があり,必読のものとなっている。さらに荒木には『陽明学の展開と仏教』(研文出版,1984)があり,後述する2点以外に「陽明学評価の問題」「禅僧無念深有と李卓吾」等が収録される。

e　明の四大師

雲棲袾宏　道元の批判によっても知られるように,日本で禅浄一致の立場をとる例は決して多くはないが,中国では禅浄一致はもとより三教一致も珍しいことではなく,特に明代では少なからぬ人々が禅浄一致を唱える。その代表とも言えるのが雲棲袾宏(1535〜1615)である。『雲棲法彙』34巻が遺る雲棲については荒木見悟に前述の成果があるほか,「戒殺放生思想の発展」(前掲『陽明学の開展と仏教』)があり,高雄義堅「雲棲大師袾宏について」(『内藤頌寿記念』1930),増永霊鳳「雲棲袾宏の教学」(駒澤史学8,1938)があり,藤吉慈海『禅関策進』(『禅の語録』19,筑摩書房,1970),酒井忠夫「袾宏の自知録について」(『福井博士頌寿記念』1969)があり,著作全体に関わる佐々木宣正「雲棲袾宏と其著作」(六條学報102・103,1910)がある。また藤吉には個別の論文を集めた『禅浄双修の展開』(春秋社,1974)があり,同『浄土教思想研究』(其中堂,1969)がある。もちろんこのように雲棲の世界を禅浄一致だけで押さえるのはあくまでも便宜的なものであり,述べたように明代の仏教者の多くが禅浄一致思想を否定しない以上,個々の仏教者において禅浄一致思想をふくめた総合的な研究が必要となる。

紫柏真可　仏教者ながら陽明学——特に泰州学派に近いとされる人に紫柏真可(1543〜1603,字は達観)がいる。華厳や法相を学んだ彼は「阿弥陀仏賛」等を著して念仏を鼓吹する一方,憨山徳清や密蔵道開らと協力して五台山で刻蔵を開始した。事業はのち径山寂照院で行われ,真可の没後完成を見ることとなった。人の誣告によって獄中で亡くなる。『紫柏尊者全集』40巻が遺る。このように重要な真可であるが研究成果は必ずしも多くない。当面,大獅子吼林「明季の哲僧紫柏尊者」(観想16,1925)や,荒木見悟「紫柏真可について」(同『大応』日本の禅語録3,講談社,1978)を挙げておきたい。

憨山徳清　久しく荒廃していた六祖慧能の故地曹渓宝林寺を復興した人として知られ,『夢遊集』40巻(あるいは55巻)を遺す憨山徳清(1546〜1623)につい

ては，長谷部幽蹊「明末叢林における修行生活の一形態―徳清による曹渓の復興をめぐって―」（禅研究所紀要8，1979）があり，荒木見悟「憨山徳清の生涯とその思想」（前掲『陽明学の開展と仏教』），河村孝照「徳清著『起信論疏略』の資料的価値」（東洋学研究17，1983）がある。

藕益智旭 釈経家として名高く，一宗一派に関わらぬ活躍を見せた智旭（1599～1655）をめぐる成果は少なくない。教学関係では，辻岡良稔「藕益の性相調和思想に就いて―特に大乗起信論裂網疏を中心として―」（叡山学報12，1936），安藤俊雄「藕益智旭の性具思想―伝燈との交渉を中心として―」（印仏研3-1，1954），釈聖厳「智旭の思想と天台学」（同23-1，1974），池田魯参「智旭教学と天台教判」（同25-1，1976），同「『教観綱宗・釈義』の教判論」（駒大仏教論集7，1976）等があり，さらに利根川浩行「藕益智旭の戒学」（印仏研29-1，1980），同「智旭撰『重定授菩薩戒法』について」（天台学報23，1980），浅井円道「智旭の法華経会義等の研究」（法華経研究Ⅳ，1972）がある。他教との関係を論じた成果に，荒木見悟「智旭の思想と陽明学―ある仏教心学者の歩んだ道―」（仏教史学13-3，1967）があり，岩城英規「智旭『周易禅解』について」（印仏研21-2，1991）がある。釈聖厳の『明末中国仏教の研究』（山喜房仏書林，1975）は，伝記や思想等に関わる著者の研究を総合したものであるが，荒木の方法論とは異なる。該書をめぐっては，鎌田茂雄「張聖厳『明末中国仏教研究』」（鈴木学術年報12・13合併号，1975）の書評があり，荒木「張聖厳氏の批判に答える―『明末中国仏教の研究』の所論について」（中国哲学論集3，1977）がある。

f 各　人

明初の政治家で僧侶でもあった道衍（1335～1418）は靖難の変による永楽帝の擁立に功があり，還俗して姚広孝を名乗り，『太祖実録』や『永楽大典』の編集に参画した。宋儒による仏教批判に抗したことが知られている。牧田諦亮「道衍伝小稿―姚広孝の生涯―」（東洋史研究8-2，1959），同「道衍禅師の慨き」（禅文化62，1971）がある。

明末にいたって曹洞宗は未曾有の発展を遂げた。そのうち寿昌系とよばれ，のち本邦に渡来した東皋心越との法祖父にあたる禅者覚浪道盛については荒木見悟に「覚浪道盛研究序説」（東北大・集刊東洋学35，1976）があり，荒木はさら

に『憂国烈火禅―禅僧覚浪道盛のたたかい―』(研文出版, 2000) を刊行している。なお覚浪の住した廬山円通寺の清規を紹介した永井政之「祇園寺蔵, 新出覚浪道盛『尊正規』について (1) (2)」(曹洞宗研究紀要10・11, 1978・79) がある。会稽 (浙江省) 雲門山に住した湛然円澄 (1561～1626) については, 沢田瑞穂「明季緇流曲家・散木湛然円澄禅師事蹟」(天理大学報28, 1959), 荒木「明末の禅僧湛然円澄について」(広島大・支那学研究28, 1962), 佐々木章格「湛然円澄註『涅槃経会疏解』について」(印仏研27-1, 1978) 等がある。

江西省博山を中心に活躍した無異元来をめぐっては, 長谷部幽蹊「無異元来禅師略伝」(禅研究所紀要4・5合併号, 1977), 同「博山の門流 (1) (2)」(印仏研24-2, 25-1, 1976) がある。また同「鉄眉三巴掌の急逝にまつわる疑惑」(同28-1, 1979), 同「三峰一門の隆替Ⅰ～Ⅵ」(愛知学院大・一般教育研究31-4, 32-1～3, 33-3・4, 1984～86) がある。

なお本朝に渡来して黄檗宗を伝えた隠元隆琦 (1592～1673) と曹洞宗を伝えた心越興儔 (1639～96) については『禅学研究入門』を参照されたい。

g 僧 諍

明末清初の仏教界は他教との対論や融合があると共に, 教団内部でもさまざまな諍論が勃興した。陳垣『清初僧諍記』(中華書局, 1962) はそれらを網羅したものであり, 近年, 野口善敬によって『訳注・清初僧諍記―中国仏教の苦悩と士大夫たち』(中国書店, 1989) が刊行されている。野口は幅広い視野を持って明清仏教の研究を続けているが, その一分野に教団内の諍論があり, 同「「本来無一物」は外道の法」(禅文研紀要18, 1984), 同「明末に於ける『主人公』論争―密雲円悟の臨済禅の性格を巡って」(九州大・哲学年報45, 1986), 同「明末清初僧諍研究資料について」(第1回中国域外漢籍国際学術会議論文集, 1987), 同「明末清初僧諍覚書―覚浪道盛の密雲円悟批判を巡って」(宗学研究29, 1987), 同「牧雲通門の『五論』をめぐって―明末清初僧諍覚書 (2)」(同32, 1990), 同「『宗範』について―明末清初僧諍覚書 (3)」(同33, 1991) 等の成果が知られる。

（4） 清代の仏教

　17世紀初頭はすでに衰退の極みにあった明国は，ヌルハチ（清・太祖），ホンタイジ（世祖）を戴く清国との戦乱のさなかにあった。戦乱は，1644年（崇禎17・順治元年）5月，清軍が北京に入城，10月に順治帝が即位して中原の支配に乗り出してもしばらくは続いたが，康熙帝の時代に入ってようやく落ち着きを見せることとなった。そのような清代の歴史的動向をさまざまな分野にわたって総合的に論述しようとしたものとして松丸道雄等『世界歴史体系・中国史4・5』（山川出版社，2002）があり，個別の解説を中心とした平凡社『東洋歴史事典』も便利であるし，望月信亨『仏教大辞典』補遺（世界聖典刊行協会）も有効である。

　それにしても異民族による政権の時代の仏教研究について述べることは，明代のそれ以上に困難をきわめる。原資料には膨大なものがあるが，いずれに対しても研究は途上の観があって，前代に比した時，質量ともに寥々たるものがあるのは否定できない。その遠因には『禅学研究入門』でも述べたように，日本における中国仏教研究がどうしても自らがよって立つ一宗一派を中心としてなされたことと，著作の解読には従前の仏教思想全般にわたる理解だけでなく三教全体への理解が必須のものであることによる。

　まず通史として談玄「清代仏教の概況」（日華仏教研究会年報6，1943）があり，矢島玄亮「概観清朝仏教史」（智山学報9，1961）があるが「概観」の域をでるものではない。河村孝照「清代仏教史考」（東洋学研究14，1980）は，清代に撰述された著作を『清史稿』釈家部や『続蔵』を利用して整理している。河村には別に「清代仏教者の研究活動—注釈類を通して—」（印仏研28-2，1980）がある。清末から民国にいたる激動のさなかの中国仏教を担った人々を個別に論じた釈東初『中国仏教近代史』（中華仏教文化館，1974）も挙げておきたい。

　ともあれ順治帝にせよ，康熙帝，雍正帝にせよ，仏教への関心は強い。雍正帝が円明居士と称し『御選語録』を編集したことはよく知られており，清朝による仏教政策もおおく明代のそれにならったものである。それらについては山内晋卿「清朝帝室と仏教」（六条学報210，1919），陳垣「語録与順治宮廷」（陳垣集，中国社会科学出版社，1995），同「順治皇帝出家」（同），塚本俊孝「雍正帝の

仏教教団批判」（印仏研7－1，1958），同「雍正帝の仏教教団への訓誨」（同9－1，1961），同「乾隆帝の教団粛正政策と雍正帝」（仏教文化研究11，1962），同「雍正・乾隆二帝の仏学」（印仏研11－2，1963），塚本善隆「明・清政治の仏教去勢——特に乾隆帝の政策——」（同著作集5，大東出版社，1975）等が知られる。

ところで明清代仏教の特徴の1つに居士仏教があげられる。それは中国仏教が専門家（出家者）ではなくなったことを意味する。ある意味では現実の中で仏教をどう捉え，どう生かしていくかという，「宗教」に関わる中国人固有の命題に対する1つの解答とも言える。この分野では禿氏祐祥「居士仏教について」（日華仏教研究会年報1，1936），小川貫弌「居士仏教の近世的発展」（龍大論集339，1950），同「居士仏教の倫理的性格」（龍谷史壇35，1951），同「中国における居士仏教と倫理」（日仏年報27，1962）がある。また劉成有『近現代居士仏学研究』（巴蜀書社，2002）がある。

ちなみに『居士伝』を著した彭紹升（1740～96，字は允初，尺木居士・知帰子，法号は際清）の仏教信仰は，明末の雲棲袾宏の影響を受けたものであるが，それらを論じた荻須純道「近世中国に於ける居士仏教に就いて——彭際清を中心として——」（禅学研究40，1947），竹内肇「彭紹升の「居士伝」について」（宗教研究238，1979）があり，中村薫「彭際清『華厳念仏三昧論』について」（印仏研31－1，1982），伝記や思想を論じた牧田諦亮「居士仏教に於ける彭際清の地位」（『中国仏教史研究』第2，大東出版社，1984），荒木見悟「彭際靖をめぐる二人の人物」（前掲『陽明学の展開と仏教』）がある。

また金陵刻経処を開設して仏典の刊行や仏教教育に尽力し，さらに譚嗣同や章太炎らの思想に影響を与え，また欧陽漸の師となった楊文会（1837～1911）をめぐっては，塚本善隆『中国近世仏教史の諸問題』（前掲全集5）において関説され，坂元ひろ子「楊文会と清末居士仏教」（『世界歴史大系・中国史5』山川出版社，2002），楼宇烈「中国近代仏学の振興者——楊文会——」（坂元ひろ子訳，東洋学術研究25－1，1986），藤谷浩悦「楊文会の生涯とその社会観」（『筑波大学創立記念』雄山閣出版，1986）等があり，陳継東にはそれらを承けた『清末仏教の研究——楊文会を中心として——』（山喜房仏書林，2003）がある。特に陳氏の成果は，冒頭で先行研究等にふれていて便利である。

『海潮音』を創刊し，武昌仏学院を創設する等のちの中国仏教界に大きな影響

を与えた太虚（1890～1949）には，その著作を網羅した『太虚大師全集』64巻がある。太虚については中国仏教を扱う通史のなかでは触れられるものの思想や活躍の意義の解明にはまだ時間が必要であろう。

a 廟産興学運動

楊文会等の努力によって復興しつつあった中国仏教界に壊滅的打撃を与えたのは湖広総督張之洞（1837～1909）による「廟産興学運動」であった。この運動をめぐっては牧田諦亮「清末以後に於る廟産興学と仏教教団」（東亜研究64，1942），塚本善隆「中華民国の仏教」（『三教授頌寿記念』1952），藤井草宣「中国仏教の寺田喪失―解放までの経緯―」（東海仏教3，1957）等がある。

b 仏教の民衆受容

社会の紐帯，すなわち仏教が中国民衆にどのように受容されていったかという問題は，何も明清に限ったものではない。エーリック・チュルヒャー『仏教の中国伝来』（田中純男等訳，せりか書房，1995）が中国仏教を評して「縉紳仏教」と指摘するように，我々が伝統的にイメージする中国仏教は多くの場合エリート層が受容し理解した仏教であり，民衆の受け入れた仏教は必ずしも高邁な理論を駆使したようなものではなかった。仏教者の側でも理論一辺倒で民衆を教化したわけでもない。かくしてこれを中国仏教のもつ二重構造としてしまえば話は早いが，そう簡単に処理し切れないところに中国仏教のもつ複雑な点があると見ておきたい。先の荒木見悟の言を借りれば，まさに現実性の中に，本来性がどのように表れているかという点である。そのような現実性と本来性の緊張関係をみるためには，当然仏教側の資料だけでなく，道教や儒教，さらには一般の小説や随筆等にまで踏み込んだ検討が要求されるであろう。

ともあれ狭い範囲での仏教史ということになれば，明清時代，特に清代は教団にせよ個人にせよ目立った活躍の少ない，それだけ仏教が衰退した観のあることは否定しがたい。ところが述べたように民衆の間に変容しつつ浸透した仏教ということに目を向けるなら，この時代ほど多彩な展開を見せた時代はないとも言いうる。

c 宝巻研究

　このような民衆の仏教受容について考えるうえで見逃すことのできないものに，鄭振鐸『仏曲叙録』（小説月報17外，1927，『中国文学論集』上海開明書店，1934再録，『中国文学研究』北京作家出版社，1957再録）がはじめて言及したとされる「宝巻」の存在がある。以後，宝巻はさまざまな角度から研究されることとなるが，特にその宗教的な側面に注目したのが向達「明清之際之宝巻文学与白蓮教」（文学2－6，1934，『唐代長安与西域文明』北京三聯書店，1957再録）であり，文中で68種の宝巻について言及する黄育楩『破邪詳弁』の存在が指摘されている。酒井忠夫『中国善書の研究』（弘文堂，1960），沢田瑞穂『宝巻の研究』（采華書林，1963，増補版，国書刊行会，1975）や19世紀中頃のさまざまな教派を批判的に取り扱った黄育楩『破邪詳弁』を訳注した沢田『校注破邪詳弁』（道教刊行会，1972），車錫倫『中国宝巻研究論集』（学海出版社，1996），Daniel L. Overmyer『Precious Volumes—An Introduction to Chinese Sectarian Scripture from the Sixteenth and Seventeenth Centuries』(Harvard College, 1999) 等は，宝巻の世界を知るためには必読の成果と言えよう。なおかつては入手しがたかった宝巻を復刻した成果が沢田や吉岡義豊にあるが，現存する宝巻を網羅的に影印出版した張希舜等編『宝巻』初集40巻（山西人民出版社，1994）や王見川等編『明清民間宗教経巻文献』12冊（新文豊出版公司，1999）等の刊行は原資料の提供を意図したもので極めて有益である。

　個別の宝巻については言及し得ないが，たとえば現在は20種ほどの刊本の存在が知られている「香山宝巻」に関わる観音信仰をめぐっては，塚本善隆「近世シナ大衆の女身観音信仰」（『山口博士還暦記念』法蔵館，1955），吉岡「民衆社会における宝巻流宗教の展開」（同著作集1，五月書房，1989），沢田「香山観音縁起の清代一異本」（『中国の庶民文芸』東方書店，1986），相田洋「金蘭会・宝巻・木魚書—中国における結婚拒否運動と民衆文芸」（『柳田節子古希記念』汲古書院，1993），弥永信美『観音変容譚—仏教神話学Ⅱ—』（法蔵館，2002），前川亨「禅宗史の終焉と宝巻の生成—銷釈金剛科儀と香山宝巻を中心に—」（東洋文化83，2003）等があり，妙善伝説を考える上で重要とされる「香山寺碑」の存在にも言及する Glen Dudbridge『The Legend of Miao-shan』(Oxford Univ. Press, 1978) や頼瑞和『妙善伝説的両種新資料』（中外文学9－2，1980）等がある。

d 結　社

　さらには近代中国の秘密結社の動向等も視野に入れなくてはならない。この分野では後漢以後，清代に至る間のさまざまな起義を取り上げた鈴木中正『中国史における革命と宗教』(東京大学出版会，1974) があり，野口鉄郎『明代白蓮教史の研究』(雄山閣出版，1986) や，浅井紀『明清代民間宗教結社の研究』(研文出版，1990) があり，元代の資料を収集した楊訥『元代白蓮教資料彙編』(中華書局，1989) がある。このほかにも個別の論文はさまざまあるが，相田洋「白蓮教の成立とその展開——中国民衆の変革思想の形成」(『中国民衆反乱の世界』汲古書院，1983) の「白蓮教研究小史」は研究史を概観しており便利である。

　宋代の白雲宗に起源を持つという羅教は，明の正徳年間 (1506～22) 頃，羅清 (羅懐，羅祖，無為祖) によって創唱されたが，これをめぐっては重松俊章「宋元代の白雲宗門」(史淵2，1930) があり，塚本善隆「羅教の成立と流伝について」(東方学報17，1949) がある。また酒井忠夫には『中国帮会史の研究——青帮篇——』(国書刊行会，1997)，同『中国帮会史の研究——紅帮篇——』(同，1998) がある。また近年，中国における成果にめざましいものがある。李世諭『現代華北秘密宗教』(1948原刊，上海文芸出版社，1990) 以下，管見しえたものを挙げておきたい。蔡少卿『中国近代会党史研究』(中華書局，1987)，中国会党史研究会『会党史研究』(学林出版社，1987)，河北文史資料編輯部『近代中国帮会内幕』2巻 (河北人民出版社，1992)，同『近代中国土匪実録』3巻 (同，1993)，秦宝琦『中国地下社会』(学苑出版社，1993)，周育民『中国帮会史』(上海人民出版社，1993)，范春三等『旧中国三教九流掲秘』2巻 (中国社会出版社，1997)，南炳文『仏道秘密宗教与明代社会』(天津古籍出版社，2002)，譚松林『中国秘密社会』6巻 (福建人民出版社，2002) 等全体にわたるもの，Gustave Schlegel『天地会研究』(1963原刊，河北人民出版社，1990)，赫治清『天地会起源研究』(社会科学文献出版社，1996)，馬西沙『清代八卦教』(中国人民出版社，1989)，郭樹林『天師道』(上海社会科学院，1990)，郭予明『上海小刀会起義史』(中国大百科全書上海分社，1993) 等の個別にわたるもの，さらに陳国屛『清門考源』(1933初版，河北人民出版社，1990復刊，のち左久梓『中国の秘密宗教と秘密結社』心交社，1993に収録)，蕭一山『近代秘密社会史料』(1933原刊，上海文芸出版社，1991) は結社内の隠語や手語を紹介している。戴魏光『洪門史』(1947原刊，河北人民出版社，1988)，朱琳『洪門史』

(同, 1990), 生可『青紅幇之黒幕』(原刊年未詳, 同, 1990) がある。馬西沙・韓秉方『中国民間宗教史』(上海人民出版社, 1992) や同『中国民間宗教』2巻 (中国社会科学出版社, 2004) は漢代末期の道教から説き起こして, 清代に至るまでの民間宗教を広く論じている大著である。また古典的ながら De Groot『Sectarianism and Religious Persecution in China』(Amsterdam, 1903, 牧尾良海訳『中国における宗教受難史』国書刊行会, 1980) は, 特に明代以降の諸派を広く扱っており, 邦訳も刊行されて便利である。紹介した範囲は限られるが, 濮文起『中国民間秘密宗教辞典』(四川辞書出版社, 1996) は文字通り辞典であると共にその付録として中国・日本における研究成果を紹介している。また Daniel L. Overmyer『Folk Buddhist Religion』(Harvard Univ. Press, 1976) が, 林原文子監訳『中国民間仏教教派の研究』(研文出版, 2005) として出版され, 欧米での成果についても紹介しているのは便利である。

このほか林兆恩による三一教をめぐる研究成果としては間野潜龍「明代における三教思想—特に林兆恩を中心にして—」(東洋史研究12-1, 1952), 同『明代文化史研究』(同朋舎出版, 1979), Judith A. Berling『The Syncrefic Religion of Lin Chao en』(Columbia Univ. Press 1980), 鄭志明『明代三一教主研究』(学生書局, 1988) 等がある。

e 個別の信仰

中国仏教の特色の1つに, 特定の仏菩薩や祖師への信仰を挙げることができる。それは必ずしも純粋は仏教教理から導き出されるものばかりではない。むしろ三教が複雑に融合して中国民衆に受容された結果とさえ言いうる。そしてそのことは中国民衆の宗教への期待が那辺にあったかを示唆しているとさえ言いえよう。観音信仰については先にふれたが, 白蓮教の成立展開も弥勒信仰の展開と言える。永井政之『中国禅宗教団と民衆』(内山書店, 2000) は仏教, 特に禅宗に関わる信仰のいくつかを扱ったものだが, 三教の垣根を取り払って考える上では, 窪徳忠『道教史』(山川出版社, 1977) や同『道教の神々』(平河出版社, 1986), 平河出版『道教』(1983) が平易に書かれていて初心者には有り難い。また沢田瑞穂による一連の成果『中国の民間信仰』(工作舎, 1982), 同『宋明清小説叢考』(研文出版, 1982), 同『中国の呪法』(平河出版社, 1984) 等は, 仏教関

係を扱ったものばかりではないが、中国の庶民の信仰を考える上で示唆に富んでいる。中国側では袁河『中国神話伝説詞典』(上海辞書出版社、1985)、宗力・劉群『中国民間諸神』(河北人民出版社、1986)、『道教大辞典』(浙江古籍出版社、1987)、元版等を影印した『絵図三教源流捜神大全（外二種）』(上海古籍出版社、1990、『捜神記』『新編連相捜神広記』を合綴)、中国ギルドの神々を緻密に論じた李喬『中国行業神崇拝』(中国架橋出版公司、1990)、儒仏道三教にわたって網羅的に扱う馬書田『華夏諸神』(北京燕山出版社、1990)、同『中国民間諸神』(団結出版社、1995) 等がある。

(5) 史跡調査

最後に史跡調査に関わるものを挙げておきたい。そこにはあるいは円仁や成尋、策彦等による渡海の記録も含まれるのかもしれないが、ここでは割愛するものとし、明治以後のものを中心とする。まず挙げるべきは常盤大定・関野貞『支那文化史蹟』(金尾文淵堂、1925、のち『中国文化史蹟』法蔵館、1975)、および常盤大定『支那仏教史蹟並評解』(仏教史蹟研究会、1925) であろう。往時の仏教史蹟を写真を中心に紹介しつつ、必要な文献、特に拓本を紹介しているのは貴重であり、その価値は増すことはあっても失われることはない。常盤には別に『中国仏教史蹟踏査記』(国書刊行会、1972復刊) があり、踏査の日程等を知る上で便利であるし、論文になりにくい世界を記しているのは楽しい。個別のものも少なくないが、水野清一・長広敏雄『龍門石窟の研究』(同朋舎出版、1979復刊)、同『雲岡石窟』(京都大学雲岡研究会、1951～56)、松本栄一『燉煌画の研究』(同朋舎出版、1985復刊) 等のほかに、敦煌莫高窟、鞏県石窟寺、キジル石窟、クムトラ石窟、炳霊寺石窟、麦積山石窟、龍門石窟、雲岡石窟、安西楡林窟について壁画を中心に報告する平凡社『中国石窟』シリーズもある。中国曹洞宗の法系に関わる史蹟を紹介した『フォトグラフ中国曹洞禅』(曹洞宗宗務庁、1993)、地域を限って紹介する鈴木哲雄『浙江江西地方禅宗史蹟訪録』(山喜房仏書林、1997) もある。

この分野に関しては中国側の研究成果にも近年見るべきものがあるが、文化部文物局によってまとめられた『中国名勝詞典』(上海辞書出版社、1981) は、簡

潔ながら各地の文物管理の人々が協力してなり，その中で中国全土の仏教史蹟を紹介していて極めて便利であり，邦訳も刊行されている。

　それらの史蹟を調査研究するためには事前調査が必要なことは言うまでもなく，そのためには先に挙げた『中国仏寺史志彙刊』『中国名山勝蹟志叢刊』『中国仏寺誌叢刊』があり，福建・浙江を中心として宋元代の地方志をまとめた『宋元地方志叢書』(大化書局，1980，中華書局，1990) も有効である。

　以上，明清代における中国仏教研究の動向のあらましを述べた。現代中国の仏教の動向を考える上では，民国代以降の動向，さらには社会主義政権下の宗教といった問題についても触れる中国側の少なからぬ成果があるが割愛する。

　最後に本稿をなすに当たっては野口善敬『近世中国仏教研究ガイド』(私家版，1992) の指摘を参考にさせていただいたことを記して御礼にかえさせて頂きたい。

索　引

本文に所載の項目に直接関係する著書・論文の執筆者・編者名・訳者のみに限った。

【ア　行】

アーサー・ウェイリ	278
アーサー・ライト	11
相田洋	308, 310
青木孝彰	218
青木隆	123
赤井達郎	76
明石惠達	179
赤松撤真	74
浅井円道	136, 159, 304
浅井紀	310
浅野教信	238
朝山幸彦	100
麻生履善	217
愛宕顕昌	70
愛宕元	170
愛宕松男	286, 297
吾妻重二	291
姉崎正治	166
安部肇一	254
天岸浄円	232
天納傳中	73
荒井裕明	86, 121
荒木見悟	20, 33, 210, 281, 290, 291, 294, 303〜305, 307
荒牧典俊	119, 120, 161, 194, 195
有賀匠	273
安重喆	217
安藤俊雄	133, 136, 141, 144, 283, 304
安藤智信	290
アンリ・マスペロ	92
飯田利行	298
家永三郎	78
五十嵐明宝	238
池田温	82, 114, 117
池田和貴	231
池田宗譲	121, 265
池田知久	12
池田道浩	121
池田魯参	123, 135, 140〜142, 145, 212, 214, 304
石井教道	196, 199, 201, 217
石井公成	67, 68, 123, 160, 170, 195, 196, 199, 200, 203〜205, 213, 255
石井修道	65, 194, 277〜279, 281, 290
石井昌子	115, 116
石井光雄	243
石垣源瞻	211, 231
石上善応	74
石川重雄	289
石川琢道	238
石川良昱	192
石川力山	74
石田憲司	116
石田徳行	300
石田雅文	232
石田瑞麿	33, 68, 143, 211〜213, 219
石田充之	228
石田茂作	32
石津照璽	134
石濱裕美子	86
石松日奈子	219
板野長八	19, 220
板原闡教	60
一柳智城	58
伊藤義教	95
伊藤康安	215
伊藤秀憲	183
伊藤瑞叡	122, 194

伊藤隆寿	17,87,100,122,147,150,151,153, 155,156,162,163,209	上野成観	232
		上村観光	73
伊藤忠太	219	上山春平	197
伊藤丈	65	上山大峻	43,82～85,237,252
伊藤文生	279	ウォーレン・レイ	253
稲岡了順	227	ウォルター・リーベンタール	246
稲葉円成	136	宇都宮清吉	190
稲葉正就	183,190,296	宇野禎敏	227
稲村坦元	74	宇野順治	236
井上秀雄	64,70,76	宇野精一	20,119
井上光貞	77	海野孝憲	180
井上義宏	220	梅原郁	287,291
井ノ口泰淳	95,261	梅原猛	125,223,261
伊原弘	287	瓜生津隆真	74
伊吹敦	77,84,127,237,238,250,255	影印宋版蔵経会	49,52
今井啓一	70	栄新江	42,279
今井浄円	271	永明	163
今泉淑夫	73,74	永楽北蔵整理委員会	55
今枝由郎	87	エーリック・チュルヒャー	11,12,308
今津洪嶽	149,166,221	江隈薫	227,234,237
弥永信美	309	江田俊雄	63
入矢義高	279,287	恵谷隆戒	214,228,233,236
岩井共二	219	衛藤即応	194
岩井大慧	229,296	榎一雄	82
岩城英規	304	榎本正明	216
岩崎敲玄	166	エリアーデ・M	12
岩崎日出男	128,265,267	袁河	312
岩田良三	187	遠藤純一郎	272
岩間一男	295	王衛明	129
岩村忍	298	王暁毅	17
岩本弘	273	汪娟	127
岩本裕	261	王見川	309
殷憲主	114	王頌	209
印順	250	王仲犖	114
宇井伯寿	25,29,98,101,106,123,124,154, 179,183,186,187,189,212,215,245	横超慧日	4,29,106,107,113,118,142,150, 153,154,161,163,168,211,218
		黄檗鉄眼版一切経刊行会	60
上杉文秀	133	王保平	175
上田閑照	281	黄有福	70
上田正昭	70	王利器	119
上田義文	183,187,189,192		

大内文雄	119,224	小倉紀蔵	64
大木幹郎	61	小栗栖香頂	80
大久保良俊	123,133	尾崎正治	115,116
大桑斉	78	長部和雄	265
大沢聖寛	274	小澤勇貫	229
大沢伸雄	216	小谷信千代	95
大隈和雄	75,78	小田義久	95
大竹晋	122,125,194	小野玄妙	29,46,48,51,60,98,237
大田辰夫	249	小野塚幾澄	265,268
大谷光照	220	小畠宏允	85
大谷勝真	167	【カ　行】	
大塚伸夫	272		
大槻幹郎	74	會谷佳光	288
大西修也	219	何勁松	63
大西龍峯	153	鏡島元隆	281,289
大野栄人	135,140,141,145	鍵主良敬	122,201,209
大野法道	29,127,143,211〜214,218,222	郭樹林	310
大原性実	229,230	赫治清	310
大渕忍爾	116	郭朋	116,174,277,299
大南龍昇	225	郭予明	310
大村西崖	127,257	笠原一男	10,75
大屋徳城	58,59,167,219,237	梶浦晋	54,55
大藪正哉	296	何茲全	114
岡崎敬	113	梶谷宗忍	279,281
岡崎久彦	70	梶山雄一	180,193,194,231
小笠原宣秀	95,144,221,223,229,285,298	柏木弘雄	123〜125,194
岡田明憲	95	柏原明裕	217
岡田健	219	柏原祐泉	75
岡野守也	186	春日礼智	265
岡部和雄	8,33,94,104,113,149,169	片野道雄	187
岡村周薩	74	勝又俊教	124,180,181,184〜187,189,265
岡本天晴	11	勝村哲也	130
丘山新	11,15,116	桂華淳祥	298
岡亮二	225	加藤観澄	213
小川貫弌	10,51,52,117,228,307	加藤精一	268
小川弘貫	123	加藤精神	258
小川隆	11,116,280	加藤善浄	184
荻須純道	307	加藤正俊	74
沖本克己	33,63,82〜84,162,251,252,254	門田誠一	66
奥野光賢	151,153,164	金井徳幸	289

316　索　引

金岡秀友	10, 261, 262, 267, 297
金岡照光	82
金倉円照	149
金谷治	8, 19
金子寛哉	170, 229, 232, 234〜236
金子大栄	74
兼子秀利	169
狩野直喜	115
何梅	46, 51, 52
河北文史資料編輯部	310
鎌田茂雄	4, 5, 7, 9, 21, 63, 68, 70, 91, 113, 116, 123, 133, 140, 171, 182, 186, 189, 191, 196, 197, 201, 203, 204, 207〜210, 221〜223, 263, 277, 299, 304
鎌田茂雄博士還暦記念論集刊行会	196
鎌田茂雄博士古稀記念会	196
神尾弌春	286
神塚淑子	115
上村真肇	135
辛嶋靜志	28
苅谷定彦	16
川勝義雄	113, 114, 126, 135
川口義照	215, 222
川口高風	215, 216, 220, 222
川瀬一馬	288
川田熊太郎	196
河音能平	78
河村孝照	303, 306
川本芳昭	114
韓金科	259
甘蔗円達	215, 219
神田喜一郎	42, 167
神田信夫	114
韓廷傑	157
菅野博史	121, 122, 137, 139, 140, 149, 150, 152, 163
韓普光	68
韓秉方	311
冠賢一	74
氣賀沢保規	287
菊地章太	33, 115
岸覚勇	228, 230
吉祥真雄	260
北尾隆心	265, 272
北塔光昇	127
北村高	54
橘川智昭	65, 68
魏道儒	127
衣川賢次	278
木下靖夫	237
木宮泰彦	76, 288, 289
木宮之彦	289
木村英一	20, 109, 115
木村清孝	10, 33, 166, 169, 194, 196, 198, 200, 201, 203, 204, 206, 207, 223, 229
木村清孝博士還暦記念会	196
木村邦和	191
木村宣彰	162, 203
木村高尉	271
木村秀明	272
木村武応	261
木村隆一	11
木村隆徳	82, 84, 85, 252
龔雋	124
京都国立博物館	288
京戸慈光	134
許興植	65, 67
許抗生	163
清田寂雲	135
許明	118
金煐泰	63, 65, 67
金義煥	64
金勲	205
金光植	67
金在浩	71
金三龍	68
金思燁	64
金昌奭	160
金仁徳	157
金相鉉	68

索 引 317

金達寿	70	胡守為	114
金知見	66, 201, 202	小谷仲男	96
金天鶴	65	胡適	241
日下大癡	137	小林円照	208
久須本文雄	20	小林実玄	201, 229
屈万里	57	小林尚英	227, 231
工藤成性	179	小林隆	279
久野健	70, 75	小林俊孝	11
久野美樹	126, 129	小林正美	14, 22, 115, 120, 163
久保田量遠	17, 220, 290	孤峰智璨	241, 299
窪徳忠	97, 291, 294, 299, 311	駒澤大学禅学大辞典編纂所	74
粂原恒久	225	駒澤大学禅宗史研究会	250
粂原勇慈	169, 170	駒澤大学図書館	301
グレゴリー・ショペン	95	小松邦彰	74
黒田俊雄	78	小南一郎	130
黒田亮	288	小峰弥彦	270
桑山正進	29, 95	子安宣邦	74
邢軍	271	小山典勇	270
ケネス・チェン	11	五来重	78
厳耀中	257	呉立民	259
黄育楩	309	權純哲	67
侯外廬	290	権田雷斧	258
黄夏年	124	近藤泉	130
洪在成	175	近藤信行	234
黄寿永	66, 70	近藤良一	237
洪潤植	69	權悳永	65
興膳宏	130		
向達	309	【サ 行】	
河智義邦	231〜233	蔡印幻	66, 69
河野訓	11, 216	蔡運辰	47
河野法雲	166	崔在錫	70
高翊晋	66	蔡少卿	310
古賀英彦	10, 162, 250	崔昌祚	71
国学院大学日本文化研究所	74	斎藤唯信	180
国際仏教大学院大学付属図書館	6, 50	斎藤昭俊	74
小坂機融	221, 289	斉藤隆信	232, 234, 237
小坂泰子	70	斎藤忠	70, 135
彭自強	14, 17	三枝樹隆	230
小島恵昭	51	三枝充悳	149
小島岱山	203, 206	酒井真典	258

酒井忠夫	115,303,309,310	柴田泰	33,126,223,229,231,237
坂出祥伸	128	芝水生	214
境野黄洋	99,116,213,215,218,219	斯波義信	114,291
坂上雅翁	226,237	司馬遼太郎	70
榊亮三郎	87	渋谷鎮明	71
坂元ひろ子	307	島田虔次	83,115,291,295
坂本幸男	68,123,183,185,196,201,204～206,209	島田正郎	285
		島地大等	133,283
左久梓	310	島津現淳	234
索文清	80	島津草子	289
桜部文鏡	154	清水谷恭順	77
佐々木教悟	95,222	清水泰次	300
佐々木月樵	166,182,186,187,223	釈聖厳	304
佐々木憲徳	126,133,134,149	釈東初	306
佐々木宏幹	74	釈範成	49
佐々木宣正	303	車柱環	71
定方晟	80	ジャック・ジェルネ	246
貞兼綾子	80	車錫倫	309
佐藤厚	65,205,210,272	周育民	310
佐藤健	225	周一良	259
佐藤成順	217,225,284,285	周紹良	255
佐藤達玄	10,127,143,211～213,215,216,220,222,284,289,297	修訂中華大蔵経会	52
		宗力	312
佐藤智水	119,129	宿白	50
佐藤哲英	121,133,135,146,157,214	ジュゼッペ・トゥッチ	252
佐藤弘夫	78	種智院大学密教学会	261
佐藤密雄	219	朱封鰲	134
里道徳雄	63,123	朱琳	310
沢田瑞穂	305,309,311	ジョアキン・モンテイロ	232
佐和隆研	74,258,265,269	章瑋	47
山西省文物局	49	蒋維喬	259
椎尾辨匡	154,214,230,233	蕭一山	310
椎名宏雄	251,278,288,297	上越教育大学付属図書館	60
塩入良道	120,136,221	章輝玉	65,68
滋賀高義	300	常恒	58
重松俊章	310	浄宗会	230
静慈円	268	常青	271
四川省図書館協公室	55	蕭登福	125
篠原寿雄	82,251,252	蒋唯心	49
柴田泰山	224,225,227～233,236	徐海基	207

索　引　319

徐閏吉	69
徐自強	301
徐輔鉄	160
徐梵澄	162
ジョン・マックレイ	253
白土わか	213
新義真言教学研究会	272
申賢淑	191
秦弘燮	66, 70
申正午	69
申昌浩	67
神代峻通	258
秦宝琦	310
末木剛博	8
末木文美士	279
末広照啓	219
末光愛正	152, 156, 160
杉山正明	297
勝呂信静	179, 180, 183, 187, 189
鈴木修治	130
鈴木俊	295
鈴木善鳳	232
鈴木大拙	244, 246
鈴木正	300
鈴木中正	310
鈴木哲雄	215, 252, 312
鈴木啓	288
スタン R.A.	80
スタンリー・ワインスタイン	12
ステファン・タイザー	8
周藤吉之	291
砂山稔	115
スネルグローヴ D.	80
諏訪義純	29, 107, 117, 120, 127, 143, 222
生可	310
関口欣也	288
関口真大	33, 136, 139～141, 247, 265
石峻	108
関野貞	112, 271, 287, 288, 312
全国図書館文献宿微複製中心	57
銭文忠	259
曾慧	130
宋史提要編纂協力委員会	291
曹潤鎬	65, 207, 210
曹道衡	130
曹洞宗宗学研究所	75
曹洞宗総合研究センター・宗学研究部門	75
曾我部静雄	291
曾根宣雄	238
薗田稔	74
染川英輔	270
曾和義宏	225～227, 231, 233
孫浮生	229

【タ 行】

戴魏光	310
太虚	307
大獅子吼林	303
大正一切経刊行会	47
大正新脩大蔵経刊行会	46
大正大学金剛頂経研究会	272
大正大学浄土学研究会	230
大正大学綜合仏教研究所注維摩吉経研究会	162
大蔵会	46, 288
平雅行	78
平了照	136
田枝幹宏	70
高井隆秀	261
高雄義堅	149, 215, 221, 282, 285, 289, 299, 303
高崎直道	12, 95, 123, 125, 180, 187, 193, 194
高田時雄	42
高取正男	76
高埜利彦	78
高橋弘次	230, 231, 233
高橋亨	67
高橋尚夫	270
高峯了州	195, 196, 198, 206～208, 255, 283
武内孝善	273
武内紹晃	187

竹内肇	307
武内義雄	17
武内義範	290
武覚超	133, 134, 283
竹島卓一	287
武田和昭	273
竹田暢典	212～214
武田幸男	64
武田龍精	225
竹村牧男	122, 124, 182, 186, 192, 194, 195, 266
田島徳本	215
多田孝正	137
多田孝文	159
多田厚隆	134, 136
多田等観	80
立川武蔵	81, 128, 259
舘野正生	199, 203
田所静枝	140
田中公明	270
田中純男	11
田中健夫	76
田中文雄	11, 220
田中良昭	43, 77, 82, 83, 250～252, 293
ダニエル・スティーブンソン	139, 141
谷口富士夫	86
玉城康四郎	103, 134, 231
玉村竹二	73, 74, 290
圭室諦成	75
圭室文雄	73, 75, 78
田村円澄	66, 70, 76
田村晃祐	219
田村実造	114, 286
田村隆照	261, 262
譚其驤	96
段熙麟	70
談玄	306
譚松林	310
竺沙雅章	46, 48, 50, 54, 289, 297, 298, 300
池明観	64
中国会党史研究会	310
中国仏教研究会	135, 224
中国仏教思想研究会	163
中国歴史博物館	49
中條道昭	11
張怡菇生	87
張希舜	309
張仁青	130
張新鷹	55
張聖厳	136
朝鮮総督府	65
張総	175
趙超	118
張日圭	66
張萬起	108
張文良	207
張曼濤	47
池麗梅	136
陳寅恪	108
陳運寧	21
陳永裕	196, 204
陳垣	7, 291, 298, 299, 301, 302, 306
沈玉成	130
陳継東	307
陳景富	70
陳公余	135
陳国屛	310
陳戍国	120
陳舜臣	298
陳沛然	164
陳揚炯	125
塚本啓祥	95
塚本善隆	9, 13, 22, 91, 118, 120, 125, 161, 167, 221, 223, 237, 238, 263, 265, 287, 307～310
塚本俊孝	306
月輪賢隆	126
辻岡良稔	304
辻善之助	75, 289
辻村公一	281
辻森要脩	54, 136
津田真一	265

土橋秀高	127,143,215,217,218,222
土屋太祐	281
常塚聰	273
坪井俊映	234
妻木直良	48,49
鄭于澤	71
鄭永鎬	70
鄭珖鎬	67
鄭志明	311
鄭性本	69
鄭振鐸	309
丁明夷	271
寺井良宣	191
寺倉襄	232
寺地遵	291
童瑋	48,54
湯一介	11,17,103
東国大学校	59
東国大学校仏教文化研究所	64
唐代中期仏教思想の研究会	238
藤堂恭俊	125,230
湯用彤	11,91,97,116,168
東洋仏典研究会	59
栂尾祥雲	258,262
栂尾祥瑞	262
戸川芳郎	103
釈舎幸紀	213
常盤義伸	249
常盤大定	17,29,46,59,98,112,116,123,167, 271,283,288,290,298,312
徳沢竜泉	224
禿氏祐祥	56,224,300,307
徳田明本	127,215,222
杜継文	17,127
砺波護	221
利根川浩行	212,220,304
戸松啓真	230
外山軍治	286
鳥居一康	291
鳥越正道	261
敦煌研究院	6

【ナ 行】

内藤龍雄	212
内藤知康	224,225
直海玄哲	224
中井真孝	70
長井真琴	214
永井政之	280,291,297,301,304,311
中尾堯	75
長尾雅人	85,154,186,192
中尾雄二	221
中里貞隆	136
長沢和俊	111,188
中嶋敏	291
中島志郎	282
中嶋隆蔵	103,108,117,120
中田勇次郎	169
中富敏治	221
中西智勇	219
中野達	103
長野泰彦	81
長広敏雄	129,312
中村薫	196,285,307
中村菊之進	48,51～53
中村圭爾	114
中村元	8,10,15,27,32,74,94,196,299
中山正晃	220,237,238
名畑応順	226
奈良康明	95
成川文雅	184
成瀬隆純	224,226,232
成瀬良徳	11,74
那波利貞	222
南条文雄	57
南武熙	66
南炳文	310
仁井田陞	222
ニール・ドナー	141
西尾京雄	183

西尾賢隆	296〜298	八田幸雄	270
西口順子	78	服部顕道	298
西口芳男	69,279,288	服部俊崖	221
西順蔵	20,294	服部清造	219
西村恵信	253	花園大学禅学研究会	196
西本明央	234	濱下武志	114
西本照真	43,171	浜田耕策	67
西本龍山	213,216	早川道雄	166,170,272
日蓮宗事典刊行委員会	74	林雪光	74
新田雅章	133,134,140,141	林原文子	311
二宮守人	142	早島鏡正	94
日本仏教研究会	76	林屋友次郎	29
任継愈	5,10,91,97,115,116,162	羽矢辰夫	186
忽滑谷快天	69,241,299	速水侑	75,77
根無一力	191	原田正俊	78
納冨常天	284	晴山俊英	164
能仁正顕	232	樊錦詩	43
野上俊静	10,86,125,183,216,229,286,296,298〜300	潘桂明	129
		氾春三	310
野口圭也	272	ピーター・グレゴリー	253
野口鉄郎	115,300,310	日置孝彦	217
野口善敬	290,295〜297,301,302,305,313	平松敏雄	85
野崎充彦	71	日野開三郎	291
野沢佳美	47,52,54,56,59,60,251,289,301	日比宣正	135
野沢静証	183	馮友蘭	92,290
野村耀昌	10,119	平井俊榮	107,115,121,122,138,147〜149,151,153,157,160〜162
野本覚成	135	平井宥慶	119,128,153,259,265,273
【ハ 行】		平岡定海	75
袴谷憲昭	16,18,29,78,86,87,95,101,124,180,183,189,231	平川彰	9,28,95,99,124,147,180,182,193,195,211,212,215〜219
硲慈弘	133	平田高士	281
橋本凝胤	46,47	廣川堯敏	169,237
橋本政宣	74	廣澤隆之	270
長谷川岳史	191	広田宗玄	281
長谷部幽蹊	56〜58,299〜302,305	フィリス・ブルックス	253
羽渓了諦	94	フィリップ・ヤンポルス	247
羽田野伯猷	87	深浦正文	179,182,188〜190
蜂屋邦夫	8,103,109,119	深貝慈孝	123,230,233
八力広超	231	深津行徳	66

富貴原章信	123,192	方廣錩	29,33,174
福井康順	97,115	法門寺博物館	271
福井静志	212	方立天	17
福井文雅	5,11,21,82,115,271	ポール・スワンソン	137
福井佳夫	130	ポール・ドゥミエヴィル	12,252
福士慈稔	65,68,196,205	ポール・マニュアン	135
福島光哉	137,144,214,285	朴亨國	71,270
福田栄次郎	78	朴光洙	64
福田堯頴	133	濮文起	311
福田琢	121	細川行信	74
福田洋一	86	堀池春峰	77
福田亮成	74,269	堀恵慶	135
福永光司	5,15,22,92,103,108,109,130,161	堀本賢順	232
福原隆善	232	翻刻研究会	273
福原亮厳	121,192	【マ 行】	
藤井教公	158,159		
藤井草宣	308	前川隆司	216
藤井学	76	前川亨	116,282,309
藤枝晃	43	前嶋信次	189
藤島建樹	296,298	前田慧雲	148
藤田宏達	99,229,230	真城晃	190
藤谷浩悦	307	牧尾良海	311
藤田泰実	213	牧田諦亮	10,22,32,33,82,109,117,125,128,
藤丸智雄	225		222,224,229,230,290,304,307,308
藤本智董	143	正木晴彦	223,232
藤吉慈海	230,303	馬書田	312
藤善真澄	114,203,217,221,224,261	増永霊鳳	246,303
藤原幸章	230,233	増山顕珠	213
藤原凌雪	230,234	馬西沙	310,311
布施浩岳	10,122,142,184,213	松浦俊明	216
仏教学関係雑誌論文編纂委員会	75	松尾剛次	78
佛教大学善導大師研究会	230,231	松田貫了	234
佛教大学仏教文化研究所	60	松長恵史	260
舟橋尚哉	180,192	松永知海	60,61
船山徹	121,127	松長有慶	258,260,262,265〜267
古田和弘	161	松長有見	265
古田紹欽	126,246,251,280,298	松原三郎	70,129
古田博司	64	松丸道雄	114,295,306
ベルナール・フォール	253	松村巧	106
方栄善	175	松本栄一	43,312

松本史朗	18, 78, 84, 86, 87, 125, 155, 230, 233
松本文三郎	211, 213, 241, 243, 285
真鍋俊照	269, 270
間野潜龍	300, 302, 311
丸山松幸	12
丸山孝雄	149, 151
丸山真男	295
三浦国雄	71, 291
三上次男	286
神子上恵龍	230
三崎良周	77, 105, 128, 265
三品彰英	64
水谷真成	189
水野弘元	29, 33, 121, 126
水野清一	129, 312
水原堯栄	51
溝口雄三	5, 12, 279, 293, 295, 301
道端良秀	5, 10, 20, 76, 125, 128, 168, 211, 215, 219, 220, 223, 237, 263, 277, 291, 299
三井淳弁	184
密教学会	74
源了円	76
御牧克己	83, 84, 87
宮井里佳	170, 224, 225, 232
宮川尚志	22, 107, 114, 117, 129
宮城信雅	214
宮坂宥勝	258, 260〜262
宮崎市定	5
宮治昭	126
宮林昭彦	216〜219
向井亮	179
向井隆健	273
牟宗三	123
村井章介	54
村上俊	254
村上真瑞	235
村上専精	73, 148, 180, 258
村上速水	228
村上嘉美	19
村上四男	64
村田常夫	184
村地哲明	234, 235
村中祐生	136, 140, 141
望月信亨	29, 32, 125, 213, 214, 223, 227, 230, 233, 236, 298, 306
本山博	140
森克己	289
森川昭賢	226
森二郎	227
森田真円	231
森田龍僊	205, 258
森雅秀	269
森三樹三郎	21, 103, 107, 108, 115, 120
森本公誠	194
守本順一郎	295
諸戸立雄	119, 221, 222, 230, 289

【ヤ 行】

八木昊恵	170
八木宣諦	229
八木春生	129
矢島玄亮	306
安田二郎	114
泰本融	151, 154
矢田了章	225
柳田聖山	33, 126, 248, 249, 278, 279, 281, 288, 289, 291
柳田節子	291
矢吹慶輝	29, 43, 165, 227, 234, 243
山内晋卿	306
山折哲雄	74
山口県教育委員会	56
山口光円	133, 144, 285
山口瑞鳳	80〜83, 85〜87, 252
山口弘江	145
山崎宏(宠)	115, 119, 215, 221, 229
山田利明	115
山田行雄	227
山本元隆	284
山本仏骨	169, 224, 225, 234

湯浅泰雄	189	立正大学図書館	56
結城令聞	182,185,189,192,196,199,202,233	李能和	63
扈新紅	50	李富華	46,50
扈石様	50	李平来	175
湯次了榮	195,209	李本華	271
葉阿月	192	劉永増	43
楊縄信	53	劉貴傑	162
楊曽文	76,255	劉群	312
楊廷福	114	龍谷大学図書館	75
楊訥	310	龍谷大学仏教文化研究所西域研究室	162
横山英	296	劉成有	307
横山秀哉	288	龍池清	300
吉岡義豊	21,56,115,261,291,309	劉長東	290
吉川幸次郎	291	寥明活	157
吉川忠夫	115,119,120,171	林鳴宇	136,145,283
吉田剛	198,208,209,284	林慮山	48
吉田宏晢	265	ルイス・ランカスター	253
吉田道興	182,185,191	レオン・ハーヴィッツ	134
吉田靖雄	170	楼宇烈	307
吉津宜英	123,124,182,185,188,195,196,	呂建福	128,258,265
	198,200〜203,205〜208,213,255,284	呂思勉	114
芳村修基	84,212	呂聖久	66
吉村怜	129,219	呂澂	48,55
頼富本宏	128,259,260,261,266,268,269	論註研究会	125

【ラ 行】

【ワ 行】

藍吉富	57,174,301	脇谷撝謙	286
李永洙	68	鷲尾順敬	74,234,299
李喬	312	鷲坂宗演	214
李興範	271	渡辺顕正	68
李恵英	206	渡辺照宏	21,29,265
李圭甲	65	渡辺隆生	182,184,187,190,224
李際寧	46	渡辺了生	225
李鐘益	69,282	渡会顕	11
李四龙(龍)	134		
李成市	67		
李世瑜	310	【A】	
李瑄根	59,65	Aaron Ken Koseki	157
李相鉉	175	Ahmad, Z.	86
リャードソン H.	80	Arthur F. Wright	11

【B】

Brooks, Phyllis	253

【C】

C. Das	87

【D】

D. Gremana	87
D. Ueyama	82
Daniel B. Stevenson	139, 141
Daniel L. Overmyer	309, 311
De Groot	311
Demiéville, P.	83, 252

【E】

Erik Zürcher	11, 91

【F】

Faure, Bernard	253
Forte, Antonino	172
Frederic Girard	125

【G】

Gernet, Jacques	246
Glen Dudbridge	309
Gregory, Peter	253
Gustave Schlegel	310

【H】

H. A. Jäschke	87
H. Eimer	87
H. K. Kulpy	80

【J】

Jamie Hubbard	173
Judith A. Berling	311

【K】

Kenneth Chên	11

【L】

L. V. Poussin	82
Lai, Whalen	253
Lancaster, Lewis	253
Leon Hurvitz	134

【M】

M. E. Lewis	172
McRae, John	253

【N】

Neal Donner	141

【P】

Paul L. Swanson	138
Paul Magnin	126, 135
Penkower, Linda L.	135
Petech, L.	86

【R】

Robert E. Buswell Jr.	126
Robert H. Sharf	163
Ruegg, D. S.	86

【S】

Stanley Weinstein	12
Stephen F. Taiser	8

【T】

The Korean Research Insititute ed.	63
Tucci, G.	80, 84, 252

【W】

Walter Liebenthal	162, 246

【Y】

Y. Imaeda	80
Yampolsky, Philip	247

【執筆者紹介】（執筆順）

岡部和雄　別掲
伊藤隆寿　1944年　山形県生　駒澤大学卒業　駒澤大学教授
上山大峻　1934年　山口県生　龍谷大学卒業　龍谷大学名誉教授
椎名宏雄　1934年　東京都生　駒澤大学卒業　龍泉院住職
石井公成　1950年　東京都生　早稲田大学卒業　駒澤大学教授
佐藤秀孝　1953年　新潟県生　駒澤大学卒業　駒澤大学教授
木村誠司　1955年　北海道生　駒澤大学卒業　駒澤大学教授
池田魯参　1941年　長野県生　駒澤大学卒業　駒澤大学教授
奥野光賢　1958年　宮城県生　駒澤大学卒業　駒澤大学教授
西本照真　1962年　広島県生　東京大学卒業　武蔵野大学教授
吉田道興　1942年　東京都生　駒澤大学卒業　愛知学院大学教授
吉津宜英　1943年　広島県生　駒澤大学卒業　駒澤大学教授
川口高風　1948年　愛知県生　駒澤大学卒業　愛知学院大学教授
柴田泰山　1971年　福岡県生　大正大学卒業　大正大学講師
田中良昭　別掲
平井宥慶　1943年　東京都生　大正大学卒業　大正大学教授
石井修道　1943年　福岡県生　駒澤大学卒業　駒澤大学教授
永井政之　1946年　群馬県生　駒澤大学卒業　駒澤大学教授

【編者略歴】

岡部和雄（おかべかずお）　1935年　秋田県生　駒澤大学卒業　駒澤大学名誉教授
『仏教の歩んだ道Ⅰ』（東京書籍，1986）「四十二章経の成立と展開」（『駒澤大学仏教学部研究紀要』251，1967）「経録における賢聖集伝の地位」（『鈴木学術財団研究年報』11，1975）「禅僧の注抄と疑偽経典」（『講座敦煌』8，大東出版社，1988）「訳経史と禅宗」（『東洋の思想と宗教』23，2006）ほか

田中良昭（たなかりょうしょう）　1933年　東京都生　駒澤大学卒業　駒澤大学名誉教授
『敦煌禅宗文献の研究』（大東出版社，1983）『慧能研究』（共著，大修館，1978）『敦煌仏典と禅』（共編著，大東出版社，1980）『慧能』（共著，大蔵出版，1982）『禅学研究入門』（編著，大東出版社，1994）ほか

中国仏教研究入門

2006年12月25日　初版第1刷
2007年5月20日　初版第2刷

編　者　岡部和雄・田中良昭
発行者　青山賢治
発行所　大蔵出版株式会社
〒113-0033　東京都文京区本郷 3-24-6
本郷サンハイツ 404
Tel. 03 (5805) 1203　Fax. 03 (5805) 1204

印　刷　㈲協友社
製　本　㈱難波製本
装　幀　㈱ニューロン

© 2006 Kazuo Okabe・Ryosho Tanaka
ISBN978-4-8043-0566-0 C3015